ALEXANDRE LE GRAND

II

LES SABLES D'AMMON

DU MÊME AUTEUR
CHEZ POCKET

ALEXANDRE LE GRAND

I LE FILS DU SONGE
II LES CONFINS DU MONDE

VALERIO MANFREDI

Alexandre le Grand

II

Les Sables d'Ammon

PLON

Titre original :

ALÉXANDROS
(*LE SABBIE DI AMON*)

Traduit de l'italien
par Claire Bonnefous

Le Code de la propriété intellectuelle n'autorisant aux termes de l'article L. 122-5, 2° et 3° a, d'une part, que les « copies ou reproductions strictement réservées à l'usage privé du copiste et non destinées à une utilisation collective » et, d'autre part, que les analyses et les courtes citations dans un but d'exemple ou d'illustration, « toute représentation ou reproduction intégrale ou partielle faite sans le consentement de l'auteur ou de ses ayants droit ou ayants cause est illicite » (art. L. 122-4).

Cette représentation ou reproduction, par quelque procédé que ce soit, constituerait donc une contrefaçon sanctionnée par les articles L. 335-2 et suivants du Code de la propriété intellectuelle.

© 1998 Arnoldo Mondadori Editore S.p.A., Milano
© Plon, 1999 pour la traduction française
ISBN : 2-266-10193-5

Les Sables d'Ammon

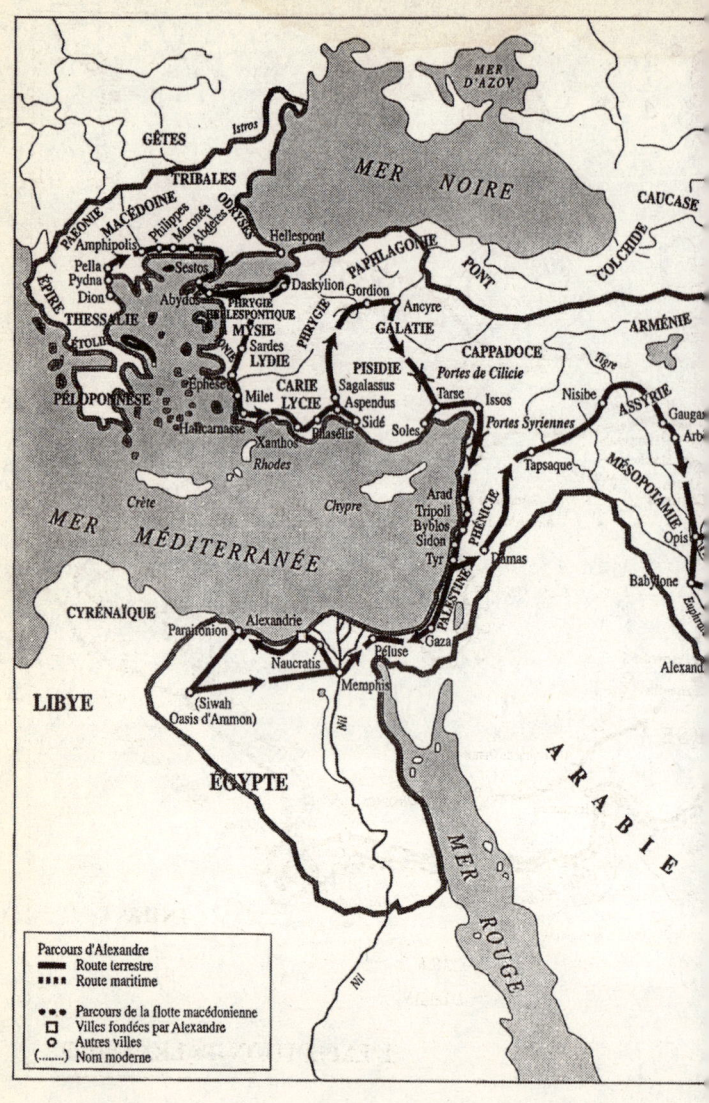

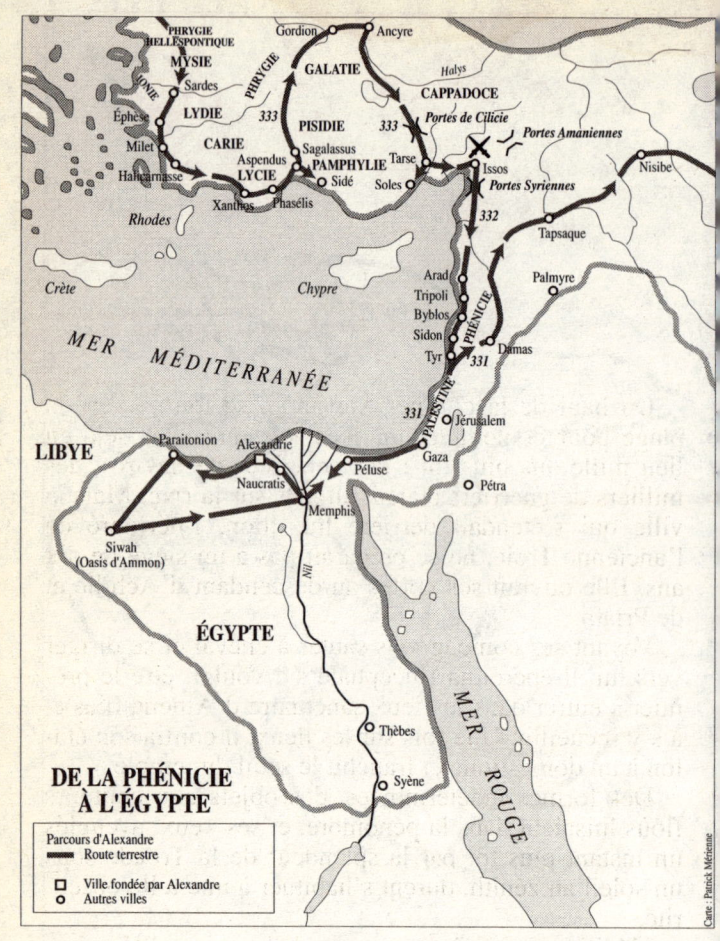

1

Du haut de la colline, Alexandre se tourna vers la plage pour contempler un spectacle qui avait déjà eu lieu mille ans plus tôt : des centaines de navires, des milliers de guerriers étaient alignés sur la rive. Mais la ville qui s'étendait derrière lui, Ilion, l'héritière de l'ancienne Troie, ne se préparait pas à un siège de dix ans. Elle ouvrait ses portes au descendant d'Achille et de Priam.

Voyant ses compagnons sauter à cheval et se diriger vers lui, il éperonna Bucéphale : il voulait être le premier à entrer dans le vieux sanctuaire d'Athéna Ilias et à s'y recueillir. Une fois sur les lieux, il confia son étalon à un domestique et franchit le seuil du temple.

Des formes indéterminées, des objets aux contours flous luisaient dans la pénombre, et ses yeux, aveuglés un instant plus tôt par la splendeur de la Troade sous un soleil au zénith, durent s'habituer à une telle obscurité.

L'édifice abritait les souvenirs de la guerre d'Homère, l'épopée d'un siège de dix ans face aux murs que les dieux avaient élevés. Ces objets, vieillis par le temps, portaient une dédicace, une inscription : on pouvait admirer la cithare de Pâris et les armes d'Achille, notamment son grand bouclier historié.

Alexandre embrassa du regard le sanctuaire, s'attardant sur les vestiges que des mains invisibles avaient conservés dans tout leur éclat, au cours des siècles, pour la dévotion et la curiosité des fidèles. Ils étaient fixés aux colonnes, aux poutres du plafond, aux murs de la cellule. Mais qu'y avait-il de vrai en eux ? N'étaient-ils pas en partie le fruit de la ruse des prêtres, de leur avidité ?

Au milieu de tout ce fatras, qui évoquait une accumulation de marchandises plus que le mobilier d'un sanctuaire, seules sa passion pour le poète aveugle et son admiration pour ses héros, réduits en cendres par le temps et par les innombrables événements survenus entre les deux rives des Détroits, étaient vraiment sincères.

Il s'était présenté à l'improviste, comme jadis son père Philippe dans le temple d'Apollon à Delphes, et personne ne l'attendait. Entendant un pas léger, il se cacha derrière une colonne, non loin de la statue du culte — une image impressionnante d'Athéna, sculptée dans la roche, peinte et munie d'armes de métal. C'était une idole raide et primaire, creusée dans un unique bloc de pierre sombre ; ses yeux de nacre ressortaient dans ce visage noirci par les années et par la fumée des lampes votives.

Une jeune fille, vêtue d'un péplos blanc, les cheveux tirés sous une coiffe de la même couleur, s'approcha de la statue, un petit seau dans une main et une éponge dans l'autre.

Grimpant sur le piédestal, elle entreprit de nettoyer la statue, répandant sous les hauts chevrons un parfum pénétrant d'aloès et de nard. Alexandre la rejoignit d'un pas feutré et lui demanda :

« Qui es-tu ? »

Sursautant, la jeune fille laissa tomber son petit seau, qui rebondit sur le pavé et roula au pied d'une colonne.

« N'aie pas peur, la rassura le roi. Je ne suis qu'un

pèlerin soucieux de rendre hommage à la déesse. Et toi, comment t'appelles-tu ?

— Mon nom est Daunia, je suis une esclave consacrée », répondit la jeune fille, intimidée par Alexandre qui, contrairement à ce qu'il affirmait, ne ressemblait aucunement à un pèlerin.

On voyait en effet son armure et ses jambières briller sous son manteau et son ceinturon en maille métallique cliquetait à chacun de ses mouvements. « Une esclave consacrée ? On ne le dirait pas. Tu as de beaux traits aristocratiques et un regard très fier.

— Tu es peut-être habitué à la vue des esclaves consacrées d'Aphrodite, qui sont d'abord esclaves de la convoitise des hommes.

— Pas toi ? interrogea Alexandre en ramassant le seau.

— Je suis vierge. Comme la déesse. N'as-tu jamais entendu parler de la cité des femmes ? C'est de là que je viens. »

Son accent était très particulier, le roi n'en avait jamais entendu de pareil.

« J'ignorais qu'il existait une telle cité. Où se trouve-t-elle ?

— En Italie. Elle se nomme Locres, et son aristocratie est uniquement féminine. Elle a été fondée par cent familles, qui toutes descendaient de femmes qui avaient fui la Locride, leur patrie d'origine. Elles étaient veuves et s'étaient, dit-on, unies à leurs esclaves.

— Et pourquoi vis-tu ici, si loin de ta patrie ?

— Pour expier une faute.

— Une faute ? Quelle faute a bien pu commettre une personne aussi jeune que toi ?

— Il ne s'agit pas de moi. Il y a mille ans, la nuit où Troie tomba, Ajax d'Oïlée, notre héros national, viola la princesse Cassandre, fille de Priam, ici même, sur le piédestal où reposait le Palladion sacré, la miraculeuse image d'Athéna tombée du ciel. Depuis lors, les Locriens paient ce sacrilège en offrant deux jeunes filles de la meilleure noblesse pour servir un an dans le sanctuaire de la déesse. »

Alexandre secoua la tête comme s'il n'en croyait pas ses oreilles. Il balaya la pièce du regard tandis que le dallage du temple résonnait sous les sabots de nombreux chevaux : ses compagnons étaient arrivés.

Un prêtre entra. Comprenant aussitôt à qui il avait affaire, il s'inclina devant le roi et dit :

« Bienvenue, puissant seigneur. Je regrette que tu ne nous aies pas avertis : tu aurais eu droit à un tout autre accueil. »

Il fit signe à la jeune fille de partir. Mais Alexandre la retint.

« Celui que j'ai reçu me convient parfaitement, dit-il. Cette jeune fille m'a raconté une histoire extraordinaire, qui dépasse mon imagination. J'ai entendu dire que des vestiges de la guerre de Troie sont conservés dans ce temple. Est-ce vrai ?

— Bien sûr. L'image que tu vois est un Palladion : elle reproduit une ancienne statue d'Athéna, que Zeus envoya du ciel. Cette statue rendait invincible la ville qui la détenait. »

C'est alors qu'Héphestion, Ptolémée, Perdiccas et Séleucos pénétrèrent dans le sanctuaire.

« Et où se trouve l'original ? demanda Héphestion.

— Certains disent que le héros Diomède l'aurait ramenée à Argos. D'autres affirment qu'Ulysse alla en Italie et l'offrit au roi Latinus. D'autres encore soutiennent qu'Énée la déposa dans un temple non loin de Rome, où elle trônerait encore. Quoi qu'il en soit, de nombreuses villes se vantent de posséder la véritable idole.

— Je veux bien le croire, observa Séleucos. Une telle conviction vous remplit de courage.

— Oui, acquiesça Ptolémée. Aristote dirait que la conviction, ou la prophétie, engendre l'événement.

— Mais en quoi le véritable Palladion se distingue-t-il des autres statues ? demanda Alexandre.

— La véritable idole, déclara le prêtre sur un ton solennel, est capable de fermer les yeux et de remuer sa lance.

— Ce n'est pas difficile, dit Ptolémée. N'importe lequel de nos ingénieurs militaires saurait construire un engin de ce genre. »

Le prêtre le foudroya du regard et secoua la tête. L'imitant, le roi demanda : « Crois-tu en quelque chose, Ptolémée ?

— Oui, naturellement, répondit le jeune homme en posant une main sur la garde de son épée. En ceci. » Puis il appuya son autre main sur l'épaule d'Alexandre. « Et en l'amitié.

— Pourtant, insista le prêtre, les objets que vous voyez sont vénérés depuis des temps immémoriaux entre ces murs sacrés, et les tertres qui ponctuent le rivage renferment depuis toujours les os d'Achille, de Patrocle et d'Ajax. »

On entendit alors un bruit de pas : Callisthène les avait rejoints. Il souhaitait visiter, lui aussi, le célèbre sanctuaire.

« Et toi, qu'en penses-tu, Callisthène ? lui demanda Ptolémée en le prenant par le bras. Crois-tu vraiment que cette armure appartient à Achille ? Et que la cithare exposée sur cette colonne est celle de Pâris ? »

Il effleura les cordes, qui émirent un son étouffé et désaccordé.

L'attention d'Alexandre semblait s'être détournée de la conversation. Il contemplait la jeune Locrienne qui remplissait les lanternes d'huile parfumée, il observait les formes parfaites que laissait entrevoir son péplos léger, traversé par un rayon de lumière, ainsi que ses yeux fuyants et dociles, remplis de mystère.

« Tout ceci n'a aucune importance, vous le savez bien, répliqua Callisthène. Dans le temple des Dioscures, à Sparte, on exhibe l'œuf qui aurait donné naissance aux frères d'Hélène — les jumeaux. Je pense, quant à moi, qu'il s'agit plutôt d'un œuf d'autruche, un oiseau libyen de la taille d'un cheval. De nombreux sanctuaires regorgent de tels vestiges. L'important, c'est ce que les gens veulent croire. Et les gens ont besoin de croire, ils ont besoin de rêver. » Tout en parlant, il se tourna vers Alexandre.

Le roi s'approcha de la grande panoplie de bronze, ornée d'étain et d'argent. Il effleura du bout des doigts le bouclier sculpté à bandes bosselées, où l'on pouvait admirer les scènes qu'Homère avait décrites, et le casque pourvu d'un triple cimier.

« Et comment cette armure aurait-elle échoué ici ? demanda-t-il au prêtre.

— Après l'avoir volée à Ajax, Ulysse fut pris de remords. Il la rapporta et la déposa devant sa tombe, comme un présent votif, en priant les dieux de le ramener à Ithaque. Elle fut ainsi recueillie et conservée dans ce sanctuaire. »

Alexandre alla vers le prêtre et lui dit : « Sais-tu qui je suis ?

— Oui. Tu es Alexandre, le roi des Macédoniens.

— Tu l'as dit. Et, du côté de ma mère, je suis le descendant direct de Pyrrhos, le fils d'Achille, fondateur de la dynastie épirote, et donc héritier d'Achille. Cette armure est à moi, je la veux. »

Le prêtre blêmit : « Seigneur...

— Mais enfin ! ricana Ptolémée. Nous devrions croire que cette cithare appartenait à Pâris, que ces armes ont été fabriquées par le dieu Héphaïstos en personne et confiées à Achille, alors que tu refuses d'admettre que notre roi est un descendant direct du Péléide ?

— Oh ! non, balbutia le prêtre. Le fait est qu'il s'agit d'objets sacrés qui ne peuvent...

— Des histoires ! intervint Perdiccas. Tu feras fabriquer des armes identiques. Personne ne verra la différence. Elles reviennent à notre roi car elles appartenaient à son ancêtre... »

Et il écarta les bras comme pour signifier qu'un héritage était un héritage.

« Faites-les porter au camp : qu'elles soient hissées comme un étendard devant l'armée avant chaque bataille ! ordonna Alexandre. Et maintenant, rentrons. La visite est terminée. »

Ils sortirent par petits groupes, s'attardant encore pour jeter un dernier coup d'œil au sanctuaire, à son incroyable fatras.

Le prêtre intercepta le regard d'Alexandre dirigé vers la jeune fille qui disparaissait par une porte latérale.

« Chaque soir, après le coucher du soleil, elle se baigne dans la mer, près de l'embouchure du Scamandre », lui murmura-t-il à l'oreille.

Le roi partit sans un mot. Il bondit à cheval et regagna le camp installé au bord de la mer, aussi grouillant qu'une gigantesque fourmilière.

Alexandre la vit arriver dans l'obscurité d'un pas rapide et assuré, longeant la rive gauche du fleuve. Elle s'immobilisa à l'endroit où les eaux du Scamandre viennent se confondre avec la mer.

C'était une nuit tranquille et calme, et la lune amorçait sa course dans le ciel, dessinant un long sillon argenté depuis l'horizon jusqu'à la rive. La jeune fille ôta ses vêtements, dénoua ses cheveux et pénétra dans l'eau. Son corps, caressé par les vagues, brillait à la lumière de la lune, pareil à du marbre poli.

« Tu es aussi belle qu'une déesse, Daunia », chuchota Alexandre en sortant de l'ombre.

La jeune fille s'enfonça dans l'eau jusqu'au menton et recula. « Ne me fais pas de mal, dit-elle, je suis consacrée.

— Pour expier un viol ancien ?

— Pour expier le viol que les femmes ont si souvent été obligées de subir. »

Le roi se déshabilla et la rejoignit tandis qu'elle croisait les bras sur sa poitrine.

« On dit que l'Aphrodite de Cnide, qu'a sculptée le divin Praxitèle, se couvre les seins de cette manière. Aphrodite aussi est pudique... N'aie pas peur. Viens. »

La jeune fille s'approcha lentement en marchant sur le fond sablonneux, et son corps divin apparut progressivement, ruisselant d'eau, léché par la surface des flots qui s'abaissaient en lui caressant d'abord les hanches, puis le ventre.

« Conduis-moi en nageant jusqu'au tombeau d'Achille. Je ne veux pas qu'on nous voie.

— Suis-moi, dit Daunia. J'espère que tu es un bon nageur. »

Elle glissa sur les vagues comme une néréide, une nymphe des abîmes.

La côte formait une large crique, éclairée par les feux du camp, et se terminait par un promontoire, à l'extrémité duquel se dressait un tertre.

« Je le suis », répondit Alexandre en nageant à ses côtés.

Daunia gagna le large en traversant le golfe pour rejoindre le promontoire. Elle se déplaçait avec élégance et légèreté, sans bruit, fendant les eaux comme une créature marine.

« Tu es très douée », observa Alexandre en haletant.

— Je suis née au bord de la mer. Es-tu certain de vouloir aller jusqu'au promontoire de Sigéion ? »

Alexandre s'abstint de répondre et continua de nager jusqu'à ce qu'il puisse apercevoir un ourlet d'écume se former au clair de lune sur toute la longueur de la plage, et les vagues s'étirer jusqu'à venir lécher la base du grand tertre.

Ils sortirent de l'eau, main dans la main. Le roi alla vers la masse sombre formée par le tombeau d'Achille. Il sentait, ou croyait sentir, l'esprit du héros s'insinuer en lui. Et quand il se tourna vers sa compagne, cherchant son regard dans la pénombre, il eut l'impression de voir Briséis à la joue rosée.

« Seuls les dieux peuvent jouir de tels moments, murmura-t-il dans la brise tiède qui venait de la mer. Ici s'est assis Achille pleurant la mort de Patrocle. Ici l'Océan maternel a déposé ses armes, fabriquées par un dieu.

— Ainsi, tu es croyant ? demanda la jeune fille.
— Oui.
— Mais alors, pourquoi dans le temple...
— Ici, c'est différent. Il fait nuit et l'on peut encore entendre les voix lointaines qui se sont éteintes. Et puis, tu resplendis sans voiles devant moi.
— Tu es vraiment roi ?
— Regarde-moi. Qui crois-tu que je suis ?
— Tu es le jeune homme qui m'apparaissait parfois en songe tandis que je dormais avec mes compagnes dans le sanctuaire de la déesse. Le jeune homme que j'aurais voulu aimer. »

Elle posa sa tête sur la poitrine du roi.

« Demain, je partirai, dit-il. Et dans quelques jours, il me faudra affronter une dure bataille. Peut-être vaincrai-je, peut-être mourrai-je.

— Alors, si tu le souhaites, aime-moi, ici, sur ce sable encore tiède, et laisse-moi te serrer dans mes bras, même si nous devons le regretter plus tard. » Elle l'embrassa longuement en lui caressant les cheveux. « Seuls les dieux peuvent jouir de tels moments. Et nous serons des dieux tant que durera la nuit. »

2

Alexandre se déshabilla entièrement devant son armée rangée. Selon l'ancienne coutume, il courut trois fois autour du tombeau d'Achille, et Héphestion, également nu, fit de même autour de celui de Patrocle. À chaque tour, plus de quarante mille hommes s'écriaient :

Alalalàï !

« Quel acteur extraordinaire ! s'exclama Callisthène dans un coin du camp.

— Tu le penses vraiment ? Tu trouves ? demanda Ptolémée.

— J'en suis convaincu. Il ne croit pas plus que nous aux mythes et aux légendes, mais il se comporte comme s'ils étaient plus vrais que la réalité : il démontre de cette façon que les rêves sont possibles.

— Tu as l'air de le connaître parfaitement, remarqua Ptolémée sur un ton sarcastique.

— J'ai appris à observer non seulement la nature, mais aussi les hommes.

— Alors tu devrais savoir que personne ne peut affirmer connaître Alexandre. Ses actions sont visibles aux yeux de tous, mais elles demeurent imprévisibles, et il n'est pas toujours facile d'en saisir le sens profond. Il croit et ne croit pas à la fois, il est capable d'élans d'amour et d'éclats de colère irrépressibles, il est...

— Quoi ?

— ... différent. La première fois que je l'ai rencontré, il avait six ans, et aujourd'hui encore je ne peux pas dire que je le connais vraiment.

— Tu as peut-être raison. Mais en cet instant, tous ses hommes pensent qu'il est un nouvel Achille et qu'Héphestion est un nouveau Patrocle.

— En cet instant, tous deux en sont également convaincus. D'ailleurs, n'as-tu pas établi, grâce à tes calculs astronomiques, que notre invasion a lieu au cours du même mois qui a vu éclater la guerre de Troie, il y a exactement mille ans ? »

Entre-temps, Alexandre s'était rhabillé et avait enfilé son armure, imité par Héphestion. Tous deux grimpèrent sur leur cheval. Puis le général Parménion donna l'ordre de sonner le rassemblement. Ptolémée se hâta à son tour de sauter sur sa monture. « Je dois rejoindre mon détachement, dit-il. Alexandre va passer l'armée en revue. »

Le son des trompettes retentit encore et l'armée se déploya le long de la rive, chaque subdivision brandissant son étendard et ses insignes.

L'infanterie comptait trente-deux mille hommes. Sur la gauche se tenaient trois mille « écuyers » ainsi que sept mille alliés grecs, à peine le dixième des combattants qui avaient affronté les Perses à Platées, cent cinquante ans plus tôt. Ils portaient la lourde armure traditionnelle de l'infanterie grecque de ligne et des casques corinthiens qui protégeaient leur visage jusqu'à la base du cou, ne découvrant que leur bouche et leurs yeux.

Au centre, les sept bataillons de la phalange, les *pézétaïroï*, étaient formés de dix mille hommes. Sur la droite se trouvaient les auxiliaires barbares du Nord : cinq mille Thraces et Triballes qui avaient accepté l'invitation d'Alexandre, alléchés par la paie et par la perspective de nombreuses mises à sac. Infatigables, très courageux, ils ne craignaient ni le danger ni le froid, pas plus que la faim ou les efforts. Leurs tignasses rousses et hirsutes, leurs longues barbes, leur peau claire, parsemée de taches de rousseur, leurs corps couverts de tatouages leur donnaient un aspect terrifiant.

Les plus sauvages et les plus primitifs étaient les Agrianes, une tribu des montagnes illyriennes ; ils ne comprenaient pas le grec et il fallait recourir à un interprète pour s'entretenir avec eux, mais ils escaladaient les parois rocheuses avec une habileté sans pareille, employant des cordes de fibres végétales, des crochets et des grappins. Les Thraces et les auxiliaires du Nord arboraient des casques et des corsets de cuir, de petits boucliers en demi-lune et de longs sabres qui coupaient aussi bien de la pointe que du tranchant. Ils luttaient avec une férocité bestiale et s'échauffaient tellement durant les corps à corps qu'ils en arrivaient à arracher la peau de leurs adversaires avec leurs dents. Venaient enfin, comme pour les contenir, sept mille autres mercenaires grecs, d'infanterie lourde et légère.

Sur les ailes, la cavalerie lourde des *hétaïroï*, composée de deux mille huit cents hommes, se détachait de l'infanterie ; elle était flanquée d'autant de cavaliers thessaliens et d'environ quatre mille auxiliaires, ainsi que des cinq cents hommes de la « Pointe », la fine fleur de la cavalerie, l'escadron d'Alexandre.

Le roi, monté sur Bucéphale et suivi de ses compagnons, passa l'armée en revue, subdivision par subdivision. Eumène était également présent, armé de pied en cap, bombant le torse sous sa cuirasse athénienne de lin, décorée et renforcée de plaques de bronze si bien astiquées qu'on aurait pu se mirer dedans. Tandis qu'il observait cette multitude de soldats, des pensées plutôt prosaïques se pressaient dans son esprit : il se demandait quelles quantités de blé, de légumes, de poisson salé, de viande fumée et de vin lui seraient nécessaires pour rassasier et désaltérer tous ces gens, quelles sommes il lui faudrait débourser pour acheter ces victuailles sur le marché ; il évaluait le temps que dureraient les réserves.

Toutefois, il ne désespérait pas de prodiguer au roi ses bons conseils quant à la réussite de son expédition avant la tombée de la nuit.

Dès qu'ils eurent atteint la tête de l'armée, Alexandre fit un geste en direction de Parménion, et le général donna aussitôt le signal de départ. La longue colonne s'ébranla : la cavalerie en double rang sur les côtés, l'infanterie au milieu. Ils prirent la direction du nord et longèrent le rivage.

L'armée se déployait comme un immense serpent. Au loin, on distinguait le casque d'Alexandre, surmonté de deux longues plumes blanches.

Au même moment, Daunia apparut sur le seuil du sanctuaire d'Athéna et s'immobilisa au sommet de l'escalier. Dans son armure trop rutilante et trop astiquée, le jeune homme qui l'avait aimée sur le rivage, en cette nuit parfumée de printemps, avait l'allure d'un enfant. Ce n'était plus lui, il n'existait plus.

Elle sentit un grand vide s'installer en elle en le voyant s'éloigner vers l'horizon. Quand il eut totalement disparu, elle s'essuya les yeux d'un geste rapide de la main et regagna le temple, dont elle referma la porte derrière elle.

Eumène avait envoyé deux estafettes sous escorte, l'une en direction de Lampsaque et l'autre de Cyzique, deux puissantes villes grecques situées le long des Détroits ; la première se dressait sur la côte, la seconde sur une île. Il leur renouvelait son offre de liberté et leur proposait un traité d'alliance au nom d'Alexandre.

Le roi était émerveillé par le paysage qu'il découvrait. À chaque détour de la route, il disait à Héphestion : « Regarde ce village ! Regarde cet arbre... et cette statue... » Tout était pour lui source d'enchantement : les villages blancs sur les collines, les sanctuaires des divinités grecques et barbares, plongés dans la campagne, le parfum des pommiers en fleur, le vert rutilant des grenades.

Si l'on exceptait son exil parmi les montagnes enneigées d'Illyrie, c'était son premier voyage hors de Grèce.

Ptolémée et Perdiccas chevauchaient derrière lui, ses autres compagnons demeuraient auprès de leurs soldats. Lysimaque et Léonnatos fermaient la marche, à la tête de deux détachements d'arrière-garde.

« Pourquoi allons-nous vers le nord ? demanda Léonnatos.

— Alexandre veut s'emparer de la rive asiatique du détroit. De cette façon, personne ne pourra entrer au Pont ni en sortir sans notre autorisation. De plus, puisqu'elle dépend des importations de blé qui y transitent, Athènes aura ainsi d'excellentes raisons d'entretenir de bonnes relations avec nous. En outre, toutes les provinces perses qui donnent sur la mer Noire seront ainsi isolées. C'est là une opération ingénieuse.

— C'est vrai. »

Ils poursuivirent leur route au pas, sous le soleil qui amorçait sa course dans le ciel. Puis Léonnatos reprit : « Il y a pourtant quelque chose que je ne comprends pas.

— On ne peut pas tout comprendre dans la vie, ironisa Lysimaque.

— C'est possible, mais explique-moi pourquoi tout est si tranquille. Nous avons débarqué avec quarante mille hommes en plein jour, Alexandre a visité le temple d'Ilion, il a dansé autour de la sépulture d'Achille, et personne n'était là pour nous attendre. Pas un seul Perse. Tu ne trouves pas cela étrange ?

— Pas du tout.

— Pourquoi ? »

Lysimaque se retourna. « Tu vois ces deux hommes, là-haut ? » demanda-t-il en indiquant les silhouettes de deux cavaliers qui longeaient la crête des monts de la Troade. « Ils nous suivent depuis l'aube, et ils nous ont certainement surveillés pendant toute la journée d'hier. Ils ne sont sans doute pas seuls dans les environs.

— Alors, avertissons Alexandre...

— Calme-toi. Alexandre le sait fort bien, et il sait également que les Perses sont en train de nous préparer un accueil digne de leur réputation. »

L'armée continua sa progression sans rencontrer de difficultés jusqu'à la pause de midi. On ne voyait que des paysans dans les champs, penchés sur leurs travaux, ou des groupes d'enfants qui couraient le long de la route, en criant et en essayant d'attirer l'attention.

Quand le soir vint, ils s'arrêtèrent non loin d'Abydos. Parménion plaça des sentinelles tout autour du camp, à une certaine distance, et envoya des détachements de cavalerie légère dans les environs afin de parer à d'éventuelles attaques surprises.

Dès que la tente d'Alexandre fut dressée, le trompette sonna la réunion du conseil, et tous les généraux se rassemblèrent autour d'une table, tandis qu'on servait le repas. Callisthène était également présent, mais Eumène les avait priés de commencer sans lui.

« Mes amis, nous sommes beaucoup mieux ici qu'en Thrace ! s'exclama Héphestion. Le climat est excellent, les gens semblent accueillants, j'ai vu de jolies filles et nous n'avons pas les Perses dans les pattes. J'ai l'impression de me trouver à Miéza, à l'époque où Aristote nous emmenait à la chasse aux insectes dans les bois.

— Ne te fais pas d'illusions, répliqua Léonnatos. Lysimaque et moi avons remarqué que deux cavaliers nous suivaient tout au long de la journée. Et il est probable qu'ils ne nous quitteront pas d'une semelle. »

Parménion demanda respectueusement la parole, dans son style un peu vieillot.

« Tu n'as pas besoin de réclamer mon autorisation pour intervenir, Parménion, lui répondit Alexandre. Ici, personne ne possède autant d'expérience que toi, et tu as beaucoup de choses à apprendre à chacun d'entre nous.

— Je te remercie, dit le vieux général. Je voulais seulement savoir quelles étaient tes intentions pour la journée de demain et pour le futur proche.

— Pousser vers l'intérieur, vers le territoire que les Perses contrôlent directement. Alors, ils n'auront plus le choix : ils devront nous affronter en rase campagne et nous les vaincrons. »

Parménion garda le silence.

« Tu ne m'approuves pas ?

— Pas entièrement. J'ai affronté les Perses au cours de la première campagne, et je peux te garantir que ce sont de redoutables adversaires. En outre, ils peuvent compter sur un formidable commandant : Memnon de Rhodes.

— Un renégat grec ! s'écria Héphestion.

— Non. Un soldat de métier. Un mercenaire.

— Ce n'est pas la même chose ?

— Non, ce n'est pas la même chose, Héphestion. Après avoir mené de nombreuses guerres, certains hommes se retrouvent privés de convictions et d'idéaux, mais ils conservent leur habileté et leur expérience. Alors, ils vendent leur épée au plus offrant. Mais si ce sont des hommes d'honneur — et c'est le cas de Memnon —, ils demeurent fidèles à leurs pactes. La parole qu'ils ont donnée devient leur patrie, et ils la respectent rigoureusement.

« Memnon représente un danger pour nous, d'autant plus qu'il est entouré de ses troupes : de dix à quinze mille mercenaires, tous grecs, tous bien armés, tous redoutables en rase campagne.

— Nous avons battu le bataillon sacré des Thébains, dit Séleucos.

— Cela ne compte pas, répliqua Parménion. Les hommes auxquels nous aurons affaire sont des soldats de métier : ils ont passé leur vie à combattre, et lorsqu'ils ne combattent pas, ils s'entraînent.

— Parménion a raison, approuva Alexandre. Memnon est dangereux et sa phalange de mercenaires l'est aussi, d'autant plus qu'elle est flanquée de la cavalerie perse. »

Eumène fit alors son apparition.

« L'armure te sied particulièrement, dit Cratère en ricanant. Tu as l'air d'un général. Dommage que tes jambes soient aussi tordues et aussi maigres... »

L'assemblée partit d'un grand éclat de rire, mais Eumène déclama ces vers :

> Je n'aime pas un général à la taille élancée, à la démarche élastique, vain de ses cheveux frisés et rasé sous le nez. Il me faut un homme trapu, je lui veux des jambes cagneuses, des pieds bien plantés en terre, le cœur solide[1].

« Bravo ! s'écria Callisthène. Archiloque est l'un de mes poètes préférés.

— Laissez-le parler, ordonna Alexandre. Eumène nous apporte des nouvelles, qui, je l'espère, sont bonnes.

— Bonnes et mauvaises, mon ami. Par lesquelles veux-tu que je commence ? »

Alexandre masqua à grand-peine sa déception. « Par les mauvaises. On s'habitue toujours aux bonnes. Donnez-lui un siège. »

Eumène prit place avec raideur car son armure l'empêchait de se baisser. « Les habitants de Lampsaque ont déclaré qu'ils s'estiment assez libres et qu'ils n'ont aucun besoin de notre aide. Bref, ils ne souhaitent pas que nous nous mêlions de leurs affaires. »

Le visage d'Alexandre s'était assombri, et l'on pouvait deviner qu'il était sur le point de céder à la colère. Eumène se hâta donc d'enchaîner : « En revanche, j'ai

---

1. ARCHILOQUE, *Fragments*, trad. André Bonnard, Paris, Les Belles Lettres, 1958, p. 30.

de bonnes nouvelles de Cyzique. La ville nous est favorable, elle accepte de se joindre à nous. C'est vraiment une bonne nouvelle, car tous les mercenaires qui sont au service des Perses sont payés en monnaie de Cyzique. Des statères d'argent, pour être précis. Comme celui-ci. » Et il jeta sur la table une belle pièce de monnaie, qui rebondit et se mit à rouler sur elle-même comme une toupie jusqu'à ce que la main velue de Cleitos le Noir l'arrête d'un coup sec.

« Et alors ? interrogea le général en la tournant et la retournant entre ses doigts.

— Si la ville de Cyzique bloque l'émission de sa monnaie en direction des provinces perses, expliqua Eumène, les gouverneurs se trouveront vite en difficulté. Ils devront se taxer eux-mêmes, ou chercher d'autres formes de paiement, que les mercenaires apprécient peu. Cela vaut aussi pour leur ravitaillement, pour la paie des équipages maritimes, et pour le reste.

— Mais comment as-tu fait ? demanda Cratère.

— Je n'ai pas attendu notre débarquement en Asie pour traiter, répliqua le secrétaire. Je suis en négociation avec la ville depuis longtemps. Du temps où vivait encore... » Il baissa la tête. « ... le roi Philippe. »

À ces mots, le silence s'abattit sous la tente comme si l'esprit du roi tombé au faîte de sa gloire sous les coups de son assassin flottait sur l'assistance.

« Bien, conclut Alexandre. Mais cela ne change rien à nos plans. Demain, nous marcherons vers l'intérieur : nous irons débusquer le lion dans sa tanière. »

Dans le monde connu, personne ne possédait de cartes aussi précises et aussi complètes que celles de Memnon de Rhodes. Elles étaient, disait-on, le fruit de l'expérience millénaire des marins de son île et de l'habileté d'un mystérieux cartographe.

Le mercenaire grec déplia la carte sur sa table et en

fixa les coins au moyen de quatre chandeliers. Puis il tira un pion d'un coffret à jeu et le posa entre la Dardanie et la Phrygie. « À l'heure qu'il est, Alexandre se trouve plus ou moins ici. »

Les membres du haut commandement perse étaient réunis autour de la table, debout, dans leur tenue de combat, qui comprenait un pantalon et des bottes. Il y avait là Arsamès et Arsitès, respectivement gouverneurs de la Pamphylie et de la Phrygie ; Rhéomitrès, commandant de la cavalerie bactriane, Rhoisakès, ainsi que le commandant suprême, le satrape de la Lydie et de l'Ionie : Spithridatès, un gigantesque Iranien à la peau olivâtre, aux yeux noirs et profonds, qui présidait l'assemblée.

« Que suggères-tu ? » demanda ce dernier en grec.

Memnon détourna les yeux de la carte géographique. Il avait la quarantaine, les tempes grisonnantes, les bras musclés, une barbe très soignée, modelée par le rasoir, qui lui donnait l'allure d'un de ces personnages que les artistes grecs représentaient sur leurs bas-reliefs et leurs vases.

« Quelles nouvelles avons-nous de Suse ? interrogea-t-il.

— Aucune pour le moment. Et nous ne pouvons nous attendre à des renforts massifs avant deux mois : les distances sont grandes et les procédures de recrutement fort longues.

— Nous ne pouvons donc compter que sur nos forces.

— Oui, c'est cela, confirma Spithridatès.

— Nous sommes inférieurs en nombre.

— Pas de beaucoup.

— Mais c'est énorme, dans une telle situation. Les Macédoniens ont une structure de combat impressionnante, la meilleure au monde. Ils ont battu en rase campagne des armées de tous les types et de toutes les nationalités.

— Donc ?

— Alexandre essaie de nous provoquer, mais je pense qu'il vaudrait mieux éviter un choc frontal. Voici mon plan : il nous faudra lâcher sur ses traces un grand nombre d'éclaireurs à cheval qui nous tiendront constamment informés de ses mouvements, introduire dans son armée des espions qui nous communiqueront ses intentions, avant de nous retirer en pratiquant la politique de la terre brûlée, sans lui laisser un grain de blé ou une gorgée d'eau potable.

« Des groupes de la cavalerie rapide effectueront d'incessantes incursions contre les détachements chargés de l'approvisionnement en nourriture et en fourrage pour leurs animaux. Quand nos ennemis seront épuisés par la faim et les efforts, nous les attaquerons avec toutes nos forces. En même temps, un corps d'expédition navale débarquera en territoire macédonien. »

Spithridatès observa longuement la carte de Memnon. Il passa la main sur sa barbe fournie et crépue avant de gagner un balcon qui donnait sur la campagne.

La vallée de Zéléia était magnifique : le parfum légèrement amer de l'aubépine en fleur et celui des jasmins et des lys, plus sucré et plus délicat, s'échappaient du jardin qui entourait le palais ; la chevelure blanche des cerisiers et des pêchers, des arbres divins qui ne poussaient que dans son *pairidaeza*, resplendissait sous le soleil printanier.

Il contempla les forêts qui recouvraient le flanc des montagnes, les palais et les jardins des nobles qui étaient rassemblés autour de la table, et il imagina ces merveilles incendiées par le feu de Memnon, cette mer d'émeraude réduite à l'état d'une étendue de charbon et de cendres fumantes. Il se retourna brusquement et dit :

« Non !

— Mais, seigneur... objecta Memnon en s'approchant. As-tu bien évalué les différents éléments de mon plan ? Je considère que...

— C'est impossible, commandant ! interrompit sèchement le satrape. Nous ne pouvons pas détruire nos jardins, nos champs et nos palais, puis nous enfuir. Cela n'est pas digne de nous, et ce serait un crime que de faire subir à notre territoire des dommages plus graves que ceux que l'ennemi pourrait lui infliger. Non. Nous l'affronterons et nous le repousserons. Cet Alexandre n'est qu'un adolescent prétentieux qui mérite une bonne leçon.

— Ma demeure et mon domaine se trouvent dans cette région, insista Memnon, et je suis prêt à tout sacrifier pour notre victoire.

— Ton honnêteté n'est pas en cause, répliqua Spithridatès. Je dis seulement que ton plan est irréalisable. Je le répète, nous combattrons et nous repousserons les Macédoniens. » Il fit face aux autres généraux. « À partir de cet instant, nos troupes sont en état d'alerte. Appelez sous nos drapeaux les hommes en mesure de se battre, jusqu'au dernier. Nous n'avons plus beaucoup de temps. »

Memnon secoua la tête. « C'est une erreur, et vous vous en apercevrez. Mais il sera alors trop tard, je le crains.

— Ne sois pas si pessimiste, dit le Perse. Nous essaierons de les affronter dans une position avantageuse.

— C'est-à-dire ? »

Spithridatès se pencha sur la table et, s'appuyant sur son bras gauche, commença à explorer la carte de la pointe de l'index. Il immobilisa son doigt sur un petit serpent bleuté indiquant un fleuve qui courait vers le nord et se jetait dans la mer intérieure de la Propontide.

« Ici.

— Sur le Granique ? »

Spithridatès acquiesça.

« Connais-tu cette région, commandant ?

— Oui, assez bien.

— Je la connais bien pour y avoir chassé à plusieurs

reprises. À cet endroit, les rives du fleuve sont raides et argileuses. Elles sont difficilement praticables par la cavalerie, et inaccessibles à l'infanterie lourde. Nous les repousserons, et le soir même vous serez invités à un banquet dans mon palais de Zéléia pour fêter notre victoire.

3

Memnon regagna son palais en pleine nuit. Il habitait un magnifique édifice de style oriental, érigé au sommet d'une colline et au cœur d'un parc regorgeant de gibier. Cette vaste propriété comprenait en outre des bâtiments, du bétail, des champs de blé, des vignes, des oliviers et des arbres fruitiers.

Depuis des années, il vivait avec les Perses comme s'il faisait partie de leur peuple. Il avait épousé la fille du satrape Artabaze, la noble Barsine, une femme de grande beauté, à la peau sombre, aux longs cheveux noirs, aux formes sinueuses et gracieuses, une sorte de gazelle des hauts plateaux.

Ses deux fils, âgés de quinze et onze ans, parlaient avec une grande spontanéité aussi bien la langue de leur père que celle de leur mère : ils avaient été élevés dans les deux cultures. En tant que Perses, ils avaient appris à ne jamais mentir et à pratiquer le tir à l'arc et l'équitation ; en tant que Grecs, ils grandissaient dans le culte du courage et de l'honneur guerriers, ils connaissaient les poèmes d'Homère, les tragédies de Sophocle et d'Euripide, ainsi que les théories des philosophes ioniens. Ils avaient la peau olivâtre et les cheveux noirs de leur mère, le corps musclé et les yeux verts de leur père. Le premier portait un prénom grec, Étéocle, le second un prénom perse, Phraatès.

La villa de Memnon se dressait au centre d'un jardin iranien, cultivé et entretenu par des jardiniers perses ; il y avait là des plantes et des animaux rares, dont les merveilleux paons indiens de Palimbothra, une ville quasiment légendaire qui s'élevait sur les bords du Gange. On pouvait y admirer des sculptures perses et babyloniennes, d'anciens bas-reliefs hétéens que Memnon avait rapportés d'une ville abandonnée sur le haut plateau, de superbes services de céramique attique pour les banquets, des bronzes de Corinthe et de la lointaine Étrurie, des statues en marbre de Paros, peintes et colorées.

Sur les murs étaient exposés les tableaux des plus grands peintres de l'époque : Apelle, Zeuxis et Parrhasios. Ils représentaient des scènes de chasse et de bataille, ainsi que les aventures mythologiques des héros que la tradition avait rendus célèbres.

Tout, dans cette demeure, était issu de cultures diverses, et pourtant elle reflétait aux yeux des visiteurs une harmonie singulière et presque incompréhensible.

Deux domestiques allèrent à la rencontre de leur maître. Ils l'aidèrent à ôter son armure et le conduisirent dans la salle de bains afin qu'il s'y rafraîchisse avant le dîner. Barsine le rejoignit en lui tendant une coupe de vin frais, puis elle s'assit pour lui tenir compagnie.

« Quelles nouvelles as-tu concernant l'invasion ? lui demanda-t-elle.

— Alexandre marche vers l'intérieur, probablement dans l'intention de nous pousser à un choc frontal.

— Ils n'ont pas voulu t'écouter, et désormais Alexandre est aux portes de nos demeures.

— Personne n'imaginait que cet adolescent aurait autant d'audace. Ils croyaient que les luttes grecques allaient l'occuper pendant de nombreuses années et émousser ses forces. Une prévision totalement erronée.

— Quel genre d'homme est-ce ? interrogea Barsine.

— Il semble difficile de définir son caractère : il est très jeune, très beau, impétueux et passionné, mais on dit qu'il devient aussi froid que la glace face au danger, et qu'il est alors capable d'évaluer avec un formidable détachement les situations les plus délicates et les plus embrouillées.

— N'a-t-il pas de points faibles ?

— Il aime le vin et les femmes, mais on murmure que son affection se concentre sur un seul être, son ami Héphestion, qui est sans doute plus qu'un ami pour lui. Selon les rumeurs qui circulent, ils seraient amants.

— Est-il marié ?

— Non. Il a quitté la Macédoine sans laisser d'héritier. On dit qu'il a offert tous ses biens à ses familiers avant de partir. »

D'un signe, Barsine renvoya les servantes. Elle s'empressa elle-même auprès de son époux qui sortait du bain, puis saisit un drap de lin ionien fort doux, avec lequel elle lui essuya le dos. Memnon continuait à parler de son ennemi :

« Un de ses amis intimes lui aurait demandé : " Et que gardes-tu pour toi ? " " L'espoir ", aurait-il répondu. Ces propos sont difficiles à croire, mais à l'évidence ce jeune roi est déjà une légende. Et c'est pour nous un problème, car il est plus ardu de se battre contre un mythe.

— Vraiment, il n'a pas de femme ? » insista Barsine.

Une servante emporta la serviette humide ; une autre aida Memnon à revêtir sa tenue pour le dîner : un chiton qui lui tombait jusqu'aux pieds, et dont les bords étaient brodés de fils d'argent.

« Pourquoi tant d'intérêt ?

— Les femmes sont toujours le point faible de l'homme. »

Memnon glissa son bras sous celui de son épouse et se rendit en sa compagnie à la salle à manger, où des tables étaient disposées devant des lits de repas, à la grecque.

Tandis qu'il prenait place, une servante lui servit un peu de ce vin frais et léger en inclinant un cratère corinthien vieux de deux cents ans qui reposait sur la table centrale.

Memnon indiqua un tableau d'Apelle, accroché au mur qui lui faisait face. Il représentait une scène d'amour particulièrement osée dont les protagonistes étaient Arès et Aphrodite. « Te souviens-tu du jour où Apelle vint peindre ce tableau dans cette demeure ?

— Oui, je m'en souviens fort bien, répondit Barsine qui avait l'habitude de tourner le dos à cette œuvre d'art, ne s'étant jamais habituée à l'effronterie des Grecs et à leur façon de dépeindre la nudité.

— Et tu te rappelles la jeune femme qui posait pour lui dans l'attitude d'Aphrodite ?

— Bien sûr. Elle était magnifique : une des plus belles femmes que j'aie jamais vues, digne de personnifier la déesse de l'amour et de la beauté.

— C'était la maîtresse d'Alexandre.

— Tu plaisantes ?

— Non, c'est la vérité. Son nom est Campaspé. Le jour où il la vit nue pour la première fois, il fut tellement frappé par sa beauté qu'il demanda à Apelle de la peindre nue. Par la suite, il comprit que le peintre était éperdument amoureux d'elle. Sais-tu ce qu'il fit alors ? Il la lui offrit en échange du tableau. Alexandre ne se laisse jamais assujettir, pas même par l'amour, je le crains. Oui, je le répète, c'est un homme dangereux. »

Barsine le regarda droit dans les yeux. « Et toi ? Te laisses-tu vaincre par l'amour ? »

Memnon lui rendit son œillade. « C'est le seul adversaire dont j'accepte la domination. »

C'est alors que survinrent les enfants. Ils avaient coutume d'embrasser leurs parents avant d'aller se coucher.

« Quand nous emmèneras-tu sur le champ de bataille, papa ? demanda l'aîné.

— Il est encore trop tôt, répondit Memnon. Il faut que vous grandissiez. » Puis il ajouta après leur départ, en baissant la tête : « Et que vous choisissiez votre camp. »

Barsine observa un moment de silence.

« À quoi penses-tu ? lui demanda son époux.

— À la prochaine bataille, aux dangers que tu devras affronter, à l'angoisse avec laquelle j'attendrai sur la tour l'arrivée d'un messager venu m'annoncer que tu es vivant... ou mort.

— C'est ma vie, Barsine. Je suis un soldat de métier.

— Je le sais, mais cela ne m'aide en aucune façon. Quand cela se produira-t-il ?

— Quoi ? L'affrontement avec Alexandre ? Bientôt, même si je ne suis pas d'accord. Très bientôt. »

Ils terminèrent le repas en l'arrosant d'un vin sucré de Chypre. Memnon contempla le tableau d'Apelle qui lui faisait face. Les armes du dieu Arès gisaient à terre, dans l'herbe, sa tête reposait sur le ventre d'une Aphrodite nue et ses mains étaient appuyées sur les cuisses de la déesse.

Il se tourna vers Barsine en la prenant par la main : « Allons nous coucher », dit-il.

4

Après avoir terminé son tour d'inspection, Ptolémée longea le mur d'enceinte du camp et se dirigea vers le corps de garde principal afin de vérifier l'ordre des rondes suivantes.

Voyant que le pavillon d'Alexandre était éclairé, il s'en approcha. Péritas, qui sommeillait sur sa paillasse, ne daigna même pas le regarder. Ptolémée se fraya un chemin parmi les gardes et glissa la tête à l'intérieur de la tente. « Y aurait-il ici un verre de vin pour un vieux soldat, fatigué et assoiffé ?

— J'ai compris que c'était toi dès que je t'ai vu pointer le nez, plaisanta Alexandre. Viens, sers-toi. J'ai envoyé Leptine se coucher. »

Ptolémée se versa une coupe de vin et en avala quelques gorgées. « Que lis-tu ? demanda-t-il en lorgnant derrière les épaules du roi.

— Xénophon, la " retraite des Dix Mille ".

— Ah, ce Xénophon ! Il a réussi à faire d'une retraite une entreprise plus glorieuse que la guerre de Troie... »

Alexandre griffonna une note sur un bout de papyrus, il posa son poignard sur le rouleau et leva la tête. « Eh bien, c'est un ouvrage follement intéressant. Écoute :

> Comme le soir approchait, ce fut pour les Perses le moment de s'éloigner ; car jamais les barbares ne cam-

paient à moins de soixante stades des Grecs, de peur d'en être attaqués la nuit. La nuit en effet une armée perse est une mauvaise armée. Les cavaliers lient leurs chevaux et généralement leur entravent les pieds, de peur qu'ils ne s'enfuient, s'ils viennent à se délier. Survient-il une alerte, le cavalier perse doit mettre une housse à son cheval, lui passer le mors ; il doit aussi endosser sa cuirasse avant d'enfourcher sa monture. Tout cela est difficile dans l'obscurité et le trouble[1]. »

Ptolémée acquiesça. « Et c'est la vérité, selon toi ?
— Pourquoi pas ? Chaque armée a ses habitudes, auxquelles elle est attachée.
— À quoi penses-tu ?
— Les éclaireurs m'ont appris que les Perses ont quitté Zéléia et qu'ils marchent vers l'ouest. Cela signifie qu'ils ont décidé de nous barrer la route.
— Tout porte à le croire.
— En effet... Maintenant, écoute-moi : si tu étais leur commandant, quel endroit choisirais-tu pour bloquer notre avancée ? »

Ptolémée alla jusqu'à la table où Alexandre avait déployé une carte de l'Anatolie. Il saisit une lanterne, au moyen de laquelle il éclaira le tracé du front côtier en direction de l'intérieur. Puis il l'immobilisa. « Il y a bien ce fleuve. Comment s'appelle-t-il ?
— Le Granique, répondit Alexandre. Il est fort probable qu'ils nous y attendent.
— Ton plan consiste à le franchir de nuit et à attaquer les Perses au point du jour. Ai-je bien deviné ? »

Alexandre se replongea dans l'ouvrage de Xénophon. « Je te l'ai dit : c'est un livre très intéressant. Tu devrais t'en procurer un exemplaire. »

Ptolémée secoua la tête.

« Quelque chose ne va pas ?
— Oh non, ce plan est excellent. Mais...
— Quoi ?

---

1. L'*Anabase*, III, chap. IV, 34-35, trad. Pierre Chambry, Paris, Garnier-Flammarion, 1967, p. 108.

— Eh bien, je l'ignore. Après t'avoir vu danser autour du tombeau d'Achille et t'emparer de ses armes dans le temple d'Athéna Ilias, je m'attendais à une bataille en rase campagne, à la lumière du soleil. Un choc frontal, une bataille... homérique, si je peux m'exprimer ainsi.

— Il en sera ainsi, répliqua Alexandre. Pour quelle raison crois-tu que j'ai emmené Callisthène ? Mais je refuse de risquer inutilement la vie d'un seul homme à moins d'y être contraint. Et c'est également l'attitude que vous devrez adopter.

— Ne t'inquiète pas. »

Ptolémée s'assit. Il contempla un moment le roi qui ne cessait de prendre des notes sur l'ouvrage qu'il avait déroulé devant lui, puis il poursuivit :

« Ce Memnon est un dur à cuire.

— Je le sais. Parménion m'a parlé de lui.

— Et la cavalerie perse ?

— Nous possédons des lances plus longues et des hampes plus robustes que les leurs.

— Pourvu que cela suffise.

— La surprise et notre volonté de vaincre se chargeront du reste : au point où nous en sommes, il nous faut les battre à tout prix. Mais si tu veux un conseil, va te coucher. La sonnerie des trompettes résonnera avant l'aube, et nous devrons marcher toute la journée.

— Tu veux te mettre en position avant demain soir, c'est cela ?

— Exact. Nous tiendrons un conseil de guerre sur les rives du Granique.

— Et toi ? Tu ne vas pas dormir ?

— Plus tard... Que les dieux t'offrent une nuit sereine, Ptolémée.

— À toi aussi, Alexandre. »

Ptolémée regagna sa tente, située sur une petite hauteur près du mur oriental du campement. Il se lava, se changea et se prépara pour la nuit. Avant de se coucher, il donna un dernier coup d'œil à l'extérieur, et vit que la lumière brûlait à deux endroits : sous la tente d'Alexandre, et sous celle de Parménion, loin de là.

La sonnerie des trompettes retentit avant le lever du soleil, ainsi qu'Alexandre l'avait ordonné, mais les cuisiniers étaient réveillés depuis longtemps, et le petit déjeuner attendait les soldats : des marmites fumantes de *maza*, une bouillie d'orge semi-liquide, enrichie de fromage. Les officiers avaient droit, pour leur part, à des fougasses de blé, du fromage de brebis et du lait de vache.

À la seconde sonnerie, le roi monta à cheval et se plaça à la tête de l'armée, près de la porte orientale du camp, avec ses gardes du corps, Perdiccas, Cratère et Lysimaque. Derrière lui s'ébranla la phalange des *pézétaïroï*, précédée par les escadrons de cavalerie légère et suivie par l'infanterie lourde des Grecs ainsi que par les auxiliaires thraces, triballes et agrianes. Elle était flanquée de deux rangs de cavalerie lourde.

Le ciel se teintait de rose en direction de l'Orient et l'air se remplissait du pépiement des moineaux et du sifflement des merles. Des volées de colombes sauvages s'élevaient des bois voisins au fur et à mesure que le bruit cadencé de la marche et le tintement des armes les arrachaient à leur torpeur nocturne.

La Phrygie s'étendait devant les yeux d'Alexandre, avec ses paysages de collines aux manteaux de sapins et ses vallées étroites parcourues par des torrents limpides, le long desquels se dressaient des rangées de peupliers argentés et de saules aux feuilles luisantes. Les troupeaux quittaient leurs pâturages, conduits par leurs bergers et surveillés par des chiens. La vie semblait s'écouler tranquillement, comme si le son menaçant de l'armée en marche se confondait parfaitement avec le bêlement des agneaux et le mugissement des jeunes bœufs.

Des détachements d'éclaireurs camouflés, dépourvus d'insignes et d'armure, marchaient à droite et à gauche de l'armée, dans les vallées parallèles. Ils étaient chargés d'éloigner d'éventuels espions. Mais c'était une précaution inutile : les bergers ou les paysans pouvaient fort bien cacher des agents ennemis.

À l'extrémité de la colonne marchait Callisthène, escorté par une demi-douzaine de cavaliers thessaliens. Il était également accompagné de Philotas, et d'une mule portant deux sacoches remplies de rouleaux de papyrus. Pendant les pauses, l'historien posait un tabouret sur le sol, s'emparait d'une tablette de bois et d'un rouleau, et se mettait à écrire sous l'œil curieux des soldats.

La rumeur selon laquelle ce jeune homme osseux à l'air pédant allait relater l'histoire de l'expédition s'était vite répandue, et chacun espérait au fond de son cœur qu'il serait tôt ou tard immortalisé sur ces pages. Personne, en revanche, ne s'intéressait aux comptes rendus quotidiens que rédigeaient dans un style sec Eumène et les autres officiers, chargés de tenir le journal de marche et de déterminer la succession des étapes.

Ils firent une halte pour déjeuner en milieu de journée, puis s'arrêtèrent de nouveau à l'abri d'une colline basse, aux alentours du Granique, pour attendre que le soir tombe.

Avant que le soleil se couche, le roi convoqua le conseil de guerre sous sa tente et exposa son plan de bataille à ses officiers. Il y avait là Cratère, qui était à la tête d'un détachement de la cavalerie lourde, Parménion, qui commandait la phalange des *pézétaïroï*, et Cleitos le Noir. Tous les compagnons d'Alexandre qui composaient sa garde personnelle et servaient dans la cavalerie étaient également présents : Ptolémée, Lysimaque, Séleucos, Héphestion, Léonnatos, Perdiccas, ainsi qu'Eumène, qui continuait de se présenter aux réunions en tenue militaire — cuirasse, jambières et ceinturon. Il paraissait y avoir pris goût.

« Dès que l'obscurité se fera, commença le roi, un détachement d'assaut de l'infanterie légère, accompagné d'auxiliaires, franchira le fleuve et s'approchera le plus près possible du camp perse afin de le surveiller. Un soldat reviendra immédiatement nous informer de sa position. Si les barbares bougeaient pendant la nuit, d'autres éclaireurs devraient nous le rapporter sans tarder.

« Pour notre part, nous n'allumerons pas de feux. Demain matin, les commandants de bataillon et les chefs d'escouade donneront le signal du réveil sans faire sonner les trompettes, juste avant que ne finisse le quatrième tour de ronde. Si la voie est libre, la cavalerie franchira le fleuve la première, elle se rangera sur l'autre rive et se mettra en marche dès que l'infanterie l'aura rejointe.

« Ce sera le moment crucial de la journée, observat-il en balayant l'assistance du regard. Si mes calculs sont justes, les Perses seront encore sous leurs tentes à cette heure-là, ou presque. Après avoir évalué la distance nous séparant du front ennemi, nous lancerons l'attaque par une charge de cavalerie qui sèmera la confusion dans les rangs barbares. Aussitôt après, la phalange s'élancera pour l'assaut décisif. Les auxiliaires et les subdivisions d'attaque feront le reste.

— Qui conduira la cavalerie ? demanda Parménion qui avait écouté en silence le discours du roi.

— Moi, répondit Alexandre.

— Je te le déconseille, sire. C'est trop dangereux. Laisses-en le soin à Cratère : il a participé à la première expédition en Asie à mes côtés, et s'y est montré très habile.

— Le général Parménion a raison, intervint Séleucos. C'est notre premier affrontement avec les Perses, pourquoi risquer de le compromettre ? »

Le roi leva la main pour mettre fin à la discussion. « Vous m'avez vu combattre à Chéronée contre le bataillon sacré, et sur le fleuve Istros contre les

Thraces et les Triballes. Comment pouvez-vous imaginer que je me comporterai autrement aujourd'hui ? Je conduirai moi-même la Pointe et je serai le premier Macédonien à affronter l'ennemi. Mes hommes doivent savoir que je cours les mêmes dangers qu'eux et que nous jouons tout dans cette bataille, même notre vie. Je n'ai rien d'autre à ajouter pour le moment. Je vous attends tous pour le dîner. »

Personne n'eut le courage de répliquer, mais Eumène, assis à côté de Parménion, lui murmura à l'oreille : « Si j'étais toi, je placerais quelqu'un de particulièrement expérimenté à ses côtés, un homme qui ait déjà combattu contre les Perses et qui connaisse leur tactique.

— J'y ai déjà pensé, le rassura le général. Le Noir sera là. Tout se passera bien, tu verras. »

La réunion fut levée. Les officiers sortirent pour rejoindre leurs détachements et transmettre leurs dernières dispositions. Demeuré à l'écart, Eumène s'approcha d'Alexandre. « Je voulais te dire que ton plan est excellent, mais il reste une inconnue, et de taille.

— Les mercenaires de Memnon.

— Oui. S'ils adoptent une formation en carré, même la cavalerie aura des difficultés à les vaincre.

— Je le sais. Notre phalange pourrait connaître des problèmes et être obligée d'utiliser les armes courtes, l'épée et la hache. Mais il y autre chose... »

Eumène s'assit, tira son manteau sur ses genoux, et ce geste rappela à Alexandre celui de son père Philippe, quand il était en colère. Cet état d'âme n'habitait toutefois pas Eumène : la température était fraîche et il n'était pas habitué au court chiton militaire, qui découvrait ses jambes. Il avait la chair de poule.

Le roi prit un rouleau de papyrus dans sa célèbre cassette, celle qui contenait l'édition d'Homère qu'Aristote lui avait offerte, et le déroula sur la table. « Tu connais la " retraite des Dix Mille ", n'est-ce pas ?

— Bien sûr, on la lit dans toutes les écoles désormais. C'est une prose agréable, qui ne présente aucune difficulté, pas même pour les adolescents.

— Bon. Alors écoute. Nous sommes sur le champ de bataille de Cunaxa, il y a environ soixante-dix ans. Et Cyrus le Jeune s'adresse au commandant Cléarque :

> Il lui ordonna de conduire ses troupes contre le centre ennemi parce que c'était là que se trouvait le roi. " Si nous le tuons, affirma-t-il, le plus dur sera fait. "

— Tu voudrais tuer le commandant ennemi de tes propres mains, dit Eumène sur un ton désapprobateur.

— C'est la raison pour laquelle je prendrai la tête de la Pointe. Nous nous occuperons ensuite des mercenaires de Memnon.

— J'ai compris et je m'en vais, car tu n'as aucunement l'intention d'écouter mes conseils.

— Non, monsieur le secrétaire général, s'exclama Alexandre dans un éclat de rire. Mais cela ne signifie pas que je ne t'aime pas.

— Je t'aime, moi aussi, maudit têtu. Que les dieux te protègent.

— Qu'ils te protègent également, mon ami. »

Eumène regagna sa tente. Il ôta son armure, enfila un vêtement chaud et se plongea dans la lecture d'un ouvrage de tactique militaire en attendant que sonne l'heure du repas.

5

Le fleuve coulait rapidement, grossi par la fonte des neiges sur la chaîne pontique, et un léger vent d'ouest agitait le feuillage des peupliers qui poussaient le long des rives. Des rives abruptes, argileuses et trempées par les récentes pluies.

Alexandre, Héphestion, Séleucos et Perdiccas étaient postés sur une petite hauteur, d'où ils pouvaient voir aussi bien le cours du Granique qu'une portion de territoire au-delà de la rive orientale.

« Qu'en pensez-vous ? demanda le roi.

— Les rives sont imprégnées d'eau, dit Séleucos. Si les barbares se déploient le long du fleuve, ils nous décimeront par des jets de flèches et de javelots avant même que nous ayons atteint la rive opposée. Une fois sur la rive, nos chevaux s'enfonceront dans la boue jusqu'aux genoux ; nombre d'entre eux se blesseront et nous serons de nouveau à la merci des ennemis.

— Ce n'est pas une situation facile, commenta brièvement Perdiccas.

— Il est trop tôt pour nous inquiéter. Attendons que les éclaireurs reviennent. »

Ils observèrent un moment de silence. Le grondement des eaux n'était entamé que par le coassement monotone des grenouilles dans les fossés voisins, et par le chant des grillons qui commençait à s'élever dans la nuit sereine. Bientôt, on entendit un cri, semblable au hululement d'un hibou.

« Ce sont eux », dit Héphestion.

On entendit un bruit de pas sur le sol argileux, puis un bruit dans l'eau : deux silhouettes sombres étaient apparues et franchissaient le gué. Il s'agissait de deux éclaireurs du bataillon des « écuyers ».

« Alors ? » demanda Alexandre avec impatience. Couverts de boue rouge de la tête aux pieds, les deux hommes étaient terrifiants.

« Sire, annonça le premier, les barbares se trouvent à trois ou quatre stades du Granique, sur une petite colline qui domine la plaine jusqu'au cours d'eau. Leur camp est gardé par une double rangée de sentinelles. En outre, quatre escadrons d'archers inspectent la région entre le camp et la rive du fleuve. Il est très difficile de s'approcher sans être vu. Ils ont allumé des feux dans leurs corps de garde, et les sentinelles en projettent la lumière sur les environs à l'aide de leurs boucliers.

— Bien, dit Alexandre. Retournez sur l'autre rive et restez-y. Vous accourrez au moindre mouvement, ou signal, dans le camp adverse, et vous donnerez l'alarme au piquet de cavalerie qui se trouve derrière ces peupliers. Je l'apprendrai immédiatement et je pourrai prendre la décision qui conviendra. Allez-y, et veillez à ne pas être découverts. »

Les deux hommes redescendirent dans le lit du fleuve, qu'il traversèrent. L'eau leur arrivait à la ceinture. Alexandre et ses compagnons rejoignirent leurs chevaux afin de regagner le camp.

« Et s'ils surgissent demain sur la rive du Granique ? » demanda Perdiccas en prenant son moreau par la bride.

Alexandre se passa rapidement la main dans les cheveux, comme il en avait l'habitude lorsque les pensées se pressaient dans son esprit. « Ils devraient pour cela déployer l'infanterie à l'abri du fleuve. Or, il ne sert à rien de l'utiliser pour occuper une position fixe, n'est-ce pas ?

— C'est vrai, acquiesça Perdiccas, de plus en plus laconique.

— Ils aligneront donc leur infanterie, et nous leur enverrons nos assaillants thraces, triballes et agrianes, ainsi que les " écuyers ", derrière le rideau de flèches et de javelines que créera l'infanterie légère. Si nos hommes parviennent à déloger les barbares de la rive, nous ferons avancer l'infanterie lourde et la phalange, dont la cavalerie protégera les flancs. Quoi qu'il en soit, il est trop tôt pour décider. Rentrons, le dîner va être prêt. »

Ils retournèrent au camp. Alexandre invita les officiers à le suivre sous sa tente. Également conviés, les chefs des auxiliaires étrangers se sentirent très honorés.

Ils dînèrent sans se départir de leurs armes, car la situation l'imposait. Le vin fut servit à la grecque, dans trois parts d'eau, de façon à pouvoir aborder la discussion avec la lucidité nécessaire. En outre, les Agrianes et les Triballes devenaient dangereux lorsqu'ils étaient ivres.

Le roi les informa des derniers développements de la situation, et chacun poussa un soupir de soulagement en songeant que les ennemis ne tenaient pas directement la rive du fleuve.

« Sire, intervint Parménion. Le Noir demande l'honneur de te couvrir sur le flanc droit demain : il s'est battu en première ligne au cours de la précédente campagne contre les Perses.

— Et j'ai également couvert le flanc du roi Philippe, ton père, à plusieurs reprises, ajouta Cleitos.

— Alors, tu seras à mes côtés, accepta Alexandre.

— As-tu d'autres ordres à me donner ? demanda Parménion.

— Oui. J'ai remarqué que nous avons déjà tout un cortège de femmes et de marchands. Je veux qu'on les expulse du campement, et qu'on les surveille jusqu'à ce que l'attaque soit terminée. Et je veux qu'un détachement de l'infanterie légère, armé de pied en cap, veille toute la nuit sur la rive du Granique. Naturellement, ces hommes ne se battront pas demain : ils seront trop fatigués pour cela. »

Le dîner se termina en temps voulu, et les officiers rentrèrent sous leurs tentes. Alexandre aussi se prépara pour la nuit. Leptine l'aida à ôter son armure et ses vêtements, à prendre le bain qui l'attendait dans un coin séparé du pavillon royal.

« Est-il vrai que tu combattras, mon maître ? interrogea-t-elle en passant une éponge sur ses épaules.

— Cela ne te regarde pas, Leptine. Si tu écoutes encore une fois nos conversations, je te ferai éloigner. »

La jeune fille baissa les yeux et observa un instant de silence. Quand elle comprit qu'Alexandre n'était pas en colère, elle poursuivit : « Pourquoi cela ne me regarde-t-il pas ?

— Parce qu'il ne t'arrivera rien de désagréable si jamais je devais tomber sur le champ de bataille. Tu auras ta liberté, ainsi qu'une rente qui te permettra de vivre. »

Leptine l'examina avec tristesse. Son menton tremblait et ses yeux s'embuèrent : elle tourna la tête pour qu'il ne s'en aperçoive pas.

Mais Alexandre vit les larmes couler le long de ses joues. « Pourquoi pleures-tu ? Je pensais que cela t'aurait fait plaisir. »

La jeune fille ravala ses pleurs et déclara, dès qu'elle en fut capable : « Je suis heureuse tant que je te vois, mon seigneur. Si je ne peux te voir, il n'y a pour moi ni lumière ni souffle, ni même vie. »

Les bruits du camp s'atténuaient : on n'entendait plus que les voix des sentinelles dans l'obscurité, et l'aboiement des chiens qui erraient à la recherche de nourriture. Alexandre sembla tendre l'oreille un moment, puis il se leva. Leptine accourut pour l'essuyer.

« Je dormirai tout habillé », dit le roi. Il enfila des vêtements propres et choisit l'armure qu'il arborerait le lendemain : un casque en lames de bronze en forme de tête de lion à gueule ouverte, orné de deux longues plumes blanches de héron, une cuirasse athénienne en lin munie d'une protection en bronze représentant une gorgone, des jambières en lames de bronze si astiquées qu'elles paraissaient être en or, un ceinturon en cuir rouge, au milieu duquel se détachait le visage de la déesse Athéna.

« Tu seras visible de loin, dit Leptine d'une voix tremblante.

— Mes hommes doivent me voir et savoir que je risque ma vie avant la leur. À présent, va te coucher : je n'ai plus besoin de toi. »

La jeune fille sortit d'un pas rapide et léger. Alexandre posa ses armes sur le support qui se trouvait près de son lit et éteignit la lanterne. Dans l'obscurité, sa panoplie évoquait le fantôme d'un guerrier qui attendait la lumière de l'aube pour reprendre vie.

6

Réveillé par Péritas qui lui léchait le visage, Alexandre bondit. Deux ordonnances l'attendaient au pied de sa couche et elles l'aidèrent à enfiler son armure. Leptine lui apporta son petit déjeuner sur un plateau d'argent ; il s'agissait du « gobelet de Nestor » : des œufs crus, battus avec du fromage, de la farine, du miel et du vin.

Le roi mangea debout tandis qu'on lui agrafait sa cuirasse et ses jambières, qu'on suspendait son baudrier à son épaule et qu'on y accrochait le fourreau contenant son épée.

« Je ne veux pas de Bucéphale dit-il en sortant. Les rives du fleuves sont trop glissantes, il pourrait s'estropier. Amenez-moi mon bai de Sarmatie. »

Les ordonnances s'exécutèrent pendant qu'il gagnait à pied le centre du terrain, son casque sous le bras gauche. Les rangs étaient déjà presque complets ; à chaque instant, des soldats accouraient pour prendre place près de leurs compagnons. Alexandre monta sur le destrier, que l'on venait de lui amener, et passa en revue les escadrons de la cavalerie macédonienne et thessalienne, puis l'infanterie grecque et la phalange.

Les cavaliers de la Pointe étaient alignés sur cinq rangs à l'extrémité du camp, près de la porte orientale. En silence, ils brandirent leurs lances sur son passage.

Alexandre leva le bras pour donner le signal de départ, et le Noir se plaça à ses côtés. Alors, le piétinement de milliers de chevaux se fit entendre, mêlé au tintement des armes. Les guerriers avançaient au pas dans l'obscurité, en longue file.

L'armée n'était plus qu'à quelques stades de distance du Granique lorsque retentit soudain un martèlement de sabots. On vit surgir au grand galop quatre éclaireurs qui s'immobilisèrent devant Alexandre.

« Sire, dit le premier d'entre eux, les barbares n'ont absolument pas bougé, ils bivouaquent à environ trois stades du fleuve, dans une position dominante. La rive n'est gardée que par des éclaireurs mèdes et scythes, qui surveillent aussi notre côté. Il nous sera donc impossible de les surprendre totalement.

— J'en conviens, dit Alexandre. Mais avant que leur armée ait couvert les trois stades qui la séparent de la rive orientale, nous aurons traversé le gué et nous serons déjà de l'autre côté. Le plus dur sera fait. » Il appela ses gardes du corps d'un geste de la main. « Dites aux commandants des détachements de se tenir prêts à passer sur l'autre rive quand le terrain se dégagera devant nous. Dès que les trompettes sonneront, nous devrons nous précipiter vers le fleuve et le franchir le plus rapidement possible. La cavalerie en tête. »

Les gardes s'éloignèrent. Un peu plus tard, l'infanterie s'arrêta. Elle attendit que les deux colonnes de cavaliers aient défilé sur ses flancs pour se ranger face au Granique. À l'ouest, une faible lueur éclaircissait le ciel.

« Ils pensaient que nous aurions le soleil dans les yeux, et nous n'aurons même pas la lune », dit Alexandre en indiquant le croissant lumineux qui se couchait au sud, derrière les collines de la Phrygie.

Il leva la main et poussa son cheval dans le fleuve. Le Noir lui emboîta le pas avec un escadron de la Pointe. Au même instant, on entendit un cri sur l'autre rive, suivi de nombreux appels qui s'amplifièrent et se confondirent avec la plainte prolongée d'un cor, à laquelle répondirent des signaux plus lointains. Les éclaireurs mèdes et scythes donnaient l'alarme.

Alexandre, qui était déjà au milieu du gué, hurla : « Trompettes ! » Et les trompettes sonnèrent : une note unique, aiguë et déchirante, lancée comme un dard contre la rive opposée, au milieu des appels plus sombres des cors. Bien vite, les montagnes en renvoyèrent l'écho répété.

Le Granique bouillonnait tandis que le roi et sa garde avançaient. Un cri retentit et un cavalier macédonien tomba à l'eau, transpercé par une flèche : les éclaireurs mèdes et scythes s'étaient amassés sur la rive, ils tiraient sans même prendre le temps de viser. D'autres cavaliers furent touchés au cou, au ventre, à la poitrine. Alexandre décrocha son bouclier de son étrier et éperonna une nouvelle fois son cheval. Il était déjà ressorti de l'autre côté du fleuve.

« En avant ! hurla-t-il. En avant ! Trompettes ! »

Le cliquetis des armes se fit encore plus aigu et pénétrant. S'y ajouta le hennissement des chevaux, excités par ce désordre et par les cris de leurs cavaliers, qui les talonnaient et les cinglaient afin de vaincre le tourbillon boueux du courant.

Les deuxième et troisième rangs avaient déjà dépassé le milieu du gué quand le quatrième, le cinquième et le sixième pénétrèrent dans l'eau. Accompagné de son escadron, Alexandre grimpa sur la rive glissante dans le grondement cadencé de la phalange, qui marchait en ordre parfait derrière eux.

Ayant épuisé leurs provisions de flèches, les éclaireurs ennemis firent volte-face avec leurs chevaux et s'enfuirent à toute allure en direction du campement, d'où provenait déjà un terrible fracas d'armes. Des ombres couraient de toutes parts dans l'obscurité, saisissant des torches, remplissant l'air d'appels et de cris en plusieurs langues.

Alexandre fit aligner la Pointe et se plaça à sa tête

tandis que deux escadrons d'*hétaïroï* et deux détachements de la cavalerie thessalienne se déployaient derrière elle sur quatre rangs, aux ordres de leurs chefs. Les Macédoniens étaient conduits par Cratère et Perdiccas ; les Thessaliens, par le prince Amyntas et par leurs officiers, Hénomaos et Échécratidès. Les trompettes attendaient un signe du roi pour emboucher leurs instruments.

« Le Noir, appela Alexandre. Où en sont nos fantassins ? »

Cleitos avança sur son cheval jusqu'à l'extrémité des rangs et jeta un coup d'œil vers le fleuve. « Ils sont en train de monter sur la rive, Alexandre !

— Alors, sonnez la charge ! Au galop ! »

Au son des trompettes, douze mille chevaux s'élancèrent, tête contre tête, soufflant et hennissant au rythme puissant du bai d'Alexandre.

De l'autre côté, la cavalerie perse se rassemblait en grande hâte et non sans désordre. Deux éclaireurs se présentèrent à toute allure au satrape Spithridatès, leur chef suprême.

« Suivez-moi ! ordonna le Perse sans attendre. Repoussons ces *yauna*, rejetons-les à la mer et donnons-les en pâture aux poissons ! En avant ! En avant ! »

Les cors sonnèrent et la terre trembla sous les sabots des chevaux nyséens. En première ligne, Mèdes et Chorasmiens brandissaient leurs grands arcs à double courbure ; les Ossadiens et les Cadusiens suivaient, avec leurs longs sabres courbes, puis les Saques et les Drangianes, qui brandissaient d'énormes cimeterres.

L'infanterie lourde des mercenaires grecs emboîta le pas à la cavalerie, en formation serrée.

« Mercenaires d'Anatolie ! leur cria Memnon en dressant sa lance. Épées vendues ! Vous n'avez plus ni patrie ni maison ! Vous n'avez pas d'autre choix que vaincre ou mourir. Il n'y aura pas de pitié pour nous, car bien que nous soyons grecs, nous combattons du côté du Grand Roi. Soldats, notre patrie est notre honneur, notre lance est notre pain ! Luttez pour votre vie, c'est la seule chose qui vous reste.

Alalalàï ! »

Il se précipita en avant, marchant, puis courant de plus en plus vite. Ses hommes répondirent :

Alalalàï !

Ils se jetèrent derrière lui en maintenant leur alignement frontal dans un vacarme de fer et de bronze.

Apercevant un nuage de poussière à moins d'un stade de distance, Alexandre hurla vers un sonneur de trompe : « Sonne la charge ! » Il s'exécuta, et déchaîna aussitôt le galop furieux de la Pointe.

Les cavaliers abaissèrent leurs lances et s'élancèrent vers l'ennemi, agrippant d'une main les rênes et la crinière de leurs chevaux, jusqu'à l'impact, jusqu'à l'effroyable enchevêtrement d'hommes et d'animaux, de cris et de hennissements, qui suivit le choc des longues hampes de frêne et de cornouiller et le jet des javelots perses.

Spithridatès combattait furieusement, l'épée rougie par le sang. Il se tenait un peu à l'écart sur la droite, le flanc gauche couvert par le gigantesque Rhéomitrès. Le roi fondit sur lui en criant : « Bats-toi, barbare ! Bats-toi contre le roi des Macédoniens, si tu en as le courage ! »

À son tour, Spithridatès poussa son cheval et lança contre lui son javelot. La pointe transperça l'épaulière d'Alexandre et lui égratigna la clavicule. Mais le roi dégaina son épée et se précipita vers le satrape, le heurtant de plein fouet. Déséquilibré, l'homme dut s'agripper à son cheval, et s'exposa dangereusement, ce qui permit à Alexandre de lui enfoncer son épée sous l'aisselle. Mais tous les Perses se retournaient vers le roi macédonien. Une flèche frappa son cheval, qui tomba à genoux, et lui-même ne put éviter la hache de Rhéomitrès.

Son bouclier dévia en partie le coup, qui atteignit néanmoins son casque. La lame cassa le métal, entailla le feutre et entama le cuir chevelu, d'où coula un flot de sang qui ruissela sur le visage du roi, désormais à terre près de sa monture.

Alors que Rhéomitrès levait une nouvelle fois son arme, Cleitos le Noir bondit en hurlant comme un possédé. Il abattit sa lourde épée illyrienne sur le bras du Perse et le trancha net.

Le barbare glissa à terre dans de terribles cris, tandis que son sang jaillissait du membre sectionné, lui ôtant la vie avant même qu'Alexandre se redresse et lui assène le coup de grâce.

Puis le roi sauta sur un cheval qui était en train de galoper librement sur le champ de bataille, et se jeta une nouvelle fois dans la mêlée.

Atterrés par la mort de leur chef, les Perses commencèrent à lâcher pied, au moment où les quatre escadrons des *hétaïroï* et des cavaliers thessaliens, menés par Amyntas, joignaient leur force impressionnante à celle de la Pointe.

La cavalerie perse lutta courageusement contre la Pointe qui s'insinuait de plus en plus dans ses rangs, puis contre la cavalerie légère qui convergeait par vagues sur ses flancs. Ces guerriers thraces et triballes, aussi féroces que des bêtes sauvages, galopaient en décochant des nuages de flèches et des javelots, guettant les signes d'épuisement qui leur permettraient de se lancer dans le corps à corps.

Les compagnons d'Alexandre, Cratère, Philotas et Héphestion, Léonnatos, Perdiccas, Ptolémée, Séleucos et Lysimaque se battaient en première ligne, à l'instar de leur roi, en cherchant le contact direct avec les chefs ennemis, qui tombèrent les uns après les autres. Parmi eux, de nombreux parents du Grand Roi.

Puis la cavalerie perse prit la fuite, poursuivie par les

hétaïroï, les Thessaliens, la cavalerie légère des Thraces et des Triballes, à présent occupés à livrer de furieux corps à corps.

La phalange des *pézétaïroï* se heurta alors aux mercenaires de Memnon qui continuaient d'avancer, épaule contre épaule, protégés par de grands boucliers convexes, le visage couvert par des salades corinthiennes. Les deux armées hurlaient :

Alalalaï !

Elles fondirent l'une sur l'autre, armes tendues.

Sur un ordre de Memnon, tous les mercenaires grecs jetèrent leurs lances ferrées contre l'ennemi et se plongèrent, épée au poing, dans la mêlée, assenant de grands coups et tentant de briser les sarisses pour s'ouvrir une brèche dans le front adverse.

Devinant le danger, Parménion fit intervenir les sauvages Agrianes en les poussant sur les flancs de la formation de Memnon, qui dut se replier pour se défendre.

La phalange put alors se rassembler et le front chargea, lances basses. La cavalerie macédonienne, qui avait traqué les Perses, surgit à son tour, et les mercenaires grecs furent totalement encerclés. Mais ils luttèrent avec acharnement jusqu'au dernier.

Désormais, le soleil inondait la plaine où les cadavres gisaient, entassés les uns sur les autres. Alors que les vétérinaires soignaient le bai de Sarmatie, Alexandre ordonna qu'on lui amène Bucéphale, et il passa en revue ses troupes victorieuses. Son visage était couvert de sang, du fait de sa blessure à la tête ; sa cuirasse était entaillée par le javelot de Spithridatès, son corps était recouvert de poussière et ruisselait de sueur. Mais il avait l'allure d'un dieu aux yeux de ses hommes, qui frappaient leurs boucliers de leurs lances, comme le jour où Philippe avait annoncé sa naissance à sa propre armée, et criaient :

Alexandre ! Alexandre ! Alexandre !

Le roi tourna le regard vers les *pézétaïroï*. Le général Parménion se tenait sur leur droite, debout et en armes, portant les marques du combat. En dépit de son âge, il s'était battu, l'épée au poing, comme les jeunes soldats.

Alexandre alla vers lui, sauta à terre et l'embrassa tandis que les cris de la troupe montaient vers le ciel.

7

Les deux guerriers agrianes se penchèrent sur un amas de cadavres et commencèrent à les dépouiller de leurs armes précieuses — casques de bronze, épées de fer, jambières — qu'ils jetèrent sur un chariot.

Dans la lumière faible et hésitante du soir, l'un d'eux aperçut un bracelet d'or en forme de serpent au poignet d'un mort. Profitant du fait que son ami lui tournait le dos, il se baissa pour s'emparer de ce petit trésor. Aussitôt, un poignard surgit à la vitesse de l'éclair et lui trancha la gorge.

L'homme s'effondra sans un gémissement. Son camarade était si occupé à entasser les armes qu'il n'entendit même pas le bruit de sa chute. Quand il se mit à le chercher, la pénombre s'était épaissie et il pensa que son ami s'était caché.

« Allez, viens, ne fais pas l'idiot ! Aide-moi plutôt, pour que toutes ces choses... » Il n'eut pas le temps de finir sa phrase : l'arme qui avait égorgé le premier guerrier se planta à la base de son cou et s'enfonça jusqu'à la garde.

Tombant à genoux, l'Agriane referma ses doigts autour du manche. Mais il n'eut pas la force d'arracher le poignard : il s'écroula, la tête la première.

Alors Memnon se leva en repoussant les cadavres qui lui avaient servi de cachette jusqu'à ce moment-là.

Il vacillait, car il avait la fièvre et perdait beaucoup de sang par une blessure qui lui ouvrait la cuisse gauche.

Il saisit la ceinture d'un des Agrianes et la noua à la naissance de sa cuisse, puis il déchira un bout de son chiton pour se panser, parvenant ainsi à endiguer l'hémorragie. Quand il eut terminé ce bandage sommaire, il se traîna vers un arbre et y resta à l'abri jusqu'à ce que l'obscurité fût totale.

Des cris de joie s'échappaient du camp macédonien, atténués par la distance, et des flammes incendiaient le camp perse, complètement dévasté par l'ennemi, à environ deux stades de distance.

Il se confectionna une canne à l'aide de son épée et se mit en route d'un pas claudicant, tandis que des chiens errants sortaient de l'obscurité afin de ronger les membres des soldats du Grand Roi, raidis par la mort. Il avança en serrant les dents pour résister à la douleur et vaincre la fatigue qui l'étourdissait. Plus il avançait, plus sa jambe blessée semblait s'alourdir, à la façon d'un poids mort.

Soudain, il aperçut une silhouette devant lui : celle d'un cheval perdu, sans doute échappé du camp pour retrouver son maître, et surpris par les ténèbres. Memnon le rejoignit lentement, il prononça quelques mots pour le rassurer et attrapa les rênes qui pendaient à son encolure.

Après l'avoir caressé, il se hissa sur lui au prix d'un énorme effort et le talonna doucement. S'agrippant à sa crinière, il le dirigea vers sa demeure, à Zéléia. Plus d'une fois, au cours de la nuit, il fut sur le point de tomber, mais la pensée de Barsine et de ses fils le soutint, lui donna la force de résister.

Aux premières lueurs de l'aube, il distingua un petit groupe d'hommes armés qui marchait lentement à l'orée d'un bois. Une voix l'appela : « Commandant, c'est nous ! » Il s'agissait de quatre mercenaires de sa garde personnelle, des hommes très fidèles, qui étaient partis à sa recherche. Il reconnut à grand-peine leurs visages avant de s'évanouir.

Quand il rouvrit les yeux, il était entouré par un détachement de cavaliers perses, venus en reconnaissance pour mesurer l'avancée de l'ennemi.

« Je suis le commandant Memnon, dit-il dans leur langue, et j'ai survécu à la bataille du Granique avec mes courageux amis que vous voyez ici. Ramenez-nous chez nous. »

Le responsable sauta à terre, s'approcha de lui et fit signe à ses hommes de l'aider. On l'installa à l'ombre d'un arbre et on apporta une fiasque pour le désaltérer. Ses lèvres étaient gercées par la fièvre, son corps et son visage couverts de sang grumelé, de poussière et de sueur, ses cheveux collés sur son front.

« Il a perdu beaucoup de sang, expliqua le plus âgé de ses compagnons.

— Un chariot, et vite ! ordonna l'officier perse à l'un de ses soldats. Et appelez le médecin égyptien, qui est peut-être chez le noble Arsitès. Envoyez quelqu'un annoncer à la famille du commandant Memnon que nous l'avons trouvé et qu'il est vivant. »

L'homme bondit sur son cheval et disparut rapidement.

« Que s'est-il passé ? demanda l'officier aux mercenaires. Les messages que nous avons reçus se contredisent tous. »

Les hommes réclamèrent de l'eau, puis, après avoir étanché leur soif, entamèrent leur récit : « Ils ont franchi le fleuve à la faveur de l'obscurité et ont lancé leur cavalerie sur nous. Spithridatès a dû contre-attaquer avec une armée réduite, car nombre de ses soldats n'étaient pas encore prêts. Nous avons lutté jusqu'au dernier, mais nous avons été écrasés. La phalange macédonienne nous assaillait par devant, et la cavalerie par derrière.

— J'ai perdu la plupart de mes hommes, admit Memnon en baissant les yeux. Des vétérans habitués aux plus grandes difficultés et aux plus grands périls, des soldats valeureux auxquels j'étais très attaché. Ceux que vous voyez ici sont les derniers. Alexandre ne nous a même pas laissé la possibilité de négocier notre reddition : à l'évidence, ses hommes avaient reçu l'ordre de frapper pour tuer, et rien de plus. Il voulait faire un exemple pour les Grecs qui oseraient s'opposer à ses projets.

— Et quels sont ces projets, selon toi ? demanda l'officier perse.

— On dit qu'il veut libérer les villes grecques d'Asie, mais je n'y crois pas. Son armée est une machine formidable, préparée depuis des années à une entreprise bien plus importante.

— Laquelle ? »

Memnon secoua la tête. « Je l'ignore. »

Son regard traduisait une immense fatigue et, malgré sa fièvre élevée, il avait le teint terreux. Il tremblait et claquait des dents.

« Maintenant, repose-toi, dit l'officier en étendant un manteau sur lui. Le médecin va bientôt arriver et on te conduira chez toi. » Memnon ferma les yeux, vaincu par l'épuisement, et sombra dans un sommeil agité, marqué par la douleur et par des visions cauchemardesques. Quand l'Égyptien se présenta enfin, il délirait et hurlait, en proie à d'épouvantables hallucinations.

Le médecin le fit installer sur un chariot, il nettoya sa plaie avec du vinaigre et du vin pur, entreprit de la recoudre, puis lui pansa la cuisse au moyen de bandages propres. Il lui fit avaler une boisson amère qui soulageait la souffrance tout en le plongeant dans un sommeil réparateur. Alors, l'officier perse donna le signal de départ et le chariot, tiré par deux mulets, s'ébranla en cahotant et en grinçant.

Ils atteignirent le palais de Zéléia au cœur de la nuit. Dès qu'elle aperçut son époux au bout du sentier, Barsine accourut en pleurant. Se souvenant de l'éducation que leur père leur avait transmise, les enfants demeurèrent, quant à eux, en silence près de la porte, tandis que les soldats soulevaient Memnon et le portaient sur son lit.

Toute la maison était éclairée. Trois médecins grecs attendaient dans l'antichambre. Celui qui semblait le plus expérimenté était également le plus âgé. Il venait d'Atramyttion et se nommait Ariston.

Le médecin égyptien ne parlait que le perse, et Barsine dut lui servir d'interprète pendant la consultation à laquelle elle assista au chevet de son époux.

« Quand je suis arrivé, il était déjà à moitié exsangue, et il avait marché toute la nuit. Il n'a pas de fractures, il urine normalement, son pouls est faible mais régulier, ce qui est déjà quelque chose. Comment pensez-vous intervenir ?

— Des emplâtres de mauve sur la blessure et un drainage si elle commence à suppurer, répondit Ariston.

— Je suis d'accord, acquiesça son confrère égyptien, mais faites-le boire le plus possible. Il faudrait peut-être lui donner aussi du bouillon de viande, qui permet de régénérer le sang. »

Quand elle eut terminé de traduire ses paroles, Barsine l'accompagna à la porte et lui remit une bourse pleine d'argent. « Je te suis reconnaissante de tout ce que tu as fait pour mon mari : sans toi, il serait peut-être mort. »

L'Égyptien accepta la récompense en s'inclinant. « Je n'ai pas fait grand-chose, ma maîtresse. Cet homme est fort comme un taureau, crois-moi. Il a passé la journée sous un amas de cadavres en perdant du sang, puis il a marché toute la nuit en dépit de terribles souffrances. Peu d'êtres possèdent un tel tempérament.

— Vivra-t-il ? » lui demanda Barsine avec angoisse.

Les yeux des soldats, qui l'observaient sans mot dire, reflétaient la même question.

« Je l'ignore. Chaque fois qu'un homme est aussi

gravement blessé, ses humeurs vitales s'échappent de son corps, emportant une partie de son âme. Voilà pourquoi sa vie est en danger. Mais personne ne sait combien de sang Memnon a perdu, et combien son cœur en contient encore. Veille à ce qu'il boive le plus possible : un sang mêlé d'eau vaut mieux que rien. »

Tandis qu'il s'éloignait, Barsine regagna la chambre où les médecins grecs s'affairaient, préparant des herbes et des infusions, ainsi que leurs instruments chirurgicaux pour le cas où il faudrait drainer la blessure. Les servantes avaient déshabillé leur maître, elles lui lavaient le corps et le visage à l'aide de serviettes imbibées d'eau chaude et d'essence de menthe sauvage.

Les fils de Memnon choisirent ce moment pour sortir de leur silence et s'enquérir de la santé de leur père.

« Vous pouvez approcher, dit l'un des médecins, mais ne le dérangez pas : il a besoin de repos. »

Étéocle s'avança et observa Memnon dans l'espoir de le voir ouvrir les yeux. Constatant qu'il ne bougeait pas, il se tourna vers son frère cadet en secouant la tête.

« Allez vous coucher, leur conseilla Barsine. Demain, votre père se portera mieux et vous pourrez lui dire bonjour. »

Les enfants baisèrent la main de Memnon, qui pendait hors du lit, et quittèrent la pièce en compagnie de leur précepteur.

Avant de se retirer vers sa chambre, Étéocle dit à Phraatès : « Si mon père meurt, je retrouverai cet Alexandre, où qu'il se cache, et je le tuerai. Je le jure.

— Je le jure, moi aussi », ajouta son frère.

Barsine veilla son époux toute la nuit, même si les trois médecins se relayaient à son chevet, aussi ponctuels que des sentinelles. De temps en temps, elle changeait les cataplasmes d'eau froide qui recouvraient son front. Vers l'aube, Ariston dénuda la jambe du patient. Voyant qu'elle était rouge et très enflée, il réveilla l'un de ses assistants.

« Il faut lui appliquer des sangsues pour atténuer la pression des liquides internes. Va chercher le matériel nécessaire dans ma chambre. »

Barsine intervint : « Pardonne-moi, mais il n'a pas été question de sangsues dans votre conversation avec l'autre médecin. Vous aviez envisagé de pratiquer un drainage en cas de suppuration, c'est tout.

— Aie confiance. C'est moi le médecin.

— L'Égyptien était le médecin personnel de Spithridatès, et il a même soigné le Grand Roi Darius. J'ai également confiance en lui. C'est pourquoi vous n'appliquerez pas les sangsues avant d'entendre son avis.

— Tu n'as tout de même pas l'intention d'écouter ce barbare ! s'emporta Ariston.

— Moi aussi, je suis une barbare, lui rappela Barsine, et je t'interdis de mettre ces sales bêtes sur la peau de mon mari si le médecin égyptien s'y oppose !

— Puisque c'est comme ça, je m'en vais, affirma Ariston, vexé.

— Va... lui fit alors écho une voix qui semblait provenir de l'au-delà... te faire foutre.

— Memnon ! », s'exclama Barsine en se tournant vers le lit. Puis elle ajouta à l'adresse d'Ariston : « Mon époux se porte mieux, vous pouvez donc vous en aller. Demain, je vous ferai parvenir votre dû. »

Ariston appela aussitôt ses assistants.

« Je t'ai avertie, dit-il en sortant. Sans l'application de sangsues, la tension deviendra insupportable et...

— J'en prends toute la responsabilité, répliqua Barsine. Ne t'inquiète pas. »

Lorsque les Grecs furent partis, elle envoya un domestique chercher le médecin. Il quitta le palais du satrape Spithridatès à bord d'un char et arriva en toute hâte.

« Que se passe-t-il, ma dame ? demanda-t-il en mettant pied à terre.

— Les médecins *yauna* voulaient lui appliquer des

sangsues, mais je m'y suis opposée : je préférais entendre ton avis. Vexés, ils sont partis.

— Tu as bien fait, ma dame : les sangsues auraient aggravé son état. Comment va-t-il ?

— Il a toujours beaucoup de fièvre, mais il est réveillé et il parle.

— Conduis-moi auprès de lui. »

Ils pénétrèrent dans la chambre de Memnon. Malgré les invocations des servantes et les imprécations de ses hommes, qui avaient veillé toute la nuit derrière la porte, il tentait de quitter son lit.

« Si tu poses cette jambe par terre, je serai obligé de l'amputer », avertit le médecin.

Memnon hésita un moment avant de se recoucher en grommelant. Barsine dénuda sa cuisse blessée et l'Égyptien commença à l'examiner : elle était gonflée, enflammée et douloureuse, mais elle ne présentait aucun signe de suppuration. Il ouvrit donc son sac et en versa le contenu sur la table.

« Qu'est-ce que c'est ? interrogea Barsine.

— Une variété de mousse. J'ai vu des guerriers ossadiens soigner leurs blessures avec ce végétal et obtenir une cicatrisation très rapide. J'ignore par quel mystère ce phénomène se produit, mais ce qui compte, pour un médecin, c'est d'arriver à la guérison, non d'être conforté dans ses convictions. Quoi qu'il en soit, les emplâtres de mauve n'auraient pu suffire, je le crains. »

Il appliqua la mousse sur la cuisse du patient et la banda. « Si, d'ici à demain, il est pris de fortes démangeaisons, cela signifiera qu'il guérit. Mais empêchez-le à tout prix de se gratter. S'il le faut, attachez-lui les mains. En revanche, si sa jambe enfle encore et devient plus douloureuse, appelez-moi. Il faudra alors l'amputer. Maintenant, je dois partir : de nombreux blessés m'attendent à Zéléia. »

Il disparut sur un char tiré par deux mulets. Barsine permit aux soldats de son mari de le voir quelques instants, puis elle monta sur la tour la plus haute du palais, où elle avait élevé un petit sanctuaire du feu. Un prêtre y priait, les yeux fixés sur la flamme sacrée.

Barsine s'agenouilla en silence, elle regarda les langues de feu danser sous le souffle léger qui provenait du sommet des montagnes, dans l'attente du verdict. Le prêtre finit par dire : « Ce n'est pas cette blessure qui le tuera.

— C'est tout ce que tu peux me révéler ? » lui demanda-t-elle avec inquiétude.

Le prêtre plongea de nouveau le regard dans les flammes, qui prenaient de la vigueur au gré du vent. « Je vois un grand honneur pour Memnon, qui comportera aussi un grave danger. Reste à ses côtés, ma maîtresse, et fais en sorte que ses fils ne le quittent pas non plus. Il a encore beaucoup à leur apprendre. »

8

Le butin recueilli dans le camp perse et les armes prélevées sur les cadavres étaient amassés au centre du camp. Les hommes d'Eumène en dressaient l'inventaire.

Alexandre se présenta en compagnie d'Héphestion et de Séleucos, il s'assit sur un tabouret auprès du secrétaire général.

« Comment va ta tête ? » lui demanda ce dernier en indiquant le bandage voyant dont Philippe, le médecin, avait enveloppé le crâne du roi.

— Assez bien, répondit Alexandre, mais il s'en est fallu de peu. Si le Noir n'avait pas été là, je ne profiterais pas du soleil à l'heure qu'il est. Comme tu le vois, ajouta-t-il en montrant le butin, nous avons de quoi nourrir nos hommes pendant un mois... et payer nos mercenaires.

— Ne veux-tu rien garder pour toi ? interrogea Eumène.

— Non, mais je souhaiterais envoyer les étoffes de pourpre, les tapis et les tentures à ma mère. Quelque chose aussi à ma sœur... ces vêtements perses, par exemple. Cléopâtre apprécie ce qui n'est pas commun.

— Ce sera fait, acquiesça Eumène avant d'ordonner aux domestiques de mettre de côté les objets en question. Autre chose ?

— Oui. Choisis trois cents panoplies, les plus belles, et envoie-les à Athènes afin qu'elles soient offertes à la déesse Athéna au Parthénon. Avec une dédicace.

— Une dédicace... particulière ?

— Naturellement. Tu écriras :

> De la part d'Alexandre et des Grecs — sauf les Lacédémoniens —, qui ont confisqué ces armes aux Barbares qui habitent l'Asie.

— Un camouflet pour les Spartiates, commenta Séleucos.

— Je leur rends la pareille, puisqu'ils ont refusé de prendre part à mon expédition, répliqua le roi. Ils ne vont pas tarder à comprendre qu'ils ne forment plus qu'un village sans importance. Le monde marche avec Alexandre.

— J'ai convoqué Apelle et Lysippe afin qu'ils exécutent ton portrait équestre, annonça Eumène. Je crois qu'ils atteindront la côte dans quelques jours, à Assos ou à Abydos. Nous en serons avertis. Tu pourras ainsi poser aussi bien pour la statue que pour le tableau.

— Cela ne m'intéresse pas, dit Alexandre. Je veux un monument à nos soldats tombés dans la bataille, quelque chose de jamais vu, que seul Lysippe est en mesure d'exécuter.

— Nous connaîtrons vite l'effet que ta victoire a produit sur nos amis, comme sur nos ennemis, intervint Séleucos. Je suis curieux de savoir ce que diront les habitants de Lampsaque, qui refusent d'être libérés.

— Ils diront qu'ils te sont très reconnaissants de les avoir libérés, dit Héphestion en ricanant. Le vainqueur a toujours raison, le perdant toujours tort.

— La lettre que j'ai écrite à ma mère est-elle partie ? demanda Alexandre à Eumène.

— À l'instant même où tu me l'as confiée. Elle doit déjà avoir atteint la côte. Avec le vent favorable, elle arrivera en Macédoine dans trois jours, au plus tard.

— Aucune nouvelle du côté des Perses ?

— Aucune.

— C'est étrange... J'ai fait soigner leurs blessés par mes chirurgiens et ensevelir leurs morts avec tous les honneurs. »

Eumène leva les sourcils.

« Si tu essaies de me dire quelque chose, parle, par Zeus !

— C'est justement là le problème.

— Je ne comprends pas.

— Les Perses n'enterrent pas leurs morts.

— Quoi ?

— Je ne le savais pas moi non plus : c'est un prisonnier qui me l'a expliqué hier. Les Perses considèrent que la terre et le feu sont sacrés, ils jugent les cadavres immondes. Voilà pourquoi ils pensent qu'en les ensevelissant, ils contamineraient la terre, et qu'en les brûlant, comme nous le faisons, ils contamineraient le feu, qui est un dieu pour eux.

— Mais... alors ?

— Ils placent les cadavres sur des hauteurs, ou au sommet de tours, dans les montagnes, où ils sont dévorés par les rapaces et lentement consumés par les intempéries. Ces constructions se nomment " tours du silence ". »

Alexandre se leva sans mot dire et se dirigea vers sa tente.

Devinant son état d'âme, Eumène fit signe à ses compagnons de le laisser partir. « Il se sent humilié parce qu'il n'a pas compris les usages d'un peuple qu'il estime, et parce qu'il les a offensés sans le vouloir. »

Le secrétaire attendit que le solcil se couche pour se rendre auprès d'Alexandre.

« Le général Parménion t'invite à dîner avec tous les officiers, si tu en as envie.

— Oui, dis-lui que je vous rejoindrai dans un moment.

— Ne te morfonds pas ainsi », observa Eumène, remarquant que son ami était toujours aussi sombre. « Tu ne pouvais pas imaginer...
— Ce n'est pas ça. Je songeais...
— À quoi ?
— Aux usages de ces Perses.
— Je pense qu'ils ont conservé un rituel qui remonte à la période où ils étaient encore nomades.
— Sa grandeur résiste justement dans le fait que les usages des anciens n'aient pas été oubliés. Mon ami, j'aimerais, moi aussi, dormir à jamais sur une tour du silence, si je tombais sur le champ de bataille.

9

Le lendemain, Alexandre envoya Parménion prendre possession de Zéléia et occuper Dascyléion, la capitale de la Phrygie hellespontique. C'était une belle ville au bord de la mer, avec un palais fortifié.

Les nobles perses s'étaient enfuis en n'emportant que leurs biens les plus précieux, et le général interrogea leurs domestiques pour qu'ils lui révèlent leur destination, ainsi que la cachette de Memnon, puisqu'on n'avait pas trouvé son corps sur le champ de bataille.

« Nous ne l'avons pas revu, puissant seigneur, lui confia l'un des administrateurs du palais. Peut-être s'est-il caché loin du lieu de l'affrontement, et s'est-il éteint plus tard dans sa cachette. À moins que ses domestiques ou ses soldats ne l'aient enseveli pour éviter qu'il ne soit dévoré par les chiens et les rapaces. Mais il n'est pas venu ici. »

Parménion convoqua son fils, Philotas.

« Je ne crois pas un mot de ce que ces barbares m'ont dit, mais il est probable que Memnon a été blessé. Il possédait, semble-t-il, une demeure dans cette ville, où il vivait comme un satrape perse. Envoie des détachements de cavalerie légère inspecter la région : ce Grec est le plus dangereux de nos adversaires. S'il est vivant, il nous causera d'innombrables ennuis. Cette nuit, j'ai aperçu des signaux lumineux dans les montagnes : ils transmettent certainement des nouvelles concernant notre victoire. Nous aurons rapidement une réponse, et certes pas de bienvenue.

— Je ferai tout mon possible, père, et je t'amènerai Memnon pieds et poings liés. »

Parménion secoua la tête. « Non, surtout pas. Si tu le trouves, traite-le avec respect. Il n'y a pas de soldat plus valeureux que lui à l'est des Détroits.

— Mais c'est un mercenaire !

— Et alors ? C'est un homme à qui la vie a ôté toute illusion, un homme qui ne croit qu'à son épée. Cette raison suffit pour le respecter. »

Philotas battit soigneusement la campagne, perquisitionna les villas et les palais, questionna les esclaves en recourant parfois à la torture. Mais il n'obtint aucun résultat.

« Rien, rapporta-t-il à son père quelques jours plus tard. Absolument rien. Comme s'il n'avait jamais existé.

— Il y a peut-être un moyen de le débusquer. Surveille les médecins, et notamment les meilleurs d'entre eux : ils pourraient te mener au chevet d'un illustre patient.

— Bonne idée, père. C'est étrange, j'ai toujours pensé que tu étais un soldat, un homme uniquement capable de concevoir des plans de bataille géniaux, et voici que...

— Gagner des batailles ne suffit pas : les difficultés viennent ensuite.

— Je suivrai tes conseils. »

Philotas commença à distribuer de l'argent et à cultiver des amitiés, en particulier dans les couches humbles de la population, et il ne tarda pas à apprendre le nom des meilleurs médecins. Le plus habile d'entre eux était un certain Snefru-en-Kaptah, un Égyptien qui avait soigné le roi Darius à Suse, avant de devenir le médecin personnel du satrape de Phrygie, Spithridatès.

Philotas se mit à l'affût. Un soir, il vit l'homme sortir par une petite porte, à l'arrière de sa demeure, monter prudemment dans un char tiré par une mule, et prendre le chemin de la campagne. Philotas le suivit, à la tête d'un détachement de cavalerie légère. Après avoir parcouru un long trajet dans le noir, il aperçut au loin les lumières d'une somptueuse demeure : un palais aux murs crénelés, aux arcades et aux loggias suspendues.

« Nous y sommes, annonça-t-il à ses hommes. Tenez-vous prêts. »

Ils sautèrent à terre et s'approchèrent en tenant leurs chevaux par les rênes. Mais ils furent bientôt accueillis par un chœur d'aboiements furieux : une meute de féroces mâtins de Cappadoce les attaqua de tous côtés.

Ils furent obligés d'empoigner leurs javelines pour les écarter. L'obscurité les empêchait toutefois de viser, et encore plus d'utiliser leurs arcs et leurs flèches. Quand ces bêtes leur sautèrent dessus, ils durent se défendre avec leurs poignards. Terrorisés, certains chevaux s'échappèrent dans la nuit en hennissant et en lançant des ruades. Aussi, lorsqu'il vint à bout de ses assaillants, le détachement avait perdu la moitié de ses hommes.

« Allons-y quand même ! » ordonna Philotas d'un air furieux.

Ils bondirent sur les quelques chevaux qui n'avaient pas fui et se précipitèrent dans la cour du palais, dont les arcades étaient éclairées par des lanternes. Ils se trouvèrent face à une femme splendide, portant une robe perse très ouvragée et ornée de franges dorées.

« Qui êtes-vous ? demanda-t-elle en grec. Et que voulez-vous ?

— Nous sommes à la recherche d'un homme qui se bat au service des barbares, et nous avons toutes les raisons de croire qu'il se trouve dans cette demeure, probablement blessé. Nous avons suivi son médecin. »

À ces mots, la femme tressaillit et blêmit de colère, mais elle s'effaça pour les laisser passer. « Entrez et inspectez ma maison. Mais je vous prie de vous comporter dignement dans le quartier des femmes, sinon je m'arrangerai pour que votre roi en soit informé. On dit qu'il déteste les abus.

— Vous avez entendu ? s'écria Philotas à l'adresse de ses soldats, tous en piteux état.

« Je regrette, ajouta Barsine en les dévisageant. Si vous vous étiez annoncés, vous auriez pu éviter cet accueil. La région est hélas infestée de bandits, et nous devons nous protéger. Quant au médecin, je vais vous conduire auprès de lui, si vous le souhaitez. »

Elle pénétra dans l'entrée en compagnie de Philotas et emprunta un long couloir, précédée par une servante qui tenait une lanterne.

Ils trouvèrent Snefru-en-Kaptah occupé à examiner un jeune homme, qui était alité.

« Comment se porte-t-il ? demanda Barsine.

— Ce n'est qu'une indigestion. Qu'il boive cette infusion trois fois par jour et qu'il jeûne demain toute la journée. Il se rétablira vite.

— J'ai besoin de m'entretenir seul à seul avec le médecin, dit Philotas.

— Comme tu le veux », acquiesça Barsine qui les invita à s'asseoir dans une pièce voisine.

« Nous savons que cette demeure appartient à Memnon, commença aussitôt Philotas.

— Oui, c'est vrai, confirma l'Égyptien.

— Nous sommes à sa recherche.

— Alors, il vous faut le chercher ailleurs : il n'est pas ici.

— Et où est-il ?

— Je l'ignore.

— L'as-tu soigné ?

— Oui. Je soigne tous ceux qui ont besoin de mes services.

— Tu sais que je peux t'obliger à parler, si je le souhaite.

— Bien sûr, mais je ne pourrais rien t'apprendre de

plus. Penses-tu qu'un homme tel que Memnon aurait dit à son médecin où il comptait se rendre ?

— Était-il blessé ?

— Oui.

— Gravement ?

— Toute blessure peut être grave. Tout dépend de son évolution.

— Je ne suis pas venu ici pour écouter un cours de médecine. Je veux savoir dans quelles conditions se trouvait Memnon la dernière fois que tu l'as vu.

— Il était en voie de guérison.

— Grâce à tes soins.

— Et à ceux de plusieurs médecins grecs, dont un certain Ariston d'Atramyttion, si je ne me trompe.

— Était-il en mesure de monter à cheval ?

— Je n'en ai pas la moindre idée. Mes connaissances en matière d'équitation sont trop minces. À présent, si tu veux bien m'excuser, d'autres patients m'attendent. »

Ne sachant plus que dire, Philotas le laissa partir. Dans l'entrée, il rencontra ses hommes, qui avaient fouillé la demeure.

« Alors ? demanda-t-il à l'un d'eux.

— Rien. Nous n'avons trouvé aucune trace. S'il est venu, il est certainement reparti depuis longtemps. À moins qu'il ne soit caché dans un endroit où nous ne pouvons le dénicher. Mais il y a peut-être une solution...

— Laquelle ?

— Mettre le feu à cette botte de foin. Si des rats y sont cachés, ils finiront bien par sortir, tu ne crois pas ? »

Barsine se mordit la lèvre, mais elle ne prononça pas un mot. Elle se contenta de baisser les yeux pour éviter de croiser le regard de ses ennemis.

Philotas secoua la tête d'un air agacé. « Laissons tomber. Il n'y a rien d'intéressant ici », dit-il avant de sortir, accompagné de ses hommes. Bientôt, le galop de leurs chevaux s'évanouit au lointain, suivi par l'aboiement des chiens. Mais quand ils eurent parcouru trois stades, Philotas freina son cheval.

« Malédiction ! Je parie qu'il a quitté sa cachette souterraine et qu'il est en train de deviser tranquillement avec son épouse. Une belle femme... belle femme, par Zeus !

— Je n'ai pas compris pourquoi nous ne l'avons pas... », commença un de ses hommes, un Thrace de Salmydessos.

— Parce que ça n'est pas pour toi, et que si Alexandre l'apprenait, il te couperait les couilles et les jetterait à son chien. Défoule-toi sur les putains du camp, si tu ne peux pas te retenir. Et maintenant, partons. Nous battons la campagne depuis trop longtemps. »

Au même moment, de l'autre côté de la vallée, on transportait Memnon vers un autre refuge, sur une civière attachée aux bâts de deux ânes.

Avant de franchir le passage menant à la vallée de l'Aisepos à la ville d'Azira, Memnon demanda au muletier de s'arrêter. Il se retourna pour contempler les lumières de sa demeure. Ses vêtements étaient encore imprégnés du parfum de Barsine, qui l'avait étreint une dernière fois.

10

L'armée s'ébranla avec ses chars et son ravitaillement, prenant la direction du mont Ida et du golfe d'Atramyttion, dans le Sud. La capitale de la satrapie de Phrygie ayant été occupée par une garnison macédonienne, il était en effet inutile de s'attarder dans le Nord.

Parménion était de nouveau chargé du commandement en second de l'armée, tandis qu'Alexandre élaborait les décisions stratégiques.

« Nous longerons la côte, annonça-t-il un soir pendant le conseil de guerre. La capitale de la Phrygie est tombée entre nos mains, attaquons-nous maintenant à celle de la Lydie.

— Sardes, précisa Callisthène. La capitale mythique de Midas et de Crésus.

— Cela me paraît n'être qu'un rêve, intervint Léonnatos. Vous rappelez-vous les histoires que nous racontait le vieux Léonidas ? Nous allons donc voir tous ces endroits !

— Oui, confirma Callisthène. Nous verrons l'Hermos, sur les rives duquel Crésus fut battu par les Perses il y a presque deux cents ans. Et nous verrons aussi le Pactole avec ses sables aurifères, qui ont donné naissance à la légende de Midas. Et les tombes où reposent les rois de Lydie.

— Crois-tu que nous trouverons de l'argent dans ces villes ? demanda Eumène.

— Tu ne penses qu'à l'argent ! s'exclama Séleucos. Et d'ailleurs tu as raison.

— Bien sûr que j'ai raison. Savez-vous ce que nous coûte la flotte de nos alliés grecs ? Le savez-vous ?

— Non, monsieur le secrétaire général, répondit Lysimaque. Tu es là pour ça.

— Elle nous coûte cent soixante talents par jour. Je dis bien cent soixante. Le butin que nous avons pris sur le Granique et à Dascyléion comblera les besoins pour une quinzaine de jours, si tout va bien.

— Écoutez, dit Alexandre. Nous allons fondre sur Sardes, et je pense que nous ne rencontrerons pas beaucoup de résistance. Puis nous occuperons le reste de la côte jusqu'aux frontières de la Lycie, jusqu'au fleuve Xanthe. Nous aurons libéré toutes les villes grecques d'Asie avant la fin de l'été.

— Magnifique, approuva Ptolémée. Et ensuite ?

— Nous n'allons tout de même pas rentrer chez nous ! s'écria Héphestion. Je commence tout juste à m'amuser.

— Rien ne dit que notre entreprise sera facile, répliqua Alexandre. Jusqu'à présent, nous n'avons fait qu'égratigner les Perses, et Memnon est certainement en vie. Et puis, nous ignorons si toutes les villes grecques nous ouvriront leurs portes. »

Ils marchèrent plusieurs jours au milieu de promontoires, de criques d'une incroyable beauté, de plages ombragées par de gigantesques pins. Des îles de dimensions variées suivaient la ligne côtière, pareilles à un cortège. Ils atteignirent enfin les rives de l'Hermos, un fleuve aux eaux limpides qui coulait sur un lit de gravier.

Le satrape de Lydie, un certain Mithrènès, était un homme raisonnable. Comprenant qu'il n'avait pas le choix, il envoya à Alexandre une délégation chargée de lui offrir la citadelle. Il l'emmena ensuite visiter la forteresse, dotée d'une triple enceinte, de contreforts et de chemins de ronde.

« C'est de là que partit la "retraite des Dix Mille" », observa Alexandre en posant les yeux sur la plaine, tandis que le vent s'insinuait dans ses cheveux et fléchissait les branches des saules et des ornes.

Un peu à l'écart, Callisthène prenait des notes sur une tablette. « C'est vrai, dit-il. Et la demeure du prince Cyrus le Jeune, alors satrape de Lydie, se dressait ici.

— C'est ici, d'une certaine façon, que commence aussi notre expédition. Mais nous ne suivrons pas le même itinéraire. Demain, nous irons à Éphèse. »

Éphèse se rendit, elle aussi, sans coup férir. La garnison de mercenaires grecs était déjà partie, et quand Alexandre prit position dans la ville, les démocrates, qui revenaient de leur exil, engagèrent une véritable chasse à l'homme, incitant le peuple à piller les demeures les plus riches, celles des seigneurs qui avaient appuyé le gouverneur perse.

Certains se réfugièrent dans les temples. On les en chassa pour les lapider. Devant tant de confusion, Alexandre rétablit l'ordre en envoyant des patrouilles d'« écuyers » dans les rues, il déclara que la démocratie serait restaurée et ordonna aux riches de payer, à titre de dédommagement, un impôt pour la reconstruction du sanctuaire d'Artémis, incendié quelques années plus tôt.

« Sais-tu ce qu'on raconte ? » interrogea Callisthène au cours d'une visite du gigantesque temple en ruine. « Que la déesse ne put éteindre le feu, car elle était trop occupée à te faire naître. Le sanctuaire brûla en effet, il y a vingt et un ans, le jour même de ta naissance.

— Je veux qu'on le rebâtisse, affirma Alexandre. Je veux qu'une forêt de colonnes monumentales en soutienne le toit, et je veux qu'il soit décoré par les meilleurs sculpteurs.

— C'est un beau projet. Tu pourras en parler à Lysippe.

— Il est arrivé ? demanda le roi dont le visage s'illumina.

— Oui. Il a débarqué hier soir, et il lui tarde de te revoir.

— Lysippe, dieux du ciel ! Ces mains, ce regard... Je n'ai jamais vu brûler autant de puissance créatrice que dans les yeux de cet homme. Lorsqu'il te contemple, il entre en contact avec ton âme, il crée une autre personne... D'argile, de bronze, de cire, peu importe : il crée l'être qu'il aurait engendré s'il avait été dieu.

— Dieu ?

— Oui.

— Quel dieu ?

— Le dieu qui est en tous les dieux et en tous les hommes, mais que de rares élus peuvent voir et entendre. »

Les notables de la ville, les chefs démocrates que son père avait jadis établis, que les Perses avaient ensuite chassés et qui étaient revenus à la faveur de son arrivée, l'attendaient pour lui montrer les merveilles d'Éphèse.

Les habitations s'étendaient sur une hauteur qui déclinait doucement vers la mer et vers la vaste baie où se jetait le fleuve Caystros. Le port était rempli de vaisseaux, qui ne cessaient de déverser toutes sortes de marchandises. D'autres embarquaient des étoffes, des épices et des parfums en provenance de l'Asie intérieure, pour les revendre au loin, à l'autre bout du golfe adriatique, sur les îles de la mer Tyrrhénienne, sur la terre des Étrusques et des Ibères. On pouvait entendre le bruissement que produisaient ces activités et les cris des marchands d'esclaves qui vendaient aux enchères des hommes robustes et de belles jeunes filles que la vie avait conduits à ce triste destin.

Les rues étaient bordées d'arcades sur lesquelles donnaient les demeures les plus riches ; les sanctuaires des dieux étaient entourés d'étals et les vendeurs ambulants offraient aux passants des amulettes qui portaient bonheur ou protégeaient contre le mauvais œil, des reliques et des images d'Apollon et de sa sœur Artémis au visage d'ivoire.

Le sang versé à la suite des émeutes avait été nettoyé dans les rues, et la douleur des parents des victimes confinée entre les murs de leurs habitations. La ville n'était que fêtes et allégresse, les habitants se pressaient pour voir Alexandre tout en agitant des rameaux d'olivier ; les jeunes filles lançaient des pétales de roses sur son passage, emplissant l'air d'un tourbillon de couleurs et de parfums.

Ils finirent par gagner un magnifique palais, dont l'entrée était soutenue par des colonnes de marbre surmontées de chapiteaux ioniques, bordées d'or et peintes en bleu. Cette résidence avait appartenu à l'un des aristocrates qui avaient payé de leur sang le prix de leur amitié avec les dominateurs perses. Elle allait servir de demeure au jeune dieu descendu de l'Olympe pour aborder les rives de l'Asie.

Lysippe l'attendait, debout dans l'antichambre. Dès qu'il le vit, il se précipita à sa rencontre et referma sur lui ses grosses mains de casseur de pierre.

« Mon cher ami ! s'exclama Alexandre en l'étreignant à son tour.

— Mon roi ! répondit Lysippe, les yeux brillants.

— As-tu pris un bain ? As-tu déjeuné ? T'a-t-on donné des vêtements propres pour te changer ?

— Tout va bien, ne t'inquiète pas. Je n'avais qu'un seul désir : celui de te revoir. C'est autre chose que de contempler tes portraits. Est-il vrai que tu vas poser pour moi ?

— Oui, mais j'ai également d'autres projets en tête.

Je veux que tu construises un monument hors du commun. Assieds-toi.

— Je t'écoute, dit Lysippe tandis que les domestiques approchaient des sièges pour les dignitaires et pour les amis d'Alexandre.

— Tu as faim ? Veux-tu déjeuner avec nous ?

— Volontiers. »

Les domestiques placèrent des tables devant les convives et leur offrirent les spécialités de la ville : du poisson grillé au romarin et aux olives salées, des légumes secs et des légumes frais, du pain qui sortait tout juste du four.

« Voilà, commença le roi tandis que ses invités se servaient, je voudrais un monument qui soit édifié en l'honneur des vingt-cinq *hétaïroï* de la Pointe tombés sur le Granique au cours de la première attaque contre la cavalerie perse. J'ai ordonné qu'on exécute leurs portraits avant qu'ils soient placés sur le bûcher funèbre, car je désire qu'ils soient ressemblants. Tu les représenteras dans la fureur de la charge, dans l'ardeur du combat. Il faut que l'ensemble se rapproche de la réalité, et que l'on ait le sentiment d'entendre le halètement de leurs chevaux, le martèlement de leur galop. Il ne manquera à ces formes que le souffle vital... que tu ne peux, hélas, encore leur donner. »

Il baissa la tête. Un voile de mélancolie tomba sur ses yeux, alors qu'il se trouvait au milieu de la liesse générale, au milieu des coupes qui débordaient de vin et des plats remplis de mets parfumés.

« Lysippe, mon ami... ces jeunes gens sont réduits à l'état de cendres, et leurs os gisent sous la terre. Capture donc leur âme frémissante, saisis-la avant que le vent ne l'emporte tout à fait, fonds-la dans le bronze, rends-la éternelle ! »

Il s'était levé et gagnait à présent l'embrasure d'une fenêtre qui donnait sur la baie scintillante. Échauffés par le vin, ses invités mangeaient, buvaient et plaisantaient. Lysippe le rejoignit.

« Vingt-six statues à cheval... la troupe d'Alexandre sur le Granique. Un enchevêtrement de membres et d'échines puissantes, de bouches grandes ouvertes et préparant le cri de la guerre, de bras brandissant le glaive et la lance, voilà ce que je veux. Me comprends-tu, Lysippe ? Comprends-tu ce que je veux te dire ?

« Tu érigeras ce monument en Macédoine afin qu'il célèbre éternellement ces jeunes gens qui ont sacrifié leur vie pour le pays, dans le mépris d'une existence obscure et sans gloire.

« Je veux que tu verses dans le bronze ta propre énergie vitale, je veux que ton art accomplisse le plus grand miracle qu'on ait jamais vu. Les gens qui passeront devant ce monument devront frissonner d'admiration et d'effroi, comme si ces cavaliers s'apprêtaient à charger, comme si leurs bouches allaient délivrer le cri qui dépasse la mort, qui franchit les brumes de l'Hadès dont personne n'est jamais revenu. »

Lysippe le regardait sans mot dire, abasourdi. Ses grosses mains calleuses pendaient le long de son corps, inertes et comme impuissantes.

Alexandre les serra dans les siennes. « Ces mains peuvent accomplir ce miracle, je le sais. Il n'existe pas de défi que tu ne puisses relever, il suffit pour cela que tu le veuilles. Tu me ressembles, Lysippe, voilà pourquoi aucun autre sculpteur ne pourra jamais exécuter ma statue. Sais-tu ce qu'a dit Aristote le jour où tu as terminé mon premier portrait, dans notre retraite de Miéza ? Il a dit : " Si Dieu existe, il a les mains de Lysippe. " Acceptes-tu de sculpter mes compagnons dans le bronze ?

— Oui, Alexandre, et cette œuvre remplira le monde de stupeur. Je te le jure. »

Alexandre hocha la tête et lui lança un regard plein d'affection et d'admiration.

« Et maintenant, viens, lui dit-il en glissant son bras sous le sien. Mange quelque chose. »

11

Apelle se présenta le lendemain après-midi avec une importante suite d'esclaves, de femmes et d'enfants de fort bel aspect. Il portait des colliers d'ambre et de lapis-lazuli, ainsi que des vêtements aux couleurs vives qui lui donnaient une allure élégante et légèrement excentrique. On disait que Théophraste avait écrit un petit livre satirique, intitulé *Les Caractères*, qui s'inspirait justement d'Apelle en ce qui concernait l'exhibitionnisme.

Alexandre le reçut dans ses appartements privés. Le peintre était venu en compagnie de la belle Campaspé, qui arborait encore des péplos de jeune fille car c'était la seule façon pour elle de dénuder largement ses épaules et sa poitrine.

« Je te trouve en excellente santé, Apelle, et je suis heureux de constater que la splendeur de Campaspé est encore une source d'inspiration pour toi. Peu d'hommes ont le privilège de vivre auprès d'une telle muse. »

Le visage de Campaspé s'empourpra. Elle s'apprêtait à baiser la main d'Alexandre quand il écarta les bras et la serra contre sa poitrine.

« Tes bras sont toujours très forts, sire », lui murmura-t-elle à l'oreille d'une voix qui aurait réveillé le désir d'un vieillard décédé depuis trois jours.

« J'ai d'autres choses tout aussi fortes, au cas où tu l'aurais oublié », répliqua-t-il en chuchotant.

Gêné, Apelle s'éclaircit la voix avant d'affirmer : « Sire, ce tableau sera un chef-d'œuvre, digne de traverser les siècles. Ou plutôt, ces tableaux, car je voudrais en peindre deux.

— Deux ? demanda Alexandre.

— Si tu es d'accord, évidemment.

— Je t'écoute.

— Je compte d'abord te représenter debout, brandissant un éclair, comme Zeus. Je placerai un aigle à tes côtés, car c'est l'un des symboles de la dynastie argéade. »

Le roi secoua la tête d'un air sceptique.

« Sire, Parménion et Eumène s'accordent sur le fait que tu dois apparaître dans une telle attitude. Cela pourrait avoir un effet non négligeable sur tes sujets asiatiques.

— S'ils le disent... Et l'autre tableau ?

— J'ai l'intention de te peindre chevauchant Bucéphale, en train de charger, la lance au poing. Ce sera une œuvre mémorable, je te l'assure. »

Campaspé laissa échapper un petit rire.

« Qu'y a-t-il ? interrogea Apelle en cachant mal son irritation.

— J'ai, quant à moi, pensé à un troisième tableau, répondit la jeune femme.

— De quoi s'agit-il ? demanda Alexandre. Deux tableaux ne suffisent-ils pas ? Je ne vais tout de même pas passer le reste de ma vie à poser pour Apelle !

— Tu ne seras pas tout seul, expliqua Campaspé avec un éclat de rire encore plus malicieux. Dans le tableau que j'imagine, tu serais représenté sous les traits du dieu Arès, se reposant après la bataille, ses armes abandonnées sur une belle prairie fleurie. Je pourrais, quant à moi, personnifier Aphrodite, occupée à lui procurer quelques menus plaisirs. Tu sais, Apelle, un peu comme ce que tu avais fait pour ce général grec... comment s'appelait-il ? »

Apelle blêmit. Donnant un coup de coude discret à la jeune femme, il se hâta de dire : « Voyons, le roi n'a pas le temps de poser pour trois tableaux. Deux suffisent largement, n'est-ce pas, sire ?

— Oui, oui, mon ami. Et maintenant, veuillez m'excuser, mais Eumène a ponctué ma journée de devoirs variés. Je poserai pour toi avant le dîner. Choisis donc le sujet par lequel tu préfères commencer. S'il s'agit du tableau équestre, fais préparer un cheval de bois : je doute que Bucéphale ait la patience de poser, même pour le grand Apelle. »

Le peintre s'inclina et entraîna son modèle réticent. Alexandre entendit qu'il réprimandait la jeune femme en s'éloignant dans le couloir.

Aussitôt après, Eumène introduisit d'autres visiteurs : une dizaine de chefs de tribus de l'intérieur qui venaient prêter allégeance à leur nouveau maître.

Alexandre alla à leur rencontre et leur serra la main chaleureusement.

« Que réclament-ils ? demanda-t-il à l'interprète.
— Ils veulent savoir ce que tu attends d'eux.
— Rien.
— Rien ? répéta l'interprète d'un air stupéfait.
— Ils peuvent regagner leurs maisons et vivre en paix comme avant. »

Celui qui semblait être le chef de la délégation murmura quelque chose à l'oreille de l'interprète.

« Que dit-il ?
— Il dit : " Et les impôts ? "
— Oh, en ce qui concerne les impôts, intervint promptement Eumène, ils demeurent inchangés. Nous avons, nous aussi, des dépenses et...
— Eumène, je t'en prie, interrompit Alexandre. Tu n'es pas obligé de t'appesantir. »

Les chefs des tribus se consultèrent un moment avant d'affirmer qu'ils étaient très satisfaits ; ils souhaitaient tout le bien du monde au puissant seigneur qui leur faisait face et le remerciaient de sa bienveillance.

« Demande-leur s'ils veulent dîner ici », dit Alexandre.

L'interprète s'exécuta.

« Alors ?

— Ils te remercient de les avoir invités, mais ils répondent que la route est longue, que leur présence est nécessaire pour traire le bétail et aider leurs femmes à accoucher...

— J'ai compris, interrompit Eumène. Des affaires d'État très urgentes.

— Remercie-les d'être venus, conclut Alexandre. Et n'oublie pas de leur remettre des présents de bienvenue.

— Quels présents ?

— Je ne sais pas... des armes, des vêtements, ce que tu veux, mais ne les renvoie pas les mains vides. Ces gens sont attachés aux traditions, ils savent encore apprécier les bons usages. Et ce sont des rois chez eux, ne l'oublie pas. »

Le repas fut servi après le coucher du soleil, quand Alexandre eut terminé sa première séance de pose sur un cheval de bois, puisque le grand Apelle avait décidé de commencer par le sujet le plus difficile.

« Demain, je me rendrai dans les écuries et me ferai amener Bucéphale : il devra poser, lui aussi, pour moi, affirma le peintre en lançant un regard de complaisance au mannequin en bois rembourré qu'un artisan du théâtre avait exécuté à la demande d'Eumène.

— Alors je te conseille de passer chez mon cuisinier pour te munir de biscuits au miel. Tu obtiendras ainsi ses faveurs », suggéra Alexandre.

Le maître de table vint annoncer que le repas était prêt. Apelle était en train de terminer l'esquisse d'ensemble. Alexandre mit pied à terre, il s'approcha du peintre. « Puis-je regarder ?

— Je ne peux te l'interdire, sire, mais les artistes n'aiment pas montrer leurs œuvres inachevées. »

Le roi jeta un coup d'œil au grand tableau. Son humeur changea brusquement. Le peintre n'avait tracé au fusain que les lignes essentielles, au moyen de traits rapides. Il ne s'était attardé que sur quelques détails : les yeux, quelques mèches de cheveux, les mains, les naseaux dilatés de Bucéphale, ses sabots martelant le sol...

Apelle guettait ses réactions.

« Ce n'est pas terminé, sire, il s'agit seulement d'une esquisse. Les couleurs et les volumes changeront tout... »

Alexandre l'interrompit d'un geste de la main : « C'est déjà un chef-d'œuvre, Apelle. Tu as donné le meilleur de toi-même dans cette ébauche. On peut imaginer le reste. »

Ils gagnèrent ensemble la salle du banquet où les attendaient les notables de la ville, les chefs des collèges sacerdotaux et les compagnons du roi. Souhaitant donner aux Éphésiens une bonne image de ses amis et de lui-même, Alexandre avait banni tout excès : les « compagnes » des invités se contentèrent de jouer de la musique, de danser et de se livrer à des jeux innocents, et l'on servit du vin à la grecque, dans trois parts d'eau.

Du fait de leur immense renommée, Apelle et Lysippe furent au centre des conversations.

« J'ai entendu une histoire très curieuse ! s'écria Callisthène en s'adressant à Apelle. À propos du portrait que tu as exécuté pour le roi Philippe.

— Ah oui, répondit Apelle. Eh bien, raconte-moi cette histoire, car je ne m'en souviens plus. »

Toute l'assistance éclata de rire.

« Bon, reprit Callisthène, je vais la relater de la façon dont je l'ai apprise. Un jour, le roi Philippe te commande un portrait destiné au sanctuaire de Delphes, mais il te dit : " Embellis-moi un peu... euh, dissimule mon œil malade, augmente ma taille, noircis-moi les cheveux, sans exagérer bien sûr, mais tu comprends "... »

— J'ai l'impression de l'entendre, ricana Eumène en imitant la grosse voix de Philippe. " Quoi ? j'appelle un grand peintre, et je dois tout lui expliquer ? "

— Ah, oui, je m'en souviens maintenant, s'écria Apelle en riant de bon cœur. Ce sont les mots exacts qu'il a prononcés !

— Alors, continue donc ce récit, pria Callisthène.

— Non, non, je préfère l'écouter.

— S'il en est ainsi... Bon, le maître achève son portrait et l'installe dans la cour, en pleine lumière, afin que son illustre client puisse l'admirer. Ceux d'entre vous qui sont allés à Delphes l'ont sans doute vu : un tableau d'une beauté, d'une splendeur... Le roi était représenté avec sa couronne d'or, son manteau rouge et son sceptre, on aurait dit l'image du grand Zeus. " Cela te plaît-il, sire ? " interroge Apelle. Philippe examine le tableau d'un air peu convaincu. " Dois-je te dire le fond de ma pensée ? " lui demande-t-il. " Bien sûr, sire ", affirme le peintre. " Eh bien, je trouve qu'il n'est pas ressemblant. "

— C'est vrai, c'est vrai ! approuva Appelle sans cesser de rire. Avec des cheveux plus noirs, une barbe plus soignée, un teint plus rose, il ne s'était pas reconnu.

— Alors ? interrogea Eumène.

— Voici le plus beau de l'histoire, poursuivit Callisthène, si tant est qu'elle est vraie. C'est alors que passa dans la cour un palefrenier qui tenait par les rênes le cheval du roi. L'animal s'immobilisa devant le tableau, il se mit à agiter la queue, à secouer la tête et à hennir bruyamment, à la grande stupeur de l'assistance. Regardant tour à tour le roi, le cheval et le tableau, Apelle s'exclama : " Sire, puis-je te dire, moi aussi, le fond de ma pensée ? " " Bien sûr, par Zeus ! " répond ce dernier. " Eh bien, je regrette, sire, mais je crains que ton cheval ne s'y connaisse mieux en peinture que toi. "

— C'est la pure vérité, conclut Apelle. Je jure que tout cela s'est produit ainsi.
— Et lui ? demanda Héphestion.
— Lui ? Il a haussé les épaules et a dit : " Ah ! Vous avez toujours raison. Pour cette fois, fais-toi payer. Maintenant que tu l'as terminé, je le garde. " »

Tout le monde applaudit, et Eumène confirma le paiement du tableau dont tous les invités louèrent l'excellente facture, même si certains ne l'avaient jamais vu.

Se sentant le centre de l'attention, Apelle s'employait à occuper la scène comme un acteur plein d'expérience.

Alexandre pria alors ses convives de l'excuser : il devait se lever tôt le lendemain, afin d'inspecter les fortifications maritimes. Il s'éloigna tandis qu'on servait des boissons plus fortes et que des « compagnes » plus audacieuses faisaient leur apparition.

Quand il pénétra dans ses appartements, il trouva Leptine qui l'attendait, une lanterne à la main et une moue sur les lèvres. Pendant qu'elle lui tournait le dos pour éclairer le couloir menant à sa chambre, il s'interrogea sur les raisons de cette bouderie, mais il s'abstint de lui poser la moindre question.

Il lui suffit de pousser la porte de sa chambre pour comprendre. Campaspé était allongée sur son lit, entièrement nue, dans une position qui évoquait une héroïne mythique : Danaé, peut-être, attendant une pluie d'or, ou Léda avant que le cygne n'arrive.

La jeune femme se leva et vint vers lui. Elle le déshabilla, s'agenouilla sur le tapis et couvrit de baisers son ventre et ses cuisses.

« Le point vulnérable de ton ancêtre Achille était le talon, murmura-t-elle en plongeant ses yeux bistrés dans les siens. Voyons voir si je me rappelle le tien. »

Alexandre sourit en lui caressant les cheveux. À force de fréquenter Apelle, la jeune femme ne s'exprimait plus qu'en termes mythologiques.

12

Alexandre quitta Éphèse au milieu du printemps pour se diriger vers Milet. Lysippe, qui avait compris ce que le roi attendait de lui, repartit pour la Macédoine en possession d'un ordre écrit destiné au régent Antipatros : Alexandre lui demandait de mettre à la disposition du sculpteur les moyens nécessaires à l'œuvre gigantesque qu'il s'apprêtait à réaliser.

Il débarqua d'abord à Athènes, où il rencontra Aristote qui donnait à présent des leçons dans les locaux de son académie. Le philosophe le reçut dans un salon privé et lui fit servir du vin frais.

« Notre roi m'a chargé de te présenter ses salutations et ses hommages, et de te dire qu'il t'écrira une longue lettre dès que possible.

— Je te remercie. L'écho de son entreprise est bien vite parvenu à Athènes. Les trois cents armures qu'il a envoyées sur l'Acropole ont attiré des milliers de curieux, et leur dédicace, excluant les Spartiates, a couru comme le vent jusqu'aux colonnes d'Héraclès. Alexandre sait comment faire parler de lui.

— Quelle est l'humeur des Athéniens ?

— Démosthène dispose toujours d'un ascendant considérable sur eux, mais les aventures du roi ont profondément marqué l'imagination des habitants. En outre, nombre d'entre eux ont des parents qui se battent en Asie, dans l'armée ou dans la flotte, ce qui les amène à réclamer la prudence en politique. Mais il est inutile de se faire des illusions : si le roi devait tomber sur le champ de bataille, il y aurait aussitôt un soulèvement, et ses amis seraient persécutés, à commencer par moi. Dis-moi plutôt comment s'est comporté Alexandre jusqu'à présent ?

— D'une façon très juste, à ce que j'en sais : il a été clément avec les ennemis vaincus et s'est contenté de restaurer la démocratie dans les villes, sans exiger aucune modification de leurs règlements internes. »

Aristote hocha la tête et se lissa la barbe en signe d'approbation : l'élève semblait mettre à profit les leçons du maître. Il se leva. « Aimerais-tu visiter l'académie ?

— Avec grand plaisir », répondit Lysippe.

Ils gagnèrent le portique intérieur et se promenèrent autour de la cour centrale, à l'ombre d'une élégante colonnade de marbre pentélique à chapiteaux ioniques. Au centre se trouvait un puits bordé de briques, au niveau du sol. Le va-et-vient de la corde y avait creusé un profond sillon. Un domestique y plongeait un seau.

« Nous avons quatre esclaves, deux pour le ménage et deux autres pour le service de la table. Il nous arrive fréquemment de recevoir des invités appartenant à d'autres écoles, et certains de nos disciples séjournent ici. »

Il franchit une porte en forme d'arc. « Voici le département des sciences politiques, où nous avons rassemblé les constitutions de plus de cent soixante-dix villes de Grèce, d'Asie, d'Afrique et d'Italie. Et là, expliqua-t-il en s'engageant dans un couloir sur lequel donnaient d'autres portes, le département des sciences naturelles, qui renferme des collections de minéraux, de plantes et d'insectes. Enfin, dans cette zone-ci, continua-t-il en accompagnant son invité dans un vaste salon, se trouve la collection d'animaux rares. Un taxidermiste égyptien, spécialiste de l'empaillage des chats et des crocodiles sacrés, que j'ai appelé ici, y travaille sans relâche. »

Lysippe balaya la pièce d'un regard fasciné. Mais il était moins intéressé par les animaux empaillés — serpents, crocodiles, charognards — que par les dessins anatomiques, qui portaient la patte d'artistes habiles et expérimentés.

« Naturellement, il faut se méfier des contrefaçons et des escroqueries, poursuivit Aristote. Des rumeurs concernant nos activités se sont répandues dans la région, et nous recevons désormais les offres les plus extravagantes qui soient : des ichneumons, des basilics, voire des centaures et des sirènes.

— Des centaures et des sirènes ? répéta Lysippe d'un air abasourdi.

— Oui. Et nous sommes également invités à admirer ces miracles avant de les acquérir.

— Comment est-ce possible ?

— Simple taxidermie. Et ce n'est pas un hasard si les offres les plus nombreuses proviennent d'Égypte, où les empailleurs possèdent une expérience millénaire. Il ne leur est pas difficile de fixer le torse d'un homme sur le corps d'un poulain, de masquer les coutures à l'aide de poils et de crins, avant d'empailler le tout. Le résultat de ces chefs-d'œuvre d'habileté n'est pas méprisable, je te l'assure.

— Je te crois. »

Aristote s'approcha d'une fenêtre, d'où l'on pouvait admirer la colline du Lycabette, couverte de pins, et l'Acropole, au fond, avec la grande masse du Parthénon. « À ton avis, que va-t-il faire maintenant ? » demanda-t-il.

Lysippe comprit qu'Alexandre n'avait pas cessé d'occuper ses pensées.

« Je ne sais pas grand-chose. Il compte prendre la direction du sud, mais personne ne connaît ses véritables intentions.

— Il avancera, affirma le philosophe en se tournant

vers l'artiste. Il avancera tant qu'il en aura la force, et personne ne pourra l'arrêter. »

Resté seul à Éphèse, Apelle travaillait au grand portrait équestre du roi de Macédoine, qui s'était mis en route vers Milet.

Il avait surtout travaillé à la tête de Bucéphale, qu'il peignait avec un tel réalisme que l'animal semblait prêt à bondir du tableau. Désirant créer la stupeur chez son client, Apelle avait pris les mesures nécessaires pour être conduit au camp suivant.

Depuis plusieurs heures, il s'entêtait à représenter à petits coups de pinceau la bave sanguinolente qui coulait sur le mors du cheval, mais il ne parvenait pas à trouver la nuance juste. De plus, Campaspé l'insupportait avec ses discussions sans fin : leur passion s'était quelque peu éteinte.

« Si tu ne la boucles pas, s'écria le peintre d'une voix exaspérée, je n'y arriverai jamais !

— Mais, chéri...

— Assez ! » hurla Apelle, hors de lui. Puis il jeta sur la toile une éponge imbibée de couleur.

Par un hasard extraordinaire, l'éponge atterrit exactement à la commissure des lèvres du cheval, avant de tomber par terre.

« Voilà, pleurnicha la jeune femme, tu as tout abîmé ! Tu es content, maintenant ? Et tu vas dire que c'est ma faute, n'est-ce pas ? »

Mais l'artiste ne l'écoutait pas. Il s'approcha de son tableau, levant les bras en un geste d'incrédulité et d'émerveillement. « C'est impossible, murmura-t-il. Oh, par les dieux, c'est impossible ! »

L'éponge avait laissé sur les lèvres du cheval l'effet désiré, produisant à l'insu du peintre un résultat d'un réalisme inégalable.

« Oh, mais... », gazouilla Campaspé en admirant elle aussi ce miracle.

Apelle se tourna vers elle et pointa l'index sous son nez. « Si jamais tu dévoiles la façon dont j'ai exécuté ce détail », dit-il en indiquant la prodigieuse tache de couleur, « je dévorerai ton joli petit nez. Je me suis fait comprendre ?

— Oui, mon adoré », acquiesça Campaspé en reculant.

Peut-être était-elle sincère à cet instant précis. Mais, la discrétion n'étant pas sa plus grande qualité, tous les Éphésiens apprirent quelques jours plus tard comment le grand Apelle avait peint le merveilleux détail de la bave sanguinolente qui ornait la lèvre de Bucéphale.

13

Le commandant de la garnison de Milet, un Grec du nom d'Hégésistrate, ayant mandé un de ses hommes auprès d'Alexandre pour lui annoncer qu'il était prêt à lui livrer la ville, le roi fit avancer l'armée dans l'intention d'en prendre possession. Par prudence, il envoya toutefois un escadron de cavaliers en reconnaissance, sous les ordres de Cratère et de Perdiccas.

Ceux-ci traversèrent le fleuve Méandre et s'engagèrent sur les pentes du mont Latmos. Une fois arrivés au sommet, ils s'immobilisèrent, frappés de stupeur par le spectacle qui s'offrait à leurs yeux : un groupe de navires de guerre venait de passer à hauteur du promontoire de Milet et s'apprêtait à bloquer le golfe.

D'autres navires surgirent, et la baie fourmilla bientôt de centaines de vaisseaux. Fouettée par des milliers de rames, la mer bouillonnait et l'on pouvait entendre, en dépit de la distance, le grondement des tambours qui battaient le rythme de croisière pour les marins.

« Oh, par les dieux, murmura Perdiccas. La flotte perse !

— Combien de navires y a-t-il, selon toi ? demanda Cratère.

— Quelques centaines... Deux ou trois cents au moins. Notre flotte ne va pas tarder : elle se fera surprendre dans le golfe et sera anéantie. Il nous faut rebrousser chemin immédiatement et dire à Néarque de reculer. Cette flotte est deux fois plus importante que la nôtre ! »

Ils éperonnèrent leurs chevaux et dévalèrent la pente pour rejoindre l'armée, qui devait poursuivre sa marche vers le sud.

Au bout de quelques heures, ils la trouvèrent sur la rive gauche du Méandre et se précipitèrent auprès du roi. Celui-ci, en compagnie de Ptolémée et Héphestion, était en train de surveiller le passage de la cavalerie sur le pont de bateaux que ses ingénieurs avaient installé près de l'embouchure.

« Alexandre ! s'écria Cratère. Il y a trois cents navires de guerre dans la baie de Milet. Il faut retenir Néarque, sinon notre flotte sera coulée !

— Quand les avez-vous vus ? interrogea le roi en fronçant les sourcils.

— Il y a quelques heures. Lorsque nous sommes arrivés au sommet du mont Latmos, nous avons vu surgir l'escadre de tête. Les autres bateaux ont suivi, il y en avait à perte de vue. Des monstres à quatre ou cinq rangs de rames.

— J'ai également vu des " huit renforcés ", ajouta Perdiccas.

— Tu en es sûr ?

— Sûr et certain ! Ils ont des rostres en bronze de cinq mille livres.

— Il faut que tu bloques l'avancée de notre flotte, Alexandre ! Néarque ne sait rien, il n'a pas encore dépassé le promontoire de Mycale : si nous ne l'avertissons pas, il ira tout droit sur les Perses.

— Calmez-vous, dit le roi. Nous avons encore le temps. » Puis, se tournant vers Callisthène qui était assis un peu à l'écart sur son tabouret de voyage, il ajouta : « Donne-moi une tablette et un stylet, s'il te plaît. »

Callisthène s'exécuta aussitôt et Alexandre écrivit un court message qu'il confia à un cavalier de sa garde personnelle. « Porte-le sans tarder au signaleur posté sur le promontoire de Mycale, et dis-lui de le transmettre immédiatement à notre flotte, en espérant qu'il arrivera à temps.

— J'en suis convaincu, affirma Héphestion. Le vent de Notos avantage les Perses, qui viennent du sud. En revanche, il est défavorable aux nôtres, qui arrivent du nord. »

Le cavalier s'engagea au galop sur le pont de bateaux en criant à ceux qu'il croisait de le laisser passer, puis il s'élança sur les pentes du promontoire de Mycale et rejoignit les topographes du service itinéraire qui surveillaient la flotte de Néarque, au nord. Ils se servaient d'un bouclier étincelant pour s'acquitter de leur tâche.

« Le roi a ordonné que tu envoies au plus vite ce message, dit-il en tendant la tablette. La flotte perse se trouve dans le golfe de Milet, elle est composée de trois cents navires de guerre. »

Le topographe se mit à scruter le ciel. Un nuage venait du sud, poussé par le vent. « Je ne peux pas, il faut attendre que ce nuage soit passé. Regarde, il commence à obscurcir le soleil.

— Malédiction ! s'écria le cavalier. Pourquoi ne pas essayer avec des étendards ?

— Ils sont trop loin, expliqua le topographe. Ils ne nous verraient pas. Nous devons être patients, cela ne prendra pas longtemps. »

En effet, l'ombre du nuage recouvrait à présent le promontoire, tandis que la flotte avançait en plein soleil, bien rangée derrière le vaisseau amiral de Néarque.

Le temps paraissait s'étirer. La flotte s'approcha de la pointe occidentale du promontoire et commença à virer à tribord pour le dépasser.

Enfin le soleil réapparut et les topographes lancèrent leur message en réfléchissant ses rayons. Quelques instants s'écoulèrent. La flotte poursuivait sa route.

« Nous ont-ils vus ? demanda le cavalier.
— Je l'espère.
— Alors, pourquoi ne s'arrêtent-ils pas ?
— Je l'ignore.
— Recommencez ! Vite ! »
Les topographes s'exécutèrent.
« Par Zeus ! Pourquoi ne répondent-ils pas ?
— Parce qu'ils sont à présent dans l'ombre du nuage. »
Le cavalier faisait les cent pas en se mordant la lèvre. Il ne cessait de fixer l'armée en songeant à l'état d'esprit du roi.
« Ils l'ont reçu ! s'exclama alors le topographe. Le vaisseau amiral amène les voiles et sort les rames. Ils ne vont pas tarder à répondre. »
Le vaisseau amiral avait réduit sa vitesse, et l'on pouvait distinguer le bouillonnement de l'écume sous les rames qui le poussaient vers la tête du promontoire, dans un endroit abrité.
Une lumière clignota à la proue, et le topographe déchiffra le message :
« Longerons... la... côte... jusqu'au... fleuve.
— Magnifique, ils ont compris ! Va le dire au roi, et vite : le soleil ne nous permet pas de le lui signaler d'ici. »
Le cavalier dévala la pente du promontoire et rejoignit le roi, qui avait réuni sur la plage le haut commandement au grand complet. « Roi ! Néarque a reçu ton message, il a commencé les manœuvres, annonça-t-il en sautant à terre. Tu ne vas pas tarder à le voir doubler le promontoire.
— Très bien, répondit Alexandre. Cette position nous permettra de surveiller les mouvements de la flotte perse. »
À cet instant précis, l'immense escadre du Grand Roi recouvrait presque entièrement la surface miroitante de la mer qui s'étendait entre la péninsule de Milet et les pentes du mont Latmos. Le vaisseau amiral

de Néarque, doublait, quant à lui, le cap Mycale et longeait la côte en direction de l'embouchure du Méandre, suivi par les autres unités de la marine alliée.

« Nous l'avons échappé belle, dit le roi. Du moins pour le moment.

— Oui, commenta Cratère. Si nous n'avions pas signalé le danger, Néarque serait tombé nez à nez avec les Perses et aurait été obligé de se battre dans des conditions d'infériorité totale.

— Et maintenant, que comptes-tu faire ? » interrogea Parménion.

Il n'avait pas encore terminé de parler quand se présenta un « écuyer » brandissant une dépêche. « Des nouvelles de Milet, sire. »

Alexandre lut le message :

> Philotas, fils de Parménion, à Alexandre, salut !
> Le commandant de la garnison de Milet, Hégésistrate, a changé d'idée, il n'est plus disposé à nous ouvrir les portes de la ville.
> Il a confiance en l'appui de la flotte du Grand Roi.
> Sois tranquille et prends soin de toi.

« Il fallait s'y attendre, dit Alexandre. Maintenant que les navires perses sont au mouillage dans la baie, Hégésistrate se sent invincible.

— Roi, annonça l'un des "écuyers" de la garde, notre vaisseau amiral nous envoie une chaloupe.

— Tant mieux. Nos marins vont pouvoir participer au conseil de guerre. »

Un peu plus tard, Néarque descendit à terre, précédant le commandant athénien de l'escadre alliée, Charylaos.

Le roi les accueillit cordialement et les mit au courant de la situation, puis il demanda l'avis de son entourage en commençant par le plus âgé, Parménion.

« Je ne suis pas un expert dans ce domaine, mais je pense que s'il était là, le roi Philippe attaquerait la flotte ennemie par surprise : nos navires sont plus rapides et plus facilement manœuvrables. »

L'humeur d'Alexandre s'assombrit comme chaque fois qu'on le comparait en public au roi disparu.

« Mon père s'est toujours battu quand les chances de victoire étaient nombreuses. Dans le cas contraire, il avait recours à la ruse, répliqua-t-il sèchement.

— Engager le combat serait une erreur, intervint Néarque. Le rapport de forces est de un à trois, et nous tournons le dos à la terre, ce qui limite nos possibilités de manœuvre. »

D'autres membres du haut commandement exprimèrent leur avis, mais tous s'aperçurent vite qu'Alexandre ne leur prêtait pas attention : il contemplait un aigle de mer, qui dessinait de larges cercles au-dessus de la plage. Soudain, l'aigle piqua vers l'eau à toute allure avant de refermer ses serres sur un gros poisson. Puis il reprit de l'altitude d'un grand coup d'ailes et s'éloigna avec sa proie.

« Vous avez vu ce poisson ? Sûr de son agilité et certain de dominer l'élément marin, il s'est trop approché de la plage, où l'aigle a tiré profit d'une situation plus favorable. C'est exactement ce que nous allons faire.

— Que veux-tu dire par là ? demanda Ptolémée. Nous n'avons pas d'ailes. »

Alexandre sourit. « C'est la deuxième fois que tu me le fais remarquer. La première fois, t'en souviens-tu ? nous devions pénétrer en Thessalie et nous faisions face à la paroi infranchissable du mont Ossa.

— C'est vrai, admit Ptolémée.

— Très bien, continua le roi. Je pense que nous ne pouvons pas nous permettre d'engager un affrontement naval dans ces conditions : non seulement l'ennemi a une supériorité numérique écrasante, mais il possède aussi des navires plus puissants et plus solides que les nôtres. Si notre flotte était anéantie, mon prestige serait détruit. Les Grecs se soulèveraient et l'alliance que j'ai rétablie à grand-peine volerait en éclats, ce qui aurait des conséquences désastreuses. Je vous ordonne donc de tirer les navires au sec, en commençant par ceux qui transportent les machines de guerre en pièces. Nous monterons ces machines et les amènerons sous les murs de Milet.

— Tu comptes tirer au sec la flotte entière ? interrogea Néarque d'un air incrédule.

— Exactement.

— Mais, sire...

— Écoute, Néarque, l'infanterie que les Perses ont embarquée sur leurs vaisseaux est-elle, selon toi, en mesure d'affronter ma phalange, rangée sur la rive ?

— Je pense que non.

— Tu peux en être sûr, affirma Léonnatos. Cette idée ne leur traverse même pas l'esprit. S'ils veulent se frotter à nous, nous les exterminerons avant même qu'ils ne posent un pied sur le sable.

— Exact, approuva Alexandre. Ils ne le feront donc pas.

— Cependant, poursuivit Néarque qui avait deviné les intentions du roi, ils ne pourront pas rester indéfiniment au mouillage... Pour accroître la puissance de leurs navires, ils ont dû augmenter le nombre de leurs rameurs. Cela signifie qu'ils n'ont plus de place à bord pour quoi que ce soit. Ils sont dans l'impossibilité de faire la cuisine et de conserver des réserves d'eau suffisantes. Ils dépendent complètement du ravitaillement terrestre.

— Que nous bloquerons au moyen de la cavalerie, conclut Alexandre. Nous inspecterons les moindres recoins de la côte, les embouchures des fleuves et des ruisseaux, les sources. Les Perses se retrouveront rapidement sans nourriture ni eau, sous un soleil flamboyant, desséchés par la soif et taraudés par la faim, alors que nous ne manquerons de rien.

« Eumène dirigera le montage des machines de siège. Perdiccas et Ptolémée mèneront l'attaque contre le versant ouest des murs de Milet dès que les machines y auront ouvert une brèche. Cratère lancera la cavalerie le long de la côte avec l'aide de Philotas, afin d'empêcher les navires d'accoster. Parménion appuiera les autres opérations au moyen de l'infanterie lourde, et le Noir nous donnera un coup de main. C'est cela, le Noir ?

— C'est cela, sire, répondit Cleitos.

— Excellent. Néarque et Charylaos occuperont les navires tirés au sec avec l'infanterie embarquée. Ils armeront les équipages et, si nécessaire, creuseront une tranchée. Milet va regretter sa volte-face. »

14

Le printemps était presque terminé, et le soleil de l'après-midi brillait haut dans le ciel. Le temps s'était mis au beau et il y avait une mer d'huile.

Au sommet du mont Latmos, Alexandre, Héphestion et Callisthène contemplaient le superbe spectacle qui s'offrait à leur vue. À droite, le promontoire de Mycale se dressait dans la mer comme un éperon. La grande île de Samos se profilait un peu plus loin. Quant à la péninsule de Milet, elle s'étendait sur la gauche.

Détruite par les Perses deux cents ans plus tôt parce qu'elle avait osé se rebeller, la ville de Milet avait été magnifiquement reconstruite par son fils le plus illustre, l'architecte Hippodamos, qui en avait tracé le plan rigoureux selon une grille de rues principales, dites « larges », et de rues secondaires, pour la circulation du quartier, qualifiées d'« étroites ».

Au sommet, il avait rebâti les temples de l'acropole où resplendissaient des marbres peints de couleurs vives, des ornements de bronze, d'or et d'argent, des groupes de statues dominant majestueusement la vaste baie. Au centre, il avait ouvert une grande place, point de convergence de toutes les rues, cœur de la vie politique et économique de la ville.

Non loin de la côte se trouvait la petite île de Ladè

qui se tenait, telle une sentinelle, à l'entrée du grand golfe.

On pouvait distinguer les bateaux de Néarque à l'extrémité nord-ouest de la baie, près de l'embouchure du Méandre : ils étaient tirés au sec, protégés par un fossé et une palissade contre d'éventuels coups de force de l'infanterie ennemie.

Vus de là, les trois cents navires du Grand Roi avaient l'allure de jouets.

« Incroyable ! s'exclama Callisthène. C'est ici, dans cet espace que notre regard peut embrasser, que va se décider l'issue des guerres perses : cette petite île, près de la ville, se nomme Ladè. La flotte des insurgés grecs y fut jadis anéantie.

— Callisthène va nous donner maintenant un cours d'histoire, comme si ceux de son oncle ne nous avaient pas suffi à Miéza, commenta Héphestion.

— Tais-toi, lui dit Alexandre. On ne peut comprendre le présent si l'on ne connaît pas le passé.

— Et là, près du promontoire de Mycale, poursuivit Callisthène d'une voix imperturbable, nos hommes réglèrent leurs comptes vingt-cinq ans plus tard. La flotte était commandée par le roi de Sparte, Léotichidès, celle des Perses était tirée au sec sur la plage.

— Curieux, observa Héphestion. Aujourd'hui, la position des adversaires s'est inversée.

— Oui, acquiesça Alexandre, et nos hommes se prélassent à l'ombre en mangeant du pain frais, tandis que les Perses rôtissent au soleil depuis trois jours et se nourrissent de galettes, en admettant qu'ils en aient encore. Ils ont certainement rationné leur eau et n'en distribuent plus que deux louches par personne et par jour. Ils vont bientôt être obligés de prendre une décision : attaquer ou partir.

— Regarde, lui fit remarquer Héphestion. Nos machines de guerre se mettent en route. Elles auront atteint les murs de la ville d'ici ce soir. Demain, elles commenceront à abattre les fortifications. »

C'est alors que se présenta un courrier de la Pointe, qui apportait une dépêche au roi. « Sire ! Un message du général Parménion et du général Cleitos », annonça-t-il en lui remettant une tablette.

Le roi la lut :

Parménion et Cleitos à Alexandre, salut !
Les barbares ont essayé par trois fois de débarquer sur la côte afin de s'approvisionner en eau, mais ils ont été repoussés.
Sois tranquille.

« Magnifique ! exulta Alexandre. Tout se déroule comme je l'avais prévu. Nous pouvons redescendre. »

Il talonna Bucéphale et se dirigea au pas vers la baie. Là se trouvait la colonne de machines de siège, qui avançait sur la route menant à Milet.

Eumène alla à sa rencontre. « Alors ? Quelle vue a-t-on, de là-haut ?

— Une vue superbe, répondit Héphestion à la place d'Alexandre. On voit les Perses rôtir lentement. Ils ne vont pas tarder à être cuits à point.

— Savez-vous qui est arrivé ?

— Non.

— Apelle. Il a terminé ton portrait équestre, Alexandre, et il souhaite te le montrer.

— Oh, par les dieux ! Je n'ai pas de temps pour ça. Je fais la guerre ! Remercie-le, paie-le et dis-lui que nous nous verrons dès que j'en aurai la possibilité.

— Comme tu veux, mais il en mourra, observa Eumène. Ah, j'oubliais : aucune nouvelle de Memnon. Rien de rien. Il semble s'être évanoui dans la nature.

— Je n'y crois pas, dit le roi. Cet homme est trop rusé et trop dangereux.

— Le fait est que personne d'entre nous ne l'a jamais vu. Nous ne savons même pas à quoi il ressemble. En outre, on dit qu'il ne porte aucun signe caractéristique dans la bataille. Il combat coiffé d'une salade corinthienne dépourvue de cimier, qui lui couvre tout le visage à l'exception des yeux. Mais il est difficile de reconnaître un homme à son regard dans la fureur d'une mêlée.

— Oui. Quoi qu'il en soit, sa disparition ne me convainc guère. Avez-vous trouvé le médecin grec qui l'a soigné ? Parménion dit qu'il s'appelle Ariston et qu'il est originaire d'Atramyttion.

— Il s'est envolé, lui aussi.

— Surveillez-vous sa demeure de Zéléia ?

— Il n'y a plus que ses domestiques.

— Continuez vos recherches. C'est notre adversaire le plus redoutable et le plus dangereux.

— Nous ferons tout ce que nous pourrons, répondit Eumène avant de se remettre en marche avec le convoi des machines.

— Attends ! rappela Alexandre.

— Me voici. Que se passe-t-il ?

— Tu as bien dit qu'Apelle était ici ?

— Oui, mais...

— J'ai changé d'avis. Où se trouve-t-il ?

— Au campement naval. Je lui ai fait préparer une tente et un bain.

— Tu as eu raison. À plus tard.

— Mais que... »

Eumène n'eut pas le temps de terminer sa phrase : Alexandre galopait déjà en direction du campement naval.

Apelle était vexé : personne ne lui prêtait attention, personne, ou presque, parmi ces rustres, ne reconnaissait en lui le plus grand peintre de son époque. En revanche, tout le monde commentait les apparitions de Campaspé, qui se baignait toute nue dans la mer ou se promenait vêtue d'un chiton militaire qui lui couvrait tout juste le pubis.

Son visage s'éclaira quand il vit Alexandre sauter à terre et venir vers lui en écartant les bras : « Grand maître ! Bienvenue dans mon pauvre campement, mais tu n'aurais pas dû... Je t'aurais rejoint le plus rapidement possible. J'étais impatient d'admirer le fruit de ton génie. »

Apelle inclina légèrement la tête. « Je ne voulais pas te déranger au milieu de cette entreprise poliorcétique, mais il me tardait de te montrer mon travail.

— Où est-il ? demanda Alexandre sincèrement impatient.

— Ici, sous la tente. Viens. »

Apelle avait ordonné qu'on lui monte une tente blanche afin que la lumière y soit égale et qu'elle n'altère pas les couleurs du tableau.

L'artiste précéda le roi et attendit un instant. Le tableau était dissimulé derrière un petit rideau, dont un domestique tenait le cordon. Campaspé les avait rejoints et s'était placée aux côtés d'Alexandre.

Sur un signe d'Apelle, le domestique écarta le rideau.

Bouche bée, Alexandre contempla le tableau, frappé par sa formidable puissance évocatrice. Les détails qui l'avaient fasciné à l'état d'ébauche, l'amenant à croire que le peintre aurait pu s'arrêter là, avaient à présent pris corps et âme. Ils étaient empreints de l'éclat de la vie, et leur surface semblait vibrer.

La représentation de Bucéphale, notamment, dégageait une telle puissance que l'animal paraissait surgir dans l'espace réel et le disputer au spectateur. Le cavalier était également extraordinaire, il différait de l'image que Lysippe en donnait d'habitude à travers ses sculptures. Les innombrables nuances des couleurs avaient permis au peintre d'atteindre à un réalisme déconcertant, plus efficace que le bronze, mais presque désacralisant.

Le visage du roi reflétait l'impatience et la fougue du conquérant, la noblesse du grand roi. Ses cheveux étaient collés sur ses tempes par la sueur en boucles désordonnées, ses yeux exorbités par la volonté de maîtriser la situation, son front plissé et presque douloureusement marqué, les muscles de son cou en relief, ses veines enflées par la fureur du combat. Ce tableau montrait un homme — certes, dans toute sa grandeur, mais au cœur de l'effort — et non un dieu, comme dans les portraits de Lysippe.

Apelle guettait avec inquiétude les réactions du roi, redoutant un de ses légendaires éclats de colère. Mais Alexandre le serra dans ses bras. « C'est merveilleux ! Je peux me voir dans la fureur du combat ! Comment as-tu fait ? J'étais assis devant toi sur un cheval de bois, et Bucéphale sortait de son écurie. Comment as-tu pu...

— J'ai parlé à tes hommes, sire, aux compagnons qui combattent à tes côtés, à ceux qui te connaissent bien. Et j'ai parlé à... » Il baissa la tête de confusion. «... Campaspé. »

Alexandre se tourna vers la jeune femme, qui le regardait avec un petit sourire chargé de sous-entendus. « Voudrais-tu avoir la gentillesse de nous laisser seuls un instant ? » lui demanda-t-il.

Campaspé sembla surprise et presque vexée par cette requête, mais elle obéit sans discuter. Dès qu'elle fut sortie, Alexandre commença : « Te souviens-tu du jour où j'ai posé pour toi, à Éphèse ?

— Oui, répondit Apelle sans comprendre où le roi voulait en venir.

— Campaspé a fait allusion, ce jour-là, à un tableau dans lequel tu l'avais représentée sous les traits d'Aphrodite et que tu avais effectué pour... Mais tu lui as intimé de se taire au moment où elle s'apprêtait à révéler le nom de ton client.

— Rien ne t'échappe.

— Les rois sont comme les artistes : ils doivent dominer la scène et ne peuvent s'autoriser aucune distraction. Au moment où leur attention faiblit, ce sont des hommes morts.

— C'est exact, admit Apelle avant de lui lancer un

regard timide en se préparant à passer un mauvais moment.

— Qui t'a commandé ce tableau ?
— Vois-tu, sire, je ne pouvais imaginer que...
— Tu n'as pas à t'excuser. Les artistes se rendent là où on les appelle. Et il est juste qu'il en soit ainsi. Parle librement, tu n'as rien à craindre, je te le jure.
— Memnon. C'était Memnon.
— Pour une raison que j'ignore, je me l'étais imaginé. Qui d'autre, dans cette région, aurait pu se permettre de commander un tableau de ce genre au grand Apelle ?
— Mais je t'assure que je ne... »

Alexandre l'interrompit. « Je t'ai dit que tu n'as aucune explication à me fournir. Je voudrais seulement te demander un service.

— Ce que tu souhaites, sire.
— As-tu vu son visage ?
— Bien sûr.
— Alors, fais son portrait. Nous ignorons ce à quoi il ressemble et nous avons besoin de le reconnaître pour le cas où nous tomberions nez à nez avec lui, tu comprends ?
— Je comprends, sire.
— Alors, vas-y.
— Maintenant ?
— Maintenant. »

Apelle s'empara d'une feuille de papyrus à la céruse et d'un fusain. Puis il se mit au travail.

15

Barsine sauta à terre et, en compagnie de ses enfants, se dirigea vers une maison faiblement éclairée par une lanterne qu'on avait allumée sous le portique. Elle pénétra dans l'entrée et y trouva son époux, debout, soutenu par une canne.

« Mon bien-aimé ! s'écria-t-elle en venant se blottir dans ses bras. Je n'ai pas vécu en ton absence.

— Père ! » s'exclamèrent ses fils.

Memnon les étreignit, vaincu par l'émotion.

« Venez, venez ! J'ai fait préparer le dîner. Nous devons fêter nos retrouvailles ! »

Le théâtre de cette scène se situait dans une propriété aux environs de Milet et d'Halicarnasse, que le satrape de Carie avait mise à leur disposition.

Les tables avaient été dressées à la grecque. On avait installé des lits de repas et rempli un cratère de vin de Chypre. Memnon invita son épouse et ses enfants à prendre place près de lui, et il s'allongea à son tour sur une couche.

« Comment te portes-tu ? demanda Barsine.

— Très bien, je suis pratiquement guéri. Le médecin m'a conseillé d'économiser ma jambe blessée, ce qui explique pourquoi je me sers d'une canne, mais je pourrais m'en passer.

— Ta blessure est-elle toujours aussi douloureuse ?

— Non, le remède du médecin égyptien a fait des merveilles : elle s'est cicatrisée en quelques jours. Mais je vous en prie, mangez. »

Le cuisinier grec servait du pain frais, du fromage et des œufs de canard bouillis, tandis que son aide versait dans les gamelles une soupe de fèves, de pois chiches et de petits pois.

« Que va-t-il se passer, maintenant ? demanda Barsine.

— Je vous ai appelés ici parce que j'ai des nouvelles très importantes à vous apprendre. Le Grand Roi m'a nommé commandant en chef de la région anatolienne en vertu d'un décret personnel. Cela m'autorise à donner des ordres aux satrapes, à enrôler des hommes et à disposer de moyens considérables. »

Les deux garçons le contemplaient avec fascination et leurs yeux brillaient de fierté.

« Tu vas donc reprendre les opérations de guerre, commenta Barsine avec moins d'enthousiasme.

— Oui, au plus vite. À ce propos... poursuivit-il, les yeux rivés sur sa coupe comme s'il observait la couleur du vin qu'elle contenait.

— Qu'y a-t-il, Memnon ?

— Il faut que vous quittiez cette région. Nous allons y livrer un combat sans merci, et personne n'y sera plus en sécurité. » Barsine secouait la tête d'un air incrédule. « Tu dois comprendre... C'est aussi la volonté du Grand Roi. Vous partirez pour Suse et vous vivrez à la cour, où vous serez respectés et entourés d'égards.

— Le Grand Roi a-t-il l'intention de faire de nous des otages ?

— Non, je ne crois pas. Mais il demeure que je ne suis pas perse. Je suis un mercenaire, une épée vendue.

— Je ne t'abandonnerai pas.

— Nous non plus », ajoutèrent les enfants.

Memnon soupira. « Nous n'avons pas le choix. Vous partirez demain. Un char vous conduira à Célènes. Vous serez ensuite en sécurité. Vous vous déplacerez sur la route du roi, où vous ne courrez aucun danger, et vous atteindrez Suse vers la fin du mois prochain.

Deux grosses larmes se mirent à couler sur les joues de Barsine, qui évitait le regard de son époux.

« Je t'écrirai, reprit Memnon. Tu auras de mes nouvelles fréquemment parce que je pourrai utiliser les courriers royaux, et tu me répondras par le même moyen. Quand tout sera terminé, je te rejoindrai à Suse, où le roi me remettra les plus grands honneurs et me récompensera pour les services que je lui aurai rendus.

« Nous pourrons enfin vivre en paix, où tu le souhaiteras, mon adorée, ici en Carie, ou dans notre palais de Zéléia, ou encore en Pamphylie. Et nous verrons nos enfants grandir. Pour l'heure, retrouve ton calme, et ne me rends pas la séparation plus cruelle. »

À la fin du repas, Barsine pria ses fils d'aller se coucher.

Les yeux luisants, ils embrassèrent leur père, l'un après l'autre.

« Je ne veux pas voir de larmes sur les cils de mes jeunes guerriers », dit Memnon. Et les garçons bombèrent aussitôt le torse. Alors, Memnon se leva pour les embrasser : « Bonne nuit, mes enfants. Dormez bien, car un long voyage vous attend. Vous allez voir des merveilles, des palais aux mille couleurs, des lacs et des jardins fabuleux. Vous mangerez des fruits et des mets raffinés. Vous vivrez comme des dieux. Allez, maintenant. »

Ses fils lui baisèrent la main, selon l'usage perse, avant de s'éloigner.

Barsine renvoya les domestiques. Elle accompagna son époux dans sa chambre, l'aida à s'asseoir dans un fauteuil et, pour la première fois de son existence, dédaigna la pudeur qui l'habitait depuis l'enfance : elle se déshabilla devant lui à la lumière rouge et chaude des lanternes.

Memnon laissa courir son regard sur la peau ambrée de sa femme, sur le doux ovale de son visage, sur son cou mince, ses épaules rondes, ses seins lourds et turgescents, ses mamelons sombres et dressés, son ventre lisse, son pubis brillant.

Il lui tendit les bras. Mais elle recula et s'allongea sur le lit. Tandis qu'il fixait sur elle un regard fébrile, elle écarta les cuisses avec audace pour offrir à son bien-aimé toute l'excitation et tout le plaisir dont elle était capable, avant une longue séparation.

« Regarde-moi, dit-elle, et ne m'oublie pas. Même si tu couches avec d'autres femmes, même si tu acceptes les faveurs de jeunes eunuques aux hanches rondes. Rappelle-toi que personne ne se donnera à toi avec l'amour qui me dévore le cœur et la chair. »

Sa voix était grave, ses mots dégageaient la même chaleur que les lanternes dont la lumière ondoyait sur sa peau, aussi sombre et brillante que le bronze, ordonnant les courbes de son corps comme un paysage enchanté.

« Barsine, murmura Memnon en ôtant sa longue chlamyde. Barsine... »

Son corps était durci par les batailles, marqué par les cicatrices, et sa dernière blessure dessinait sur sa cuisse un long sillon rougeâtre. Mais sa musculature et ses yeux dégageaient une formidable énergie, une vitalité suprême.

Il s'avança d'un pas chancelant tandis que le regard de sa femme le caressait longuement, et il s'étendit à ses côtés. Les mains de son épouse glissèrent sur ses cuisses, se posèrent sur son sexe, et sa bouche suscita du plaisir partout où elle s'attarda. Puis elle se plaça d'elle-même sur lui pour éviter qu'il ne se blesse dans la fougue de l'amour, imprimant à ses hanches les mouvements exténuants de la danse avec laquelle elle l'avait conquis, le jour où il lui était apparu pour la première fois dans la maison de son père.

Quand ils s'effondrèrent, vaincus par la fatigue, une faible clarté commençait à se répandre sur les contours sinueux des collines de Carie.

16

Le vacarme des coups de bélier qui martelaient sans répit les murailles de Milet résonnait comme le tonnerre jusqu'aux flancs du mont Latmos, et les jets de pierre que produisaient les balistes étaient visibles de la mer.

L'amiral perse réunit les commandants de son escadre sur le château de poupe pour décider de la suite des événements, mais les rapports de ses officiers étaient décourageants : lancer dans un débarquement des hommes épuisés par la faim et taraudés par la soif relevait du suicide.

« Gagnons l'île de Samos, proposa un Phénicien d'Arad, faisons provision d'eau et de nourriture, puis rebroussons chemin et débarquons en force face à leur camp naval retranché. Nous pourrions mettre feu à leurs navires et prendre l'armée à revers sous les murs de Milet, ce qui permettrait aux habitants de tenter une sortie : les Macédoniens seraient ainsi obligés de se défendre sur deux fronts et, qui plus est, sur un terrain accidenté, ce qui nous avantagerait.

— Oui, je suis du même avis que toi, approuva un navarque chypriote. Si nous avions attaqué immédiatement, avant qu'ils ne creusent une tranchée devant leurs navires, nous aurions eu plus de chances de vaincre, mais nous pouvons encore parvenir à nos fins.

— D'accord », acquiesça l'amiral perse, puisque ses officiers étaient du même avis. « Nous irons à Samos nous ravitailler en eau et en vivres. Voici mon plan : dès que les équipages et les guerriers embarqués se seront restaurés, nous profiterons de la brise marine pour rentrer pendant la nuit et attaquer leur camp naval. Si nous réussissons à les surprendre, nous l'incendierons et prendrons l'armée à revers sous les murs de Milet. »

Un peu plus tard, un étendard hissé sur le mât du vaisseau amiral ordonnait à la flotte de baisser les rames et de se préparer au départ.

Les navires se déployèrent par rangs de dix et, quand les tambours se mirent à battre le rythme de croisière, ils se dirigèrent vers Samos, au nord.

Alexandre, qui se trouvait au pied de la muraille, entendit un de ses hommes crier : « Ils partent ! La flotte perse s'en va !

— Magnifique, commenta Séleucos qui servait alors en qualité d'aide de camp. La ville va devoir se rendre. Ils n'ont plus d'espoir de victoire.

— Non, attends, observa Ptolémée. Le vaisseau amiral transmet un message à la ville. »

En effet, on voyait une lumière clignoter à la poupe du grand navire. En guise de réponse, Milet plaça trois longs étendards au sommet de sa tour la plus haute : un rouge, puis un bleu et un vert.

« Ils confirment de la sorte qu'ils ont bien reçu le message, expliqua Ptolémée. Ils ne peuvent réfléchir la lumière du soleil, qui leur est défavorable.

— Qu'est-ce que cela signifie, selon toi ? demanda Léonnatos.

— Qu'ils vont revenir, répliqua Seleucos. Je pense qu'ils vont s'approvisionner en eau et en denrées alimentaires à Samos.

— Mais nous avons un allié à Samos, un commandant athénien ! » rétorqua Léonnatos.

Séleucos haussa les épaules. « Ils obtiendront gain

de cause, tu verras. Les Athéniens nous craignent, certes, mais ils ne nous aiment pas. Il suffit de jeter un coup d'œil à nos troupes pour s'en rendre compte. As-tu jamais vu les soldats athéniens prendre part à une fête ou à une cérémonie à nos côtés ? Leurs officiers nous dévisagent comme si nous étions des lépreux et n'acceptent de se rendre aux réunions du haut commandement que si l'invitation porte la signature d'Alexandre. Je suis persuadé que la flotte perse trouvera tous les vivres qu'elle voudra à Samos.

— Le fait qu'ils épanchent leur soif et qu'ils se rassasient ne change rien à l'affaire, observa Alexandre. Ils vont être obligés de prendre une décision : débarquer ou non. Car je n'ai, pour ma part, aucunement l'intention de mettre ma flotte à l'eau. Néarque approuve ce choix. Il ne nous reste plus qu'à surveiller l'embouchure de la baie sur des chaloupes rapides afin d'éviter une attaque surprise durant la nuit, ou à l'aube. Avertissez l'amiral. »

Constatant que la flotte perse faisait route vers Samos, le roi retourna sous les murs de Milet afin d'intensifier son assaut.

Lysimaque dirigeait les machines de guerre. Un gigantesque bélier avançait vers un pan de mur partiellement abattu par une galerie que l'on avait creusée au cours de la nuit.

« Je veux que la muraille soit martelée sans répit. Amenez le tambour de Chéronée : son bourdonnement se répandra jusqu'à l'intérieur de la ville, et provoquera la panique. Il ne cessera de retentir tant que les remparts ne se seront pas écroulés sous les coups des béliers. »

Deux cavaliers regagnèrent le campement au galop et transmirent à Néarque les ordres du roi.

L'amiral dépêcha une dizaine de chaloupes contenant des jarres d'huile qui pourraient être utiles au cours de la nuit. Il organisa aussi le transport du grand tambour vers la muraille de Milet.

Les chaloupes atteignirent bientôt un large bras de mer où elles s'immobilisèrent en attendant le retour de la flotte perse. Au même moment, le « tonnerre de Chéronée », ainsi que l'appelaient les soldats, se fit entendre. Un grondement sourd, rythmé et menaçant, qui frappait les montagnes des alentours et résonnait jusqu'à la côte. Il fut bientôt suivi par le vacarme des béliers, poussés par des centaines de bras contre la muraille, tandis que les catapultes projetaient des pierres sur le chemin de ronde pour éloigner les défenseurs.

Les équipes de sapeurs se relayaient sans cesse et l'on remplaçait immédiatement les machines abîmées : les habitants de la ville assiégée n'avaient pas un instant de répit.

À la tombée du soir, la flotte perse se glissa dans la rade en profitant de la brise et se dirigea, toutes voiles dehors, vers le campement naval de Néarque. Mais les soldats veillaient sur les chaloupes macédoniennes. Dès qu'ils virent les vaisseaux perses se profiler non loin d'eux, ils jetèrent le contenu de leurs jarres à la mer de façon à former un large sillon d'huile. Puis ils y mirent le feu.

Un serpent de flammes jaillit à la surface de l'eau, illuminant une vaste étendue. Aussitôt, les trompettes des subdivisions terrestres sonnèrent l'alarme. La côte fut bientôt envahie de lumières, des appels retentirent et les subdivisions accoururent à la clarté des torches.

Devant une telle réaction, la flotte perse renonça à son plan de débarquement, n'osant pas même franchir la ligne de feu. Les navarques ordonnèrent donc aux équipages de ramer dans le sens inverse.

Quand le soleil se leva, la baie était vide.

Néarque apprit la nouvelle à Alexandre.

« Sire, ils sont partis ! Les bateaux perses ont quitté le golfe !

— Quelle direction ont-ils prise ? demanda le roi pendant que ses ordonnances agrafaient sa cuirasse et que Leptine lui tendait son habituel " gobelet de Nestor ".

— On l'ignore, mais une sentinelle postée sur le promontoire de Mycale affirme qu'elle a vu la queue de l'escadre disparaître vers le sud. À mon avis, ils se sont éloignés pour ne pas revenir.

— Que les dieux t'écoutent, amiral. »

C'est alors qu'entra Charylaos, le commandant athénien, armé de pied en cap.

« Qu'en penses-tu ? interrogea Alexandre.

— J'estime que nous avons eu de la chance. Quoi qu'il en soit, je n'aurais eu aucun problème à les affronter en pleine mer.

— Mieux vaut qu'il en soit ainsi, répliqua Alexandre. Nous avons économisé des navires et des hommes.

— Et maintenant ? lui demanda Néarque.

— Patientez jusqu'à cet après-midi. S'ils ne reviennent pas, lancez les bateaux et tenez-vous prêts au mouillage. »

Les deux officiers rejoignirent leurs équipages. Alexandre bondit sur son cheval et rejoignit Séleucos, Ptolémée et Perdiccas pour marcher vers la ligne d'assaut. Il fut accueilli par le bourdonnement du bélier et le grondement du « tonnerre » de Chéronée.

Balayant la muraille du regard, le roi constata qu'une brèche avait été ouverte et qu'on était en train d'approcher une tour d'assaut.

« Nous allons porter le coup décisif, sire ! hurla Parménion pour couvrir le fracas.

— As-tu transmis mes ordres aux soldats ?

— Oui. Ni massacres, ni viols, ni mises à sac. Ceux qui enfreindront la règle seront exécutés sur place.

— Les a-t-on traduits à l'intention des auxiliaires barbares ?

— Oui.

— Très bien. Tu peux lancer l'opération. »

Parménion fit un signe à l'un de ses hommes, qui agita par trois fois un étendard jaune. La tour d'assaut reprit sa marche vers les remparts. Au même instant, on entendit un énorme bruit, et l'on vit un pan de l'enceinte s'écrouler sous les coups du bélier, soulevant un nuage de poussière à travers lequel il fut impossible de distinguer les amis des ennemis.

Puis on jeta un pont sur le sommet d'un mur et un escadron de Macédoniens s'élança sur le chemin de ronde afin de repousser les défenseurs qui surveillaient la brèche. Une terrible bagarre éclata. De nombreux assaillants furent précipités dans le vide du haut des remparts ou de la passerelle, mais les survivants réussirent à constituer une tête de pont sur le chemin de ronde. Ils en délogèrent les défenseurs, avant de concentrer leurs traits et leurs javelines sur les soldats qui occupaient l'autre côté de la brèche.

Dès que la poussière se fut dissipée, un escadron d'« écuyers » se glissa à travers l'ouverture, suivi par des unités d'infanterie d'assaut de Thraces et de Triballes.

Découragés, épuisés par les efforts surhumains qu'ils avaient dû consentir, les Milésiens commencèrent à reculer, et les troupes de Parménion pénétrèrent à l'intérieur de l'enceinte.

Un certain nombre de soldats — les moins riches — se rendirent et eurent la vie sauve. En revanche, imaginant le destin qui les attendait, les mercenaires grecs et les membres des subdivisions d'élite s'enfuirent vers l'autre extrémité de la ville. Ils ôtèrent leurs armures et se jetèrent à la mer, nageant désespérément vers la petite île de Ladè, où se trouvait un fortin.

Alexandre entra à cheval dans la ville conquise et gagna aussitôt le côté ouest des murs. De là, on pouvait apercevoir les fuyards au milieu de la baie. Certains sombraient, vaincus par l'effort, d'autres continuaient à nager d'un mouvement régulier.

Le roi rebroussa chemin en compagnie d'Héphestion et retourna au campement naval où presque tous les bateaux étaient déjà à l'eau. Il monta à bord du vaisseau amiral et ordonna qu'on prenne la direction de Ladè.

Quand ils eurent atteint le lieu d'abordage, ils constatèrent que les fugitifs s'étaient déjà mis à l'abri du fortin. Seulement armés de leurs épées, épuisés de fatigue, trempés par leur traversée à la nage, ils ressemblaient à des fantômes. Alexandre intima à Héphestion l'ordre de ne pas bouger, puis il avança et cria :

« Pourquoi vous êtes-vous réfugiés ici ?

— Parce que cet endroit est assez petit pour être défendu par une poignée d'hommes.

— Combien êtes-vous ? » cria de nouveau le roi, désormais au pied du mur.

Héphestion et les gardes du corps surgirent à ses côtés pour le protéger de leurs boucliers, mais il les renvoya.

« Assez nombreux pour vous compliquer la tâche, répondirent les fugitifs.

— Ouvrez la porte, il ne vous sera fait aucun mal. J'ai du respect pour la bravoure et le courage.

— Qui es-tu, mon garçon ? demanda l'homme qui avait parlé.

— Je suis le roi des Macédoniens. »

Héphestion ordonna une nouvelle fois aux gardes d'avancer, mais Alexandre les arrêta d'un signe de la main. Les défenseurs se consultèrent un moment, puis l'homme s'écria : « Ai-je la parole d'un roi ?

— Tu as ma parole de roi.

— Attends, je descends. »

La porte s'ouvrit dans un bruit de loquets et l'homme qui avait parlé apparut. Il avait une cinquantaine d'années, une barbe longue et hirsute, les cheveux collés par le sel, les membres secs et la peau ridée. Alexandre lui faisait face. Seul.

« Puis-je entrer ? » demanda-t-il.

17

Les Milésiens qui s'étaient réfugiés à la nage sur l'île de Ladè s'entretinrent avec Alexandre et lui jurèrent fidélité. Trois cents d'entre eux — la majorité — s'enrôlèrent dans l'armée pour le suivre tout au long de sa campagne.

La ville fut respectée, les mises à sac interdites, et l'on approuva l'ordre du jour qui proposait de réparer la muraille. Sur une requête du roi, Eumène convoqua le conseil des citoyens, fit ratifier le rétablissement des institutions démocratiques et établit que les impôts payés jusqu'alors au Grand Roi seraient désormais versés à Alexandre. Il réclama ensuite une avance. Mais les dépenses de guerre étaient si élevées que la situation demeurait critique.

Le lendemain, le secrétaire l'exposa au conseil du haut commandement en fournissant des chiffres extrêmement précis qui effacèrent, dans l'esprit de chacun, la satisfaction due aux victoires remportées. « Je ne comprends pas, dit Léonnatos. Il nous suffirait de tendre la main pour prendre ce dont nous avons besoin. Cette ville est richissime, et nous n'avons exigé d'elle qu'une somme négligeable.

— Eh bien, je vais t'expliquer ce dont il retourne, intervint Ptolémée sur un ton condescendant. Tu vois, Milet fait à présent partie de notre royaume : la dépouiller équivaudrait à dépouiller une ville macédonienne telle qu'Aigai ou Drabescos.

— Le roi Philippe ne raisonnait pas de la sorte quand il prit Olynthe et Potidée », répliqua Cleitos.

Alexandre se raidit mais s'abstint de répondre. Il y eut un moment de silence, que brisa bientôt Séleucos : « C'était une autre époque, le Noir. Le roi Philippe devait donner un exemple. Nous, nous unissons le monde grec en une seule patrie. »

C'est alors que Parménion prit la parole : « Hommes, nous n'avons plus à nous préoccuper de ce genre de problèmes. Encore un effort. Après la libération d'Halicarnasse, notre entreprise sera achevée.

— C'est ce que tu crois ? demanda Alexandre avec un léger ressentiment. Je n'ai jamais rien affirmé de tel, je n'ai jamais posé de limites ou de frontières à notre campagne. Mais si elle te paraît insurmontable, tu peux toujours rentrer chez toi, Parménion. »

Le général baissa la tête et se mordit la lèvre.

« Mon père n'entendait pas... commença Philotas.

— Je sais très bien ce que ton père voulait dire, rétorqua Alexandre, et je n'avais nullement l'intention d'humilier le grand soldat qu'il est. Mais le général a traversé de nombreuses batailles, de nombreux sièges, de nombreuses veillées nocturnes, et il n'est plus tout jeune. Personne ne le blâmerait s'il décidait de regagner notre patrie pour y jouir d'un repos amplement mérité. »

Parménion leva la tête et balaya l'assistance du regard, comme un vieux lion entouré de lionceaux soudain trop arrogants.

« Je n'ai besoin d'aucun repos, dit-il, et je suis encore capable d'apprendre à n'importe lequel d'entre vous, à l'exception du roi (il était facile de deviner qu'il voulait dire " y compris au roi "), l'art de manier l'épée. Si je devais rentrer chez moi avant la fin de l'expédition, quel que soit son but, ce serait à l'état de cendres dans une urne funéraire. »

Cette déclaration fut suivie d'un nouveau silence. Puis Alexandre finit par reprendre : « Tu as dit ce que j'espérais entendre. Le général Parménion restera parmi nous pour nous soutenir par son courage et son expérience, nous l'en remercions de tout cœur. Mais je dois vous faire part d'une décision, fruit d'une longue méditation, qui m'a occupé au cours de ces dernières heures. Celle de licencier la flotte. »

Ces mots suscitèrent un murmure dans le pavillon royal. « Tu as décidé de licencier la flotte ? répéta Néarque sur un ton incrédule.

— Oui, confirma le roi impassible. Nos dernières opérations m'ont prouvé que nous n'en avons pas besoin. Vingt navires suffisent à transporter les machines de guerre. Nous poursuivrons notre route par voie terrestre, et ferons la conquête de la côte et des ports. De cette façon, la flotte perse n'aura plus de points d'abordage ni de lieux de ravitaillement.

— Ils peuvent toujours débarquer en Macédoine, lui fit remarquer Néarque.

— J'ai déjà envoyé une lettre à Antipatros pour le prier d'être vigilant. Quoi qu'il en soit, je ne crois pas qu'ils oseraient.

— Ce choix nous permettrait d'économiser plus de cent cinquante talents par jour, intervint Eumène, mais je ne veux pas en faire une histoire d'argent.

— En outre, ajouta le roi, le fait de ne posséder aucune issue du côté de la mer sera une motivation supplémentaire pour nos hommes. Demain, je communiquerai ma décision à Charylaos. Toi, Néarque, tu prendras le commandement de la flotte réduite. Elle n'est pas énorme, mais son rôle sera important.

— Comme tu le souhaites, sire, se résigna l'amiral. Et j'espère que tu auras raison.

— Il a certainement raison, répliqua Héphestion. Il ne s'est jamais trompé depuis que je le connais. Je suis avec Alexandre.

— Moi aussi, affirma Ptolémée. Nous n'avons pas

besoin des Athéniens. Et puis, je suis sûr qu'ils nous présenteront bien vite la note de leur collaboration, et qu'elle sera très salée.

— Alors, vous êtes tous d'accord ? » demanda le roi.

Tout le monde acquiesça, à l'exception de Parménion et du Noir.

« Cleitos et moi désapprouvons ce choix, dit Parménion, mais cela ne signifie rien. Le roi a montré qu'il n'avait pas besoin de nos conseils. Il n'ignore pas qu'il peut compter sur notre dévouement et notre appui.

— Un appui indispensable, affirma Alexandre. Si le Noir n'avait pas été là, mon aventure en Asie serait déjà terminée. C'est lui qui a tranché le bras qui s'apprêtait à me couper la tête, sur le Granique, je ne l'oublierai pas. Maintenant, mangeons, je meurs de faim. Demain, je réunirai l'assemblée de l'armée et lui apprendrai cette nouvelle. »

La réunion fut levée et Eumène fit envoyer aux officiers athéniens, à Callisthène, Apelle et Campaspé, des invitations à dîner. Ils y répondirent avec enthousiasme. Il convia aussi des « compagnes » fort habiles dans l'art d'égayer les jeunes gens. Élégantes, raffinées, dotées de la beauté brune et mystérieuse des divinités orientales, elles étaient toutes milésiennes. Leurs ancêtres étaient venus de la mer, leurs mères des hauts plateaux de l'intérieur.

« Donnez-en une au général Parménion ! s'écria Léonnatos. Nous voulons voir s'il peut encore nous apprendre quelque chose sur le maniement de la lance, lui qui nous distribue tant de leçons en matière d'épée ! »

Cette plaisanterie suscita un éclat de rire général et brisa la tension qui s'était installée. En effet, le départ imminent de la flotte représentait pour tous les officiers une coupure définitive et revêtait des allures de présage : ils avaient l'impression d'abandonner leur patrie, peut-être à jamais.

La soirée venait de commencer quand Alexandre abandonna les réjouissances. Il se sentait étourdi par le vin chypriote et gêné par l'audace croissante de Campaspé, qui mangeait et buvait de la main gauche, elle qui était droitière, sa main droite étant occupée ailleurs.

Il ordonna qu'on lui amène Bucéphale et s'éloigna au galop : il voulait profiter de l'air printanier et de la lumière de la lune qui était à ce moment-là en train de se lever.

Dix hommes de sa garde personnelle lui avaient aussitôt emboîté le pas, mais ils avaient du mal à suivre Bucéphale, qui empruntait le sentier menant au mont Latmos sans montrer le moindre signe d'essoufflement.

Alexandre chevaucha longtemps. Puis, quand il vit que son cheval se couvrait de sueur, il le mit au pas. Le haut plateau s'ouvrait devant lui, parsemé de petits villages et d'habitations isolées appartenant probablement à des paysans et des bergers. Selon leur habitude, les hommes de la garde surveillaient leur roi à une distance respectable.

De temps à autre, Alexandre distinguait au loin des patrouilles de cavaliers macédoniens, qui provoquaient l'aboiement des chiens dans les fermes ou l'envol des oiseaux, dérangés dans leur repos nocturne. Son armée s'apprêtait à prendre possession de l'Anatolie, royaume incontesté d'anciennes communautés tribales.

Soudain, il aperçut des signes d'effervescence sur la route qui conduisait à la petite ville d'Alinda : un groupe de cavaliers accourait à la lueur des flambeaux en s'interpellant et se querellant.

Il s'empara de son chapeau macédonien à larges bords, fixé à son étrier, s'enveloppa dans son manteau et se dirigea vers eux.

Les cavaliers avaient arrêté une charrette qu'escortaient deux hommes armés. Ceux-ci brandissaient leurs lances et refusaient de laisser descendre les occupants du véhicule.

Alexandre rejoignit l'officier macédonien qui commandait le détachement et lui fit un signe. L'homme eut une expression d'agacement, mais il remarqua bientôt, à la faveur de la lumière bleutée, l'étoile en forme de bucrane sur le front de Bucéphale. Il reconnut son roi.

« Sire, mais qu'est-ce que... »

D'un geste, Alexandre l'invita à baisser le ton. Puis il l'interrogea : « Que se passe-t-il ?

— Mes soldats ont arrêté ce véhicule. Nous aimerions savoir qui en sont les occupants, et pourquoi il se déplace sous escorte à cette heure de la nuit.

— Fais reculer tes cavaliers et explique aux gardes qu'ils n'ont rien à craindre car il ne sera fait aucun mal à ces voyageurs s'ils acceptent de se montrer. »

L'officier s'exécuta, mais les membres de l'escorte refusèrent d'entendre raison. C'est alors qu'une voix féminine s'échappa de derrière le rideau. « Attendez, ils ne comprennent pas le grec... »

Une femme voilée sauta à terre d'un mouvement gracieux, en s'appuyant sur le marchepied. Alexandre demanda à l'officier de l'éclairer au moyen de sa torche, avant de s'approcher.

« Qui es-tu ? Pourquoi voyages-tu en pleine nuit en compagnie d'hommes armés ? Qui est avec toi ? »

La femme écarta son voile, offrant au roi un visage d'une beauté impressionnante, deux grands yeux sombres bordés de grands cils, des lèvres charnues bien dessinées, et surtout un port fier et digne, à peine altéré par un léger tremblement.

« Je me nomme... Mithrianès, répondit-elle d'une voix hésitante. Vos soldats ayant occupé ma demeure et mes terres, au pied du mont Latmos, j'ai décidé de rejoindre mon époux à Pruse, en Bithynie. »

Alexandre jeta un coup d'œil à l'officier, et celui-ci demanda : « Qui se trouve dans la charrette ?

— Mes enfants », expliqua la femme avant d'appeler deux adolescents d'une grande beauté.

L'un d'eux ressemblait beaucoup à sa mère, l'autre était très différent : il avait des yeux bleus, un nez droit et fin.

Le roi les examina attentivement. « Comprennent-ils le grec ?

— Non », répondit la femme. Mais Alexandre intercepta le regard qu'elle lançait à ses enfants et qui semblait vouloir dire : « Laissez-moi agir. »

« Ton époux ne doit pas être perse, à en juger par les yeux et le nez de ce jeune homme », dit-il.

À l'évidence, la voyageuse était en difficulté. Alexandre ôta son chapeau et l'examina de plus près. Sa beauté et l'expression aristocratique de son regard le fascinèrent.

« Mon mari est grec, c'était... le médecin du satrape de Phrygie. Je n'ai pas de nouvelles de lui depuis longtemps et je crains qu'il ne lui soit arrivé malheur. Nous essayons de le rejoindre.

— Mais pas maintenant : c'est trop dangereux. Tu seras mon invitée pour cette nuit, et tu pourras repartir demain avec une protection plus appropriée.

— Je t'en prie, puissant seigneur, ne t'inquiète pas pour moi. Je suis sûre que tout ira pour le mieux. Une longue route nous attend.

— Rassure-toi, tu n'as rien à craindre pour ta personne ni pour celles de tes enfants. Personne n'osera te manquer de respect. » Puis il ajouta à l'adresse de ses hommes : « Escortez-la jusqu'au campement ! »

Il sauta à cheval et s'éloigna, accompagné par ses gardes du corps qui ne l'avaient pas perdu de vue un seul instant. En chemin, le petit groupe croisa Perdiccas, qui s'inquiétait de sa disparition.

« Je suis le responsable de ta sécurité, si seulement tu voulais me prévenir... »

Alexandre l'interrompit. « Il ne s'est rien passé, mon

ami, et je sais veiller sur moi-même. Comment se déroule le dîner ?

— Le vin est trop fort : les hommes n'y sont pas habitués.

— Il faudra qu'ils s'habituent à bien pire. Viens, rentrons. »

L'arrivée de la charrette et des gardes étrangers provoqua excitation et curiosité dans le campement. Peritas se mit à aboyer et Leptine s'enhardit à poser des questions : « Qui voyage dans ce véhicule ? Où les avez-vous trouvés ?

— Prépare un bain sous cette tente, lui dit le roi, et des lits pour deux enfants et une femme.

— Une femme ? De qui s'agit-il, mon seigneur ? »

Alexandre la foudroya du regard et elle s'exécuta immédiatement. « Quand elle sera installée, ajouta-t-il, dis-lui que je l'attends sous ma tente. »

Des cris d'ivrognes s'échappaient du pavillon du conseil de guerre, à quelques mètres de là, ainsi que les sons stridents des flûtes et des fifres, des petits rires de femmes. Mais tous ces bruits étaient couverts par les hurlements de Léonnatos.

Alexandre ordonna qu'on lui apporte un peu de nourriture, les premières figues de la saison, du miel et du lait, puis il prit dans ses mains le portrait de Memnon qu'Apelle avait laissé sur sa table et le contempla un moment, frappé par son expression mélancolique.

Il entreprit ensuite de lire le courrier qui était arrivé au cours des derniers jours. Une lettre du régent Antipatros lui faisait part d'une situation sereine, en dépit des intempérances de la reine, qui réclamait un rôle dans des affaires qui n'étaient pas de son ressort. Olympias se plaignait, quant à elle, du régent qui la privait de toute liberté et l'empêchait d'agir selon son rang et ses prérogatives.

Pas d'allusion aux somptueux présents qu'il lui avait envoyés après la victoire du Granique. Peut-être ne les avait-elle pas reçus.

18

Quand il détourna son regard de sa correspondance, il s'aperçut qu'elle se tenait devant lui. La tête découverte, les yeux soulignés par un trait noir à l'égyptienne, le corps enroulé dans une tunique de lin vert à la facture orientale, les cheveux rassemblés au sommet de son crâne et attachés par un ruban d'argent à la manière grecque ; l'invitée étrangère semblait refléter la clarté lunaire dans laquelle elle lui était apparue.

Tandis que le roi s'approchait, elle s'agenouilla pour lui baiser la main. « Je ne pouvais pas savoir, puissant seigneur... Pardonne-moi. »

Alexandre la releva. Ses cheveux dégageaient une odeur de violette qui l'étourdit. Jamais il n'avait désiré si brusquement prendre une femme dans ses bras. La voyageuse s'en rendit compte. Une force irrépressible, au fond des yeux du roi, la captivait elle aussi, comme une phalène attirée par la lumière d'une lanterne.

Elle baissa les yeux et dit : « Mes enfants sont venus te rendre hommage. » Puis elle recula jusqu'à l'entrée avant de s'effacer devant les deux adolescents.

Alexandre alla vers le plateau où reposaient des mets et des fruits. « Mangez quelque chose, je vous en prie, ne vous gênez pas », dit-il. Il se tourna vers les adolescents et saisit dans un battement de cils la teneur de la scène qui venait de se dérouler derrière lui.

L'un des garçons avait aperçu le portrait de Memnon sur la table. Craignant sa réaction, sa mère lui avait jeté un regard foudroyant avant de poser la main sur son épaule.

Le roi ne fit semblant de rien. Il se contenta de répéter : « Vous ne voulez rien manger ? Vous n'avez pas faim ?

— Je te remercie, mon seigneur, répondit la femme, mais nous sommes fatigués par notre voyage et nous aimerions nous reposer, si tu le permets.

— Bien sûr. Allez donc. Leptine portera ces vivres sous votre tente : vous pourrez ainsi vous restaurer si vous en avez envie au cours de la nuit. »

Il ordonna à la jeune fille de raccompagner ses invités, puis il regagna sa table et reprit dans ses mains le portrait de son adversaire, comme s'il voulait découvrir dans son regard le secret de sa mystérieuse énergie.

Le camp était totalement plongé dans le silence et la nuit avait parcouru la moitié de sa course. Un soldat du poste de garde commençait à faire sa ronde. L'officier qui le commandait s'assura que les sentinelles postées aux entrées étaient bien réveillées. Quand l'écho des appels et du mot d'ordre se fut évanoui, une silhouette enroulée dans un manteau quitta furtivement la tente des invités et se dirigea vers celle du roi.

Péritas dormait. Le vent marin poussait vers lui l'odeur du sel, emportant vers la campagne tous les autres effluves. Les deux sentinelles placées devant le pavillon royal étaient appuyées sur leurs lances, à droite et à gauche de l'unique entrée.

La silhouette hésita un instant avant de marcher vers eux d'un pas décisif, un plateau entre les mains.

« C'est Leptine, dit l'un d'eux.

— Salut, Leptine. Pourquoi ne viendrais-tu pas

nous tenir compagnie un peu plus tard ? Nous sommes fatigués et nous nous sentons terriblement seuls. »

La femme secoua la tête comme si elle était habituée à ce genre de plaisanteries, elle leur offrit un gâteau et entra.

Elle ôta son capuchon à la clarté des lanternes, découvrant son magnifique visage aux traits orientaux. Du bout des doigts, elle effleura le portrait de Memnon qui se trouvait encore sur la table, puis retira de ses cheveux une grosse épingle, surmontée d'une tête d'ambre. Alors, d'un pas léger, elle s'approcha du rideau qui séparait l'entrée de la chambre du roi. La faible lumière d'une troisième lanterne brillait de l'autre côté.

Derrière le rideau, Alexandre dormait dans une chlamyde militaire, non loin de l'armure qu'il avait prise dans le temple d'Athéna Ilias, à Troie et qu'il s'était appropriée.

Au même moment, fort loin de là, dans le palais de Pella, la reine Olympias se tournait et se retournait sur sa couche, tourmentée par un cauchemar. Soudain, elle se redressa et lança un cri aigu, terrifiant, qui résonna dans ses appartements.

Les doigts serrés autour de l'épingle, Barsine visa le cœur d'Alexandre. Mais le roi se réveilla brusquement et la foudroya du regard. Était-ce l'ombre oblique que projetait la lanterne ? Son œil gauche, aussi noir que la nuit, donnait au roi l'allure d'une créature surnaturelle, titanique, d'un monstre mythologique. Terrifiée, l'étrangère fut incapable de lui porter le coup mortel.

Alexandre se leva lentement, repoussant de la poitrine la pointe de bronze, qui fit perler une goutte de sang sur sa peau. Il continuait à fixer son invitée sans ciller.

« Qui es-tu ? lui demanda-t-il. Pourquoi veux-tu me tuer ? »

19

La femme laissa tomber son épingle et, se cachant le visage derrière ses mains, fondit en pleurs.

« Dis-moi qui tu es, insista Alexandre. Je ne te ferai aucun mal. J'ai remarqué la réaction de ton fils quand il a aperçu le portrait de Memnon sur ma table. C'est ton époux, n'est-ce pas ? N'est-ce pas ? répéta-t-il plus fort en lui saisissant les poignets.

— Je me nomme Barsine, répondit la femme, les yeux rivés au sol, la voix éteinte. Et je suis l'épouse de Memnon. Ne fais pas de mal à mes enfants, je t'en conjure, et si tu crains les dieux, ne me déshonore pas. Mon mari paiera une grosse somme, n'importe quel prix, pour retrouver sa famille. »

Alexandre l'obligea à relever le visage et plongea ses yeux dans les siens. Il comprit que cette femme pourrait faire de lui ce qu'elle voudrait s'il ne s'en séparait pas, et il se sentit rougir. De plus, le regard de Barsine traduisait une étrange fébrilité qui n'avait rien à voir avec la crainte d'une mère, ou l'angoisse d'une épouse esseulée et prisonnière. Alexandre y distinguait une émotion mystérieuse et puissante, maîtrisée et peut-être réprimée par une volonté encore ferme mais presque vacillante. Il lui demanda :

« Où est Leptine ?

— Sous ma tente. Mes fils la surveillent.

— Tu as pris son manteau et...
— Oui.
— Vous l'avez blessée ?
— Non.

— Je te laisserai partir et ce secret restera entre nous. Je ne réclamerai aucune rançon, car je ne fais pas la guerre aux femmes et aux enfants. Quand je rencontrerai ton mari, je me battrai contre lui et je l'emporterai si cette victoire me permet de me glisser dans ton lit. Pour l'heure, va et renvoie-moi Leptine. Demain, je te ferai escorter là où tu le souhaiteras. »

Barsine lui baisa la main en murmurant des mots incompréhensibles dans sa langue maternelle. Tandis qu'elle se dirigeait vers l'entrée, Alexandre la rappela :

« Attends. »

Il la rejoignit, contempla ses yeux brillants, prit son visage entre ses mains et l'embrassa sur les lèvres.

« Adieu, ne m'oublie pas. »

Puis il l'accompagna à l'extérieur et la regarda s'éloigner. À sa vue, les deux *pézétaïroï* qui montaient la garde se raidirent brusquement.

Leptine pénétra dans le pavillon royal un peu plus tard. Elle était bouleversée par ce qui lui était arrivé et furieuse d'avoir été séquestrée par deux adolescents. Alexandre la calma :

« Tu n'as pas de souci à te faire, Leptine. Cette femme avait peur de subir un acte de violence, et je l'ai rassurée. Maintenant, va te reposer, tu es fatiguée. »

Il l'embrassa avant de regagner sa couche.

Le lendemain, il ordonna que Barsine soit escortée jusqu'à la rive du Méandre et lui remit un sauf-conduit signé de sa propre main. Il suivit même le petit convoi sur une dizaine de stades.

Quand elle le vit s'arrêter, Barsine lui adressa un signe de la main.

« Qui est cet homme ? demanda Phraatès, son fils cadet. Pourquoi le portrait de notre père se trouvait-il sur sa table ?

— C'est un grand guerrier et un homme juste, répondit Barsine. J'ignore pourquoi il possédait ce portrait. Sans doute parce que Memnon est le seul homme au monde qui puisse rivaliser avec lui. »

Elle se retourna. Monté sur Bucéphale, Alexandre se tenait immobile au sommet d'une colline battue par le vent. Telle était l'image qu'elle garderait de lui.

Memnon demeura dix jours sur les collines qui entouraient Halicarnasse en attendant d'être rejoint par ceux de ses soldats qui avaient survécu à la bataille du Granique — un millier en tout. Puis, une nuit, il pénétra dans la ville à cheval, seul, enveloppé dans son manteau, la tête ceinte d'un turban perse qui lui couvrait presque entièrement le visage. Il se dirigea vers la maison du conseil.

La grande salle des assemblées était située près du gigantesque Mausolée, la tombe monumentale du dynaste de Carie, Mausole, qui avait fait de cette ville la capitale du royaume.

La lune éclairait ce cube de pierre, surmonté d'un portique de colonnes ioniques et d'une pyramide à escaliers qui soutenait l'imposant quadrige de bronze portant l'image du défunt.

Scopas, Bryaxis et Léocharès, les plus grands sculpteurs de la génération précédente, y avaient représenté des épisodes de la mythologie grecque, dont le patrimoine appartenait depuis longtemps à la culture indigène, et notamment les histoires qui se déroulaient traditionnellement en Asie, telles que le combat entre les Grecs et les Amazones.

Memnon s'attarda un moment sur un bas-relief qui montrait un guerrier grec occupé à tirer les cheveux d'une Amazone et à lui piétiner le dos. Il s'était toujours demandé pourquoi l'art grec, si sublime, produisait autant de scènes de violence dont les femmes étaient les victimes. Il avait conclu qu'il fallait incriminer la peur, cette peur qui amenait les hommes à reléguer leurs femmes dans des gynécées et à recourir à des « compagnes » pour prendre part à leurs banquets.

Il songea à Barsine, qui devait déjà être en sécurité sur la route du Roi aux grilles d'or, et il fut envahi par une amère nostalgie. Il pensa à ses jambes de gazelle, à la couleur brune de sa peau, au parfum de violette que ses cheveux dégageaient, au timbre sensuel de sa voix, à sa fierté aristocratique.

Il talonna son cheval et poursuivit sa route en essayant de balayer les sentiments qui montaient en lui. Les pouvoirs extraordinaires que le Grand Roi lui avait octroyés ne lui étaient d'aucun secours.

Il passa devant la statue en bronze d'Hérodote, le plus illustre citoyen d'Halicarnasse, l'auteur des monumentales *Histoires*, celui qui, le premier, avait relaté l'affrontement titanique des Grecs et des barbares au cours des guerres perses, le seul homme à en avoir saisi les raisons profondes, puisqu'il était lui-même né d'un père grec et d'une mère asiatique.

Il mit pied à terre devant le bâtiment du conseil, gravit les escaliers qu'éclairaient deux rangées de trépieds en guise de lanternes, et frappa plusieurs fois à la porte d'entrée. Celle-ci finit par s'ouvrir.

« Je suis Memnon, dit-il en ôtant son turban. Je viens juste d'arriver. »

On le conduisit à l'intérieur de la salle, où toutes les autorités civiles et militaires de la ville étaient réunies : les chefs perses de la garnison, les généraux athéniens Éphialte et Trasybule, qui commandaient les troupes mercenaires, enfin le satrape de Carie Orontobatès, un Perse corpulent, reconnaissable à ses vêtements voyants, à ses boucles d'oreilles, à sa précieuse bague et à la splendide *akinaké* d'or massif qui pendait à son côté.

Il y avait aussi le dynaste local, le roi de Carie Pixodaros, un homme d'une quarantaine d'années à la barbe très noire et aux cheveux à peine striés de blanc.

Deux ans plus tôt, il avait proposé en vain la main de sa fille à un prince macédonien, avant de se replier sur le nouveau satrape perse de la Carie, Orontobatès, qui était désormais son gendre.

Trois sièges avaient été préparés pour la présidence de l'assemblée, deux d'entre eux étaient déjà occupés par Pixodaros et Orontobatès. Memnon prit place sur le troisième, à la droite du satrape perse. À l'évidence, tout le monde attendait son intervention.

« Hommes d'Halicarnasse et hommes de Carie, commença-t-il, le Grand Roi m'a confié une énorme responsabilité, celle d'enrayer l'invasion macédonienne, et j'entends accomplir ce devoir à n'importe quel prix.

« Je suis le seul homme, parmi vous, à avoir vu Alexandre, à avoir affronté son armée à la lance et à l'épée, et je vous assure qu'il s'agit d'un ennemi redoutable. Il n'est pas seulement courageux sur le champ de bataille, voire téméraire, il est aussi habile et imprévisible. La façon dont il s'est emparé de Milet nous laisse augurer de quoi il est capable, même dans des conditions d'infériorité totale sur mer.

« Je n'entends pas me laisser prendre au dépourvu : Halicarnasse ne tombera pas. Nous obligerons le Macédonien à user ses forces au pied de notre muraille. Nous serons ravitaillés par voie maritime, où domine notre flotte, et nous pourrons résister jusqu'à la victoire totale. Au moment opportun, nous opérerons une sortie et écraserons ses guerriers épuisés.

« Voici mon plan : en premier lieu, nous ferons en sorte qu'il ne puisse se servir de ses machines de guerre. Ces engins, que le roi Philippe avait commandés aux meilleurs ingénieurs de Grèce, sont en effet extrêmement efficaces et puissants. Nous retournerons ses armes contre lui : il a empêché notre flotte de s'approvisionner en eau et en vivres en occupant les principaux points d'abordage ; nous l'empêcherons, à notre tour, de décharger ses machines à proximité de notre ville. Nous enverrons des détachements de cavalerie et des troupes d'assaut dans toutes les criques qui se trouvent à moins de dix stades d'Halicarnasse.

« Ce n'est pas tout. Le seul endroit d'où il peut espérer lancer son attaque étant le secteur nord-est de nos murs, nous y ferons creuser une tranchée de quarante pieds de long et de dix-huit pieds de large, de façon qu'il ne puisse approcher ses machines, au cas où il réussirait à les débarquer.

« J'en resterai là pour le moment. Les travaux devront commencer demain matin, à l'aube, et se poursuivre sans répit, jour et nuit. »

Les officiers approuvèrent ce plan, qui paraissait irréprochable, et quittèrent progressivement la salle avant de se disséminer dans les rues de la ville, baignées par la lumière blanche de la pleine lune. Bientôt, il ne resta plus que les deux Athéniens, Trasybule et Éphialte.

« Avez-vous quelque chose à me dire ? leur demanda Memnon.

— Oui, répondit Trasybule. Nous aimerions savoir jusqu'à quel point nous pouvons compter sur tes hommes et sur toi.

— Je pourrais vous retourner cette question, observa Memnon.

— Ce que nous voulons te dire », intervint Éphialte, un homme robuste mesurant au moins six pieds, à la corpulence herculéenne, « c'est que nous sommes remplis de haine envers les Macédoniens, qui ont humilié notre patrie et l'ont obligée à accepter des conditions de paix honteuses. Nous sommes devenus mercenaires parce que c'était la seule façon de combattre l'ennemi sans nuire à notre cité. Mais toi ? Quelles sont tes motivations ? Qui nous garantit que tu demeureras fidèle à notre cause si le vent tourne ? Au fond, tu es un...

— Mercenaire professionnel ? interrompit Memnon. Oui, c'est vrai. Tout comme vos hommes, du premier au dernier. Les épées mercenaires ne manquent pas, aujourd'hui, sur le marché. Vous affirmez que votre haine constitue une garantie. En quoi devrais-je vous croire ? Il m'est arrivé bien souvent de voir la peur l'emporter sur la haine, et vous n'y échapperez peut-être pas.

« Mon honneur et ma parole sont ma seule patrie, et vous devez avoir confiance en moi. Rien ne compte plus à mes yeux, si ce n'est ma famille.

— Est-il vrai que le Grand Roi a envoyé ton épouse et tes fils à Suse ? Et dans ce cas, cela pourrait signifier qu'il ne se fie pas à toi et qu'il les a pris en otages, n'est-ce pas ? »

Memnon leur lança un regard glacial. « Pour l'emporter sur Alexandre, j'ai besoin de votre loyauté et de votre obéissance aveugle. Si vous mettez ma parole en doute, alors je n'ai pas besoin de vous. Allez-vous-en, je vous libère de votre engagement. Allez-vous-en tant qu'il en est encore temps. »

Les deux généraux athéniens échangèrent un coup d'œil. Après quoi, Éphialte parla : « Nous voulions seulement savoir si ce qu'on dit de toi est vrai. Maintenant, nous sommes fixés. Tu peux compter sur nous, jusqu'au bout. »

Ils sortirent, laissant Memnon seul dans la grande salle vide.

20

Après avoir consulté ses officiers, Alexandre quitta le camp, situé près de la muraille de Milet, tandis que les hommes de Néarque commençaient à démonter les machines de guerre pour les embarquer sur les navires et sur les bacs, ancrés non loin de la plage. Il était entendu que, une fois l'opération achevée, le vaisseau amiral devait contourner le cap de Milet pour chercher un point d'abordage favorable, le plus près possible d'Halicarnasse. Deux capitaines athéniens, qui commandaient les deux petites escadres de trières destinées au combat, étaient demeurés à ses côtés.

Grouillante de soldats, la plage retentissait de cris et de bruits : coups de marteaux, appels, hurlements rythmés des équipages qui tiraient les grandes poutres démontées sur les bacs pour les hisser ensuite à bord des navires.

Le roi lança un dernier regard sur ce qui restait de la flotte alliée, puis sur la ville qui à présent se dressait tranquillement sur son promontoire. Ensuite, il donna le signal de départ. Une vallée bordée d'oliviers s'ouvrait devant lui, entre le mont Latmos, au nord, et le mont Grios, au sud. Au fond, une route poussiéreuse menait à la ville de Mylasa.

Le temps était chaud et serein, le feuillage argenté

des oliviers resplendissait sur les collines, et, dans les prairies parsemées de coquelicots, des grues blanches plongeaient leur bec le long des ruisseaux à la recherche de grenouilles et d'alevins. Au passage de l'armée, elles levaient un instant leur tête au long bec, mues par la curiosité.

« Crois-tu à l'histoire des grues et des pygmées ? » demanda Léonnatos à Callisthène qui chevauchait à ses côtés.

— Eh bien, Homère en parle, et il est considéré comme un homme digne de foi, répondit Callisthène sans grande conviction.

— C'est possible... Je me souviens des leçons du vieux Léonidas : il parlait des batailles incessantes entre les grues, qui essayaient d'enlever d'un coup de bec les enfants des pygmées, et les pygmées qui tentaient de casser les œufs des grues. Ce sont, à mon avis, des histoires pour enfants, mais puisque Alexandre a vraiment l'intention d'atteindre les régions extrêmes de l'Empire perse, nous verrons sans doute le territoire des pygmées.

— Peut-être, répliqua Callisthène en haussant les épaules. Mais à ta place, je n'y croirais pas trop. Ce sont des récits populaires. On dit qu'en remontant le cours du Nil, on rencontre vraiment des nains à la peau noire, mais je doute qu'ils aient la hauteur d'un poing, comme leur nom l'indique, et qu'ils fauchent les épis de blé à coups de hache. Les histoires se déforment, avec le temps et par le bouche à oreille. Par exemple, si j'affirmais que les grues enlèvent les enfants des pygmées pour les offrir à des couples sans enfants, j'ajouterais un détail fantaisiste à une histoire qui l'est déjà, sans déroger pour autant à une certaine vraisemblance. Ai-je été clair ? »

Léonnatos était plutôt perplexe. Il se retourna pour examiner ses mulets, chargés de gros sacs.

« Qu'y a-t-il dans ces sacs ? demanda Callisthène.
— Du sable.

— Du sable ?
— Oui.
— Mais pour quoi faire ?
— J'en ai besoin pour m'entraîner à la lutte. Si nous trouvons un terrain rocheux sur notre route, je serai dans l'impossibilité de faire mes exercices. »

Callisthène secoua la tête et talonna sa jument. Un peu plus tard, il fut dépassé par Séleucos qui galopait vers la tête de la colonne. Celui-ci s'arrêta à hauteur d'Alexandre et lui indiqua quelque chose sur la crête du mont Latmos.

« Tu as vu ce qui se passe là-haut ? »

Les yeux du roi se posèrent sur le sommet de la montagne.

« Qu'y a-t-il ?
— J'ai envoyé deux éclaireurs en reconnaissance : une vieille femme nous suit avec ses serviteurs depuis ce matin.
— Par Zeus ! Je me serais attendu à tout, sur cette terre, mais pas à être suivi par une vieille femme !
— Elle veut peut-être pêcher quelque chose ! ricana Lysimaque qui chevauchait non loin d'eux.
— Ne dis pas de bêtises, répliqua Séleucos. Que veux-tu que nous fassions, Alexandre ?
— Elle ne représente certainement pas un danger. Si elle a besoin de nous, elle viendra nous le dire. Il n'y a aucune crainte à avoir. »

Ils poursuivirent leur chemin au pas, précédés par un groupe d'éclaireurs à cheval, puis débouchèrent sur une vaste plaine. La vallée s'ouvrait comme un entonnoir vers la ville.

On donna le signal de repos, et les « écuyers » dressèrent des abris de toile qui offrirent un peu d'ombre au roi et à ses officiers.

S'appuyant à un orme, Alexandre but quelques gorgées d'eau à une gourde. Il commençait à faire très chaud.

« Nous avons de la visite », observa Séleucos.

Sur la colline, un homme à pied menait par la bride une jument blanche que montait une femme d'âge avancé, richement vêtue. Derrière, un autre serviteur tenait une ombrelle, tandis qu'un troisième éloignait les mouches à l'aide d'un fouet de crins.

Suivait un détachement d'hommes armés, à l'aspect nullement agressif, puis un petit nombre de charrettes et de bêtes de somme.

Ce cortège s'immobilisa à un demi-stade de l'armée. L'un des hommes de l'escorte s'approcha du lieu où Alexandre se reposait, à l'ombre de l'orme, et demanda à être conduit auprès de lui.

« Grand roi, ma maîtresse, Ada, reine de Carie, aimerait te parler. »

Alexandre ordonna à Leptine de lisser les plis de son manteau, de le coiffer et de poser son diadème sur sa tête. Puis il répondit : « Ta maîtresse est la bienvenue à n'importe quel instant.

— Même maintenant ? interrogea l'étranger dans un grec pimenté d'un fort accent oriental.

— Oui. Nous avons peu de chose à lui offrir, mais nous serions honorés de partager notre repas avec elle. »

Comprenant de quoi il retournait, Eumène fit immédiatement dresser le toit du pavillon royal afin que les invités puissent s'asseoir à l'ombre. On disposa des tables et des chaises en toute hâte, si bien que tout était prêt lorsque la reine se présenta.

Un palefrenier s'accroupit, et la grande dame descendit de sa jument en posant le pied sur son dos, comme s'il s'agissait d'un tabouret. Elle marcha ensuite vers Alexandre, qui l'accueillit avec des manifestations de respect.

« Bienvenue, grande dame, lui dit-il dans un grec fort distingué. Parles-tu ma langue ?

— Bien sûr, répondit la dame à qui l'on apportait un petit trône en bois gravé, promptement enlevé à l'une des charrettes qui composaient sa suite. Puis-je m'asseoir ?

— Je t'en prie, lui dit le roi en prenant place à son tour parmi ses compagnons. Ces hommes sont plus que des frères pour moi, ce sont des amis et des gardes du corps : voici Héphestion, Séleucos, Ptolémée, Perdiccas, Cratère, Léonnatos, Lysimaque, Philotas. Et celui-ci, à l'allure plus guerrière... », il ne put s'empêcher de sourire, « ... c'est mon secrétaire général, Eumène de Cardie.

— Salut, secrétaire général », lui lança la reine en inclinant gracieusement la tête.

Alexandre examina son invitée : elle devait avoir près de soixante ans. Elle ne teignait pas ses cheveux et s'abstenait de dissimuler ses tempes déjà grises, mais elle avait sans nul doute été d'une grande beauté. Sa robe carienne de laine ouvragée en damiers, brodée de scènes mythologiques, révélait des formes qui l'avaient certainement rendue fort attirante quelques années plus tôt.

Elle avait des yeux d'une belle couleur ambrée, lumineux et sereins, légèrement maquillés, un nez droit et des pommettes saillantes qui lui donnaient une expression très noble. Ses cheveux étaient relevés en chignon et surmontés d'un diadème en or, lapis-lazuli et turquoises, mais son habillement et son allure traduisaient quelque chose de mélancolique et de désuet, comme si sa vie était désormais privée de sens.

Les civilités et les présentations requirent un certain temps. Alexandre vit qu'Eumène griffonnait quelques mots sur une tablette, qu'il posa sur la table, devant lui. Il lut du coin de l'œil ce qui y était écrit :

> Cette femme est Ada, reine de Carie. Elle a été mariée successivement à deux de ses frères, qui sont à présent décédés. L'un d'eux avait vingt ans de moins qu'elle. Le troisième n'est autre que Pixodaros, qui aurait pu être ton beau-père et qui l'a chassée du trône. Votre rencontre sera sans doute très intéressante. Ne laisse pas échapper cette occasion.

Il venait tout juste de parcourir ces quelques lignes quand son invitée affirma : « Je suis Ada, reine de

Carie, et je vis désormais à l'écart du monde dans ma forteresse d'Alinda. Je suis certaine que mon frère m'en aurait également chassée s'il en avait eu la force. La vie et le destin ne m'ont pas permis d'avoir des enfants, et je me dirige maintenant vers la vieillesse, pleine de tristesse et surtout de souffrance face à la manière dont Pixodaros, le dernier et le plus odieux de mes frères, m'a traitée.

— Mais comment as-tu su ? murmura Alexandre à l'oreille d'Eumène, assis à ses côtés.

— C'est mon travail, répondit-il tout aussi bas. Et puis je t'ai déjà épargné des problèmes avec ces gens-là, l'aurais-tu oublié ? »

Alexandre se rappela la terrible colère de son père le jour où il avait annulé le mariage de son demi-frère, Arrhidée, avec la fille de Pixodaros, et il sourit en songeant à l'étrangeté du destin : cette femme à l'allure extravagante aurait pu devenir un membre de sa famille.

« Puis-je t'inviter à ma modeste table ? » demanda-t-il.

La femme hocha délicatement la tête. « Je t'en remercie beaucoup et j'accepte ton invitation avec plaisir. Connaissant la cuisine des armées, je me suis toutefois permis d'apporter des mets qui, je l'espère, te plairont. »

Elle battit des mains, et ses serviteurs s'affairèrent aussitôt autour de ses charrettes, d'où ils tirèrent des miches de pain parfumées, des gâteaux aux raisins secs, des tartes, des biscuits de pâte feuilletée au miel, des petits pains fourrés à l'œuf, à la farine et au moût cuit, ainsi que quantité d'autres douceurs.

Une goutte de salive coula sur la cuirasse d'Héphestion, qui contemplait la scène bouche bée ; et Léonnatos se serait empressé de se servir si Eumène ne lui avait pas écrasé le pied.

« Je vous en prie, invita la dame, servez-vous librement, nous en avons en abondance. »

Tous les officiers se jetèrent sur ces plats qui leur évoquaient leurs repas d'enfance préparés par les mains expertes de leurs mères et de leurs nourrices. Alexandre se contenta de mordre dans un biscuit, puis il s'assit sur un tabouret près de la reine.

« Pourquoi es-tu venue me rendre visite, noble dame, s'il m'est permis de te le demander ?

— Ainsi que je te l'ai expliqué, je suis la reine de Carie, fille de Mausole, l'homme qui est enseveli dans le grand monument d'Halicarnasse. Mon frère Pixodaros a usurpé mon trône et il gouverne la ville après s'être allié avec le satrape Orontobatès, dont il a épousé la fille. J'ai été dépouillée non seulement de mon pouvoir, mais aussi de mes apanages, de mes rentes et de la plupart de mes demeures.

« Tout cela réclame justice. Je suis donc venue te voir, toi, le jeune roi des Macédoniens, pour t'offrir la forteresse et la ville d'Alinda, qui te permettront de contrôler l'intérieur du pays, sans lequel Halicarnasse ne peut survivre. »

Elle prononça ces mots avec un très grand naturel, comme si elle parlait d'un jeu de société. Alexandre l'examina d'un air surpris : il avait de la peine à en croire ses oreilles.

La reine Ada ordonna à un de ses domestiques de tendre au roi un plateau de gâteaux. « Un autre biscuit, mon garçon ? » demanda-t-elle.

21

Alexandre annonça tout bas à Eumène qu'il désirait s'entretenir en tête à tête avec son invitée. L'un après l'autre, ses compagnons prirent respectueusement congé en prétextant des occupations diverses. C'est alors que se présenta Péritas, attiré par le parfum des friandises dont il raffolait.

« Noble dame, commença Alexandre, je ne suis pas sûr d'avoir bien compris : tu veux m'offrir la forteresse et la ville d'Alinda sans rien exiger en échange ?

— Pas tout à fait, répliqua la reine. Il y a quelque chose que je désire en échange.

— Parle, et je comblerai tes souhaits si c'est en mon pouvoir. Que veux-tu ?

— Un enfant », répondit Ada d'une voix très naturelle.

Alexandre la contempla un instant, bouche bée. Mais Péritas le tira de sa stupeur en lui réclamant, avec force, le biscuit qu'il avait à la main.

« Noble dame, je ne pense pas pouvoir... »

Ada sourit. « Je crois que tu n'as pas bien saisi, mon garçon. Vois-tu, la vie ne m'a pas offert le réconfort d'un enfant, et il en a peut-être été mieux ainsi, puisque les usages et les exigences dynastiques m'ont contrainte à épouser mes frères. C'est pourquoi j'ai tant souffert dans mes veuvages.

« Mais si le destin m'avait donné un enfant né d'un mari normal, j'aurais voulu qu'il te ressemble : qu'il soit aussi beau, noble et aimable que toi, qu'il ait des manières raffinées mais un caractère décidé, courageux et audacieux, tout en étant affable et affectueux ainsi qu'on murmure que tu l'es. En d'autres termes, je te demande de devenir mon fils. »

Incapable d'articuler le moindre mot, Alexandre se laissa caresser par les yeux ambrés, doux et mélancoliques de la reine.

« Alors, quelle est ta réponse, mon garçon ?
— Je... je ne sais pas comment cela pourrait se produire...
— Très simplement, par une adoption.
— Et comment adviendrait-elle ?
— Je suis reine. Si tu es d'accord, il me suffit de prononcer la formule rituelle et tu seras mon fils à part entière. »

Alexandre l'examinait d'un air de plus en plus déconcerté.

« Je demande peut-être trop ? dit Ada, brusquement inquiète.
— Non, mais...
— Quoi ?
— Je ne m'attendais pas à une telle requête. J'en suis extrêmement flatté, et par conséquent... » Ada se pencha en avant comme pour s'assurer qu'elle entendrait bien la suite. « Par conséquent, je suis heureux et honoré d'accepter ton offre. »

La reine versa quelques larmes d'émotion. « Tu acceptes vraiment ? demanda-t-elle.
— Oui.
— Je t'avertis, j'exigerai aussi que tu m'appelles " maman ".
— Je n'y manquerai pas... maman. »

Ada s'essuya les yeux avec un mouchoir brodé. Elle redressa la tête, se racla la gorge, puis déclara : « Moi, Ada, fille de Mausole, reine de Carie, je t'adopte, toi,

Alexandre, roi des Macédoniens, en qualité de fils, et je te nomme seul héritier de tous mes biens. » Elle tendit la main à Alexandre, qui y déposa un baiser.

« Je t'attendrai demain à Alinda, mon fils. Et maintenant, embrasse-moi. »

Alexandre se leva et l'embrassa sur les joues. Il fut charmé par son parfum oriental de santal et de rose sauvage. C'est alors que Péritas s'approcha en frétillant et en gémissant, dans l'espoir que l'invitée de son maître lui donne quelque douceur.

La reine le caressa. « Ce petit chien est bien gentil, quoiqu'un peu... encombrant », dit-elle avant de s'éloigner en laissant des provisions à son fils adoptif et à ses amis, de grands garçons dotés d'un solide appétit. Alexandre la regarda monter sur sa jument blanche, accompagnée de deux serviteurs, l'un l'abritant du soleil, l'autre chassant les mouches qui se pressaient autour de sa monture. Quand il se retourna, ses yeux croisèrent ceux d'Eumène, qui hésitait entre le rire et la solennité de circonstance.

« Malheur à toi si tu vas tout raconter à ma mère ! menaça-t-il. Elle serait capable de me faire empoisonner. » Puis il s'adressa à Péritas, qui ne cessait d'aboyer : « Et toi, va te coucher ! » cria-t-il.

De bonne heure, le lendemain, Alexandre ordonna à Parménion de conduire son armée vers Mysala et de recevoir en son nom la soumission des villes qu'il rencontrerait sur son chemin, qu'elles soient grandes ou petites. Puis il partit pour Alinda en compagnie d'Héphestion et de ses gardes du corps.

Ils traversèrent de vastes vignobles qui dégageaient un parfum délicat et intense, de vertes étendues de blé, ainsi que des prairies constellées de fleurs de toutes les espèces et de toutes les couleurs, où triomphaient les larges taches écarlates des coquelicots.

Alinda leur apparut soudain dans la chaleur du soleil

méditerranéen, au sommet d'une colline. Retranchée derrière des murs massifs en pierre grise, la ville était dominée par la masse imposante de la forteresse, pourvue de tours sur lesquelles flottaient les étendards bleus du royaume de Carie.

Des soldats armés de longues lances, d'arcs et de carquois étaient alignés sur les chemins de ronde, tandis que deux rangs de guerriers en armure de parade, montés sur des chevaux aux harnachements somptueux, gardaient la porte d'entrée.

Bientôt la porte s'ouvrit, et la reine Ada apparut sur une chaise surmontée d'un dais et portée par seize esclaves à moitié nus. Devant elle, de jeunes Cariennes vêtues de péplos à la grecque lançaient des pétales de roses.

Alexandre sauta à terre et poursuivit son chemin à pied, en compagnie d'Héphestion. Ada fit signe aux esclaves de la déposer. Elle marcha à la rencontre de son fils adoptif, qu'elle embrassa sur les joues et sur le front.

« Comment vas-tu, maman ?

— Bien, quand je te vois », répondit la reine.

Elle ordonna qu'on éloigne sa chaise et, glissant le bras sous celui d'Alexandre, avança vers la ville où se pressait une foule joyeuse et impatiente.

Les fenêtres s'ouvraient sur des pluies de roses et de coquelicots, dont les têtes et les pétales tournoyaient longuement dans les airs, poussés par la brise printanière qui dégageait une odeur d'herbe coupée et de foin frais.

Une musique de flûtes et de harpes s'élevait sur leur passage, une mélodie douce et vaguement enfantine qui rappela au roi les refrains que lui chantait sa nourrice lorsqu'il était petit.

Il fut envahi par une forte émotion au milieu de ces gens en fête, de ce tourbillon de couleurs et de parfums, au bras de cette mère suave, affectueuse et inconnue. Cette terre, dont chaque recoin lui révélait un mystère qui pouvait tout aussi bien receler une embuscade sanglante que la magie d'un lieu enchanteur, le séduisait de plus en plus, le poussait vers l'avant, à la recherche de nouvelles sources d'émerveillement. Qu'y avait-il derrière les montagnes qui formaient comme une couronne autour d'Alinda ?

Précédés par un cortège de dignitaires aux somptueux habits tissés d'or et d'argent, ils atteignirent le portail de la forteresse, historié de figures de héros et de dieux. Au sommet de l'escalier qui menait à l'intérieur se dressaient deux trônes, l'un central et haut, l'autre, à sa droite, plus bas et plus modeste.

Ada lui indiqua le siège le plus imposant et s'assit à ses côtés. La place qui s'étendait au pied de la forteresse s'était remplie de gens de toutes origines et de tous milieux, et quand elle fut bondée, un héraut lui imposa le silence. D'une voix de stentor, il déclama ensuite l'acte d'adoption en langue carienne et en langue grecque.

Il y eut des applaudissements interminables, auxquels la reine répondit par un léger signe de la main, tandis qu'Alexandre levait les bras ainsi qu'il avait l'habitude de le faire devant ses troupes alignées.

Puis la porte s'ouvrit dans leur dos, et les deux rois, mère et fils, disparurent à l'intérieur.

22

Alexandre et Héphestion ne purent pas repartir dans la journée, ainsi qu'ils l'auraient souhaité : Ada avait fait préparer pour le soir un somptueux banquet, où elle avait convié tous les dignitaires de la ville. Pour y être admis, nombre d'entre eux avaient déboursé une somme considérable et apporté des cadeaux de grand prix à la reine, comme s'il s'agissait d'une jeune mère venant de mettre au monde son premier-né.

Le lendemain, malgré leur insistance, on fit visiter la ville et la forteresse aux invités, qui furent occupés jusqu'à l'après-midi. Alexandre eut bien de la peine à persuader sa nouvelle mère de le laisser s'éloigner : il dut lui expliquer patiemment qu'il était en guerre et que son armée l'attendait sur la route d'Halicarnasse.

« Hélas, soupira Ada au moment des adieux, je ne peux te fournir aucun soldat. Ceux que j'ai suffisent à peine à protéger la forteresse. Mais je vais te faire un présent beaucoup plus important... » ajouta-t-elle en battant des mains.

Aussitôt, une douzaine d'hommes apparurent avec des bêtes de somme et des chariots débordant de sacs et de paniers.

« Qui... qui sont-ils ? demanda Alexandre d'une voix inquiète.

— Des cuisiniers, mon enfant. Des cuisiniers, des

boulangers et des pâtissiers, les meilleurs qu'on puisse trouver à l'est des Détroits. Tu as besoin de bien te nourrir, mon chéri, avec tous les efforts que tu dois affronter, la guerre, les batailles... Il m'est facile d'imaginer le niveau et la qualité de la nourriture qu'on te prépare : les cuisiniers macédoniens ne sont pas renommés, me semble-t-il, pour le raffinement de leurs plats. Ils te donnent certainement à manger de la viande salée et du pain sans levain, des choses qui vous restent sur l'estomac. Voilà pourquoi j'ai cru bon... » continuait la reine sur un ton imperturbable.

Alexandre l'interrompit d'un geste poli. « C'est très gentil à toi, maman, mais sincèrement, je n'ai pas besoin de tout cela. Une bonne marche nocturne me permet de déjeuner de grand appétit, et j'apprécie n'importe quel plat après une journée à cheval. Quand j'ai soif, l'eau fraîche est meilleure que le vin le plus recherché. Vraiment, maman, ces gens risqueraient surtout de m'encombrer. Mais je te remercie, considère que je les ai acceptés. »

Ada baissa la tête : « Je comptais seulement t'être agréable et prendre soin de toi.

— Je le sais, répliqua Alexandre en lui prenant la main. Je le sais, et je t'en suis reconnaissant. Mais laisse-moi vivre ainsi que j'en ai l'habitude. Je me souviendrai de toi avec affection. »

Il l'embrassa, puis il monta à cheval et s'éloigna au galop sous les regards soulagés des cuisiniers, que la perspective d'une vie militaire n'enchantait guère.

Ada le suivit des yeux jusqu'à ce qu'il disparaisse avec son ami derrière la colline. Puis elle s'adressa à son personnel en criant : « Que faites-vous là à vous tourner les pouces ? Allez donc travailler ! Je veux que vous confectionniez vos meilleurs plats pour que je puisse les envoyer à ce garçon et à ses compagnons, où qu'ils se trouvent. Quel genre de mère serais-je si je ne m'occupais pas de ces choses-là ? »

Ils regagnèrent aussitôt leurs cuisines.

Le lendemain et le surlendemain, Alexandre trouva à son réveil un détachement de la cavalerie carienne qui déposait devant sa tente des pains frais, des biscuits croquants, des pâtisseries aux garnitures succulentes.

Cette situation devint bien vite embarrassante. Ses compagnons et ses soldats commençant à lancer des boutades spirituelles, Alexandre décida de régler ce problème une fois pour toutes. Le troisième jour, alors qu'il était à proximité d'Halicarnasse, il renvoya les hommes et leurs douceurs avec une lettre écrite de sa main.

> Alexandre à Ada, sa mère bien-aimée, salut !
> Je te remercie sincèrement des bonnes choses que tu m'as envoyées chaque matin, mais je dois te prier à contrecœur de suspendre ces envois. Je ne suis pas habitué à des mets aussi raffinés, mais à un régime rustique et simple. Et surtout, je ne veux pas jouir de privilèges niés à mes soldats. Ils doivent savoir que leur roi mange la même nourriture qu'eux et partage les mêmes risques.
> Prends soin de toi.

Dès lors, les attentions étouffantes d'Ada cessèrent et les opérations militaires reprirent à plein régime. Après avoir quitté Mylasa, Alexandre marcha vers le sud et rejoignit la côte, découpée en d'innombrables criques, péninsules et promontoires. Sur certains tronçons, les soldats avançaient parallèlement à la flotte qui croisait non loin de là, profitant de la profondeur des fonds marins, si bien qu'il leur arrivait parfois de communiquer à haute voix.

Trois jours plus tard, alors que l'armée s'apprêtait à bivouaquer près du rivage, un homme s'approcha des sentinelles et demanda à être conduit auprès du roi. Alexandre était assis sur un rocher, sur la plage, en compagnie d'Héphestion et de ses camarades.

« Que désires-tu ? interrogea le roi.

— Je me nomme Euphranor et je viens de Myndos. Mes concitoyens me chargent de te dire que la ville est prête à t'accueillir et que ta flotte pourra jeter l'ancre dans notre port, bien à l'abri de l'ennemi.

— La chance est de notre côté, dit Ptolémée. Un bon port est exactement ce qu'il nous faut pour décharger nos navires et monter les machines de guerre. »

Alexandre se tourna vers Perdiccas. « Va à Myndos avec tes hommes et prépare le mouillage pour notre flotte. Fais-nous prévenir, je me chargerai d'avertir nos navarques.

— Mais, roi, objecta l'envoyé, la ville espérait te voir, t'accueillir dignement et...

— Pas pour l'instant, mon bon ami. Je dois d'abord conduire mon armée le plus près possible des murs d'Halicarnasse et j'entends bien mener personnellement ces opérations. Pour l'heure, remercie tes concitoyens de l'honneur qu'ils m'ont fait. »

L'homme s'en alla et le conseil de guerre reprit.

« Tu as eu tort de renvoyer les friandises de la reine Ada, dit Lysimaque en ricanant. Elles nous auraient soutenus dans notre effort de guerre.

— Tais-toi ! s'écria Ptolémée. Si j'ai bien compris ce qu'Alexandre projette, l'envie de plaisanter te passera vite.

— Je le crois également », confirma Alexandre. Il dégaina son épée et se mit à tracer des signes sur le sable. « Alors, voici Halicarnasse. Elle s'étend autour de ce golfe et possède deux forteresses, l'une à droite et l'autre à gauche du port. Elle est donc totalement invulnérable du côté de la mer. Et ce n'est pas tout : elle peut être sans cesse ravitaillée. Nous ne pouvons donc ni l'assiéger, ni établir de blocus.

— En effet, approuva Ptolémée.

— Que suggères-tu donc, général Parménion ? demanda le roi.

— Dans une telle situation, nous n'avons guère le choix : nous devons attaquer par voie terrestre, ouvrir une brèche dans la muraille et nous glisser dans la ville pour nous emparer du port. La flotte perse sera alors balayée de la mer Égée.

— C'est tout à fait cela. Et c'est exactement ce que nous allons faire. Toi, Perdiccas, tu iras à Myndos demain matin, et tu en prendras possession. Tu feras ensuite entrer la flotte dans le port, tu débarqueras les machines de guerre, les remonteras et les dirigeras sur Halicarnasse depuis l'ouest. Nous t'attendrons et préparerons les emplacements destinés aux tours de siège et aux béliers.

— Bien, acquiesça Perdiccas. Si tu n'as pas d'autres ordres, je vais indiquer les dispositions nécessaires à mes hommes.

— Va donc, mais reviens me voir avant de te coucher. Quant à vous, dit-il en s'adressant aux autres, je vous attribuerai vos postes quand nous serons à proximité de la muraille, c'est-à-dire demain soir. Vous pouvez retourner à vos détachements. Couchez-vous de bonne heure car de dures journées nous attendent. »

Le conseil fut levé. Alexandre se promena le long de la mer, regardant le soleil qui enflammait les vagues en se couchant, tandis que les îles s'assombrissaient lentement.

L'heure et la perspective de l'épreuve qui l'attendait le remplirent bientôt d'une profonde mélancolie. Il se souvint de son enfance : à l'époque, sa vie n'était que rêves et contes, son avenir lui apparaissait comme une longue chevauchée sur un étalon ailé.

Il songea à sa sœur Cléopâtre, qui était peut-être esseulée dans le palais de Boutrotos, il songea à la promesse qu'il lui avait faite — lui consacrer une pensée chaque jour, à la tombée de la nuit — et il espéra qu'elle l'entendrait, que la brise tiède lui caresserait les joues comme un léger baiser. Cléopâtre...

Quand il regagna sa tente, Leptine avait déjà allumé des lanternes et préparé son repas.

« Ne sachant si tu avais des invités, je n'ai dressé la table que pour toi.

— Tu as bien fait. Je n'ai pas très envie de manger. »

On lui servit le repas. Péritas se coucha sous la table dans l'attente des restes. Dehors, le campement était empli de la rumeur qui accompagnait l'heure du dîner et précédait le calme de la nuit, le silence du premier tour de ronde.

C'est alors qu'Eumène pénétra sous la tente, un pli à la main. « Un message est arrivé, annonça-t-il en le lui tendant. Il vient de ta sœur, la reine Cléopâtre d'Épire.

— C'est étrange. J'ai pensé à elle tout à l'heure tandis que je me promenais sur le rivage.

— Elle te manque ? demanda Eumène.

— Beaucoup. Son sourire me manque, tout comme la lumière de ses yeux, le timbre de sa voix, la chaleur de son amour.

— Elle manque encore plus à Perdiccas, il se ferait couper un bras s'il pouvait glisser l'autre autour de sa taille... Alors, je te quitte.

— Non, reste. Bois une coupe avec moi. »

Eumène se versa du vin et prit place sur un tabouret pendant qu'Alexandre ouvrait la missive et commençait à la lire :

> Cléopâtre à son bien-aimé Alexandre, salut !
>
> Je ne sais où et quand cette lettre te parviendra : sur un champ de bataille ? pendant ton repos ? au cours du siège d'une forteresse ? Je t'en prie, mon frère adoré, ne t'expose pas inutilement au danger.
>
> Nous avons tous été informés de tes aventures et nous en sommes très fiers. Ou plutôt, mon époux en est presque jaloux. Il piaffe, il lui tarde de partir pour égaler ta gloire. J'aimerais, quant à moi, qu'il reste à jamais à mes côtés : j'ai peur de la solitude et j'aime vivre près de lui dans ce palais au bord de l'eau. À la fin de la journée, nous montons sur la plus haute tour et regardons le soleil se coucher sur les vagues, jusqu'à ce que tout s'assombrisse et que l'étoile du soir grimpe dans le ciel.
>
> J'aimerais pouvoir t'écrire des poèmes, mais quand je lis l'édition de Sapho et de Nossis que maman m'a donnée le

jour de mon départ, je me sens incapable d'une telle entreprise.

Mais je cultive le chant et la musique. Alexandre m'a offert une servante qui joue de la flûte et de la cithare à merveille, et qui m'en apprend l'art avec dévouement et patience. Chaque jour, j'offre des sacrifices aux dieux afin qu'ils te protègent.

Quand te reverrai-je ? Porte-toi bien.

Alexandre referma la lettre et laissa retomber son menton sur sa poitrine.

« Mauvaises nouvelles ? demanda Eumène.

— Oh ! non ! Ma sœur est comme ces petits oiseaux qu'on enlève trop tôt du nid : de temps en temps, elle se rappelle qu'elle est encore une adolescente, et elle a la nostalgie de la maison de ses parents. »

Péritas s'approcha en gémissant et frotta sa tête contre la jambe de son maître en quête d'une caresse.

« Perdiccas est déjà parti, reprit le secrétaire. Il sera demain à Myndos et prendra possession du port pour la flotte. Tous nos camarades se trouvent auprès de leurs détachements, à l'exception de Léonnatos qui a fourré deux filles dans son lit. Callisthène écrit, sous sa tente, mais il n'est pas le seul à le faire.

— Ah non ?

— Non. Ptolémée aussi rédige un journal, des sortes de mémoires. Et j'ai entendu dire que Néarque s'est lancé également dans l'écriture. J'ignore comment il y arrive dans ce bateau qui ne cesse de tanguer et de fendre les flots. J'ai vomi à deux reprises quand nous avons traversé les Détroits.

— Il doit être habitué.

— Oui. Et Callisthène ? T'a-t-il montré une partie de ses écrits ?

— Non, rien. Il est très jaloux de son œuvre. Il m'a dit que je ne pourrais y jeter un coup d'œil qu'une fois la rédaction définitive achevée.

— Dans plusieurs années, alors...

— J'en ai bien peur.

— Ce sera dur...

— Quoi ?
— De prendre Halicarnasse. »

Alexandre acquiesça d'un signe de tête tout en grattant Péritas derrière les oreilles et en l'ébouriffant.

« Je le crains. »

23

Le grondement discret de Péritas réveilla Alexandre, qui comprit soudain ce qui avait alarmé son chien : le galop rapide d'un détachement de cavaliers, suivi par la conversation animée des hommes qui veillaient devant sa tente. Il jeta une chlamyde sur ses épaules et se précipita dehors. Il faisait encore nuit et la lune était suspendue au-dessus de la ligne des collines, dans un ciel laiteux et sombre, voilé de nuages bas.

L'un des soldats du détachement s'approcha de lui, le souffle court. « Sire, une embuscade, un piège !

— Quoi ? demanda Alexandre en l'attrapant par le chiton.

— C'était un piège. Quand nous sommes arrivés devant les portes de Myndos, nous avons été assaillis de tous côtés : traits et javelots pleuvaient comme de la grêle, des troupes de cavalerie légère fondaient sur nous depuis les collines, d'autres encore se précipitaient... Nous nous sommes défendus, sire, nous avons combattu avec toute l'énergie que nous possédions. Si la flotte était entrée dans le port, elle aurait été détruite. Partout, on pouvait voir des catapultes et des projectiles incendiaires.

— Où est Perdiccas ?

— Il est encore là-bas. Il a réussi à occuper une

zone abritée et à rassembler nos hommes. Il réclame des secours, immédiatement. »

Après avoir laissé l'homme repartir, Alexandre s'aperçut que ses mains étaient rouges de sang. « Ce soldat est blessé ! s'exclama-t-il. Vite ! Appelez un chirurgien ! »

Philippe, le médecin, dont la tente se dressait non loin de là, accourut aussitôt avec son assistant, et prit l'homme en charge.

« Avertis tes confrères, lui recommanda le roi. Dis-leur de préparer tables, eau chaude, bandages, vinaigre, bref tout le nécessaire. »

Alexandre avait été rejoint par Héphestion, Eumène, Ptolémée, Cratère, Cleitos, Lysimaque et tous ses compagnons, vêtus et armés de pied en cap.

« Cratère ! s'écria-t-il dès qu'il le vit.

— À tes ordres, sire !

— Réunis sans tarder deux escadrons de cavalerie et hâte-toi : Perdiccas est en mauvaise posture. N'engagez pas la bataille. Récupérez les morts et les blessés, puis revenez sur vos pas. »

Il se tourna. « Ptolémée !

— À tes ordres, sire !

— Prends un détachement d'éclaireurs et une subdivision de cavaliers thraces et triballes. Avancez le long de la côte à la recherche d'un point d'abordage pour y débarquer nos machines de guerre. Dès que vous l'aurez trouvé, faites signe à la flotte d'approcher, et aidez-la à décharger.

— Ce sera fait.

— Le Noir !

— À tes ordres, sire !

— Concentre toutes les catapultes légères dont nous disposons à l'embouchure du port de Myndos, et interdis-en l'entrée, ou la sortie, à quiconque, même aux pêcheurs. Si tu déniches un endroit favorable, tire sur la ville tous les projectiles incendiaires que tu pourras. Brûle-la, si tu le peux, jusqu'à la dernière maison. »

Alexandre était furieux, sa colère ne cessait de monter.

« Memnon, gronda-t-il.

— Qu'as-tu dit ? demanda Eumène.

— Memnon. C'est l'œuvre de Memnon. Il me rend coup pour coup. J'ai éliminé la flotte perse en l'empêchant de débarquer, et il entend faire de même. C'est son œuvre, j'en suis certain. Héphestion !

— À tes ordres, sire !

— Rassemble la cavalerie thessalienne et un escadron d'*hétaïroï*, cours vers Halicarnasse et choisis un endroit adapté pour le campement, sur le flanc est ou nord de la muraille. Quand tu auras trouvé un emplacement où disposer nos machines de guerre, appelle les terrassiers. Vite ! »

Tout le monde était maintenant réveillé : des détachements de cavalerie allaient et venaient tandis que retentissaient des ordres secs, des cris, des appels et des hennissements.

C'est alors que se présenta le général Parménion, armé de pied en cap et accompagné de deux ordonnances.

« À tes ordres, sire !

— Nous avons été dupés, général. Perdiccas est tombé dans une embuscade à Myndos et nous ignorons encore ce qui lui est arrivé. Mais j'ai mûri un plan bien précis. Fais distribuer le petit déjeuner à nos hommes, puis rassemble l'infanterie et la cavalerie. Je veux qu'elles soient en route au lever du soleil. Nous attaquons Halicarnasse ! »

Parménion acquiesça avant de lancer à ses ordonnances : « Vous avez entendu le roi ? Allez, dépêchez-vous !

— Général...

— Quoi d'autre, sire ?

— Envoie Philotas à Myndos avec un groupe de cavaliers, j'ai besoin de connaître la situation au plus vite.

— Le voici, répondit Parménion en montrant son fils qui accourait. Il partira immédiatement. »

Héphestion avait déjà quitté le campement à la tête de ses escadrons, soulevant derrière lui un grand nuage de poussière. Il galopait en direction d'Halicarnasse.

Ils arrivèrent en vue de la ville aux premières lueurs de l'aube. Devant les murs, tout était désert. Ayant repéré un emplacement favorable à leur entreprise, Héphestion décida de l'occuper.

Le terrain qui le séparait d'Halicarnasse était légèrement accidenté, et l'on ne pouvait distinguer les abords de l'enceinte. Choisissant la prudence, Héphestion ordonna à ses cavaliers de se mettre au pas.

Soudain, un bruit étrange, sec et rythmé, retentit dans le silence. On aurait dit des objets de métal qui cognaient la terre ou les rochers. Héphestion gagna le sommet d'une colline basse. Il fut abasourdi par le spectacle qui s'offrait à ses yeux.

Des centaines d'hommes étaient en train de creuser une énorme tranchée, qui avait déjà atteint trente-cinq pieds de large et dix-huit pieds de profondeur. Ils ôtaient la terre et l'entassaient sur un gigantesque terre-plein.

« Malédiction ! s'exclama Héphestion. Nous avons trop attendu. Toi ! dit-il à l'un de ses soldats. Retourne immédiatement au campement et avertis Alexandre.

— À tes ordres ! » répondit l'homme en talonnant son cheval.

Mais, à cet instant précis, l'une des portes d'Halicarnasse s'ouvrit sur un escadron de cavalerie qui s'élança au galop vers le seul endroit praticable entre le mur et le fossé.

« Ils fondent sur nous ! s'écria le chef des Thessaliens. Par ici, par ici ! »

Héphestion ordonna à son détachement d'effectuer une conversion, puis il se jeta contre l'ennemi, qui longeait le passage afin de gagner au plus vite le terrain libre.

Il déploya ses hommes sur un front de deux cents pieds composé de quatre rangées et concentra son attaque sur la tête de la colonne ennemie. Quand le choc se produisit, celle-ci n'avait pas eu le temps d'acquérir une vitesse suffisante. Héphestion put donc la repousser sans trop de difficultés.

Terrifiés par le vacarme de la bataille, les ouvriers qui travaillaient au fond du fossé abandonnèrent leurs outils, gravirent la paroi intérieure en toute hâte et se précipitèrent vers la porte. Mais les défenseurs l'avaient déjà fermée.

Tous les ouvriers furent abattus par un groupe de Thessaliens qui fondit sur eux en décochant une pluie ininterrompue de javelots. C'est alors qu'un détachement de cavalerie jaillit d'une poterne cachée et attaqua les Thessaliens sur le flanc, les obligeant à se rassembler et à riposter.

Au terme de nombreuses escarmouches, Héphestion parvint à l'emporter en remplaçant les Thessaliens, épuisés, par ses *hétaïroï*, encore frais. Il repoussa ainsi les ennemis jusqu'à la porte, qui s'entrebâilla rapidement pour les accueillir.

Le commandant macédonien n'osa pas s'engager entre les battants, qui s'ouvraient au milieu de deux remparts massifs, hérissés d'arcs et de javelots. Il se contenta du terrain qu'il avait conquis et entreprit de faire creuser une tranchée du côté du passage, en attendant l'arrivée des terrassiers. Quelques cavaliers furent envoyés en reconnaissance pour trouver des sources afin d'étancher la soif des hommes et des chevaux quand le reste de l'armée surviendrait.

Mais l'un des *hétaïroï* pointa soudain le doigt vers la tour la plus haute. « Regarde, commandant », dit-il. Héphestion se retourna aussitôt. Il aperçut un guerrier dissimulé dans une cuirasse de fer étincelante, au visage caché par un casque corinthien, qui brandissait une longue lance.

C'est alors qu'un cri retentit dans son dos : « Commandant, le roi ! »

Alexandre, monté sur Bucéphale, arrivait au galop, à la tête de la Pointe. Il rejoignit son ami en quelques instants et leva à son tour les yeux vers le guerrier à l'armure scintillante.

Il le fixa en silence, se sachant lui aussi observé. « C'est lui, dit-il. C'est lui, je le sens. »

À ce moment, dans un lieu très lointain, au-delà de la ville de Célènes, Barsine était en train de se restaurer dans une auberge avec ses fils. En glissant la main dans son sac pour y prendre un mouchoir et s'essuyer le visage, elle dénicha un objet inconnu. Elle l'en tira : il s'agissait d'un petit étui contenant une feuille de papyrus, sur laquelle Apelle avait grossièrement tracé le visage de Memnon, son époux. Les yeux embués de larmes, elle déchiffra les mots qu'une main pressée avait écrits au bas du dessin :

> C'est avec la même force que ton visage
> reste ancré dans la mémoire d'Alexandre.

24

La ville était entièrement visible du haut de la colline. Alexandre mit pied à terre et fut aussitôt imité par ses compagnons : le spectacle qui s'offrait à leur vue était magnifique. Une vaste conque naturelle, couverte d'oliviers et ponctuée de cyprès aux allures de flammes noires, descendait en pente douce, comme un théâtre, vers la puissante muraille qui, au nord et à l'est, protégeait la zone habitée. Les murs n'étaient interrompus que par l'énorme blessure rougeâtre de la tranchée, creusée à leur base.

Sur la droite se dressait l'acropole, avec ses sanctuaires et ses statues. En cet instant précis, on pouvait distinguer une colonne de fumée qui s'élevait de l'autel et montait à l'assaut du ciel limpide. L'ennemi avait offert un sacrifice aux dieux pour leur demander la grâce de battre ses adversaires.

« Nos prêtres aussi ont offert un sacrifice, observa Cratère. Je me demande qui les dieux écouteront. »

Alexandre se tourna vers lui. « Le plus fort, dit-il.

— Nos machines de guerre ne parviendront jamais à atteindre ce fossé, intervint Ptolémée. Et il nous sera impossible d'abattre la muraille à une telle distance.

— En effet, admit Alexandre. Il va nous falloir remplir le fossé.

— Remplir le fossé ? s'écria Héphestion. As-tu idée du temps que...

— Tu commenceras immédiatement, continua Alexandre sans broncher. Prends tous les hommes dont tu auras besoin et comble cette tranchée. Nous vous couvrirons à l'aide des catapultes. Cratère s'en chargera. Quelles nouvelles avons-nous de nos machines de guerre ?

— Elles ont été débarquées dans une zone abritée, à quinze stades de notre camp. Leur montage est pratiquement achevé. Perdiccas nous les apporte. »

Le soleil était en train de se coucher au milieu des deux tours qui surveillaient l'entrée du port, et ses rayons plongeaient le gigantesque Mausolée, érigé au cœur de la ville, dans un bain d'or fondu. Au sommet de la pyramide, le quadrige de bronze semblait prêt à sauter dans le vide et à s'élancer au grand galop parmi les nuages pourpres du couchant. Quelques bateaux de pêcheurs pénétraient dans le port, toutes voiles déployées. On aurait dit un troupeau de brebis pressées de regagner leur bergerie avant la nuit. Le produit de leur pêche n'allait pas tarder à remplir les paniers qui rejoindraient les tables où les familles se préparaient à dîner.

Une brise marine soufflait parmi les troncs séculaires des oliviers et le long des sentiers qui serpentaient sur les collines : les bergers et les paysans rentraient tranquillement chez eux, les oiseaux retrouvaient leurs nids. Le monde s'assoupissait peu à peu dans la paix du soir.

« Héphestion, dit le roi.

— Me voici.

— Que tout le monde se relaie, même les terrassiers ! Souvenez-vous de l'escalier que avons creusé dans le mont Ossa. Œuvrez sans discontinuer, qu'il pleuve ou qu'il vente. Je veux que des auvents mobiles soient installés pour abriter les ouvriers. Demande aux forgerons de fabriquer des outils, si nécessaire : nos machines devront prendre position d'ici quatre jours et quatre nuits, au plus tard.

— Ne vaut-il mieux pas attendre demain ?

— Non. Commencez dès maintenant, et, quand il fera nuit, servez-vous de lanternes ou allumez des bûchers. Je ne vous demande pas une œuvre de précision : il s'agit seulement de combler un fossé. Vous n'irez pas dîner tant que vous n'aurez pas disposé nos balistes et commencé les travaux. »

Héphestion acquiesça avant de retourner au camp. Un peu plus tard, une longue file d'hommes munis de bêches, de pelles et de pioches se dirigea vers la tranchée. Des chars, tirés par des bœufs, les suivaient, et ils étaient flanqués d'attelages de mulets transportant les balistes. Il s'agissait d'arcs gigantesques en bois de chêne et de frêne, capables de projeter des grappins de fer à une distance de cinq cents pieds. Cratère leur ordonna de s'aligner et de riposter aux jets de flèches ennemies, tirées du haut des remparts. Une salve de traits y fit rapidement place nette.

« Vous pouvez vous mettre au travail », cria-t-il tandis que ses hommes se hâtaient de réarmer les balistes.

Les terrassiers se jetèrent dans le fossé et remontèrent de l'autre côté. Ils se mirent alors à combler de terre la grande tranchée qui s'ouvrait dans leur dos. Ils étaient protégés par le terre-plein où ils se trouvaient, et il ne fut pas nécessaire de monter des auvents pour cette première phase des travaux. Quand il comprit qu'ils étaient en sécurité, Cratère ordonna à ses soldats de pointer les balistes contre la porte de Mylasa et contre la poterne orientale, pour le cas où les assiégés tenteraient de soudaines sorties contre les terrassiers.

D'autres escouades, commandées par Héphestion, prirent la direction des collines, armées de scies et de hachettes : il était indispensable de couper du bois pour éclairer le camp pendant toute la nuit. L'énorme entreprise débuta.

Alexandre gagna alors le camp, où il invita ses compagnons à dîner ; mais il avait demandé qu'on le tienne régulièrement informé de la progression des travaux et de l'évolution de la situation.

La nuit se déroula sans incidents et les terrassiers exécutèrent les ordres du roi sans être inquiétés par l'ennemi.

Le quatrième jour, de vastes tronçons ayant été remplis et aplanis, les machines purent avancer jusqu'au pied des murs.

Ces tours, de quatre-vingts pieds de hauteur, munies de béliers à bascule que manœuvraient des centaines d'hommes en sécurité à l'intérieur de la construction, avaient été utilisées par le roi Philippe au cours du siège de Périnthe. Bientôt, le large sillon formé par la vallée renvoya l'écho du vacarme que produisaient leurs têtes ferrées qui sapaient les murs d'enceinte tandis que les terrassiers poursuivaient leur travail.

N'ayant pas prévu que cette énorme tranchée serait si rapidement comblée, les défenseurs ne parvinrent pas à s'opposer à l'action des machines. En sept jours, une brèche fut ouverte dans la muraille, et plusieurs remparts s'effondrèrent autour de la porte de Mysala. Alexandre put alors lancer ses détachements d'assaut avec mission de se frayer un chemin vers l'intérieur de la ville. Mais Memnon avait déjà aligné un grand nombre de défenseurs, qui repoussèrent sans trop de difficultés cette tentative.

Au cours des jours suivants, les béliers continuèrent de marteler les murs tandis que balistes et catapultes harcelaient l'ennemi. Constatant que la victoire était désormais à sa portée, Alexandre réunit son haut commandement sous sa tente pour organiser la phase ultime de l'opération.

Les troupes chargées des machines veillaient au pied des murs, en compagnie de sentinelles placées à intervalles réguliers le long de la ligne des remparts. Celles-ci s'interpellaient périodiquement pour garder le contact dans le noir. Leurs cris s'élevaient jusqu'au chemin de ronde où Memnon se tenait, immobile, enveloppé dans son manteau, scrutant l'obscurité.

Soudain, le Rhodien se souvint d'un épisode survenu quelques jours plus tôt : des membres de la noblesse macédonienne, amis d'Attale et de la défunte reine Eurydice, étaient venus offrir leur aide aux habitants d'Halicarnasse.

Il donna ordre à son aide de camp, qui l'attendait dans le noir, de les convoquer sans tarder.

La soirée était calme : une brise légère dissipait la chaleur qui avait marqué cette journée printanière, et le chef suprême des Perses levait de temps à autre les yeux vers l'immense voûte étoilée qui s'incurvait vers l'ouest. Il pensait à Barsine, à sa nudité, au regard de feu qui s'était posé sur lui au cours de leur dernière rencontre. Il éprouva une douloureuse sensation de manque.

Son désir le remplissait d'une telle force qu'il regrettait de ne pas pouvoir affronter Alexandre en duel. La voix de son aide de camp le tira de sa torpeur :

« Commandant, les hommes que tu m'as envoyé chercher sont là. »

En se retournant, Memnon constata que les Macédoniens étaient venus au rendez-vous en tenue de combat. Il leur fit signe de s'approcher.

« Nous voici, Memnon, dit l'un d'eux. Nous sommes prêts, nous attendons tes ordres.

— Entendez-vous ces cris ? »

Les Macédoniens tendirent l'oreille. « Bien sûr, ce sont les sentinelles d'Alexandre.

— Bien. Ôtez vos armures, ne gardez que vos épées et vos poignards, il faut que vous vous déplaciez sans étrave ni bruit dans le noir. Voici mon plan : après être sortis par la poterne, chacun d'entre vous tentera de localiser une sentinelle. Vous la rejoindrez en rampant, l'éliminerez, puis vous prendrez sa place et répéterez le mot de passe qu'on vous transmettra. Vous avez le même accent, et personne ne s'apercevra de rien.

« Dès que vous contrôlerez une certaine portion du terrain, vous me lancerez un signal en imitant le cri du hibou. Nous enverrons un détachement d'assaut, muni de torches et de flèches incendiaires, qui s'emploiera à brûler les machines. Avez-vous bien compris ?

— Très bien. Aie confiance en nous. »

Les Macédoniens se consultèrent un moment avant d'ôter leurs armures et de descendre l'escalier qui menait à la poterne. Une fois à l'extérieur, ils se dirigèrent vers les sentinelles en rampant sur le sol.

Memnon attendit leur signal sur le chemin de ronde en contemplant les grandes tours d'assaut qui se dressaient dans l'obscurité, pareilles à des géants. Il crut bientôt reconnaître la voix d'une sentinelle : une partie de la mission était peut-être accomplie. Au bout d'un moment, il entendit enfin le cri du hibou s'élever entre les deux machines de guerre.

Il dévala l'escalier et rejoignit le détachement chargé de l'incursion.

« Attention, dit-il. Si vous allumez vos torches, vous serez aussitôt découverts et vous perdrez une partie de votre avantage. Voici mon plan : gagnez tout doucement l'endroit où nos hommes se sont substitués aux sentinelles macédoniennes, entre ces deux tours d'assaut, et cachez-vous. Un second groupe vous emboîtera le pas avec un brasero couvert et des amphores remplies de bitume. À son arrivée, embouchez vos trompettes aussi fort que vous le pourrez et prenez d'assaut la garnison macédonienne. Le second groupe s'emploiera pendant ce temps à incendier les tours.

« Les Macédoniens croient avoir gagné, ils ne s'attendent donc pas à être attaqués. Notre sortie sera couronnée de succès. Et maintenant, allez ! »

Les hommes se dirigèrent vers la poterne et débouchèrent à l'extérieur, immédiatement suivis par un groupe de soldats portant une jarre remplie de braises et des amphores de bitume. Memnon attendit que le dernier ait disparu dans la nuit et que la porte de fer ait été refermée pour regagner, comme chaque soir, sa demeure, à l'autre bout de la ville. Il aimait se promener incognito au milieu de la foule, écouter les conversations, observer l'humeur des gens. Sa maison était située sur les pentes de l'acropole, on y avait accès en gravissant un escalier puis en parcourant une rue étroite et raide.

Un serviteur se tenait près de la porte avec une lanterne allumée. Il l'ouvrit et conduisit son maître jusqu'au portail d'entrée, à l'autre extrémité de la cour. Memnon se rendit aussitôt dans sa chambre, à l'étage supérieur, où ses domestiques lui avaient préparé un bain chaud. Il ouvrit la fenêtre et tendit l'oreille : une sonnerie de trompette venait de déchirer le silence de la nuit, du côté nord-est des murs. L'assaut avait commencé.

L'une des servantes s'approcha : « Veux-tu prendre ton bain, mon maître ? »

Memnon ne dit rien. Il regarda le ciel se teinter de rouge puis il se retourna et dégrafa son armure. Alors seulement, il répondit par l'affirmative.

25

L'homme pénétra, hors d'haleine, sous la tente. « Sire ! cria-t-il. Une sortie : l'ennemi brûle les tours d'assaut ! »

Alexandre bondit hors de son lit et attrapa le soldat par les épaules : « Qu'est-ce que tu racontes ? Es-tu devenu fou ?

— Ils nous ont surpris, sire. Ils ont tué les sentinelles et se sont frayé un chemin avec des amphores remplies de bitume. Nous n'arriverons jamais à éteindre le feu. »

Alexandre le poussa et se précipita à l'extérieur. « Vite ! Donnez l'alarme, faites sortir tous les hommes dont nous disposons. Cratère, la cavalerie ! Héphestion, Perdiccas et Léonnatos, lancez les Thraces et les Agrianes, vite ! »

Il monta sur le premier cheval qu'il trouva et se dirigea vers la muraille au grand galop. L'incendie était désormais visible : on distinguait nettement des colonnes de flammes et de fumée qui s'élevaient en tourbillonnant vers le ciel. Quand il eut atteint la tranchée, il entendit le vacarme du combat qui faisait rage devant les cinq tours d'assaut.

La cavalerie lourde de Cratère et la cavalerie légère des Thraces et des Agrianes le rejoignirent en quelques instants, et se jetèrent dans la bataille. Contraints à se retirer, les assaillants se mirent à l'abri à l'intérieur de la poterne. Mais deux tours étaient perdues : elles s'écroulèrent dans un grand fracas, libérant un tourbillon d'étincelles et de flammes.

Alexandre sauta à terre et s'approcha du gigantesque bûcher. Nombre de ses soldats étaient morts, et tout indiquait qu'ils avaient été surpris dans leur sommeil. En effet, ils ne portaient pas d'armure.

Héphestion surgit un peu plus tard. « Nous les avons repoussés. Et maintenant ?

— Ramassez les morts, répondit le roi dont le visage s'était assombri, et reconstruisez sans tarder les machines détruites. Nous reprendrons l'assaut dès demain. »

C'est alors que survint le commandant des troupes qui étaient chargées des machines. La tête basse, il s'écria : « C'est de ma faute. Punis-moi, si tu le veux, mais épargne mes hommes : ils ont fait ce qu'ils pouvaient.

— Les pertes que tu as subies sont une punition suffisante pour un officier, répliqua Alexandre. Il nous faut comprendre maintenant en quoi a consisté notre négligence. N'y avait-il donc personne pour veiller à ce que la ligne de garde soit sur le qui-vive ?

— Cela peut paraître impossible, sire, pourtant j'ai fait mon tour d'inspection un peu avant l'attaque, et j'ai écouté les sentinelles se transmettre le mot d'ordre. Je leur avais ordonné d'utiliser le dialecte macédonien le plus pur afin d'éviter les surprises...

— Et alors ?

— Tu ne me croiras peut-être pas, mais mes oreilles ont bien entendu des cris dans le dialecte macédonien le plus pur. »

Alexandre se passa la main sur le front. « Je te crois. Mettons-nous bien dans la tête que ces adversaires sont les plus rusés et les plus redoutables que nous ayons jamais affrontés. À partir de demain, double le nombre de sentinelles et change le mot de passe à chaque ronde. Pour l'heure, récupère les morts et fais transporter les blessés au campement. Philippe et ses chirurgiens prendront soin d'eux.

— Je ferai exactement ce que tu m'as ordonné, et je te jure que cela ne se reproduira plus, même s'il me faut, pour cela, monter moi-même la garde.

— Peu importe, répliqua Alexandre. Demande plutôt aux hommes de la marine de t'apprendre à transmettre des messages de nuit au moyen d'un bouclier. »

Le commandant acquiesça, mais ses yeux se posèrent sur une silhouette qui s'affairait autour des bûchers, et qui se penchait de temps à autre sur le sol.

« Qui est cet homme ? » demanda-t-il.

Alexandre suivit la direction de son bras. « Ne t'inquiète pas, dit-il, c'est Callisthène. » Et tandis qu'il poussait son cheval vers son ami, il cria au commandant : « Attention, si jamais un tel épisode devait se reproduire, tu en paierais doublement les conséquences ! »

Callisthène était occupé à examiner le cadavre d'un homme — une sentinelle sans doute, puisqu'il portait une armure complète.

« Que regardes-tu ? interrogea le roi en mettant pied à terre.

— Poignard, répondit l'historien. Une blessure au poignard, un coup sec à la nuque. J'en ai aperçu un autre dans les mêmes conditions un peu plus tôt.

— Cela signifie donc que les assaillants étaient macédoniens.

— Et pourquoi ?

— Le commandant de garde a dit que jusqu'au dernier instant toutes les sentinelles se sont transmis le mot de passe en dialecte macédonien.

— Cela t'étonne ? Tu as certainement de nombreux ennemis dans ta patrie, des gens qui seraient heureux de te voir humilié et vaincu. Ils ont très bien pu arriver jusqu'à Halicarnasse : le voyage n'est pas long, à partir de Therma.

— Comme se fait-il que tu sois debout à une heure pareille ?

— Je suis un historien. Il est nécessaire de pratiquer l'autopsie quand on veut être un bon témoin des événements.

— Tu as donc pris Thucydide pour modèle ? Je ne l'aurais jamais cru. Une telle rigueur ne te convient guère : tu aimes trop la belle vie.

— Je prends ce dont j'ai besoin où je peux le trouver, et je dois savoir tout ce qui est bon à savoir. Je déciderai ensuite ce qu'il me faudra passer sous silence, ce qu'il me faudra raconter, et comment il faudra m'y employer. C'est le privilège de l'historien.

— Et pourtant de nombreuses choses se produisent en ce moment dont tu n'as pas la moindre idée. Contrairement à moi.

— Ah bon, et à quoi fais-tu allusion, s'il m'est permis de le savoir ?

— Aux plans de Memnon. Je viens de prendre conscience qu'il a étudié tous mes faits d'armes et peut-être ceux de mon père. C'est ce qui lui permet de nous devancer.

— À ton avis, à quoi pense-t-il pour le moment ?

— À l'assaut de Périnthe. »

Callisthène aurait souhaité poser d'autres questions à Alexandre, mais celui-ci l'abandonna en compagnie du cadavre qui gisait à ses pieds. Il sauta sur son cheval et s'éloigna, tandis que les restes des deux tours s'effondraient en dégageant un tourbillon de fumée que le vent emporta.

Les machines furent reconstruites non sans efforts, avec des troncs d'oliviers noueux et durs, et les opérations de guerre stagnèrent. Régulièrement approvisionné par la mer, Memnon n'était nullement pressé de tenter une sortie, et Alexandre refusait d'utiliser les machines restantes avant de les avoir fait inspecter l'une après l'autre, car elles avaient été également endommagées par des incendies mineurs.

Ce qui l'inquiétait plus que tout, c'étaient les bruits qui provenaient de la ville : des bruits très caractéristiques, semblables à ceux que produisaient ses charpentiers en reconstruisant les machines.

Quand les nouvelles tours furent enfin mises en place et que les béliers élargirent les brèches, le roi découvrit ce qu'il avait craint : de nouveaux remparts en demi-lune raccordaient les sections de muraille encore intactes.

« C'est ce qui s'est passé à Périnthe, rappela Parménion quand il vit ces fortifications improvisées se dresser derrière les brèches comme un pied de nez.

— Et ce n'est pas fini, intervint Cratère. Si vous voulez me suivre... »

Ils montèrent sur l'une des tours, la plus orientée vers l'est, d'où ils purent observer ce que les assiégés préparaient : une gigantesque structure quadrangulaire composée de grandes poutres carrées, reliées entre elles dans le sens de la largeur et de la longueur.

« Elle n'a pas de roues, dit Cratère. Elle est encore au sol.

— Ils n'ont pas besoin de roues, expliqua Alexandre. Ils ont l'intention de viser le passage pratiqué par la brèche. Quand nous tenterons d'entrer, ils projetteront sur nous une grêle de traits, et nous anéantiront.

— Memnon est un dur à cuire, commenta Parménion. Je t'avais mis en garde, sire. »

Alexandre se tourna vers lui sans dissimuler son agacement. « J'abattrai ces murs, les remparts et cette maudite tour de bois, général, que Memnon le veuille ou non. » Puis il dit à Cratère : « Surveille étroitement la tour et tiens-moi informé de leurs faits et gestes. » Il dévala ensuite l'escalier, sauta sur son cheval et regagna le campement.

La brèche fut une fois encore élargie. Mais chaque assaut macédonien se soldait par une contre-attaque de

Memnon, qui avait également aligné des archers sur les nouveaux remparts. La situation paraissait donc sans issue, alors que le soleil de l'été brûlait de plus en plus et que les réserves d'Alexandre s'amenuisaient.

Une nuit, alors que Perdiccas et ses officiers montaient la garde devant la brèche, Alexandre fit distribuer à ses hommes du vin d'Éphèse, que l'administration de la ville lui avait offert.

N'en ayant pas goûté d'aussi bon depuis fort longtemps, Perdiccas et les siens ne surent se refréner. Ils furent bientôt ivres. L'un d'eux louait la beauté des femmes d'Halicarnasse, dont il avait entendu parler par un marchand au campement, et les autres commencèrent aussitôt à s'exciter, à lancer des fanfaronnades, à se mettre au défi d'organiser un coup de main qui conclurait le siège.

Perdiccas sortit de sa tente et contempla le maudit passage où tant de bons soldats macédoniens avaient laissé leur vie. Soudain, il se revit, sous les murs de Thèbes, en train de s'introduire par la force dans la cité, alors que le siège s'éternisait.

Il pensa à Cléopâtre, à la nuit chaude et parfumée où elle l'avait accueilli dans son lit. Une nuit semblable à celle-ci.

Il se dit que la victoire était possible : il suffisait pour cela que la détermination l'emporte sur l'adversité. Comme tous les ivrognes, il se sentait invincible, capable de réaliser son rêve. Et dans son rêve, il voyait Alexandre déployer l'armée en son honneur et ordonner à ses hérauts de déclamer un éloge solennel pour le conquérant d'Halicarnasse.

L'air hagard, il regagna sa tente et dit tout bas à ceux qui l'entouraient : « Rassemblez vos hommes, nous attaquons les remparts. »

26

« Ai-je bien entendu ? As-tu bien dit que nous attaquions les remparts ? demanda l'un de ses officiers.
— Tu as très bien entendu, répondit Perdiccas. Cette nuit tout le monde pourra voir si tu as vraiment autant de courage que tu le prétends. »

Les officiers ricanèrent. « Alors, on y va ? » s'écria l'un d'entre eux.

Dans son ivresse, Perdiccas était terriblement sérieux. « Regagnez vos détachements, vous en avez tout juste le temps. Une lanterne, hissée sur ma tente, vous donnera le signal. Faites avancer les échelles, prenez des grappins et des cordes : nous allons attaquer comme au bon vieux temps, en silence, sans tours d'assauts ni tirs de catapultes. Dépêchez-vous ! »

Ses compagnons lui jetèrent un regard qui hésitait entre la stupéfaction et l'incrédulité. Mais ils lui obéirent car son ton n'admettait pas de réplique, et ses yeux encore moins. Un peu plus tard, la lanterne rejoignait l'étendard au sommet de sa tente, et tout le monde s'approcha en rangs serrés, sans faire de bruit, de l'endroit où les murs d'enceinte, complètement effondrés, laissaient entrevoir les remparts improvisés, une sorte de demi-lune de raccordement.

« Tenez-vous à l'abri des murs restants jusqu'au dernier moment, ordonna Perdiccas. Puis, à mon signal, montez à l'assaut. Il faut que nous surprenions les sentinelles de garde avant que les renforts aient le temps d'accourir. Dès que nous aurons occupé le chemin de ronde, nous sonnerons l'alarme pour appeler le roi et les autres officiers. Et maintenant, en avant ! »

Les officiers se transmirent les ordres et les troupes avancèrent dans l'obscurité jusqu'à la brèche. Puis elles se précipitèrent à toute allure vers la base des remparts intérieurs, à cent pas de là environ. Mais tandis qu'elles s'apprêtaient à les escalader à l'aide de leurs échelles, leurs grappins à la main, le silence de la nuit fut brusquement déchiré par des sonneries de trompettes, des cris et des cliquetis d'armes.

Le chemin de ronde était hérissé de soldats. D'autres guerriers, armés de pied en cap, se déversèrent comme des torrents en crue par la poterne et la porte de Mylasa, prenant à revers les détachements de Perdiccas et les écrasant contre les remparts, d'où commençaient à pleuvoir des traits aussi serrés que des grêlons.

« Par les dieux ! s'exclama l'un des officiers. Nous sommes pris au piège. Fais sonner l'alarme, Perdiccas ! Appelle notre roi au secours !

— Non ! s'écria Perdiccas. Nous pouvons encore nous en tirer. Repoussez l'attaque de ce côté pendant que nous escaladerons le mur !

— Tu es fou ! hurla l'officier. Ils fondent sur nous. Si tu ne fais pas sonner l'alarme, c'est moi qui le ferai, malédiction ! »

Perdiccas balaya les alentours d'un regard éperdu. L'instinct de conservation finit par l'emporter, chassant son ivresse. Ayant recouvré sa lucidité, il comprit qu'il allait devoir affronter un désastre imminent.

« Tout le monde derrière moi ! ordonna-t-il. Tout le monde derrière ! Nous allons nous frayer un chemin jusqu'au campement. Trompette, l'alarme ! L'alarme ! »

La sonnerie de la trompette perça l'air inerte de la nuit, rebondit sur les parois de la conque et retentit jusqu'au campement d'Alexandre, pareille à un long gémissement.

« On sonne l'alarme, sire ! hurla l'un des gardes en s'introduisant dans la tente royale. Sur les remparts. »

Alexandre bondit hors de son lit et s'empara de son épée. « Perdiccas... Cette espèce de salaud s'est fourré dans le pétrin. J'aurais dû le prévoir ! »

Il se précipita à l'extérieur en hurlant : « À cheval ! À cheval, Perdiccas est en danger ! » Et il s'élança lui-même au galop, suivi de la garde royale qui, jour et nuit, veillait en tenue de combat.

Pendant ce temps, à la tête de ses hommes, Perdiccas tentait de se frayer un chemin parmi les remparts en ruine, sous les traits des troupes ennemies qui s'étaient rassemblées sur la brèche, derrière lui. Les mains et les genoux ensanglantés, il regagnait le passage en luttant contre ses ennemis avec le courage et la force du désespoir, tandis que le trompette continuait d'émettre des cris aigus et angoissés.

Quand la cavalerie d'Alexandre se fit entendre, il avait déjà surgi de l'autre côté de la muraille, ses compagnons dans son sillage.

Les troupes de Memnon sortirent elles aussi comme un seul homme. Le terrain était parsemé de cadavres macédoniens, entraînés par la fougue irresponsable de leur commandant dans un assaut suicidaire.

Soudain, Alexandre se dressa devant lui, comme s'il avait été enfanté par la nuit : la lumière des torches jetait sur son visage des reflets sanglants et ses cheveux ondoyaient dans le vent comme la crinière d'un lion.

« Qu'as-tu fait, Perdiccas, qu'as-tu fait ? Tu as conduit tes soldats à la boucherie ! » s'exclama-t-il.

Perdiccas tomba à genoux, sous le poids de la fatigue et du désespoir. La cavalerie d'Alexandre se déploya afin de parer à une éventuelle attaque ennemie. Mais les vétérans de Memnon s'immobilisèrent sur la crête de la brèche, épaule contre épaule, en rangs serrés.

« Nous attendrons l'aube, décida Alexandre. Attaquer maintenant serait trop dangereux.

— Donne-moi d'autres troupes et laisse-moi intervenir, permets-moi de me racheter, Alexandre ! s'écria Perdiccas hors de lui.

— Non, dit le roi d'une voix ferme. N'ajoutons pas une erreur à une autre erreur. Tu auras le temps de te racheter. »

Ils patientèrent donc en silence jusqu'à l'aube. De temps à autre, l'obscurité était déchirée par une flèche incendiaire que les ennemis décochaient pour éclairer le terrain qui s'étendait devant la brèche. La flamme sillonnait le ciel comme une météore et se fichait dans le sol en grésillant.

Quand l'aube survint, Alexandre demanda à Perdiccas de faire l'appel, afin de compter les morts et les absents. Seuls mille sept cents hommes, sur les deux mille qui avaient participé à l'attaque, répondirent. Les autres étaient tombés dans l'embuscade et leurs cadavres gisaient à présent sur le sol entre la brèche et les remparts.

Le roi ordonna à un héraut de demander une entrevue à Memnon.

« Je dois négocier avec lui la restitution des cadavres », lui expliqua-t-il.

Le héraut écouta les conditions qu'Alexandre proposait, puis il s'empara d'un drapeau blanc, monta à cheval et se dirigea vers les lignes ennemies, précédé par trois sonneries de trompette qui réclamaient une trêve.

Trois sonneries identiques leur firent écho sur la brèche. Alors, l'homme avança lentement, au pas, jusqu'à la base du mur effondré.

Il fut bientôt rejoint par un second héraut : un Grec des colonies, doté d'un fort accent dorien, probablement originaire de Rhodes.

« Le roi Alexandre désire négocier la restitution des

dépouilles de ses soldats, dit le Macédonien. Il souhaite connaître les conditions de votre chef.

— Je n'ai pas le pouvoir de te les exposer, répondit son interlocuteur. Cependant, le commandant Memnon est disposé à rencontrer ton roi en personne, aussitôt après le coucher du soleil.

— Où ?

— Là-bas. » Le Grec indiqua un figuier sauvage qui poussait près d'une tombe monumentale, le long de la voie menant de la porte de la ville à Mysala. « Mais votre armée devra pour cela reculer d'un stade : la rencontre aura lieu à mi-chemin entre les deux formations. Le commandant Memnon n'aura pas d'escorte, et nous attendons le même comportement de la part du roi Alexandre.

— Je lui rapporterai tes paroles, répliqua le héraut macédonien. Si je ne reviens pas immédiatement, tu pourras considérer que le roi a accepté ces conditions. »

Il monta à cheval et s'éloigna. Le Grec attendit un moment avant de gravir le mur en ruine et de disparaître parmi les rangs des vétérans.

Alexandre ordonna à son armée de reculer à la distance requise. Il regagna ensuite le campement et s'enferma sous sa tente en attendant que le soleil se couche. Il ne but ni ne mangea de toute la journée. Il avait l'impression d'avoir été personnellement vaincu, la capacité de Memnon de rendre coup pour coup avec une force terrible l'humiliait durement. Pour la première fois de son existence, il éprouvait un sentiment d'impuissance, mêlé à une profonde solitude.

Les triomphes qui avaient jusqu'alors parsemé sa route lui semblaient lointains et presque oubliés : Memnon de Rhodes était un roc qui entravait son avancée, un obstacle qui lui paraissait de plus en plus insurmontable avec le temps.

Il avait intimé à ses gardes l'ordre de ne laisser entrer personne. Même Leptine n'avait pas osé l'approcher. Elle était maintenant habituée à déchiffrer son regard, à distinguer les ombres et les lumières qui obscurcissaient ou éclairaient ses yeux, comme s'il s'agissait d'un ciel d'orage.

Alexandre se préparait à rencontrer son ennemi, un peu avant que le soleil ne se couche, quand le bruit d'une altercation parvint à ses oreilles. Perdiccas fit bientôt irruption sous sa tente en repoussant les gardes du corps.

Sur un signe de leur roi, les hommes se retirèrent.

« Je mérite la mort ! s'exclama Perdiccas bouleversé. J'ai causé celle de nombreux soldats, j'ai jeté le déshonneur sur l'armée et je t'ai contraint à une négociation humiliante. Tue-moi ! » cria-t-il en lui tendant son épée.

Il avait l'air hagard, les yeux rouges et enfoncés. Alexandre ne l'avait pas vu dans un tel état depuis le siège de Thèbes. Il l'examina sans broncher, puis il lui montra une chaise. « Assieds-toi. »

Les doigts de Perdiccas tremblaient autour de la poignée de son épée.

« Je t'ai dit de t'asseoir », ordonna de nouveau Alexandre d'une voix plus forte et plus ferme.

Perdiccas s'effondra sur la chaise en laissant tomber son épée.

« Pourquoi as-tu mené cette attaque ? lui demanda Alexandre.

— J'avais bu, ou plutôt nous avions tous bu... Une telle entreprise me semblait possible, ou plutôt certaine.

— Parce que tu étais soûl. N'importe quel homme sain d'esprit aurait compris qu'il s'agissait d'un suicide, en pleine nuit et sur ce terrain.

— Il n'y avait personne sur les remparts. Un silence total. Pas la moindre sentinelle.

— Tu es tombé dans le piège. Nous ne pouvions pas rencontrer d'adversaire plus coriace que Memnon. Tu as compris ? Tu as compris ? » cria le roi.

Perdiccas acquiesça.

« Memnon n'est pas seulement un combattant valeureux, c'est aussi un homme d'une habileté et d'une intelligence extraordinaires, qui nous épie nuit et jour, guettant la moindre distraction de notre part, le moindre faux pas, le moindre mouvement irréfléchi. Avant de frapper avec une force dévastatrice.

« Nous ne sommes pas ici sur un champ de bataille où nous pouvons donner libre cours à la supériorité de notre cavalerie et à la puissance de la phalange. Nous affrontons une ville riche et puissante, une armée bien entraînée qui jouit de l'avantage de sa position et ne subit aucune privation. Nous n'avons qu'une possibilité : nous ménager un passage suffisamment large dans l'enceinte pour nous permettre de culbuter les vétérans de Memnon. C'est un plan qu'on ne peut mettre en pratique que de jour, en pleine lumière.

« Le jeu auquel nous sommes confrontés est le suivant : notre force contre la leur, notre intelligence contre la leur, notre prudence contre la leur. Rien d'autre. Sais-tu ce que nous allons faire ? Ôter les débris du mur, déplacer les pierres qui encombrent le terrain afin de libérer la brèche. Alors, nous ferons avancer les machines vers les remparts, et nous les abattrons. S'ils en élèvent d'autres, nous recommencerons, jusqu'à ce qu'ils se retrouvent le dos à la mer. As-tu compris, Perdiccas ?

« En attendant, tu n'obéiras qu'à mes ordres. La perte de tes soldats est une punition suffisante. Je vais te ramener leurs corps. C'est toi, avec ton détachement, qui leur rendras les honneurs funèbres, qui apaiseras leurs âmes courroucées en offrant des sacrifices. Le jour viendra où tu pourras rembourser ta dette. Pour l'heure, je t'ordonne de vivre. »

Il ramassa l'épée et la tendit à son ami.

Perdiccas la glissa dans son fourreau et se leva. Il avait les yeux embués de larmes.

27

L'homme qui lui faisait face avait le visage dissimulé par un casque corinthien. Il portait une cuirasse en lames de bronze aux décorations d'argent, une épée suspendue à un baudrier en mailles, ainsi qu'un manteau de lin bleu que le vent du couchant gonflait comme une voile.

Alexandre était, quant à lui, tête nue. Il était arrivé à pied en tenant Bucéphale par les rênes. Il dit : « Je suis Alexandre, roi des Macédoniens, et je suis venu négocier avec toi le rachat de mes soldats tombés dans la bataille. »

Le regard de l'homme brilla dans l'ombre de son casque, évoquant au roi macédonien l'éclat qu'Apelle était parvenu à capturer dans son portrait. Sa voix métallique retentit : « Je suis le commandant Memnon.

— Qu'exiges-tu en échange de la restitution de ces dépouilles ?

— La réponse à une question, rien de plus. »

Alexandre lui lança un regard surpris. « Quelle question ? »

Memnon laissa transparaître une légère incertitude et Alexandre se dit qu'il allait lui parler de Barsine : disposant probablement de nombreux informateurs, il devait savoir ce qui s'était passé, et il était sûrement taraudé par le doute.

Mais ce fut une tout autre question que Memnon lui posa : « Pourquoi as-tu amené la guerre sur ces terres ?

— Les Perses ont été les premiers à envahir la Grèce. Je viens venger la destruction de nos temples et de nos villes, venger nos jeunes soldats tombés à Marathon, aux Thermopyles et à Platées.

— Tu mens, répliqua Memnon. Tu te moques bien des Grecs, et ils n'ont rien à faire de toi. Dis-moi la vérité. Cela restera entre nous. »

L'intensité du vent augmenta, enveloppant les deux guerriers dans un nuage de poussière rouge.

« Je suis venu construire le plus grand royaume qu'on ait jamais vu sur terre. Et je ne m'arrêterai pas avant d'avoir atteint les rives de l'extrême Océan.

— C'est bien ce que je craignais, dit Memnon.

— Et toi ? Tu n'es pas roi, tu n'es même pas perse. Pourquoi tant d'obstination ?

— Parce que je déteste la guerre. Et je déteste les jeunes fous qui, comme toi, veulent se couvrir de gloire en ensanglantant le monde. Je te ferai mordre la poussière, Alexandre. Je te refoulerai en Macédoine où tu mourras d'un coup de poignard, comme ton père. »

Le roi ne réagit pas à cette provocation. « Il n'y aura pas de paix tant qu'il existera des frontières et des barrières, tant qu'il y aura des langues, des coutumes, des divinités et des croyances différentes. Tu devrais rejoindre ma cause, dit-il.

— C'est impossible. Je n'ai qu'une seule parole et une seule conviction.

— Alors, le meilleur gagnera.

— Ce n'est pas sûr : le destin est aveugle.

— Me rendras-tu mes morts ?

— Tu peux les reprendre.

— Quand m'accorderas-tu une trêve ?

— Jusqu'à la fin du premier tour de ronde.

— Cela me suffira. Je t'en suis reconnaissant. »

Le chef ennemi inclina la tête en signe d'assentiment.

« Adieu, commandant Memnon.

— Adieu, roi Alexandre. »

Memnon lui tourna le dos et se dirigea vers le côté nord de la muraille. Il s'engouffra bientôt dans le passage que lui offrit une poterne en s'ouvrant devant lui, et son manteau bleu fut englouti par la pénombre. La lourde porte ferrée se referma dans un interminable grincement.

Alexandre regagna son campement et fit signe à Perdiccas d'aller ramasser les cadavres de ses soldats.

Les porteurs s'emparèrent des corps, qu'ils confièrent aux prêtres et à leurs assistants, afin qu'ils les préparent pour les funérailles.

On dressa quinze grands bûchers, et l'on déposa sur chacun d'entre eux les cadavres de vingt hommes en armures, lavés, coiffés et parfumés.

Les détachements de Perdiccas rendirent les honneurs en criant les noms des défunts chaque fois que leur commandant les appelait. Enfin, leurs cendres furent recueillies dans des urnes qui accueillirent également leurs épées, rougies par les flammes du bûcher et fléchies rituellement. On les scella et on y appliqua une bande de papier sur laquelle on avait inscrit le nom, la famille et le lieu d'origine de chaque défunt.

Le lendemain, les urnes furent entreposées dans un navire et ramenées en Macédoine pour être ensevelies dans la terre des ancêtres des morts.

Entre-temps, protégés par le tir des balistes, les sapeurs avaient commencé à dégager la brèche pour avancer les machines jusqu'aux nouveaux remparts. Alexandre observait les opérations depuis le sommet d'une colline. Il vit apparaître une gigantesque tour de bois, que l'ennemi s'employait à construire à l'intérieur de la ville.

Eumène s'approcha. Comme à l'accoutumée, il avait revêtu sa tenue de combat, même s'il n'avait pas encore participé au moindre fait d'armes.

« Quand cette tour sera achevée, il sera difficile d'atteindre les remparts.

— Oui, admit Alexandre. Memnon placera des catapultes et des balistes tout en haut, et nous serons facilement à leur portée.

— Il leur suffira de viser dans le tas pour faire un massacre.

— Voilà pourquoi je veux ouvrir une brèche dans ces maudits remparts avant qu'il ait terminé sa tour.

— Tu n'y arriveras pas.

— Pourquoi ?

— J'ai calculé le temps que prennent les travaux. Tu as certainement remarqué l'horloge que j'ai fait bâtir sur la colline ?

— Oui.

— Eh bien, leur tour s'élève de trois coudées par jour. As-tu remarqué également l'instrument que j'ai placé près de l'horloge ?

— Bien sûr, répliqua Alexandre avec un léger agacement.

— Si cela ne t'intéresse pas, je peux me taire, rétorqua Eumène d'un air vexé.

— Ne sois pas stupide. Qu'est-ce que cet instrument ?

— Un jouet de mon invention : un viseur sur une plaque tournante qui permet d'observer un objet avec un repère. Par un simple calcul géométrique, je parviens à établir la progression des travaux.

— Alors ?

— Alors, ils achèveront leur construction quand nous aurons dégagé la moitié de la brèche. Mieux, ils nous anéantiront sous une grêle de coups. Selon mes calculs, il y aura assez de place sur cette tour pour loger douze catapultes sur trois étages superposés. »

Alexandre baissa la tête. « Que me suggères-tu ? demanda-t-il au bout d'un moment.

— Tu veux vraiment mon avis ? Eh bien, si j'étais toi, j'abandonnerais l'éboulement et je concentrerais toutes nos machines sur le secteur nord-ouest de la muraille, qui semble moins épais. Si tu veux tester mon instrument... »

Alexandre approcha l'œil du viseur.

« Voilà, il faut d'abord viser le bord extérieur, puis le bord intérieur sur la gauche de la brèche. Tu vois ? Maintenant, va à droite, comme ça.

— C'est vrai, admit Alexandre en se redressant. Le mur est moins épais de l'autre côté.

— Exactement. Alors si tu y concentres toutes les tours, tu pourras d'ici demain te ménager une brèche qui te permettra de contourner les remparts ronds, ou de les prendre en écharpe. Les Agrianes sont d'excellents grimpeurs : ils dégageront la voie aux attaquants, qui pourront pénétrer dans la ville et prendre les défenseurs à revers. »

Alexandre posa une main sur son épaule. « Et moi qui t'ai confiné dans un rôle de secrétaire... Si nous gagnons, tu participeras à toutes les réunions du haut commandement, où tu auras la possibilité d'exprimer ton avis. Maintenant, déplaçons ces tours ! Qu'elles se mettent aussitôt à saper la muraille. Je veux que tout le monde se relaie, jour et nuit. Nous empêcherons les habitants d'Halicarnasse de dormir. »

L'ordre du roi fut exécuté sans tarder : au cours des jours qui suivirent, sept tours d'assaut furent placées l'une après l'autre sur le côté nord-est des murs, au prix de nombreux efforts qui occupèrent des centaines d'hommes et de bêtes de trait. Bientôt, les béliers reprirent leur œuvre obsédante et implacable, produisant un vacarme qui faisait trembler l'enceinte et le terrain sur lequel elle se dressait. Sur l'ordre d'Alexandre, Eumène inspecta personnellement les machines de guerre, accompagné par un groupe d'ingénieurs qui corrigeaient leur équilibre et plombaient les plates-formes pour augmenter le rendement des béliers.

À l'intérieur des tours, les conditions étaient épouvantables : la chaleur et la poussière régnaient dans cet espace étroit, où les hommes souffraient sous les formidables contrecoups des béliers, dans un vacarme insupportable. Des porteurs d'eau ne cessaient de monter et de descendre le long des escaliers pour désaltérer les soldats.

Mais chaque homme avait l'impression que le regard d'Alexandre était posé sur lui. Le roi avait promis une forte récompense à ceux qui abattraient les premiers les défenses ennemies. Il devinait toutefois que le résultat de cette entreprise ne dépendrait pas seulement du travail de ses machines : il sentait que Memnon préparait une contre-attaque.

Il convoqua sur la colline Parménion, Cleitos le Noir et ses compagnons : Héphestion, Perdiccas, Léonnatos, Ptolémée, Lysimaque, Cratère, Philotas, Séleucos. Et Eumène.

Le secrétaire général était encore couvert de poussière et assourdi par le vacarme. Il fallut donc hausser le ton pour se faire entendre de lui. Derrière eux, l'armée était rangée : d'abord, les « écuyers », pourvus d'armes légères et chargés de l'assaut, ainsi que les attaquants thraces et agrianes. L'infanterie lourde des Macédoniens occupait le centre et l'aile gauche ; les hoplites des alliés grecs, l'aile droite. Sur les côtés, la cavalerie. Au fond, les vétérans de Philippe, des hommes d'une grande expérience et d'une formidable résistance, constituaient la troupe de réserve aux ordres de Parménion.

Ils attendaient tous en silence, l'arme au pied, à l'ombre des oliviers.

Entre-temps, Perdiccas avait disposé sur une hauteur une importante batterie de balistes pointées vers la porte de Mylasa, d'où une sortie pouvait être tentée.

« Eumène a quelque chose à nous dire », annonça Alexandre.

Le secrétaire jeta un coup d'œil à son horloge

solaire. Un pal, fiché dans le centre, projetait une ombre sur le cadran de bois. « Dans moins d'une heure, le mur commencera à s'effondrer sur le flanc oriental, expliqua-t-il. Les assises supérieures en pierres carrées sont déjà en train de céder, et les assises inférieures sont ébranlées. L'effondrement se produira simultanément, il aura une amplitude d'environ cent cinquante pieds. »

Alexandre examina ses officiers : les généraux et ses compagnons semblaient éprouvés pas les longs combats, les veilles, les contre-attaques incessantes, les embuscades, les privations et les efforts requis par un siège de plusieurs mois.

« Nous allons jouer le tout pour le tout, affirma-t-il. Si nous gagnons, nous obtiendrons une renommée qui nous ouvrira toutes les portes jusqu'au mont Amanus. Si nous sommes repoussés, nous perdrons tout ce que nous avons conquis. Rappelez-vous une chose : notre adversaire s'apprête sans doute à tenter une action décisive, que personne ne peut prévoir. Mais observez cette tour. » Il indiqua le gigantesque enchevêtrement de bois, hérissé de balistes et de catapultes, qui atteignait à présent une hauteur de cent pieds. « Et vous mesurerez le danger qu'elle représente. Maintenant, faites avancer l'armée derrière les tours. Nous devons être prêts à nous élancer dès qu'une brèche s'ouvrira. Allez ! »

Perdiccas réclama la parole. « Alexandre, je te demande le privilège de conduire la première vague. Donne-moi des " écuyers " et des attaquants, et je te jure, par les dieux, que nous siégerons demain matin au palais du satrape d'Halicarnasse.

— Prends les hommes dont tu as besoin, Perdiccas, et fais ce que tu dois faire. »

Les officiers regagnèrent leurs détachements. Bientôt, la sonnerie de la trompette retentit, et l'armée se mit en marche. Seuls les vétérans demeurèrent immobiles, à l'ombre des oliviers, sous le regard vigilant du général Parménion.

28

Sentant qu'en un moment si crucial il ne pouvait se fier qu'à Bucéphale, Alexandre ordonna qu'on le lui amène. Il lui caressa le nez et l'encolure, puis gagna au pas la zone de la muraille, flanqué d'Héphestion et de Séleucos qu'il avait voulus à ses côtés.

Un sifflement aigu attira son attention. En tournant la tête, il vit que la grande tour qui s'élevait derrière les remparts ronds projetait une nuée de grappins en fer contre l'aile droite de son armée.

« Mettez-vous à couvert ! s'exclama le Noir. Déguerpissez, si vous ne voulez pas être embrochés comme des grives ! Déguerpissez, j'ai dit ! »

L'aile droite inversa le sens de sa marche, fonçant au centre. Cleitos cria à ses soldats de s'abriter contre les murs pour éviter le tir direct des balistes. Lysimaque répondit en actionnant les machines de jet qu'il avait postées sur la hauteur. Frappés par les traits macédoniens, de nombreux Perses tombèrent du haut de la tour et s'écrasèrent sur le sol.

Le vacarme que produisaient les grands blocs de parement en s'effondrant dans le secteur nord-est des murs se fit bientôt entendre.

Perdiccas avança, à la tête des « écuyers » et des Agrianes, hurlant comme un possédé et brandissant sa lance. Mais une sonnerie de trompette retentit alors, suivie d'une seconde, aiguë, déchirante. Une estafette arriva au galop et dit à Alexandre : « Sire ! Sire ! Alarme sur le flanc est, alarme ! »

Héphestion se tourna vers le roi. « Ce n'est pas possible, il n'y a pas de porte sur le flanc oriental ! s'exclama-t-il.

— Bien sûr que si ! intervint Séleucos. Près de la côte.

— Mais nous les aurions vus arriver, à cette distance ! » insista Héphestion.

Une autre estafette se présenta : « Sire ! Ils se sont laissés glisser du haut des murs. Des milliers de soldats. Ils ont jeté des échelles de corde et des filets de pêcheurs ! Ils fondent sur nous, sire !

— Au galop ! ordonna Alexandre. Vite, vite ! »

Il éperonna Bucéphale et se dirigea vers l'arrière de son armée. Des milliers de soldats perses attaquaient en tirant des nuées de flèches et de javelots. D'autres trompettes sonnèrent, à gauche désormais.

« La porte de Mylasa ! hurla Séleucos. Alexandre, la garde, ils tentent une autre sortie !

— Attention à la poterne ! s'écria le Noir. Attention, malédiction ! Léonnatos ! Léonnatos ! De ce côté ! Attention à ton flanc ! »

Léonnatos fit volte-face avec ses *pézétaïroï* et tomba nez à nez avec l'infanterie de mercenaires menée par le gigantesque Éphialte, que protégeait un bouclier de bronze sur lequel s'étalait une gorgone aux yeux de feu et à la chevelure de serpents. Il criait : « En avant ! En avant ! Le moment est venu ! Massacrons-les ! »

Le roi se fraya un chemin jusqu'à la première ligne, où les troupes d'assaut perses et les mercenaires grecs d'Éphialte, qui s'étaient soudés entre eux, attaquaient furieusement. Sur la tour des remparts, les catapultes étaient entrées en action.

Frappés par cette pluie de projectiles, les Macédoniens rompirent les rangs, et les mercenaires grecs avancèrent en les repoussant à l'aide de leurs boucliers.

Alexandre, qui se trouvait alors sur l'aile gauche, lança Bucéphale dans la mêlée : il brandissait sa hache à double tranchant et criait pour encourager ses hommes. Une grosse pierre tomba non loin de lui, écrasant un de ses soldats comme un insecte. Éclaboussé de sang, Bucéphale se cabra en hennissant.

En vain, le roi tenta de gagner le centre des rangs, où ses guerriers subissaient de plus en plus la poussée de l'ennemi. La mêlée qui s'était formée devant lui et les jets de pierre que produisaient les catapultes l'immobilisaient. Il concentra ses forces pour repousser la marée d'adversaires que déversait la porte de Mylasa.

Le Noir vit Éphialte approcher comme une furie et s'enfoncer avec les siens dans le centre macédonien, qui continuait de reculer. Les jeunes *pézétaïroï* cédaient face à l'assaut compact des mercenaires. Seul Perdiccas résistait, à l'extrême gauche de la formation. Mais la situation s'aggravait. Les catapultes placées au sommet de la tour perse se mirent à jeter d'étranges projectiles : des amphores pleines de poix et de bitume, qui s'écrasèrent à la base des tours macédoniennes, répandant leur contenu sur le sol. Des archers perses surgirent alors sur les murs, décochant une pluie de traits incendiaires. Aussitôt, les machines s'enflammèrent dans un grand rugissement et se transformèrent en de gigantesques torches.

Perdiccas abandonna son détachement à son lieutenant et grimpa parmi les flammes jusqu'à la première plate-forme, où les soldats, terrorisés, avaient lâché le bélier qui se balançait désormais sur ses supports.

« Reprenez position ! hurla-t-il. Reprenez position ! La muraille va s'écrouler. Allez, un dernier coup ! »

Après s'être débarrassé de son bouclier, il attrapa lui-même la poignée du bélier, tandis que des langues de feu se glissaient dans les fentes de la cloison.

Ébahis par ce courage surhumain, les hommes imitèrent Perdiccas en criant pour chasser leur terreur et l'emporter sur la chaleur insupportable des flammes.

Entraînée par mille bras désespérés, la grande tête ferrée gagnait de la vitesse et martelait le parement. Les grosses pierres vacillèrent, deux d'entre elles s'écroulèrent dans un nuage de fumée et de poussière. Les coups suivants ouvrirent une brèche et l'effondrement qui s'ensuivit étouffa une partie de l'incendie.

Mais la retraite des *pézétaïroï*, au centre de la formation macédonienne, semblait se muer en déroute sous l'élan irrépressible d'Éphialte. Le Noir s'exclama alors : « Léonnatos, arrête-le ! » Et Léonnatos l'entendit. Il se fraya un chemin à coups de hache parmi ses ennemis et rejoignit Éphialte.

Les deux colosses s'immobilisèrent, à bout de souffle, défigurés par l'effort. Leurs corps, entaillés par de nombreuses blessures, ruisselaient de sueur et luisaient comme des statues sous la pluie.

Alexandre se retourna et aperçut les vétérans de son père à l'ombre des oliviers. Il cria : « Trompette, appelle la réserve ! » C'était la seule possibilité qu'il lui restait, puisque la cavalerie ne pouvait intervenir sur un terrain aussi accidenté.

Entendant la sonnerie angoissante et insistante de la trompette, Parménion s'adressa à ses hommes : « Vétérans, pour le roi Philippe et pour le roi Alexandre, allons-y ! » C'est alors qu'un bruit de tonnerre déchira les airs : le tonnerre de Chéronée !

L'énorme tambour, dissimulé parmi les oliviers, entra en action, et la phalange, hérissée de lances tel un redoutable porc-épic, se mit au pas cadencé, en hurlant :

Alalalàï ! Alalalàï !

Alexandre, qui avait presque gagné le centre au prix d'un dur effort, ordonna aux *pézétaïroï* de Léonnatos de laisser passer les vétérans. Ceux-ci fondirent sur les mercenaires de Memnon, à présent épuisés. Pendant ce temps, Léonnatos se battait comme un lion contre son gigantesque adversaire, et le vacarme de leurs coups répandait dans la plaine l'écho d'une rencontre titanesque.

Fort de son expérience de lutteur, Léonnatos parvint à déséquilibrer Éphialte au moyen d'une feinte. Tandis que l'ennemi mettait genou à terre, le Macédonien se dressa et abattit sa hache dans son dos. Éphialte s'écroula.

L'ombre du soir descendait maintenant sur les combattants, ivres de fatigue et de fureur. Après avoir perdu leur chef, les guerriers grecs, à bout de forces et décimés, commencèrent à lâcher pied face aux vétérans de Parménion. Ils rompirent bientôt les rangs et s'enfuirent vers la porte de Mylasa et la poterne du secteur nord, près de la mer. Mais les défenseurs refermèrent les battants, si bien que nombre de guerriers furent exterminés au pied de la muraille, transpercés par les sarisses des vétérans.

Quand Alexandre fit sonner l'ordre de cesser le combat, Perdiccas avait pris position sur la brèche qu'il s'était ménagée dans le secteur oriental ; un détachement d'Agrianes avait escaladé les remparts ronds et en avait chassé les défenseurs ; d'autres encore avaient gravi la tour de bois et pointé balistes et catapultes vers l'intérieur de la ville.

On apporta de nombreuses torches et on alluma des feux afin de parer aux éventuelles contre-attaques de l'ennemi pendant la nuit.

Halicarnasse était à la merci du vainqueur.

29

Alexandre ne parvenait pas à trouver le sommeil : l'issue de son duel avec Memnon avait été incertaine jusqu'au dernier instant et il avait eu, à plusieurs reprises, le sentiment d'être au bord de la défaite et de l'humiliation.

Ses hommes avaient allumé un bûcher sur le chemin de ronde, et le roi attendait les premières lueurs de l'aube avec angoisse. La nuit était sombre, la ville plongée dans les ténèbres et le silence. Quelques feux brûlaient sur la brèche qu'occupaient ses soldats, sur les remparts de briques dont les Agrianes avaient pris possession et à la base de la grande tour de bois. Alexandre était visible alors que l'ennemi se cachait.

Combien étaient-ils encore ? Combien de soldats étaient dissimulés dans l'ombre ? Ils préparaient peut-être une embuscade, à moins que Memnon n'attendît des renforts de la mer.

Au moment où le triomphe était à portée de sa main, le roi sentait que la chance pouvait une fois encore lui faire un pied de nez ; jusqu'au dernier moment, le commandant ennemi était capable de manigancer un nouveau stratagème. Plus âgé et plus expérimenté que lui, il avait toujours réussi à lui tenir tête, à répondre coup pour coup, voire à prévenir ses mouvements.

Ce soir-là, Alexandre avait ordonné qu'on exécute

sur-le-champ quiconque se rendrait coupable de boire une gorgée de vin, qu'il fût simple soldat ou général. Tout le monde demeura donc sur le pied de guerre.

Des groupes d'attaquants surveillaient les portes qui se succédaient jusqu'à la poterne, s'éclairant à l'aide de torches et ne cessant de s'interpeller. De tous les officiers, Perdiccas était le plus vigilant. Malgré une journée de combats exténuants, au cours de laquelle il avait conduit parmi les flammes le bélier qui avait infligé le coup décisif aux murs d'Halicarnasse, il ne s'était pas accordé un seul instant de repos. Il passait d'un poste de garde à l'autre, secouait les hommes qui cédaient au sommeil, invitait les jeunes à se racheter de leur mauvaise prestation alors que les vétérans étaient parvenus, en dépit de leur âge, à renverser l'issue du combat.

Les yeux d'Alexandre allaient de Perdiccas à Léonnatos — silhouette gigantesque appuyée sur une lance dans l'obscurité —, puis à Ptolémée, qui traversait la plaine à la tête d'un détachement de gardes du corps afin de prévenir d'éventuelles attaques de l'extérieur, enfin à Lysimaque, veillant près des catapultes dont il vérifiait de temps à autre la vigueur. On distinguait un peu plus loin, près d'un bivouac, la chevelure grise de Parménion. Comme un vieux lion, il s'était tenu à l'écart, avait économisé ses forces et celles de ses hommes en attendant de donner le coup de patte qui avait anéanti l'adversaire.

Alexandre poursuivait aussi d'autres pensées pour distraire son esprit, égayer son cœur, des pensées qui n'avaient rien à voir avec la guerre et l'effort de la lutte : il songeait à Miéza, aux cerfs qui broutaient le long des rives fleuries du fleuve, ou à Diogène, qui, à l'heure qu'il était, dormait sans doute dans sa jarre, au bord de la mer, en compagnie du petit chien avec qui il partageait sa couche et sa nourriture. Et il se laissait bercer par le bruit du ressac qui caressait les galets du rivage.

Quels rêves visitaient alors le sommeil du vieux sage ? Quelles visions mystérieuses ?

Il pensait aussi à sa mère, et quand il l'imaginait en train de lire les poèmes de Sapho dans sa chambre solitaire, il avait l'impression qu'un enfant se cachait encore en lui, l'enfant qui tressaillait instinctivement lorsque le cri d'un oiseau de nuit résonnait dans le ciel vide.

C'est ainsi que s'écoulèrent des minutes qui lui semblèrent interminables. La pression d'une main sur son épaule le tira de sa torpeur.

« Héphestion, c'est toi ? »

Son ami lui tendit une gamelle de soupe chaude. « Mange quelque chose. Leptine l'a préparée pour toi et a chargé une estafette de te l'apporter.

— Qu'est-ce que c'est ?

— De la soupe de fèves. Elle est bonne, j'en ai goûté une cuillerée. »

Alexandre commença à manger. « Pas mal. Je t'en laisse un peu ? »

Héphestion acquiesça. « Comme au bon vieux temps, quand nous vivions en exil dans la montagne.

— C'est vrai. Mais il n'était pas question alors de soupe chaude.

— C'est exact.

— Tu regrettes cette période ?

— Non, certainement pas. Mais je m'en souviens avec plaisir. Nous nous dressions, toi et moi, contre le reste du monde. » Il posa une main sur sa tête et l'ébouriffa. « Maintenant, c'est différent. Je me demande parfois si cela se reproduira.

— Quoi ?

— Un voyage, rien que toi et moi.

— Qui peut le dire, mon ami ? »

Héphestion se baissa pour attiser le feu de la pointe de son épée, et Alexandre vit qu'un petit objet brillait à son cou : une dent de lait, une minuscule incisive enchâssée dans de l'or. Alors, il se rappela le jour où, enfant, il la lui avait donnée en gage d'amitié éternelle.

« Jusqu'à la mort ? avait demandé Héphestion.

— Jusqu'à la mort », avait-il répondu.

Le cri d'une sentinelle, qui transmettait le mot d'ordre à ses camarades, résonna à cet instant. Héphestion s'éloigna pour poursuivre son tour d'inspection. Alexandre le vit disparaître dans l'obscurité tandis qu'une pensée, forte et distincte, se frayait un chemin dans son esprit. Il se dit que si un voyage les attendait, il les conduirait vers une région mystérieuse, enveloppée dans les ténèbres.

Quelques minutes s'écoulèrent encore, et l'on entendit bientôt les appels du second tour de garde. Il devait être minuit. Alexandre sursauta en percevant un bruit de pas. Il se frotta les yeux. C'était Eumène.

Le secrétaire général s'assit à ses côtés. Il se mit à scruter le feu.

« Que regardes-tu ? lui demanda le roi.

— Le feu, répondit Eumène. Il ne me dit rien de bon. »

Le roi se tourna vers lui avec un regard surpris. « Et pourquoi donc ?

— Il est en train de tourner avec le vent, qui souffle à présent de la mer.

— Comme chaque nuit, à cette heure, si je ne me trompe.

— Oui, mais cette nuit, c'est différent. »

Une pensée traversa l'esprit d'Alexandre, et un cri d'alarme sur la droite la confirma : un incendie venait de se déclarer à la base de la grande tour de bois.

« Un autre là ! » hurla Eumène en pointant le doigt vers une maison qui se dressait à une centaine de pieds.

La voix de Perdiccas leur parvint sur la gauche : « Alarme ! Alarme ! Le feu ! »

Lysimaque se précipita vers eux. « Ils veulent nous faire rôtir ! s'écria-t-il, le souffle court. Ils incendient toutes les maisons qui bordent la brèche et le rempart de briques. La tour de bois brûle comme une torche, regarde ! »

Alexandre bondit. Memnon jouait sa dernière carte en profitant du vent. « Vite ! Nous devons les empêcher d'allumer d'autres foyers. Envoyez les attaquants, les " écuyers ", les Thraces et les Agrianes ! Tuez tous les hommes que vous surprendrez une torche à la main ! »

Ses compagnons accouraient. Il y avait aussi Séleucos, Philotas, Léonnatos et Ptolémée.

« Écoutez-moi ! s'écria Alexandre pour couvrir le rugissement des flammes qui augmentait avec le vent. Toi, Séleucos, et toi, Léonnatos, prenez la moitié des *pézétaïroï*, traversez le quartier en feu et alignez-vous de l'autre côté : il faut que nous parions à une éventuelle contre-attaque. À l'évidence, les Perses veulent reprendre le contrôle de la brèche.

« Ptolémée et Philotas, alignez le reste des troupes derrière la brèche pour occuper toutes les portes. Je ne veux pas avoir de surprises dans mon dos. Lysimaque, fais reculer les balistes et les catapultes, sinon elles seront détruites par l'effondrement de la tour ! Allez, maintenant ! »

La tour de bois était à présent dévorée par les flammes qui léchaient le secteur oriental de la brèche. Cette gigantesque torche illuminait une vaste zone autour de la muraille, si bien que les archers agrianes n'avaient aucun mal à distinguer les incendiaires et à les transpercer de leurs flèches. Les poutres de la base furent vite calcinées et l'énorme enchevêtrement s'effondra dans un vacarme épouvantable, libérant une colonne de feu de plus de trois cents pieds, qui dépassait tous les édifices de la ville.

La chaleur était telle qu'Alexandre dut quitter son point d'observation, mais il prit place sur la tour suivante, près de la poterne, d'où il pouvait dominer la situation. Il envoyait des estafettes dans les divers secteurs et recevait à tout instant des nouvelles concernant l'évolution de la situation.

Il ordonna à Lysimaque d'utiliser les catapultes pour abattre les maisons voisines des bâtiments en feu, afin de circonscrire l'incendie. Les machines de guerre projetèrent de grosses pierres. Aussitôt, le vacarme et le désordre redoublèrent dans cette nuit infernale.

Mais la réaction du roi fut couronnée de succès. Le ratissage des hommes dépêchés par Alexandre mit un terme à l'action des incendiaires, tandis que l'infanterie lourde, alignée des deux côtés du quartier incendié, décourageait les tentatives des Perses et des mercenaires de Memnon.

Eumène avait convoqué un grand nombre de sapeurs et de pelleteurs, et leur avait ordonné de jeter du sable et de la pierraille sur les foyers qui brûlaient encore. Les incendies furent bientôts circonscrits et maîtrisés. La tour de bois qui avait coûté tant d'efforts n'était plus qu'un tas de cendres et de braises d'où pointaient, ici et là, de grosses poutres calcinées et fumantes.

Quand l'aube vint, le premier rayon de soleil frappa le quadrige doré qui se dressait au sommet du Mausolée. Puis, au fur et à mesure que le disque solaire surgissait au-dessus des montagnes, le cône de lumière descendit sur la grande pyramide en escaliers, sur la frise multicolore de Scopas et de Bryaxis, avant d'enflammer les colonnes ioniques, silhouettes d'or sur fond de pourpre.

Dans cette débauche de couleurs, dans ce triomphe de lumière cristalline, le silence qui enveloppait Halicarnasse faisait frissonner les hommes. Était-il possible que les mères ne pleurent pas leurs fils tombés au combat ?

« Est-ce possible ? demanda Alexandre à Eumène qui s'était approché.

— Bien sûr, répondit le secrétaire. Personne ne pleure les mercenaires. Les mercenaires n'ont ni mère ni père, ni amis. Ils n'ont que leur lance, au moyen de laquelle ils gagnent leur pain quotidien, le pain le plus dur et le plus amer qui soit. »

30

Ptolémée accourut. « Alexandre, dit-il, nous attendons tes ordres.

— Prends Perdiccas et Lysimaque, partagez-vous les attaquants et les "écuyers" et passez la ville au peigne fin. Les hoplites grecs et nos *pézétaïroï* vous emboîteront le pas. Débusquez tous les hommes armés, et surtout essayez de dénicher Memnon. Mais je tiens à ce qu'il ne lui soit fait aucun mal : si vous le trouvez, amenez-le-moi.

— Nous nous y emploierons », acquiesça Ptolémée.

Et il s'éloigna pour transmettre ces ordres à ses compagnons.

Le roi demeura avec Eumène sous l'auvent d'une casemate, derrière la muraille, d'où l'on avait une jolie vue sur Halicarnasse. Peu de temps s'écoula avant que Ptolémée ne lui envoie une estafette, chargée d'un message :

> Le satrape Orontobatès, le tyran Pixodaros et la garnison perse se sont barricadés dans les deux forteresses du port. Elles sont imprenables car les machines de siège ne peuvent les atteindre par manque d'espace. Aucune trace de Memnon pour le moment. J'attends tes ordres.

Alexandre demanda qu'on lui amène Bucéphale. Monté sur son étalon, il parcourut les rues désertes de la ville, où les portes étaient verrouillées et les fenêtres barrées : terrorisés, les gens s'étaient enfermés chez eux. Quand il atteignit les environs des forteresses qui défendaient l'accès au port, il vit Perdiccas venir vers lui.

« Que devons-nous faire, Alexandre ? » demanda celui-ci.

Le roi examina les fortifications avant de se tourner vers la muraille.

« Détruisez toutes les maisons situées sur le côté gauche de cette rue et celles qui s'entassent dans la zone du port. Une fois cette tâche accomplie, nous pourrons faire avancer les machines et les placer derrière les forteresses. Les Perses doivent comprendre qu'il n'y a pas un mur ou un bastion dans toute cette région où ils pourront trouver refuge. Ils doivent se résigner à partir pour ne plus revenir. »

Perdiccas acquiesça avant de sauter sur son cheval et de rejoindre le quartier incendié. Il fit sonner les trompettes pour réveiller les sapeurs et les pelleteurs qui s'étaient endormis là où ils se trouvaient, épuisés par la fatigue et le travail d'une nuit entière.

L'ingénieur en chef, un Thessalien du nom de Diadès, ordonna à ses hommes de démonter les deux plates-formes supérieures des tours d'assaut afin d'y placer un bélier qui abattrait les maisons. Eumène envoya, pour sa part, des hérauts dans les rues, qui enjoignirent aux Perses de quitter leurs habitations.

Les habitants, qui avaient craint les massacres, les viols et les mises à sac, commencèrent à sortir. D'abord, les enfants, intrigués par ces grandes manœuvres, puis les femmes et enfin les hommes.

Mais les destructions furent plus importantes que prévu car nombre de maisons étaient adossées les unes aux autres. Il était fréquent qu'un mur écroulé en entraînât d'autres. Voilà pourquoi certains murmurèrent qu'Alexandre avait fait raser Halicarnasse.

On dégagea, en quatre jours, une bande de terrain

sur laquelle on fit avancer les machines d'assaut. Une fois qu'elles furent placées devant les forteresses du port, elles se mirent à en saper les murs. Mais, au cours de la nuit, Memnon, Orontobatès et Pixodaros s'embarquèrent sur plusieurs navires de la flotte à bord desquels ils prirent le large. Ils rejoignirent le gros de l'escadre perse qui croisait plus au nord, dans les eaux de Chios.

En revanche, les mercenaires grecs qui restaient se retranchèrent sur l'acropole, pratiquement imprenable du fait de sa position.

Alexandre pensa qu'il perdrait du temps en tentant de les débusquer, d'autant plus que, encerclés par les troupes macédoniennes, ces hommes finiraient par se rendre. Il ordonna donc que l'on creuse une tranchée autour de la citadelle et y laissa des officiers de rang inférieur.

Ce soir-là, il convoqua le conseil du haut commandement dans la salle de l'assemblée des citoyens. Callisthène avait été autorisé à y participer. Tandis qu'on délibérait sur la suite des opérations, une délégation de notables fut annoncée.

« Non, je ne veux pas les voir, affirma Alexandre. Je n'ai aucune confiance en eux.

— Mais tu vas devoir définir l'organisation politique d'une ville très importante, lui fit remarquer Parménion.

— Tu pourrais instaurer un système démocratique, comme à Éphèse, intervint Callisthène.

— Oui, commenta Ptolémée avec ironie. Comme ça, tonton Aristote sera content, n'est-ce pas ?

— Et alors ? rétorqua Callisthène d'un air fâché. La démocratie est le système le plus juste et le plus équilibré qui soit, celui qui offre le plus de garanties... »

Ptolémée l'interrompit : « Oui, mais ces gens-là nous en ont fait baver. Nous avons perdu plus d'hommes au pied de ces murs qu'à la bataille du Granique. Si cela dépendait de moi...

— Ptolémée a raison ! s'écria Léonnatos. Il est temps qu'ils comprennent qui est le chef et qu'ils paient pour les dommages qu'ils nous ont causés. »

La discussion se serait sans doute muée en bagarre si Eumène, entendant du bruit, ne s'était levé pour jeter un coup d'œil derrière la porte. Quand il comprit ce qui se passait, il alla vers Alexandre et lui murmura quelque chose à l'oreille. Le roi sourit.

« Quelqu'un aurait-il envie d'un biscuit ? » demanda-t-il en haussant le ton.

Tout le monde se tut et se dévisagea.

« Tu plaisantes ? dit Léonnatos en brisant ce brusque silence. Je mangerais un quart de bœuf, si je le pouvais, pas des biscuits. Je me demande qui a eu l'idée saugrenue de t'apporter des biscuits à l'heure qu'il est... »

C'est alors que la porte s'ouvrit et qu'entra, fastueusement vêtue, la reine Ada, la mère adoptive d'Alexandre, suivie d'un cortège de cuisiniers portant des plateaux de gâteaux parfumés. Voyant Léonnatos bouche bée devant ce spectacle, Eumène prit un biscuit et le lui glissa entre les dents.

« Mange, dit-il, et tais-toi !

— Ma mère, comment te portes-tu ? interrogea Alexandre en la rejoignant. Vite ! faites asseoir la reine. Mais quelle surprise ! continua-t-il. Je ne me serais jamais attendu à ta visite en un pareil moment.

— J'ai pensé que tu apprécierais ces quelques douceurs après tant d'efforts, répliqua Ada sur un ton qui hésitait entre le sérieux et la facétie. En outre, je suis venue m'assurer que tu ne traitais pas trop mal ma ville. »

Le roi mordit dans un gâteau.

« Ils sont excellents, maman, et j'ai eu tort de te les renvoyer, la dernière fois. Quant à ta ville, nous étions justement en train d'en discuter. Mais maintenant que tu es là, j'ai trouvé la solution que je cherchais.

— Laquelle ? » demanda Ada.

Callisthène, qui s'apprêtait, lui aussi, à poser cette question, fut coupé dans son élan.

« Voilà, je te nomme satrape de Carie à la place d'Orontobatès, et te donne également pleine autorité sur Halicarnasse et les territoires environnants. Mes généraux s'emploieront à les soumettre pour toi. »

Les propos d'Alexandre suscitèrent la perplexité de Callisthène, qui secoua la tête ; en revanche, ils émurent la reine Ada. « Mon fils, dit-elle, je ne sais si...

— Moi si, interrompit Alexandre. Je sais que tu seras un excellent gouverneur et que je pourrai avoir totalement confiance en toi. »

Il l'invita à s'asseoir sur sa chaise avant de s'adresser en ces termes à Eumène : « Maintenant, tu peux faire entrer la délégation des notables. Il est juste qu'ils connaissent l'autorité dont ils dépendront à partir de demain. »

Les opérations de ratissage étaient encore en cours quand on annonça l'arrivée d'Apelle. Le grand maître s'empressa de rendre hommage au jeune roi, puis il ajouta :

« Sire, je crois que le moment est venu de te représenter ainsi que tu le mérites : avec les attributs divins. »

Alexandre eut grand mal à étouffer un éclat de rire : « Tu crois ?

— Cela ne fait aucun doute. Certain de ta victoire, j'ai préparé une esquisse, que je me permets de te soumettre. Naturellement, le résultat sera bien différent sur un tableau de dix pieds sur vingt.

— Dix pieds sur vingt ? » répéta Léonnatos, qui estimait qu'on gaspillerait ainsi trop de bois et trop de couleurs pour un garçon de taille moyenne tel qu'Alexandre.

Apelle lui lança un regard méprisant : à ses yeux, ce jeune homme aux cheveux roux et au visage semé de taches de rousseur n'était qu'un barbare inculte. Il se tourna de nouveau vers le roi : « Sire, ma proposition est loin d'être absurde. Tes sujets asiatiques sont habitués à être gouvernés par des êtres supérieurs, par des rois semblables à des dieux, et qui se font représenter comme tels. Voilà pourquoi j'ai eu l'idée de te peindre avec les attributs de Zeus : l'aigle aux pieds et la foudre dans la main droite.

— Apelle a raison », observa Eumène, qui était entré avec Léonnatos et qui examinait d'un air intrigué l'ébauche de l'artiste. Les Asiatiques considèrent leurs rois comme des êtres surhumains. Il est juste qu'ils te voient ainsi.

— Et que me coûtera cette divinisation ? » demanda Alexandre.

Le peintre haussa les épaules. « Je pense qu'avec deux talents...

— Deux talents ? Mon ami, deux talents me permettent de ravitailler mes soldats en pain, olives et poisson salé pendant un mois !

— Sire, à mon avis, ce genre de considération ne devrait pas concerner un grand roi.

— Peut-être pas un grand roi, interrompit Eumène, mais son secrétaire, oui. Car les soldats s'en prennent à moi si leur nourriture n'est pas assez bonne ou assez abondante. »

Le regard d'Alexandre alla d'Apelle à Eumène, puis il se posa sur l'esquisse et revint vers le peintre. « Il est certain que...

— N'est-ce pas beau ? Imagine le résultat à une autre échelle, avec des couleurs vives, imagine la foudre aveuglante qui jaillit de ta main. Quel homme oserait ensuite défier un tel dieu ? »

C'est alors que Campaspé fit son apparition. Elle étreignit le roi et l'embrassa sur la bouche, puis elle le salua en plongeant ses yeux dans les siens. Elle était si près de lui qu'il pouvait sentir la pointe de ses seins contre sa poitrine. Son regard traduisait sa disponibilité totale et sans réserve.

« Très douce amie, répliqua Alexandre sans se compromettre. Te revoir est toujours un plaisir.

— Un plaisir qui t'est offert à n'importe quel instant », murmura-t-elle à son oreille en y promenant la pointe de sa langue.

Désireux de mettre fin à cette situation embarrassante, Alexandre se tourna vers Apelle et dit : « J'ai besoin de réfléchir un peu, car il s'agit d'une grosse dépense. Quoi qu'il en soit, je vous attends pour le dîner. »

En sortant, le couple croisa Ptolémée, Philotas, Perdiccas et Séleucos qui accouraient, impatients de connaître les intentions d'Alexandre.

Le roi les invita à s'asseoir autour d'une table, sur laquelle il avait déplié sa carte. « Voici mon plan : nous allons démonter les machines et les transporter à Tralles sur des chariots. Parménion, qui marchera vers l'intérieur pour s'assurer de la soumission des territoires bordant le Méandre et l'Hermos, en aura besoin en cas de résistance.

— Et nous ? demanda Ptolémée.

— Vous viendrez avec moi. Nous longerons la côte en traversant la Lycie, nous irons en Pamphylie. »

Tout en parlant, il indiquait le trajet au moyen d'une baguette.

Eumène observa ses compagnons et comprit qu'ils n'avaient pas conscience de ce qui les attendait.

« Veux-tu emprunter ce chemin ? interrogea-t-il.

— Oui, répondit Alexandre.

— Mais c'est impossible. Aucune armée ne s'est jamais aventurée au milieu de ces falaises, et encore moins à la mauvaise saison.

— Je le sais », répliqua Alexandre.

31

Apelle finit par obtenir la commande pour la moitié de la somme qu'il avait exigée, après avoir longuement marchandé avec Eumène qui aurait souhaité le payer encore moins. L'artiste se mit aussitôt au travail, dans un atelier que la reine Ada avait fait installer à son intention, non loin de l'agora. Comme le roi n'avait pas le temps de poser, il dut se contenter d'une série de croquis au fusain qu'il avait exécutés au cours du dîner et des divertissements qui avaient suivi — une récitation de Thessalos, l'acteur préféré d'Alexandre, ainsi que quelques prestations musicales. Il accrocha ces croquis aux murs de l'atelier, habilla un modèle et commença.

Alexandre ne put admirer le résultat de ce travail, car il était loin quand Apelle y appliqua les derniers coups de pinceau, mais ceux qui le virent déclarèrent qu'il était fort réussi, à un détail près : le teint d'Alexandre y était plus foncé que dans la réalité. Il semblait toutefois que l'artiste en eût décidé ainsi pour mieux souligner la clarté éblouissante de la foudre.

Avant de partir, le roi s'entretint en tête à tête avec Parménion dans une des salles du palais d'Ada.

Il lui tendit une coupe de vin et l'invita à s'asseoir. Parménion l'embrassa sur les deux joues avant de prendre place.

« Comment te portes-tu, général ? demanda le roi.
— Fort bien, sire. Et toi ?
— Beaucoup mieux depuis que nous nous sommes emparés d'Halicarnasse. Le mérite t'en revient largement, ainsi qu'à tes vétérans. Votre intervention a été décisive.
— Tu me fais trop d'honneurs. Je me suis contenté d'exécuter tes ordres.
— Et maintenant, je te demande d'en exécuter un autre.
— Parle et je t'obéirai.
— Prends la cavalerie thessalienne avec Amyntas, un escadron d'*hétaïroï*, l'infanterie lourde des alliés grecs, et recule jusqu'à Sardes. »

Le visage de Parménion s'éclaira : « Nous rentrons, sire ? »

Déçu par cette réaction, Alexandre secoua la tête, tandis que le général inclinait la sienne, humilié par une méprise aussi peu opportune.

« Non, Parménion, nous ne rentrons pas. Nous devons consolider nos conquêtes avant de poursuivre notre entreprise. Viens, examine cette carte : tu remonteras la vallée de l'Hermos et soumettras la Phrygie. Tu emporteras les machines de guerre, car elles pourraient t'être utiles si tu rencontrais quelques résistances.

« Quant à moi, je longerai la côte jusqu'à Telmessos. J'interdirai ainsi à la flotte perse tout accès aux ports de la mer Égée.

— Tu crois ? » La voix du général trahissait une certaine tension. « Selon les informations que j'ai reçues, Memnon a enrôlé des hommes à Chios. Il se prépare à envahir l'Eubée, l'Attique et la Grèce centrale, afin de les dresser contre nous.

— Je suis au courant.

— Ne penses-tu pas que nous devrions rentrer pour faire face à cette menace ? De plus, l'hiver arrive et...

— Antipatros est à la hauteur de la situation. C'est

un homme de gouvernement des plus sages ainsi qu'un excellent général.

— Oh, bien sûr, cela ne fait aucun doute. Alors, j'ai compris : je dois occuper la Phrygie.

— Exactement.

— Et ensuite ?

— Comme je te l'ai dit, je longerai la côte. Une fois à Telmessos, je me dirigerai vers le nord, vers Ancyre, où tu me rejoindras.

— As-tu l'intention de suivre la ligne côtière jusqu'à Telmessos ? Sais-tu qu'elle est très étroite et très dangereuse sur plusieurs stades ? Aucune armée n'a jamais osé l'emprunter. »

Alexandre se versa un peu de vin et en avala quelques gorgées.

« Je le sais. On me l'a déjà dit.

— En outre, Ancyre est située dans la montagne, au cœur du haut plateau. Nous l'atteindrons en plein hiver.

— Oui, en plein hiver. »

Parménion soupira : « Bon... alors, je vais me préparer. J'imagine que j'ai peu de temps à ma disposition.

— En effet », dit Alexandre.

Parménion vida sa coupe, se leva, inclina légèrement la tête. Tandis qu'il s'apprêtait à quitter la salle, Alexandre le rappela. « Général ! »

Parménion se retourna. « Oui, sire.

— Prends soin de toi.

— Je m'y efforcerai.

— Tes conseils et ton expérience me manqueront.

— Toi aussi, tu me manqueras, sire. »

Il sortit et referma la porte derrière lui.

Alexandre s'en retourna vers sa carte pour étudier l'itinéraire qu'il allait suivre. Bientôt, des éclats de voix, suivis du cri d'une sentinelle, parvinrent à ses oreilles. « Je ne peux pas déranger le roi pour de telles idioties », hurlait le soldat de garde.

Le roi ouvrit la porte. « De quoi s'agit-il ? », s'exclama-t-il en découvrant un membre de l'infanterie des *pézétaïroï*, un simple soldat à en juger par son uniforme privé d'insignes. « Que veux-tu ?

— Roi, intervint la sentinelle. Ne perds pas de temps avec cet homme. Il meurt d'envie de baiser sa petite femme, c'est tout.

— Cela me paraît fort légitime, observa Alexandre dans un sourire. Qui es-tu ? demanda-t-il au soldat.

— Je m'appelle Eudème, sire, et je viens de Drabescos.

— Tu es marié ?

— Sire, je me suis marié avant de partir. Je n'ai passé que deux semaines avec mon épouse. J'ai entendu dire que nous ne rentrons pas en Macédoine, que nous nous dirigeons vers l'est. Est-ce exact ? »

Alexandre songea que, décidément, la troupe disposait d'un système d'information fort puissant, mais il n'en fut pas étonné. « Oui, c'est exact », répondit-il.

Le jeune homme baissa la tête d'un air résigné.

« Tu ne sembles pas très enthousiaste à l'idée de suivre ton roi et tes camarades.

— Il ne s'agit pas de ça, sire, je...

— Tu as envie de dormir aux côtés de ton épouse.

— À dire la vérité, oui. Et nous sommes nombreux à nous trouver dans les mêmes conditions. Nos familles ont exigé que nous nous mariions parce que nous partions à la guerre, elles voulaient que nous laissions un héritier au cas où... On ne sait jamais. »

Alexandre sourit. « Ne dis pas un mot de plus. On m'a demandé aussi de me marier, mais un des rares avantages du pouvoir est justement de choisir son épouse. Combien êtes-vous ?

— Six cent quatre-vingt-treize.

— Par les dieux, tu avais déjà recensé tes amis ! s'exclama le roi.

— Eh bien, voilà... Nous pensions que l'hiver nous empêcherait de combattre, et nous voulions te demander...

— L'autorisation de regagner votre domicile.

— Oui, sire, admit le soldat, encouragé par l'affabilité d'Alexandre.

— Tes compagnons t'ont-ils choisi pour les représenter ?

— Oui.

— Pourquoi ?

— Parce que...

— Exprime-toi sans crainte.

— Parce que j'ai été le premier à poser le pied sur la brèche après que la muraille s'est écroulée. J'ai attendu que le bélier l'ait enfoncée pour quitter la tour d'assaut en flammes.

— Perdiccas m'a parlé de cet acte courageux sans me révéler le nom de son auteur. Je suis fier de te connaître, Eudème, et je suis heureux d'exaucer ton souhait et celui de tes camarades. Vous recevrez cent statères de Cyzique par personne ainsi qu'une permission de deux mois. »

Les yeux du soldat brillaient d'émotion. « Roi... je..., balbutia-t-il.

— À une seule condition.

— Tout ce que tu voudras, sire.

— À votre retour, d'ici quelques mois, chacun d'entre vous m'amènera cent guerriers. Fantassins ou cavaliers, peu importe.

— Tu peux te fier à ma parole. Considère qu'ils sont déjà enrôlés.

— Et maintenant, va. »

Ne sachant comment le remercier, le soldat demeurait figé sur place.

« Alors ? Ne mourais-tu pas d'envie de rejoindre ton épouse ?

— Oui, mais je voulais te dire... je voulais te dire que... »

Alexandre sourit et lui fit signe de patienter. Ouvrant un coffret, il en tira un collier en or, au bout duquel pendait un petit camée représentant la déesse Artémis. Il le lui tendit.

« C'est la déesse protectrice des épouses et des mères. Remets-le à ton épouse de ma part. »

Trop ému pour parler, le soldat parvint seulement à murmurer : « Je te remercie, mon roi. » Sa voix tremblait.

32

Les jeunes gens qui avaient exprimé le désir de rejoindre leurs épouses partirent au début de l'automne pour la Macédoine. Parménion quitta Halicarnasse un peu plus tard, suivi d'une partie de l'armée et de la cavalerie thessalienne. Après s'être entretenu avec le vieux général, le roi avait confié le commandement de cette dernière à son cousin Amyntas, qui s'était toujours comporté avec courage et loyauté. Le Noir, Philotas et Cratère s'unirent à eux.

Alexandre convoqua un conseil restreint à l'occasion d'un dîner où il convia Séleucos, Ptolémée et Eumène.

Pour éviter d'éveiller les jalousies, il avait fait en sorte qu'Héphestion et ses autres compagnons fussent occupés dans les environs. Les trois hommes qu'il avait invités à partager son repas eurent donc la sensation d'être restés au campement par hasard. Mais le discours d'Alexandre leur montra que le roi avait besoin de compter sur leur intelligence plutôt que sur leur force.

Les domestiques non plus ne furent pas admis, et Leptine dut se charger de servir elle-même les convives qui avaient pris place autour d'une table, comme à l'époque où ils assistaient aux cours d'Aristote, à Miéza.

« Nos informateurs m'apprennent que Memnon a

demandé une somme énorme au Grand Roi et se l'est fait acheminer par la mer, en dépit des grands risques qu'une telle voie comporte. Il entend enrôler une armée de plus de cent mille hommes et envahir la Grèce. Mais surtout, il semble qu'il ait commencé à offrir de généreux cadeaux à des hommes influents dans les cités grecques. Le général Parménion m'a déjà exposé son opinion...

— Rentrer chez nous ? hasarda Séleucos.

— Exact », admit Alexandre.

Leptine commença à servir le dîner : du poisson grillé et des légumes, arrosés de vin coupé d'eau. Un repas léger, car le roi voulait que ses invités gardent toute leur lucidité.

« Et toi, comment comptes-tu réagir ? demanda Ptolémée.

— J'ai déjà pris une décision, mais je voudrais connaître votre avis. Séleucos ?

— Je pense qu'il faut poursuivre notre entreprise. En admettant que Memnon parvienne à soulever la Grèce, qu'est-ce cela lui apportera ? Il ne réussira jamais à envahir la Macédoine, parce que Antipatros l'en empêchera. Et si nous continuons à occuper les ports de la côte asiatique, le Grand Roi ne pourra plus rester en contact avec lui. Il sera donc obligé de capituler.

— Ptolémée ?

— Je suis du même avis que Séleucos : avançons. Mais tout irait encore mieux si nous trouvions le moyen de liquider Memnon. Cela nous éviterait un tas de problèmes et nous permettrait de priver le Grand Roi de son bras droit. »

Alexandre parut surpris et frappé par cette proposition, mais il continua son tour de table : « Eumène ?

— Ptolémée a raison. Poursuivons notre route, mais essayons également d'éliminer Memnon : il est trop dangereux et trop intelligent. Il est également imprévisible. »

Alexandre observa un moment de silence en mâchant son poisson sans grande conviction, puis il avala une gorgée de vin. « Alors, allons de l'avant. J'ai déjà demandé à Héphestion d'effectuer une mission de reconnaissance le long de la côte qui sépare la Lycie de la Pamphylie, où se trouve un passage qu'on prétend difficile. Nous saurons dans quelques jours si c'est vraiment le cas. Parménion remontera la vallée de l'Hermos et atteindra le haut plateau central, où nous le rejoindrons au printemps en empruntant la route qui mène de la côte au centre de l'Anatolie. »

Il se leva et s'approcha de la carte qu'il avait fait installer sur un chevalet. « Notre rendez-vous est ici. À Gordion.

— Gordion ? Sais-tu ce qu'il y a à Gordion ? demanda Ptolémée.

— Il le sait, il le sait, dit Eumène. Il y a le char du roi Midas, dont le timon est attaché au joug par un nœud inextricable. Un vieil oracle de la Grande Mère des dieux affirme que celui qui parviendra à défaire le nœud régnera sur toute l'Asie.

— C'est pour cette raison que nous nous rendons à Gordion ? interrogea Séleucos sur un ton soupçonneux.

— Ne divaguons pas, interrompit Alexandre. Nous ne sommes pas ici pour parler d'oracles, mais pour établir un plan d'action qui nous occupera au cours des prochains mois. Je suis heureux que vous vous accordiez sur le fait que nous devons poursuivre notre route. En effet, nous ne nous arrêterons ni durant l'automne, ni durant l'hiver. Nos hommes sont habitués au froid : ce sont des montagnards. Les auxiliaires thraces et agrianes le sont encore plus, et Parménion sait qu'il doit continuer sa route tant qu'il n'aura pas atteint sa destination.

— Et Memnon ? demanda Eumène en revenant au sujet le plus brûlant.

— Personne ne me poussera à l'éliminer par surprise, répondit le roi avec dureté. C'est un homme courageux, et il mérite de mourir l'épée au poing ; non dans un lit, rongé par le poison ou poignardé dans le dos.

— Écoute, Alexandre, dit Ptolémée pour le raisonner. L'époque d'Homère est terminée et l'armure qui trône près de ton lit n'a jamais appartenu à Achille. Elle n'a pas plus de deux ou trois cents ans, tu le sais aussi bien que moi. Pense à tes soldats : Memnon peut encore causer la mort de plusieurs milliers d'entre eux. C'est ce que tu veux, pour demeurer fidèle à tes idéaux d'héroïsme ? »

Alexandre secoua la tête.

« Sans compter, intervint Eumène, que Memnon pourrait très bien concevoir le même projet à ton encontre : payer un tueur afin qu'il t'élimine, corrompre ton médecin pour qu'il t'empoisonne... Y as-tu déjà songé ? Memnon dispose d'énormes sommes d'argent.

— Il pourrait appuyer ton cousin Amyntas, à qui tu as confié, qui plus est, le commandement de la cavalerie thessalienne, observa Séleucos. N'y as-tu jamais pensé ? »

Une nouvelle fois, le roi secoua la tête. « Amyntas est un brave garçon, qui a toujours fait preuve de loyauté à mon égard. Je n'ai aucune raison de douter de lui.

— Je reste d'avis que les risques sont trop nombreux, répliqua Séleucos.

— Moi aussi », confirma Eumène.

Alexandre eut un instant d'hésitation. Il revit son adversaire devant les murs d'Halicarnasse, le visage dissimulé par un casque brun sur lequel se détachait la rose en argent de Rhodes, et il entendit à nouveau sa voix : « Je suis le commandant Memnon. »

Il secoua la tête pour la troisième fois, d'un air encore plus décidé : « Non, je ne donnerai jamais un tel ordre. Un homme reste un homme, même en temps de guerre, et mon père avait l'habitude de me dire que le fils d'un lion est un lion. » Puis il ajouta : « Et non un serpent venimeux.

— Inutile d'insister, se résigna Séleucos. Si le roi en a décidé ainsi, c'est ainsi que les choses doivent être. »

Ptolémée et Eumène acquiescèrent, mais sans grande conviction.

« Je suis heureux que vous m'approuviez, dit Alexandre. Alors, examinons cette carte et tentons d'organiser notre marche le long de la côte. »

Ils discutèrent longuement, jusqu'à ce que la fatigue l'emporte sur l'enthousiasme. Eumène se retira le premier, suivi de Ptolémée et de Séleucos. Le secrétaire les attendait dehors. Il leur fit signe de le retrouver sous sa tente. Là, il les invita à s'asseoir, puis il ordonna à l'un de ses domestiques de réveiller Callisthène, qui dormait certainement à l'autre extrémité du camp.

« Qu'en dites-vous ? commença Eumène.

— De quoi ? demanda Ptolémée.

— Voyons, c'est évident : du refus du roi de liquider Memnon, répondit Séleucos.

— Je comprends Alexandre, reprit le secrétaire, et vous le comprenez certainement, vous aussi. D'autre part, nous ne pouvons qu'estimer notre adversaire : c'est un homme exceptionnel, doté d'une grande habileté intellectuelle et expert en l'art de manier l'épée. C'est justement pour cela qu'il constitue un péril mortel. Imaginez qu'il parvienne à soulever les Grecs ; qu'Athènes, Sparte et Corinthe passent dans son camp. Les armées alliées marcheraient vers le nord pour envahir la Macédoine, la flotte perse attaquerait par la mer, la prenant dans un étau... Sommes-nous vraiment certains des qualités d'Antipatros ? Et s'il succombait ? Et si Memnon réveillait les ambitions d'un rejeton de la branche dynastique des Lyncestides, tel que le commandant de la cavalerie thessalienne, provoquant à la fois une guerre civile et une insurrection militaire ?

Quel destin attendrait notre pays et notre armée ? S'il l'emportait, Memnon pourrait bloquer les Détroits et nous empêcher définitivement de rentrer. Devons-nous courir ce risque ?

— Mais nous ne pouvons pas agir contre la volonté d'Alexandre, répliqua Séleucos.

— Si, nous le pouvons, à la condition qu'il l'ignore. Toutefois je refuse d'assumer la responsabilité d'un tel geste. Si vous êtes d'accord, nous passerons à l'acte, sinon nous nous contenterons d'affronter les risques éventuels.

— En admettant que nous soyons d'accord, dit Ptolémée, quel serait ton plan ?

— Et pourquoi as-tu fait appeler Callisthène ? » demanda Séleucos.

Eumène sortit un instant de sa tente pour voir si l'historien arrivait, mais il ne l'aperçut pas.

« Écoutez, d'après ce que nous savons, à l'heure qu'il est Memnon devrait se trouver à Chios. Il s'apprête à faire voile vers le nord, sans doute en direction de Lesbos. Il attendra que le vent lui soit favorable pour traverser la mer et aborder la Grèce. Mais il devrait s'attarder un peu afin de se ravitailler et d'arrimer tout ce qui lui est nécessaire. C'est à ce moment-là qu'il nous faudrait intervenir, l'éliminant une fois pour toutes.

— Et comment ? interrogea Ptolémée. Un tueur ou le poison ?

— Ni l'un ni l'autre. Un tueur ne pourrait jamais l'atteindre : Memnon est entouré, jour et nuit, de quatre hommes qui lui sont extrêmement fidèles. Ils tueraient quiconque tenterait de trop l'approcher. Quant aux poisons... j'imagine qu'il dispose d'un goûteur : sa longue fréquentation des Perses l'y a sans doute amené.

— Certains poisons agissent à retardement, lui fit remarquer Ptolémée.

— C'est vrai, mais leurs effets et leurs symptômes

sont bien connus. Et si l'on apprenait que Memnon a été empoisonné, la faute retomberait fatalement sur Alexandre, ce que nous ne pouvons pas nous permettre.

— Alors ? demanda Séleucos.
— Il y a une troisième possibilité. »

Eumène baissa les yeux comme si ses pensées le remplissaient de honte.

« Alors ?
— Une maladie, une maladie inguérissable.
— C'est impossible ! s'exclama Séleucos. Les maladies surviennent et disparaissent à leur gré.
— Il semble que non, rétorqua Eumène. Il semble que certaines maladies soient provoquées par de minuscules créatures, invisibles à l'œil humain, qui passent d'un corps à l'autre. Je sais qu'Aristote a fait des expériences secrètes à ce sujet avant de regagner Athènes, à partir de ses études sur la génération spontanée.
— C'est-à-dire ?
— Il aurait découvert que dans certaines situations, la génération de ces êtres n'est pas le moins du monde spontanée : il s'agirait d'une sorte de... diffusion. Quoi qu'il en soit, Callisthène est au courant, il connaît tout de ces expériences et il pourrait écrire à son oncle. Au début, il ne se passe rien. Memnon pourrait donc agir et se mouvoir normalement sans que son cuisinier ou son médecin soient suspectés. Les premiers effets surviennent au bout de quelques jours. »

Ptolémée et Séleucos échangèrent un regard déconcerté.

« Ce plan me paraît difficilement réalisable ; il requiert une série non négligeable d'éléments concordants, observa Ptolémée.
— C'est vrai, mais c'est le seul possible, à mon avis. Il y a toutefois un fait qui joue en notre faveur : un des médecins de Memnon provient de l'école de Théophraste et...

— J'ignorais que tu remplissais aussi des fonctions d'espion, dit Séleucos d'un air surpris.

— Cela signifie simplement que je fais bien mon travail, car il s'agit de nouvelles secrètes. Quoi qu'il en soit, le roi Philippe m'avait jadis mis en contact avec ses informateurs grecs et barbares. »

C'est alors que Callisthène fit son apparition sous la tente. « Vous m'avez appelé ? » demanda-t-il, les yeux bouffis de sommeil.

Alexandre n'arrivait pas à dormir : l'idée que Memnon s'apprêtait à attaquer la Grèce, voire la Macédoine, l'inquiétait. Le vieil Antipatros serait-il à la hauteur ? Ne valait-il pas mieux renvoyer Parménion dans leur patrie ?

Pendant que Leptine vaquait à ses occupations ménagères, il quitta sa tente et se promena le long du rivage.

C'était une nuit calme et tiède, le bruit du ressac sur les galets scandait son pas. La lune, presque pleine, diffusait une clarté diaphane sur les îles qui ponctuaient l'étendue marine, sur les maisons blanches qui se pressaient autour des criques et des petits ports.

Sa promenade fut bientôt interrompue par un promontoire rocheux. Au lieu de rebrousser chemin, Alexandre décida de l'escalader, pensant qu'il jouirait d'une belle vue au sommet. L'effort physique qu'il accomplit au cours de cette ascension s'ajoutant à la fatigue mentale qui l'accablait depuis un certain temps, il se sentit bientôt las et perdu. Sans raison apparente, il songea à son père. Il avait l'impression de le voir, debout sur le promontoire. Il aurait voulu se précipiter dans ses bras comme à l'époque où il venait lui rendre visite à Miéza, et s'écrier : « Papa ! » Il aurait voulu s'asseoir auprès de lui et lui demander conseil.

Il était plongé dans ces pensées quand il découvrit, au sommet, la côte qui se poursuivait sur l'autre versant. Ce qu'il vit le remplit de stupeur. Une grande nécropole s'élevait de l'autre côté du promontoire : des dizaines de tombes monumentales étaient creusées dans la roche ; d'autres, solitaires, se dressaient comme des spectres dans la blancheur de la lumière lunaire, le long du rivage. Les vagues léchaient la base de nombre d'entre elles.

Un homme, debout près d'un bâton planté dans le sable où se balançait une lanterne, lui tournait le dos.

Il avait la même taille que son père et portait un manteau identique à celui que ce dernier avait arboré le jour de sa mort : un manteau blanc bordé d'une frise dorée. Alexandre s'immobilisa et le contempla d'un air abasourdi, n'en croyant pas ses yeux, s'attendant à ce que la silhouette fasse volte-face et s'adresse à lui avec la voix et le regard de Philippe. Mais l'homme ne bougeait pas. Seul son manteau immaculé flottait dans l'air avec un léger bruissement, comme les ailes d'un oiseau.

Le roi s'approcha à pas feutrés et vit qu'une source jaillissait de la roche. L'eau cristalline reflétait la lumière de la lanterne. Pareille à un émissaire, une rigole coulait sur le sable et se jetait dans les vagues salées. Bien qu'il l'eût probablement entendu, l'homme ne réagit pas : il semblait observer la source. Dans l'obscurité, Alexandre heurta une roche du fourreau de son épée. À ce bruit, l'inconnu se retourna et ses yeux brillèrent soudain à la lumière de la lanterne. Les yeux de Philippe !

Alexandre sursauta, parcouru par un frisson. Il s'apprêtait à crier : « Père ! » quand il remarqua combien ce visage et la couleur de cette barbe différaient de ceux de Philippe. C'était la première fois qu'il voyait cet homme.

« Qui es-tu ? lui demanda-t-il. Que fais-tu ici ? »

L'homme le dévisagea d'un air étrange et Alexandre éprouva de nouveau une impression de familiarité : ces yeux ardents reflétaient le regard de son père.

« J'examine cette source, répondit-il.
— Pourquoi ?
— Parce que je suis un devin.
— Et que vois-tu ? Il fait noir, et la lumière de ta lanterne est faible.
— Pour la première fois, de mémoire d'homme, la surface de l'eau a baissé d'une coudée, ou presque, et a délivré un message.
— De quoi parles-tu ? »
Le devin approcha la lanterne de la paroi rocheuse d'où jaillissait la source, et Alexandre découvrit sous cette lumière rasante une inscription dans des caractères inconnus.
« C'est de cela que je parle, expliqua-t-il en indiquant l'inscription.
— Sais-tu la déchiffrer ? »
La voix de l'homme avait changé, on aurait dit qu'une autre personne se servait de sa gorge pour s'exprimer :

> Voici le seigneur de l'Asie, celui qui a dans ses yeux le jour et la nuit.

Puis il souleva sa lanterne pour éclairer le visage d'Alexandre : « Ton œil droit est aussi bleu qu'un ciel serein, ton œil gauche aussi sombre que la nuit. Depuis combien de temps m'observais-tu ?
— Depuis quelques instants seulement. Mais tu n'as pas répondu à ma question : qui es-tu ?
— Je me nomme Aristandre. Qui es-tu, toi dont les yeux renferment la lumière et les ténèbres ?
— Tu ne me connais pas ?
— Pas assez.
— Je suis le roi des Macédoniens. »
L'homme l'examina attentivement avant de dire : « Tu régneras sur l'Asie.
— Et tu me suivras, si tu ne crains pas l'inconnu. »
Le devin baissa la tête : « Je ne crains qu'une chose, une vision qui me poursuit depuis longtemps et dont la

signification m'échappe : un homme nu qui brûle vif sur son bûcher funéraire. »

Alexandre ne fit aucun commentaire : il semblait écouter le bruit égal et continu du ressac. Quand il se tourna vers le sommet du promontoire, il vit que ses gardes du corps veillaient sur cette rencontre inattendue. Il prit congé de l'homme : « Une dure journée m'attend, je dois rentrer. J'espère te voir demain, au campement.

— Je l'espère moi aussi », répondit le devin.

Et il se mit en route dans la direction opposée.

33

Une chaloupe s'approcha, lentement, du vaisseau amiral qui se balançait à l'ancre dans le port de Chios. La brise nocturne soulevait à peine l'étendard royal à l'effigie d'Ahura-Mazda ; une lanterne, placée au sommet du château de poupe, diffusait sur l'embarcation une faible lumière.

Tout autour, la flotte du Grand Roi : plus de trois cents bateaux munis de rostres — des trières et des quinquérèmes de combat — étaient alignés le long des quais, amarrés au moyen d'énormes filins.

La chaloupe s'immobilisa près du flanc du vaisseau amiral, sur lequel le marin abattit sa rame. « Un message pour le commandant Memnon.

— Attends, répondit l'officier de garde. Je t'envoie une échelle. »

Un peu plus tard, l'homme montait à bord en utilisant l'échelle de corde qu'on lui avait jetée de la muraille, et demandait à être conduit auprès du chef suprême.

L'officier de garde le fouilla avant de le faire entrer dans le château de poupe, où Memnon rédigeait les lettres et lisait les rapports que lui adressaient les gouverneurs et les commandants des garnisons perses demeurés fidèles au Grand Roi, ainsi que les informateurs qu'il possédait dans toute la Grèce.

« J'ai un message pour toi, commandant », annonça l'homme en lui tendant un rouleau de papyrus.

Memnon vit à son sceau qu'il venait de son épouse. Il n'avait encore rien reçu d'elle depuis le jour de leur séparation.

« Y a-t-il autre chose ? interrogea-t-il.

— Non, commandant. Mais si tu désires me confier une réponse, j'attendrai.

— Alors, va voir le maître d'équipage et fais-toi donner à boire et à manger si tu en as envie. Je t'appellerai dès que j'aurai terminé. »

Resté seul, Memnon ouvrit la missive en tremblant.

Barsine à Memnon, son époux adoré, salut !
Mon bien-aimé, au terme d'un long voyage nous sommes arrivés, sains et saufs, à Suse, où le roi Darius nous a accueillis avec de grands honneurs. On nous a attribué une aile du palais, des domestiques et des servantes, ainsi qu'un jardin d'une merveilleuse beauté, un *pairidaeza* rempli de fleurs colorées, de roses et de cyclamens au parfum intense, de bassins et de fontaines où nagent des poissons rouges et bleus, d'oiseaux du monde entier, de paons et de faisans issus de l'Inde et du Caucase, de guépards apprivoisés, venus de la lointaine Éthiopie.

Notre condition serait enviable si tu n'étais pas si loin. Ma chambre est trop grande et trop froide.

Il y a deux nuits, j'ai ouvert le livre des tragédies d'Euripide que tu m'as offert, et j'ai lu *Alceste*, les larmes aux yeux. J'ai pleuré, mon époux, en songeant à cet amour héroïque que le poète a si bien décrit, et j'ai été particulièrement frappée par le passage où l'homme promet à sa femme, qui marche vers la mort, qu'aucune autre ne la remplacera. Il lui dit qu'il commandera un portrait d'elle à un grand artiste et qu'il le mettra dans son lit, à ses côtés.

Oh, si je pouvais faire de même ! Si je pouvais faire appel à un grand artiste, un des maîtres *yauna* de l'envergure de Lysippe ou d'Apelle, et lui demander de sculpter ton image ou de peindre ton portrait, pour le placer dans mes appartements, au cœur de ma chambre !

Depuis que tu es loin, mon époux adoré, je comprends la signification de votre art, la puissance troublante avec laquelle vous autres *yauna* représentez la nudité des dieux et des héros.

J'aimerais pouvoir contempler ton corps nu, fût-il seulement une statue ou un portrait, puis fermer les yeux, imaginer qu'un dieu décide de donner vie à cette image, qui sortirait alors de son tableau, descendrait de son piédestal, et s'allongerait à mes côtés comme le jour où nous jouîmes ensemble pour la dernière fois, qui me caresserait avec tes mains, m'embrasserait avec ta bouche.

Mais la guerre t'éloigne de moi, la guerre et son cortège de deuils, de pleurs et de destructions. Reviens-moi, Memnon, laisse à un autre le commandement suprême des armées de Darius. Tu en as déjà assez fait, personne ne te blâmerait, tout le monde vante tes exploits dans la défense d'Halicarnasse. Reviens-moi, mon doux époux, mon magnifique héros. Reviens-moi car toutes les richesses du monde ne valent pas un seul instant dans tes bras.

Memnon referma la lettre et se leva. Il s'appuya contre le bastingage. Les lumières de la ville scintillaient légèrement dans le soir paisible, et les cris des enfants, qui jouaient à cache-cache dans les rues sombres et sur les places en profitant de l'ultime tiédeur de l'automne, parvenaient jusqu'à lui. On entendait aussi, mais plus loin, le chant d'un jeune homme — une sérénade pour sa bien-aimée, dont le visage s'empourprait peut-être dans la pénombre.

Il se sentit envahir par une immense mélancolie, par une énorme lassitude, mais les responsabilités qui pesaient sur lui et l'estime que lui portaient nombre de ses soldats lui interdisaient de s'abandonner à ce sentiment.

Il avait appris que ses guerriers irréductibles, retranchés sur l'acropole d'Halicarnasse, résistaient vaillamment malgré la faim et la soif, et il ne se résignait pas à l'idée de ne pouvoir les libérer. Oh, si le grand Dédale, le père d'Icare, l'artisan capable de construire des ailes pour l'homme, avait existé ! Lui, Memnon, aurait volé vers son épouse pour la combler, avant de regagner son poste et ses devoirs au point du jour.

Mais les ordres du Grand Roi étaient clairs : il devait partir pour l'île de Lesbos et y préparer un débarquement en Eubée. Le premier débarquement perse depuis plus de cent cinquante ans.

Il avait récemment reçu une lettre des Spartiates, qui se déclaraient prêts à s'allier avec le roi Darius et à prendre la tête d'un soulèvement général des Grecs contre la Macédoine.

Il retourna à sa table et se mit à écrire.

> Memnon à Barsine, très douce épouse, salut !
>
> Ta lettre a réveillé en moi les souvenirs les plus beaux et les plus poignants, ceux des moments que nous avons passés ensemble dans notre demeure de Zéléia et en Carie, juste avant notre séparation. Tu ne peux imaginer combien tu me manques. L'image de ta beauté ne cesse de traverser mes rêves. Aucune femme ne me semblera désirable tant que je ne t'aurai pas à nouveau serrée contre moi.
>
> Un dernier effort m'attend, l'affrontement définitif. Je pourrai ensuite me reposer auprès de mes enfants et dans tes bras, tant que les dieux m'accorderont le souffle vital.
>
> Embrasse-les pour moi et prends soin de toi.

Il ferma la lettre en se disant que cette matière inerte serait bientôt touchée par les doigts de Barsine, des doigts aussi légers que des pétales de fleurs et tout aussi parfumés. Il soupira, puis il appela le courrier et la lui confia.

« Quand la recevra-t-elle ? demanda-t-il.

— Bientôt, dans moins de vingt jours.

— Bien. Fais bon voyage et que les dieux te protègent.

— Qu'ils te protègent aussi, commandant Memnon. »

Il le regarda s'éloigner dans sa chaloupe, puis il regagna le château de poupe et convoqua le capitaine du vaisseau.

« Levons l'ancre, capitaine. Transmettez le signal lumineux aux autres navires.

— Maintenant ? Ne vaudrait-il mieux pas attendre l'aube ? On y verra mieux et...

— Non. Je veux que nos mouvements demeurent secrets. L'entreprise qui nous attend est de la plus grande importance. Transmets également aux commandants des unités de combat l'ordre de me rejoindre ici, pour le conseil. »

Le capitaine, un Grec de Patara, s'inclina et s'empressa d'exécuter les ordres de Memnon. Bientôt, plusieurs chaloupes s'approchèrent du vaisseau amiral et leurs occupants montèrent à bord.

Ils saluèrent l'un après l'autre le chef suprême de l'armée et s'assirent sur des bancs qu'on avait placés sur les côtés du château de poupe. Memnon prit place au fond, sur la chaise à haut dossier du navarque. Il était enroulé dans son manteau bleu et portait son armure. Son casque corinthien était posé sur un tabouret, et l'on pouvait voir la rose de Rhodes se détacher sur la visière.

« Navarques, le destin nous offre une dernière chance de racheter notre honneur de soldats et de mériter les émoluments que nous verse le Grand Roi. Tous les ports qui se trouvent dans notre dos nous sont fermés, il ne nous reste plus que quelques points d'ancrage en Cilicie ou en Phénicie, à plusieurs jours de navigation. Nous n'avons donc pas le choix, nous devons continuer notre route et couper à la racine la force dont notre adversaire s'alimente.

« J'ai reçu un message secret des Spartiates : une dépêche enroulée autour d'une *skytale*. Ils sont prêts à unir leurs forces aux nôtres si nous débarquons sur le continent. J'ai donc décidé de faire route vers Lesbos, puis vers Skyros et l'Eubée, où je m'entretiendrai avec des patriotes athéniens décidés à nous appuyer. J'ai envoyé un message à Démosthène, et je crois que sa réponse sera positive. C'est tout pour l'instant. Regagnez vos navires et préparez-vous aux manœuvres. »

Le vaisseau amiral quitta le port en glissant lentement sur les flots, et les autres embarcations le suivirent aussitôt. La nuit était étoilée et limpide, le nocher de Memnon tenait le gouvernail d'une main sûre. Le deuxième jour, le temps changea et la mer grossit sous les rafales du vent de Notos. Certains bateaux furent endommagés et la flotte dut poursuivre sa route à la force des rames pendant près de deux jours.

Ils atteignirent leur destination le cinquième jour et pénétrèrent dans la grande rade occidentale, où ils attendirent que le temps s'améliore. Memnon ordonna qu'on effectue les réparations nécessaires et envoya ses officiers recruter des mercenaires. Puis il visita l'île, qui était enchanteresse, et voulut qu'on lui montrât la demeure de la poétesse Sapho et celle du poète Alcée, tous deux natifs de Lesbos.

Devant la maison qu'on disait avoir appartenu à Sapho, des écrivains ambulants recopiaient des poèmes sur des tablettes de bois ou sur des rouleaux de papyrus, plus coûteux, pour qui le désirait.

« Saurais-tu m'en écrire un en perse ? demanda-t-il à un homme à l'aspect oriental.

— Bien sûr, puissant seigneur.

— Alors, écris celui qui commence ainsi :

> Celui-là me paraît être l'égal des dieux, l'homme qui, assis en face de toi, tout près, écouta ta voix si douce
> Et ce rire enchanteur, qui, je le jure, a fait fondre mon cœur dans ma poitrine [1].

— Je le connais, seigneur, dit l'écrivain public en plongeant sa plume dans l'encrier. C'est un chant de jalousie.

— Oui », acquiesça Memnon sur un ton apparemment impassible.

Il s'assit sur un muret, où il attendit que l'homme achève sa traduction.

Il avait appris que Barsine était tombée dans les griffes d'Alexandre, ce qui, de temps à autre, le remplissait d'effroi.

---

1. SAPHO, *Poèmes*, Livre I, 2, trad. T. Reinach, Paris, Les Belles Lettres, 1937, p. 194.

34

Après avoir quitté Halicarnasse, Alexandre longea la côte vers l'ouest, à la tête de son armée, en dépit des tentatives de son entourage pour l'en dissuader. Il y avait, en effet, un passage en Lycie qu'on jugeait impraticable par mauvais temps : un sentier suspendu entre la falaise et la mer ponctuée d'écueils, exposé au vent d'ouest porteur d'orages.

En se brisant sur les rochers, les vagues éclataient en globes d'écume, bouillonnaient rageusement avant de refluer pour prendre leur élan et se jeter à nouveau contre le promontoire désolé, battu par les rafales de vent.

Héphestion, qui avait poussé jusque-là, avait été impressionné. « C'est terrifiant, raconta-t-il à Alexandre. Imagine une montagne plus haute que le mont Athos et plus vaste que le mont Pangée, qui tombe à pic dans la mer, une montagne aussi lisse et noire que du fer poli ; les éclairs jaillissent au-dessus du sommet et s'abattent parfois sur les flots dans une lumière aveuglante. Le sentier est un vieux passage que les Lyciens ont creusé dans le rocher, mais les lames qui s'y brisent et les algues qui s'y reproduisent au cours de la mauvaise saison le rendent glissant. Il est impossible de s'en tirer si l'on tombe à l'eau : les vagues vous écrasent sur les récifs coupants qui forment une couronne autour de ce roc escarpé.

— As-tu pu passer ? demanda Alexandre.

— Oui.

— Et comment ?

— Avec l'aide des Agrianes. Ils ont planté des pieux dans les fissures de la roche et y ont attaché des cordes auxquelles nous pouvions nous accrocher lorsque les vagues fondaient sur nous.

— Cela me semble une excellente idée, dit le roi. Nous passerons, nous aussi.

— Mais nous étions cinquante, objecta Héphestion. Ton armée comporte vingt-cinq mille hommes et cinq mille chevaux. Comment feras-tu passer les chevaux ? »

Alexandre observa un moment de silence pour rassembler ses pensées, puis il dit : « Nous n'avons pas le choix. Il nous faut emprunter ce sentier et nous emparer des ports de la Lycie. Ainsi, la flotte perse n'aura plus accès à notre mer. Si cela est nécessaire, je laisserai la cavalerie, mais j'irai de l'avant.

— Comme tu le veux. Nous, nous n'avons peur de rien. Mais, j'ai quand même voulu que tu connaisses les risques qui nous attendent. »

Ils partirent le lendemain. Bientôt, ils atteignirent la ville de Xanthos, qui se dressait sur un rocher dominant le fleuve Xanthe. Tout autour, on pouvait admirer des dizaines de tombes monumentales en forme de palais ou de temples à colonnes, creusées dans la roche. L'une d'elles, disait-on, renfermait le corps du héros lycien Sarpédon, tombé sous les coups de Patrocle pendant la guerre de Troie.

Alexandre voulut qu'on lui la montrât. Il se recueillit devant ce vénérable tombeau, usé par le temps et par les intempéries, sur lequel on distinguait à peine les signes d'une ancienne inscription, totalement illisible. Callisthène, qui se tenait à ses côtés, l'entendit murmurer les vers d'Homère, l'exhortation que le héros lycien aurait adressée à Glaucos avant son dernier combat :

Ah ! mon bon ami ! si nous devions, en effet, en échappant à cette guerre, rester toujours exempts de vieillesse et de mort, je n'irais pas moi-même combattre aux premiers rangs, et toi, je ne t'enverrais point dans le combat où la valeur s'illustre. Mais à présent, puisque les Génies de la mort de toute façon par milliers nous menacent, et qu'il n'est pas possible à l'homme de les fuir et de les éviter, allons[1]...

Puis Alexandre lui demanda : « Penses-tu qu'il répéterait ces mots s'il avait encore le pouvoir de parler ? » Sa voix était empreinte d'une profonde mélancolie.

« Qui peut le dire ? Il n'est permis à personne de revenir de l'Hadès. »

Le roi s'approcha de la tombe, où il appuya ses mains et son front comme s'il tentait d'écouter une voix affaiblie par les siècles. Enfin, il se retourna et reprit sa route, à la tête de son armée.

Ils descendirent le fleuve jusqu'à son embouchure, où s'ouvrait le port de Patara, le plus important de la Lycie. La ville possédait de beaux bâtiments de style grec et les habitants étaient également vêtus à la grecque, mais ils parlaient une langue très ancienne, qu'il était impossible de comprendre sans l'aide d'un interprète. Le roi cantonna l'armée et décida de faire une halte de plusieurs jours, car il espérait recevoir des nouvelles de Parménion qui devait se trouver sur le haut plateau intérieur. Mais il ne lui en arriva aucune. En revanche, un navire macédonien se présenta. C'était le dernier avant la mauvaise saison.

Le capitaine avait suivi une route difficile et peu fréquentée pour éviter la flotte de Memnon. Il remit à Alexandre un rapport d'Antipatros sur la situation macédonienne et sur les différends qui l'opposaient violemment à la reine mère, Olympias.

Alexandre en fut contrarié et profondément désolé, mais il se calma en apercevant sur un rouleau le sceau

---

1. *L'Iliade*, XII, v. 328-332, trad. Mario Meunier, Paris, Union latine d'Éditions, 1943 p. 316.

royal des Molosses et l'écriture de sa sœur Cléopâtre.
Il l'ouvrit non sans appréhension et commença à lire :

> Cléopâtre, reine des Molosses, à son frère Alexandre, roi des Macédoniens, salut !
>
> Mon frère adoré, plus d'une année s'est écoulée depuis la dernière fois que je t'ai embrassé, et il ne se passe pas un jour sans que je pense à toi et regrette ton absence.
>
> L'écho de tes exploits est parvenu jusqu'à mon palais de Boutrotos, il me remplit de fierté, mais cette fierté ne compense en rien ton absence.
>
> Mon époux et ton beau-frère Alexandre, roi des Molosses, s'apprête à partir pour l'Italie. Il a rassemblé une grande armée de près de vingt mille hommes, des guerriers courageux, rompus à la technique macédonienne, entraînés à l'école de notre père Philippe.
>
> Il rêve de conquérir un grand empire en Occident et de libérer les Grecs de la menace des barbares qui peuplent ces terres : Carthaginois, Bruttiens et Lucaniens. Mais je resterai seule.
>
> Notre mère est de plus en plus étrange, irritable et lunatique, et je lui rends visite le moins possible. D'après ce qu'on me dit, elle pense à toi jour et nuit, offre des sacrifices aux dieux afin que la Fortune te soit favorable. Je ne peux que maudire la guerre qui éloigne de moi les êtres que j'aime le plus au monde.
>
> Prends soin de toi.

L'aventure occidentale allait donc commencer. Un autre Alexandre, son image spéculaire ou presque, à qui il était attaché par des liens étroits d'amitié et de sang, s'apprêtait à marcher en direction des Colonnes d'Héraclès afin de conquérir les territoires qui s'étendaient jusqu'au fleuve Océan. Un jour ils se retrouveraient, peut-être en Grèce, ou en Égypte, en Italie... Et ce jour-là, le monde vivrait le début d'une ère nouvelle.

Alexandre profita de cette halte pour écouter la lecture du Journal d'Eumène, que celui-ci rédigeait quotidiennement en rapportant les événements survenus, les distances couvertes, les visites rendues et reçues, les procès-verbaux des réunions du haut commandement, ainsi que la situation financière.

« Ce n'est pas mal, admit-il au bout de quelques

pages. Les passages descriptifs ont une certaine élégance littéraire, tu pourrais les réélaborer pour composer une véritable histoire de notre expédition.

— Ce n'est pas exclu, répliqua Eumène. Pour l'heure, je me contente d'enregistrer les faits avec le peu de temps dont je dispose. Pour l'histoire, il y a Callisthène.

— C'est vrai.

— Sais-tu que Ptolémée écrit également un récit de cette expédition. Te l'a-t-il fait lire ?

— Pas encore, mais je serais curieux d'y jeter un coup d'œil.

— Néarque, ton amiral, poursuit lui aussi l'œuvre qu'il a commencé de rédiger.

— Tout le monde semble consigner cette aventure par écrit. Je me demande à qui l'on accordera le plus de crédit. Quoi qu'il en soit, je continue d'envier Achille, qui eut un Homère pour chanter ses exploits.

— Autres temps, mon ami. En revanche, Néarque a fait un excellent travail : il a établi des relations avec les diverses communautés qui peuplent ces territoires. Il a de nombreuses connaissances ici et il est très estimé. Il m'a récemment exposé son point de vue de marin.

— À savoir ?

— Il est convaincu que tu ne peux te passer de flotte et que tu devrais en mettre une autre sur pied. Il est trop dangereux de laisser à Memnon une domination de la mer aussi criante.

— Et toi, qu'en penses-tu ? C'est une question d'argent, si je ne m'abuse.

— L'argent que nous avons pris à Sardes et à Halicarnasse devrait nous suffire.

— Alors, prends les mesures nécessaires. Entends-toi avec Néarque, négocie avec les Athéniens, réactive les chantiers des villes maritimes que nous avons conquises. À présent, nous pouvons nous permettre de prendre quelques risques.

— Je m'entretiendrai avec Néarque sur son navire et nous ferons quelques calculs ensemble. Je n'ai pas la moindre idée de ce que peut coûter un bateau de guerre, ni du nombre de bâtiments qu'il nous faudra pour indisposer ce maudit Memnon. Je devrai également connaître tes intentions pour l'hiver prochain. »

Alexandre se pencha à la fenêtre de la demeure où il logeait et contempla les cimes des montagnes, déjà couvertes de neige. « Nous poursuivrons notre marche tant que nous n'aurons pas trouvé la route qui mène à l'intérieur : il faut que je rencontre Parménion le plus rapidement possible et que nous réunissions nos forces. Je suis inquiet, Eumène. Si l'un de nos corps d'armée était anéanti, l'autre n'aurait aucune chance de survie. »

Le secrétaire hocha la tête, ramassa ses papiers et quitta la pièce.

Après son départ, Alexandre s'assit à sa table de travail. Il prit une feuille de papyrus, plongea sa plume dans l'encre et commença à écrire :

Alexandre à Cléopâtre, douce sœur, salut !
Ma bien-aimée, ne sois pas triste du départ de ton époux. Certains hommes naissent avec un destin précis, et Alexandre fait partie de ceux-là. Nous avons établi un pacte. C'est pour le respecter qu'il quitte sa terre, sa maison et son épouse. Je ne crois pas que tu aurais préféré être la femme d'un homme de rien, d'un homme sans espoir ni aspirations. La vie aurait été plus odieuse pour toi. Comme moi, tu descends d'Olympias et de Philippe, et je sais que tu peux comprendre une telle décision. Ta joie sera encore plus grande au terme de votre séparation. Je suis sûr qu'Alexandre te dira bientôt de le rejoindre pour que tu puisses voir le soleil se coucher sur les eaux divines et mystérieuses de l'extrême Océan, qu'aucun navire n'a jamais sillonnées.

Aristote dit que les Grecs et leurs villes occupent ces rivages comme les grenouilles la rive d'un étang, et il a raison. Mais nous, nous sommes nés pour connaître d'autres terres et d'autres mers, pour traverser des frontières que personne n'a jamais osé franchir. Et nous ne nous arrêterons pas avant d'avoir vu les limites que les dieux ont posées au genre humain.

Cependant, tout cela n'amenuise pas la douleur que provoque ton absence en moi. Je donnerais n'importe quoi, en cet instant, pour m'asseoir à tes pieds et poser ma tête sur tes genoux en écoutant ton doux chant.

Tiens notre promesse : souviens-toi de moi chaque fois que tu vois le soleil se lever au-dessus de la mer, chaque fois que le vent t'apporte des voix lointaines.

35

Une dizaine de jours après qu'Alexandre eut pris ses quartiers en ville, on lui annonça la visite d'un certain Eumolpos de Soles.

« Sais-tu de qui il s'agit ? demanda-t-il à Eumène.

— Bien sûr. C'est ton meilleur informateur à l'est de la chaîne du Taurus.

— Dans ce cas, pourquoi ne le connais-je pas ?

— Parce qu'il a toujours négocié avec ton père et... moi.

— J'espère que tu ne seras pas vexé si c'est à moi qu'il aura désormais affaire, observa Alexandre non sans ironie.

— Pas le moins du monde, se hâta de répondre Eumène. J'ai seulement essayé de t'épargner d'ennuyeux devoirs. D'ailleurs, si tu préfères que je m'éclipse...

— Ne dis pas de bêtises et fais-le entrer. »

Eumolpos n'avait pas beaucoup changé depuis la dernière fois que le secrétaire l'avait vu à Pella, mais il souffrait toujours du froid. Comme la mer était impraticable, il avait dû traverser à dos de mulet les montagnes de l'intérieur, couvertes de neige. Péritas se mit à grogner dès qu'il l'aperçut sous son bonnet de renard.

« Quel joli petit chien, dit Eumolpos d'un air inquiet. Il mord ?

— Non, si tu enlèves le renard que tu as sur le crâne », répliqua Eumène.

L'informateur posa son bonnet sur un tabouret. Aussitôt, Péritas s'en empara et entreprit de le mettre en pièces. Tout le temps que dura l'entrevue des trois hommes, il ne cessa de cracher des poils.

« Quelles nouvelles m'apportes-tu ? » demanda Alexandre.

Eumolpos multiplia les civilités et les compliments au jeune roi pour ses formidables exploits, avant d'en venir au cœur du problème.

« Sire, ton aventure a semé la panique à la cour de Suse. Les mages prétendent que tu es l'incarnation d'Arhiman.

— C'est leur dieu du mal, expliqua Eumène avec un certain embarras. Un peu comme notre Hadès, seigneur des Enfers.

— Vois-tu, ce dieu est toujours représenté sous l'apparence d'un lion, et comme tu portes un casque en forme de tête de lion, il est facile d'établir une comparaison.

— Et à part cela ? interrogea Alexandre.

— Le Grand Roi a une grande confiance en Memnon. Il semble qu'il lui ait envoyé deux mille talents.

— Une somme énorme.

— Oui.

— Sais-tu à quoi elle est destinée ?

— À tout, je crois. Enrôlement de nouveaux contingents, corruption, financement de possibles alliés. Mais j'ai également entendu dire qu'une autre somme, identique, voyageait par voie de terre jusqu'au cœur de l'Anatolie.

— Et celle-là, à quoi servirait-elle ? »

Eumolpos secoua la tête. « Je n'en ai pas la moindre idée. Ton général ne se trouve-t-il pas dans cette région ? Il pourra peut-être obtenir des renseignements plus précis... »

Soudain, une pensée désagréable traversa l'esprit d'Alexandre : et si le Grand Roi tentait de corrompre Parménion ? Mais il chassa aussitôt ce soupçon qui lui parut indigne de lui.

« Sais-tu si Memnon jouit du soutien inconditionnel du Grand Roi ?

— Oui, c'est le cas. Au reste, nombre de nobles, à la cour, sont terriblement jaloux de cet étranger, de ce Grec à qui leur roi a confié le commandement suprême de ses troupes, ainsi qu'un pouvoir illimité sur tous les gouverneurs perses. Memnon est l'homme le plus puissant de l'empire après le roi Darius. Quoi qu'il en soit, si tu veux savoir s'il existe, ou s'il est possible d'alimenter un complot contre lui...

— Je ne veux rien savoir de tel, interrompit Alexandre.

— Pardonne-moi, répliqua l'informateur. Je ne voulais pas te blesser. Ah, il y a autre chose !

— Parle.

— L'épouse de Memnon, Barsine, une femme dotée d'une beauté impressionnante, est arrivée à la cour. »

Alexandre sursauta en entendant ce nom, et sa réaction, presque imperceptible, n'échappa pas à l'œil entraîné d'Eumolpos.

« Tu la connais ? »

Le roi s'abstint de répondre. D'un geste, le secrétaire incita Eumolpos à ne pas s'appesantir. L'informateur reprit donc le fil de son discours.

« Je disais donc, une femme dotée d'une beauté impressionnante. Elle a des jambes de gazelle, des seins de déesse, des yeux de ténèbres. Je n'ose même pas imaginer la rose de Piérie qui doit se trouver entre ses cuisses... » De nouveau, Eumène lui fit signe de poursuivre. « Elle s'est présentée avec ses enfants, deux beaux adolescents. L'un porte un prénom grec et ressemble à sa mère. L'autre, affublé d'un prénom perse, est le portrait de son père. N'est-ce pas extraordinaire ? On murmure à la cour que le Grand Roi les garde en otages parce qu'il n'a pas confiance en Memnon.

— Est-ce vrai, selon toi ? demanda Alexandre.
— Dois-je vraiment te dire le fond de mes pensées ?
— Question superflue, commenta Eumène.
— Exact. Eh bien, je ne crois pas. À mon avis, le roi Darius se fie aveuglément à Memnon, parce que c'est un chef mercenaire. Memnon n'a jamais signé de contrat, mais il n'a jamais manqué à sa parole non plus. C'est un homme de fer.
— Je le sais, dit Alexandre.
— Il y a autre chose dont tu devrais tenir compte.
— Quoi ?
— Memnon domine la mer.
— Pour le moment.
— Oui. Comme tu le sais, le blé qui alimente Athènes provient du Pont. Si Memnon bloquait le trafic commercial, la ville serait affamée. Il pourrait ainsi l'obliger à se ranger dans son camp avec sa flotte. Les deux flottes formeraient la plus puissante armée navale de tous les temps. »

Alexandre baissa la tête. « Je le sais.
— Et cela ne t'inquiète pas ?
— Je ne m'inquiète jamais de ce qui ne s'est pas encore produit. »

Eumolpos hésita un moment avant de reprendre : « Cela ne fait aucun doute, tu es bien le fils de ton père. Quoi qu'il en soit, il semble que le Grand Roi ait décidé de patienter et de laisser la plus grande liberté d'action possible au commandant Memnon. C'est à lui que le véritable duel t'oppose. Mais si Memnon devait succomber, le Grand Roi descendrait sur le champ de bataille. Et avec lui, l'Asie entière. »

Il prononça ces mots sur un ton solennel qui surprit ses interlocuteurs.

« Je te remercie, dit Alexandre. Mon secrétaire général s'emploiera à récompenser tes services. »

La bouche d'Eumolpos se tordit en un sourire mi-figue, mi-raisin. « À ce propos, sire, je voudrais te demander une modeste augmentation par rapport à ce que ton père me payait — puisse sa gloire vivre éternellement. Étant donné les circonstances, mon travail se fait de plus en plus difficile et de plus en plus dangereux, et l'idée de finir empalé tourmente mon sommeil, jadis beaucoup plus serein. »

Alexandre acquiesça avant d'échanger un coup d'œil complice avec Eumène.

« Je m'en occupe », dit le secrétaire général en accompagnant Eumolpos jusqu'à la porte.

L'homme lança un regard inconsolable à ce qui restait de son bonnet de fourrure, si confortable, puis il salua le roi avec une courbette et sortit.

Alexandre le regarda s'éloigner le long du couloir. Il l'entendit suivre le fil de sa pensée : « Si je dois me faire empaler, je préfère que ce soit par la verge d'un beau jeune homme que par les perches aiguisées de ces barbares. » Eumène répliquait : « Ici, tu n'as que l'embarras du choix, nous en avons vingt-cinq mille... »

Le roi secoua la tête et referma la porte.

Le lendemain, voyant que les nouvelles de Parménion tardaient encore, il décida de se mettre en route pour affronter le passage dangereux, sur la côte, qu'Héphestion avait décrit avec une terrible efficacité.

Il envoya les Agrianes planter des clous et installer des câbles auxquels ses soldats pourraient se tenir, mais cet équipement compliqué se révéla inutile. Le temps changea brusquement ; le vent d'ouest, humide et orageux, tomba, laissant la place à une mer d'huile.

Héphestion, qui avait accompagné les Agrianes et les Thraces, rebroussa donc chemin pour apprendre à Alexandre que le soleil séchait le passage et que tout danger était désormais écarté.

« On dirait que les dieux ont décidé de t'aider.

— C'est ce qu'il me semble, répliqua Alexandre. Prenons-le comme un signe de bon augure. »

Ptolémée, qui chevauchait derrière lui à la tête de la garde du roi, se tourna vers Perdiccas. « Je peux déjà imaginer ce qu'écrira Callisthène.

— Je n'avais jamais considéré le problème du point de vue des chroniqueurs.

— Il écrira que la mer s'est retirée devant Alexandre, reconnaissant sa royauté et son pouvoir quasi divin.

— Et toi ? Qu'écriras-tu ? »

Ptolémée secoua la tête. « Laissons cela. Marchons, plutôt. La route est encore longue. »

Une fois le passage franchi, Alexandre conduisit son armée vers l'intérieur en empruntant des sentiers de plus en plus raides, jusqu'aux sommets enneigés de ces escarpements. Les villages étaient généralement épargnés, sauf ceux dont les habitants montraient une certaine agressivité ou refusaient de les ravitailler. Après avoir passé ce premier massif, les soldats redescendirent dans la vallée de l'Eurymédon, d'où on pouvait remonter vers l'intérieur et vers le haut plateau.

Cette vallée, relativement étroite, avait des flancs de roche rouge très escarpés, qui contrastaient avec le bleu intense des eaux du fleuve. Des chaumes jaunes s'étendaient sur les deux rives et sur les rares terrains plats qui bordaient la grève.

Ils marchèrent une journée entière. Au crépuscule, ils atteignirent une piste étroite que contrôlaient deux forteresses jumelles, dressées sur deux pitons rocheux. Une ville fortifiée se profilait sur le coteau.

« Termessos », affirma Ptolémée en se plaçant à côté d'Alexandre et en indiquant la citadelle qui rougissait aux derniers rayons du soleil.

Perdiccas surgit de l'autre côté. « Il sera difficile de prendre ce nid d'aigle, observa-t-il d'un air inquiet. Quatre cents pieds au moins séparent le fond de la vallée du sommet de la muraille. Même si nous empilions toutes nos tours d'assaut les unes sur les autres, nous ne parviendrions jamais à atteindre cette hauteur. »

C'est alors que se présenta Séleucos, accompagné de deux officiers de la cavalerie des *hétaïroï*. « Je suis d'avis de dresser le camp. Si nous poursuivons notre route, nous risquons de nous mettre à portée de leurs lances, auxquelles nous sommes dans l'incapacité de répondre.

— D'accord, Séleucos, approuva le roi. Nous verrons demain, à la lumière du soleil, ce que nous pouvons faire. Je suis sûr qu'il existe un passage quelque part. Il s'agit de le trouver, c'est tout. »

À ce moment précis, une voix résonna dans leur dos : « C'est ma ville. Une ville de mages et de devins. Laissez-moi y aller. »

En se retournant, le roi découvrit Aristandre, l'homme qu'il avait surpris près de la source, non loin de la mer, en train de déchiffrer une ancienne inscription illisible.

« Salut, devin, lui dit-il. Approche-toi et explique-moi tes intentions.

— C'est ma ville, répéta Aristandre. Une ville magique, érigée dans un lieu magique. Une ville où tout le monde, même les enfants, sait interpréter les signes du ciel et lire dans les entrailles des victimes. Laisse-moi y entrer avant d'ébranler ton armée.

— D'accord, vas-y. Rien ne sera tenté avant ton retour. »

D'un signe de tête, Aristandre prit congé du roi et s'engagea sur l'escarpement qui passait au pied des forteresses jumelles. Alexandre suivit du regard son manteau blanc, qui perçait l'obscurité en se déplaçant tel un fantôme solitaire le long des flancs escarpés du rocher de Termessos.

36

Aristandre se dressait devant lui comme un fantôme, et la lumière de la lanterne — la seule à brûler sous la tente — donnait à son visage un aspect encore plus déconcertant. Alexandre se redressa brusquement, comme si un scorpion l'avait piqué.

« Quand es-tu arrivé ? demanda-t-il. Et qui t'a fait entrer ?

— Je te l'ai dit, je connais de nombreux enchantements et je peux me déplacer à ma guise dans la nuit. »

Alexandre se leva et jeta un coup d'œil à son chien. L'animal dormait tranquillement, comme si la tente n'abritait que son maître.

« Comment as-tu fait ? interrogea-t-il encore une fois.

— Cela n'a aucune importance.

— Et qu'est-ce qui en a ?

— Ce que je m'apprête à te dire. Mes concitoyens ont placé des sentinelles sur les rochers qui contrôlent le défilé, et nulle part ailleurs. Ils se sont retirés entre les murs de Termessos. Prends-les par surprise et fais passer ton armée. Il y a un sentier sur le flanc gauche de la montagne qui mène aux portes de la ville. Demain, tes trompettes sonneront le réveil. »

Alexandre sortit et vit que le camp était plongé dans le silence : les soldats dormaient paisiblement et les sentinelles se réchauffaient près de leurs bivouacs. Il se tourna vers Aristandre. Le devin lui indiqua le ciel. « Regarde, un aigle survole la muraille en dessinant de larges cercles. Cela signifie que la ville sera à ta merci après cette attaque nocturne. Les aigles n'ont pas l'habitude de voler la nuit, c'est certainement un signe des dieux. »

Alexandre ordonna qu'on réveille les troupes discrètement, puis il convoqua Lysimaque et le chef des Agrianes. « Ce travail vous est destiné. Il n'y a que quelques sentinelles sur ces rochers. Vous allez les surprendre et les éliminer sans faire de bruit, après quoi l'armée empruntera le défilé. Si votre mission est couronnée de succès, signalez-le-nous par des jets de pierres. »

Ces ordres furent transmis aux Agrianes dans leur langue. Alexandre leur promit une récompense en cas de réussite. Ils acceptèrent cette mission de bon gré, se munirent de leurs cordes de chanvre, de leurs sacs, de leurs pics, et glissèrent un poignard dans leurs ceintures. Quand la lune surgit derrière les nuages, Alexandre put constater qu'ils escaladaient déjà les rochers avec leur incroyable agilité de montagnards. Les plus audacieux grimpaient à mains nues aussi haut que possible, puis ils fixaient leur corde à une saillie ou à un clou, planté dans une fente, et la lançaient à leurs compagnons afin qu'ils montent à leur tour.

La lune fut à nouveau obscurcie par les nuages et les Agrianes disparurent dans le noir. Alexandre s'engagea dans le défilé, accompagné par Ptolémée et sa garde personnelle. Ils se dissimulèrent en attendant la suite des événements.

Peu de temps après on entendit un bruit sourd, qui se répéta bientôt : les Agrianes précipitaient au sol les cadavres des sentinelles.

« Leur travail est terminé, observa Ptolémée en jetant un coup d'œil aux corps écrasés. Tu peux dire à l'armée d'avancer. » Mais Alexandre lui fit signe de patienter. Un peu plus tard, on entendit d'autres bruits, semblables aux précédents, bientôt suivis par ceux des pierres qui tombaient du haut et rebondissaient sur les parois rocheuses.

« Qu'est-ce que je te disais ? répéta Ptolémée. C'est terminé. Ces gens ont des jambes et des mains rapides, ils n'ont pas leurs pareils dans de telles conditions. »

Alexandre le pria de transmettre aux détachements l'ordre de marcher en silence le long du défilé, et bientôt la longue colonne s'ébranla, tandis que les Agrianes se laissaient glisser dans le vide en ramassant les cordes qui leur avaient permis d'escalader les rochers.

Les guides et les éclaireurs, qui précédaient le gros de la troupe sur le flanc gauche de la gorge, distinguèrent vite le sentier qui montait vers le haut plateau. Avant que l'aube se lève, l'armée était rangée au complet devant les murs de Termessos. Mais le terrain était si accidenté qu'il n'y avait pas de place pour y dresser un camp.

Dès que sa tente fut montée sur l'un des rares espaces libres entre les rochers, le roi convoqua le conseil de ses compagnons. Mais tandis que le héraut les appelait, Héphestion lui annonça une autre visite : un Égyptien du nom de Sisinès demandait à le rencontrer au plus vite.

« Un Égyptien ? s'exclama Alexandre d'un air surpris. De qui s'agit-il ? Le connais-tu ? »

Héphestion secoua la tête. « À dire vrai, non. Mais il affirme qu'il a jadis travaillé pour le roi Philippe, ton père, et qu'il nous a vus courir dans la cour du palais de Pella quand nous étions petits. À en juger par son aspect, il a parcouru une longue route.

— Et que veut-il ?

— Il dit qu'il ne peut te parler qu'en tête à tête. »

C'est alors que le héraut se présenta. « Sire, les commandants sont là, devant ta tente.

— Qu'ils entrent », ordonna Alexandre. Puis, à l'adresse d'Héphestion : « Donne-lui à manger et à boire et trouve-lui un abri en attendant qu'une tente soit prête. Ensuite, reviens : je veux que tu assistes au conseil. »

Héphestion s'éloigna. Il croisa ses amis : Eumène, Séleucos, Ptolémée, Perdiccas, Lysimaque et Léonnatos. Philotas se trouvait au cœur de la Phrygie avec son père, Cratère et le Noir. Tous embrassèrent Alexandre sur les joues avant de s'asseoir.

« Vous avez vu la ville, commença le roi. Et vous avez vu le terrain, rocheux et accidenté. Si nous souhaitions construire des tours d'assaut avec le bois que contiennent ces forêts, il nous serait de toute façon impossible de les approcher de la muraille. Et si nous voulions creuser une galerie, il nous faudrait percer le rocher avec des masses et des ciseaux. Non, c'est impossible ! Il ne nous reste qu'une solution : faire le blocus de Termessos. Mais nous ignorons combien de temps cela nous prendra. Sa capitulation pourrait demander des jours, ou des mois...

— Nous ne nous sommes pas arrêtés à ces problèmes devant Halicarnasse, observa Perdiccas. Nous avons pris le temps qu'il nous fallait.

— Entassons du bois contre les murs, mettons-y le feu et laissons-les crever de chaud », proposa Léonnatos.

Alexandre secoua la tête. « Tu as vu à quelle distance se trouve la forêt ? Et combien d'hommes perdrions-nous en les envoyant au pied de la muraille sans auvents de protection et sans tir de barrage ? Je refuse d'envoyer mes hommes à la mort si je ne cours pas les mêmes risques qu'eux, et il doit en être également ainsi pour vous. En outre, le temps presse. Il faut que nous rejoignions le corps d'armée de Parménion.

— J'ai peut-être une idée, intervint Eumène. Ces barbares sont exactement comme les Grecs : ils ne cessent de s'entre-tuer. Les Termessiens ont certainement des ennemis ; il nous suffira de nous entendre avec eux. Après quoi, nous pourrons reprendre notre marche vers le nord.

— Ce n'est pas une mauvaise idée, dit Séleucos.

— Oui, pas mauvaise du tout, approuva Ptolémée. En admettant que nous parvenions à mettre la main sur ces ennemis.

— Veux-tu t'en occuper ? » demanda Alexandre à son secrétaire.

Eumène haussa les épaules. « J'y suis bien obligé, puisque personne ne veut s'en charger.

— Alors, c'est d'accord. En attendant, établissons le blocus de la ville, ne laissons entrer ni sortir personne. Allez donc vous occuper de vos hommes. »

Peu après la dissolution du conseil arriva Héphestion. « Je vois que vous avez déjà terminé. Qu'avez-vous conclu ?

— Que nous n'avons pas assez de temps pour nous emparer de la ville. Nous allons attendre que quelqu'un le fasse pour nous. Où se trouve notre invité ?

— Il t'attend dehors.

— Alors, fais-le entrer. »

Un homme d'environ soixante ans, à la barbe et aux cheveux gris, vêtu comme les indigènes du haut plateau, pénétra bientôt sous la tente.

« Avance, invita Alexandre. On m'a dit que tu voulais me parler. Qui es-tu ?

— Je me nomme Sisinès, et je viens de la part du général Parménion. »

Alexandre examina ses yeux sombres et mobiles. « C'est la première fois que je te vois, répliqua-t-il. Si Parménion t'envoie, tu dois avoir une lettre portant son sceau à me remettre.

— Je ne possède aucune lettre : ce serait trop dangereux en cas de capture. J'ai l'ordre de te rapporter de vive voix ce qu'on m'a dit.

— Alors, parle.

— Un membre de ta famille se trouve auprès de Parménion, il commande la cavalerie.

— C'est mon cousin Amyntas. Je lui ai confié la cavalerie thessalienne car c'est un excellent guerrier.

— As-tu confiance en lui ?

— À la mort de mon père, il a aussitôt pris mon parti. Depuis lors, il m'est toujours resté fidèle.

— En es-tu vraiment sûr ? » insista l'homme.

Alexandre commençait à s'impatienter. « Si tu as quelque chose à dire, parle, au lieu de me poser des questions.

— Parménion a intercepté un courrier perse qui transportait une lettre du Grand Roi destinée à ton cousin.

— Puis-je la voir ? » demanda Alexandre en tendant la main.

Sisinès secoua la tête avec un léger sourire. « Il s'agit d'un document très précieux que nous ne pouvions pas risquer de perdre en cas de capture. Le général Parménion m'a toutefois autorisé à t'en rapporter le contenu. »

Alexandre lui fit signe de poursuivre.

« Dans cette lettre, le Grand Roi offre à ton cousin Amyntas de Lyncestide le trône de Macédoine ainsi que deux mille talents d'or s'il parvient à te tuer. »

Le roi s'abstint de tout commentaire. Il songea à ce que lui avait dit Eumolpos de Soles au sujet d'une grosse somme d'argent convoyée de Suse en Anatolie, il pensa aussi aux gestes valeureux, à la loyauté dont son cousin avait toujours fait preuve à son égard. Il se sentit pris dans les mailles d'un complot face auquel la force et le courage n'avaient aucune valeur, une situation dans laquelle sa mère aurait su se mouvoir beaucoup mieux que lui, et qu'il devait de toute façon régler sans tarder.

« Si tu mens, je te ferai découper en morceaux et j'abandonnerai ta carcasse aux chiens », menaça-t-il.

Péritas, qui somnolait dans un coin, leva la tête et se passa la langue sur les moustaches, comme s'il était intéressé par le tour qu'avait pris la conversation. Mais

Sisinès ne sembla pas le moins du monde troublé. « Il serait stupide de ma part de mentir : je sais que tu pourrais facilement vérifier mes dires auprès de Parménion.

— Mais avez-vous la preuve que mon cousin a l'intention d'accepter l'argent et la proposition du Grand Roi ?

— Non, en théorie. Mais réfléchis un peu, sire. Le roi Darius n'aurait jamais fait une telle promesse et risqué une telle somme d'argent s'il n'avait pas eu quelque chance de succès. Et connais-tu un homme capable de résister aux flatteries du pouvoir et de la richesse ? Si j'étais à ta place, je ne courrais pas ce risque. Avec tout cet argent, ton cousin pourrait engager mille tueurs, enrôler une armée entière.

— Serais-tu en train de me suggérer ma conduite ?

— Les dieux m'en gardent. Je suis un fidèle serviteur qui a accompli son devoir en traversant des montagnes enneigées, en subissant la faim et le froid, en risquant à plusieurs reprises sa vie sur les territoires que dominent encore les soldats et les espions du Grand Roi. »

Alexandre s'abstint de lui répondre, mais il comprit qu'il n'avait pas le choix, qu'il était contraint à prendre une décision. Sisinès interpréta son silence de la façon la plus logique qui soit :

« Le général Parménion m'a ordonné de lui apporter ta réponse au plus vite. Je la lui délivrerai de vive voix. D'autre part, le général m'honore de sa confiance totale. »

Alexandre lui tourna le dos afin que l'Égyptien ne puisse pas lire sur son visage les pensées qui lui traversaient l'esprit. Après avoir réfléchi un moment, pesé le pour et le contre, il fit volte-face et dit :

« Voilà ce que tu rapporteras au général Parménion.

J'ai reçu ton message et je te remercie d'avoir éventé un complot qui aurait pu gravement nuire à notre entreprise et causer ma mort.

D'après ce qui m'a été rapporté, nous ne possédons toutefois aucune preuve que mon cousin a l'intention d'accepter cet argent et cette proposition.

Je te demande donc de le mettre aux arrêts jusqu'à mon arrivée. Je l'interrogerai alors personnellement. Mais je veux qu'il soit traité ainsi qu'il convient à son rang et à son grade. J'espère que tu te portes bien. Prends soin de toi.

« Et maintenant, répète », ordonna Alexandre.

Sisinès le regarda droit dans les yeux et répéta mot pour mot ce message sans s'interrompre ni hésiter.

« Très bien, répliqua le roi en masquant sa stupeur. Maintenant, va te restaurer. On te donnera un logement pour la nuit. Quand tu te sentiras prêt et reposé, tu pourras repartir.

— Je me contenterai d'une besace contenant de la nourriture et une outre d'eau. Je compte reprendre la route sans tarder.

— Attends. »

Sisinès, qui était en train de s'incliner, se redressa aussitôt. « À tes ordres.

— Combien de temps as-tu mis pour venir ici après avoir quitté le général ?

— Onze journées de route à dos de mulet.

— Dis à Parménion que je partirai dans cinq jours au plus tard et que je le rejoindrai à Gordion onze jours plus tard.

— Veux-tu que je répète aussi ce message ? »

Alexandre secoua la tête. « Ce n'est pas nécessaire. Je te remercie des renseignements que tu m'as apportés et je dirai à Eumène de te donner une récompense. »

Sisinès s'indigna : « La satisfaction d'avoir contribué à sauvegarder ta personne est une récompense suffisante, sire. Je n'exige rien d'autre. » Il lui lança un regard mystérieux avant de s'incliner respectueusement et de sortir. Alexandre s'affala sur un tabouret et se prit la tête dans les mains.

Il demeura longtemps dans cette position : ses pensées le ramenèrent à l'époque où, enfant, il jouait au ballon et à cache-cache avec ses compagnons et ses cousins. Il avait envie de crier ou de pleurer.

Il n'aurait pu dire combien de temps s'était écoulé quand Leptine s'approcha d'un pas feutré et posa ses mains sur les épaules du roi. « De mauvaises nouvelles, mon seigneur ?

— Oui », répondit Alexandre sans se retourner.

Elle pressa sa joue contre son épaule. « J'ai réussi à trouver du bois et à chauffer de l'eau. N'aimerais-tu pas prendre un bain ? »

Le roi acquiesça. Il suivit la jeune femme dans la partie privée du pavillon royal, où fumait une baignoire remplie d'eau bouillante, et il se laissa déshabiller. La nuit était tombée depuis longtemps et Leptine avait allumé une lanterne.

37

Avec l'aide d'Aristandre, Eumène parvint à conclure rapidement un traité avec une population voisine, les Selgéens, ennemis farouches des Termessiens en dépit de leur langue et de leurs divinités communes. Il leur offrit de l'argent et Alexandre conféra à leur chef le titre grandiloquent de « dynaste suprême et autocrate de Pisidie ». Aussitôt, ces gens se postèrent autour de la ville en s'organisant pour le siège.

« Je t'avais dit que Termessos serait bientôt à ta merci », rappela Aristandre au roi en interprétant à sa façon la situation.

Le roi s'assura la soumission de plusieurs cités voisines, telles que Sidè et Aspendos, de très belles villes côtières en partie construites à la grecque avec des places, des colonnades et des temples ornés de statues. Il réclama le paiement des impôts jusqu'alors destinés aux Perses. Enfin, il laissa un groupe d'officiers des *hétaïroï* et un détachement d'attaquants du corps des « écuyers » à ses alliés barbares, au pied de la muraille de Termessos, et reprit la route du nord.

Les montagnes du Taurus étaient couvertes de neige, mais il faisait relativement beau et le ciel était pur, d'un bleu intense. Ici et là, deux ou trois hêtres isolés, ou des chênes, dont les branches étaient encore parées de feuilles ocre et rouges, se détachaient sur cette blancheur aveuglante comme des joyaux sur un plateau d'argent. Au fur et à mesure que l'armée avançait, les Thraces et les Agrianes, conduits par Lysimaque, étaient envoyés en reconnaissance pour occuper les défilés et parer à d'éventuelles attaques surprises. C'est ainsi que la marche se déroula sans encombres.

Afin de ne pas irriter les populations indigènes et s'assurer une traversée pacifique de la grande chaîne de montagnes, on achetait le ravitaillement dans les villages que l'armée traversait. Alexandre chevauchait Bucéphale en silence, à la tête du convoi, et il était difficile de deviner les pensées qui le tourmentaient. Il était coiffé d'un chapeau macédonien à larges bords et portait une chaude chlamyde militaire de laine brute. Péritas trottait dans les jambes de l'étalon. Une entente amicale s'était établie entre les deux animaux : quand le chien ne dormait pas au pied du lit de son maître, il se blottissait sur la paille, près du cheval.

Au bout de trois jours de marche à travers la montagne, les troupes atteignirent une étendue plate et aride, battue par un vent froid. Au loin, on voyait briller un miroir d'eau limpide et sombre, qui tranchait sur la blancheur des alentours.

« Encore de la neige ! » grommela Eumène qui souffrait du froid et avait définitivement abandonné son court chiton militaire pour un pantalon phrygien, beaucoup plus confortable.

« Non, c'est du sel, corrigea Aristandre qui chevauchait à ses côtés. Voici le lac Ascania, il est encore plus salé que la mer. L'été, sa surface s'amenuise et l'étendue de sel augmente considérablement. Les habitants de cette région en vendent dans toute la vallée. »

Quand l'armée s'engagea sur cette étendue immaculée, le soleil commençait à se coucher derrière les montagnes et la lumière rasante, réfléchie par des millions de cristaux de sel, créait un spectacle fantasmagorique, une atmosphère magique et irréelle. Les soldats ne parvenaient pas à détourner le regard de ces couleurs changeantes, des rayons de soleil que ces milliers de facettes décomposaient en éventails irisés, en étincelles de feu.

« Par les dieux de l'Olympe... murmura Séleucos. Quelle merveille ! Maintenant, nous pouvons vraiment dire que nous sommes loin de chez nous.

— Oui, admit Ptolémée. Je n'ai jamais vu un tel spectacle de toute mon existence.

— Vous pourrez en admirer d'autres, continua Aristandre. Un peu plus loin se trouve le mont Argée, qui crache du feu et des flammes et jette un manteau de cendres sur des régions entières. On dit que le géant Typhon est enchaîné sous son énorme masse. »

Ptolémée fit signe à Séleucos de le suivre. Il poussa son cheval comme s'il avait l'intention d'inspecter la colonne. Il ralentit l'allure un demi-stade plus loin et continua au pas.

« Alexandre aurait-il des problèmes ? » demanda-t-il.

Séleucos le rejoignit. « Je l'ignore. Il est dans cet état depuis l'arrivée de l'Égyptien.

— Je n'aime pas les Égyptiens, décréta Ptolémée. Qui sait quelles idées il lui a fourrées dans la tête ? Comme si ce devin, Aristandre, ne suffisait pas...

— À mon avis, Héphestion est au courant, mais il préfère garder le silence.

— Oui. Il obéit aveuglément à Alexandre.

— C'est vrai. De quoi peut-il s'agir ? Une mauvaise nouvelle certainement. Et puis, pourquoi tant de hâte ? Il est peut-être arrivé quelque chose à Parménion. »

Ptolémée jeta un coup d'œil à Alexandre, qui chevauchait non loin d'eux.

« Il nous l'aurait dit. Quoi qu'il en soit, Parménion n'est pas tout seul : il est entouré du Noir, de Philotas, de Cratère et d'Amyntas, à la tête de la cavalerie thessalienne. Il n'y aurait donc aucun rescapé ?

— Qui peut le dire ? S'ils sont tombés dans une embuscade... À moins qu'il ne pense à Memnon. Cet homme est capable de tout : à l'heure qu'il est, il pourrait déjà avoir débarqué en Macédoine ou au Pirée.

— Que faire ? Crois-tu qu'il faille lui poser la question s'il nous invite à dîner, ce soir ?

— Cela dépendra de son humeur. Il vaut peut-être mieux demander conseil à Héphestion.

— Oui, tu as raison. »

Le soleil était maintenant couché. Les deux amis songèrent aux filles qu'ils avaient laissées en larmes dans leurs maisons de Piérie ou d'Éordée. Peut-être les évoquaient-elles en cette heure mélancolique.

« As-tu jamais songé à te marier ? demanda soudain Ptolémée.

— Non. Et toi ?

— Moi non plus. J'aurais bien épousé Cléopâtre.

— Moi aussi.

— Perdiccas également, si tu veux tout savoir.

— Eh oui, Perdiccas aussi. »

Un cri retentit à la tête de la colonne. Des éclaireurs rentraient au galop d'une de leurs missions de reconnaissance. « Célènes ! Célènes !

— Où ? interrogea Eumène en se précipitant vers eux.

— À cinq stades, dans cette direction », répondit un éclaireur en indiquant une colline où un nombre infini de lumières scintillaient.

C'était un spectacle merveilleux : la ville ressemblait à une gigantesque fourmilière éclairée par des milliers de lucioles.

Semblant sortir de sa torpeur, Alexandre leva le bras pour arrêter la colonne. « Nous bivouaquerons ici, ordonna-t-il. Et demain, nous marcherons sur la ville. C'est la capitale de la Phrygie et le siège du satrape perse de la province. Si Parménion ne s'en est pas encore emparé, c'est nous qui le ferons. Il doit y avoir beaucoup d'argent dans cette forteresse.

— On dirait qu'il a changé d'humeur, observa Ptolémée.

— En effet, admit Séleucos. Il s'est sans doute rappelé ce que disait Aristote : " De deux choses l'une. Soit il y a une solution au problème, et il est inutile de s'inquiéter. Soit il n'y a pas de solution au problème, et il est inutile de s'inquiéter. " Il va peut-être nous inviter à dîner. »

38

Aristote arriva à Méthône sur l'un des derniers bateaux qui partaient encore du Pirée en dépit de la mauvaise saison. Le capitaine avait décidé de profiter d'un vent du sud, relativement égal, pour livrer une cargaison d'huile d'olive, de vin et de cire d'abeille, qui, sinon, aurait dû attendre l'arrivée du printemps et des prix plus bas.

Une fois à terre, il monta sur un chariot, tiré par deux mules, et se fit conduire à Miéza. Il possédait les clefs de tous les bâtiments, qu'il était autorisé à utiliser comme bon lui semblait. En outre, il savait qu'il y trouverait une personne à qui il voulait parler, une personne qui lui donnerait des nouvelles d'Alexandre : Lysippe.

Le sculpteur était en train de travailler dans sa fonderie. Il effectuait l'esquisse en argile d'un groupe de statues représentant la troupe d'Alexandre durant la bataille du Granique. Il la fondrait ensuite à une échelle définitive pour réaliser le monument que le roi lui avait commandé. Le soir était presque tombé et déjà les lanternes brûlaient dans l'atelier, le réfectoire et quelques chambres d'invités.

« Bienvenue, Aristote ! lança Lysippe. Pardonne-moi de ne pas te serrer la main : elle est toute sale. Un instant, et je suis à ta disposition. »

Aristote examina l'ébauche : une sculpture de vingt-six personnages sur une plate-forme de huit ou dix pieds de longueur. C'était stupéfiant : on pouvait voir le tourbillon des vagues et presque percevoir le rythme furieux du galop des chevaux lancés à la charge. Alexandre se détachait parmi ses compagnons, vêtu de sa cuirasse, les cheveux ébouriffés par le vent, monté sur un Bucéphale furieux.

Lysippe se rinça les mains dans une cuvette et s'approcha.

« Qu'en dis-tu ?

— C'est superbe. Je suis toujours frappé par le frémissement de l'énergie que renferment les formes, dans tes œuvres. On dirait que les corps sont plongés dans une sorte d'orgasme fou.

— Ils surprendront le visiteur, qui les découvrira après avoir gravi une petite hauteur, expliqua Lysippe d'un air inspiré, en levant ses grosses mains pour décrire la scène. Ils l'écraseront, ou presque, ils le bouleverseront. Alexandre m'a demandé de rendre ces soldats immortels, et je consacre toute mon énergie à la satisfaction de son désir, afin de récompenser également les parents de la perte qu'ils ont subie.

— Par la même occasion, tu le propulses, vivant, dans la légende, dit Aristote.

— C'est ce qui arriverait de toute façon, tu ne crois pas ? »

Lysippe ôta son tablier de cuir et le pendit à un clou. « Le dîner est bientôt prêt. Acceptes-tu de manger avec nous ?

— Volontiers, répondit Aristote. Qui sont tes autres invités ?

— Charès, mon assistant », dit le sculpteur en indiquant le garçon maigre à la chevelure clairsemée qui s'affairait autour d'un modèle en bois, armé d'une gouge. Il salua le philosophe d'un hochement de tête respectueux. « Il y aura aussi un envoyé de la ville de Tarente, Evhémère de Callipolis, un brave homme, qui nous donnera peut-être des nouvelles du roi Alexandre d'Épire. »

Ils quittèrent la fonderie et s'engagèrent sous le portique intérieur qui menait au réfectoire. Aristote songea non sans mélancolie au dernier dîner qu'il avait partagé avec le roi Philippe.

« Séjourneras-tu longtemps parmi nous ? demanda Lysippe.

— Non. Dans ma dernière lettre, j'ai prié Callisthène de me répondre ici, à Miéza, et j'ai hâte de lire ce qu'il m'écrira. Je poursuivrai ensuite ma route vers Aigai.

— Tu te rends au vieux palais ?

— Je ferai une offrande sur la tombe du roi et je rencontrerai quelques personnes. »

Lysippe eut un instant d'hésitation. « J'ai entendu dire que tu enquêtais sur l'assassinat du roi Philippe, mais il s'agit peut-être de rumeurs...

— C'est bien ce qui m'occupe, confirma Aristote sur un ton apparemment impassible.

— Alexandre le sait-il ?

— Je crois que oui, même s'il a d'abord confié cette tâche à mon neveu Callisthène.

— Et la reine mère ?

— Je n'ai rien fait pour qu'elle l'apprenne, mais Olympias a des oreilles partout. Il est fort probable qu'elle le sache à l'heure qu'il est.

— Et tu n'as pas peur ?

— Je crois que le régent Antipatros a pris les mesures nécessaires pour qu'il ne m'arrive rien. Vois-tu ce voiturier ? dit-il en montrant l'homme qui l'avait conduit à Miéza et qui s'occupait des mules dans les écuries. Sa besace contient une épée macédonienne identique à celles des gardes du palais. »

Lysippe jeta un coup d'œil à l'homme en question : une montagne de muscles qui se déplaçait avec l'agilité d'un chat. Il s'agissait à l'évidence d'un attaquant de la garde royale. « Par les dieux, il pourrait faire un bon modèle pour une statue d'Héraclès ! »

Ils prirent place autour de la table.

« Comme tu le vois, dit l'artiste, nous n'avons rien changé par rapport au bon vieux temps : nous continuons de manger assis.

— C'est mieux, répliqua le philosophe. J'ai perdu l'habitude de m'allonger pour le repas. Alors, quelles nouvelles me donnes-tu d'Alexandre ?

— J'imagine que Callisthène te tient informé.

— Bien sûr. Mais j'ai hâte de connaître tes propres impressions. L'as-tu rencontré récemment ?

— Oui, une fois, pour lui montrer la maquette complète de la sculpture.

— Comment l'as-tu trouvé ?

— Il est entièrement absorbé par son rêve. Rien ne l'arrêtera tant qu'il n'aura pas atteint son but.

— Et quel est-il, selon toi ? »

Lysippe observa un instant de silence : il semblait regarder le domestique qui attisait le feu. Puis il dit, sans se retourner : « Changer le monde. »

Aristote soupira : « Je crois que tu as vu juste. Reste à savoir s'il le changera en mieux ou en pire. »

C'est alors que l'invité étranger, Evhémère de Callipolis, fit son apparition. Il se présenta aux convives tandis qu'on servait le repas — un bouillon de poule avec des légumes, du pain, des fromages et des œufs durs, assaisonnés avec de l'huile et du sel. Et du vin de Thasos.

« Quelles nouvelles d'Alexandre d'Épire nous apportes-tu ? demanda Lysippe.

— De grandes nouvelles, répondit l'invité. Le roi a pris la tête de notre armée et de la sienne, et il vole de victoire en victoire. Il a battu les Messapiens et les Iapyges, et conquis toute l'Apulie, un territoire de la taille de son royaume.

— Et maintenant, où est-il ? interrogea Aristote.

— Il a dû prendre ses quartiers d'hiver en attendant

de poursuivre son action au printemps prochain contre les Samnites, une population barbare établie au nord, dans les montagnes. Il a conclu une alliance avec d'autres barbares, appelés Romains, qui attaqueront par le nord tandis qu'il viendra du sud.

— Comment le considère-t-on à Tarente ?

— Je ne suis pas un politicien, mais il me semble que les gens ont une bonne opinion de lui... au moins pour le moment.

— Qu'entends-tu dire ?

— Mes concitoyens sont parfois étranges : ils ont pour passions principales le commerce et la jouissance de la vie. Voilà pourquoi ils n'aiment pas beaucoup se battre. Quand ils ont des problèmes, ils appellent quelqu'un à leur secours. C'est ce qu'ils ont fait avec Alexandre d'Épire. Mais je suis prêt à jurer que certains trouvent déjà qu'il les aide trop, et trop bien. »

Aristote eut un sourire sarcastique. « Croient-ils donc qu'il a laissé sa terre et sa jeune épouse, qu'il a affronté des dangers et des privations, des veilles nocturnes, des marches exténuantes et des combats sanglants pour leur permettre de s'adonner au commerce et à la belle vie ? »

Evhémère de Callipolis haussa les épaules. « De nombreuses personnes pensent que tout leur est dû, mais elles sont obligées, à un moment ou un autre, de se heurter à la réalité. Quoi qu'il en soit, laissez-moi vous exposer la raison de ma visite : je souhaitais rencontrer Lysippe et je bénis la déesse Fortune qui m'a donné l'occasion de connaître l'excellent Aristote, l'esprit le plus perçant de toute la grécité, ce qui signifie, sans le moindre doute, du monde entier. »

Aristote ne montra aucune réaction face à tant de grandiloquence, il attendit que l'invité poursuive.

« Un groupe de riches citoyens a eu l'idée de rassembler de l'argent pour financer un projet qui rendrait notre ville célèbre dans le monde entier. »

Lysippe, qui avait fini de manger, avala une coupe

de vin rouge et s'appuya contre le dossier de son siège. « Continue, dit-il.

— Ils aimeraient construire une statue gigantesque de Zeus, et la placer non pas dans un temple ou un sanctuaire, mais au centre de l'agora, en plein air et en pleine lumière. »

À ces mots, le jeune Charès écarquilla les yeux. Plus d'une fois, il avait exposé à son maître les rêves qu'il nourrissait.

Lysippe sourit en imaginant les pensées de son assistant. « Qu'entends-tu par " gigantesque " ? » demanda-t-il.

Evhémère parut hésiter un moment, puis il dit dans un souffle : « Disons quarante coudées.

— Quarante coudées ? » s'écria Lysippe en refermant les mains sur les accoudoirs de son siège, tandis que Charès sursautait. « Dieux du ciel, te rends-tu compte que tu parles d'une statue de la taille du Parthénon d'Athènes ?

— Oui. Nous autres, Grecs des colonies, nous voyons grand. »

Le sculpteur se tourna vers son jeune assistant : « Qu'en dis-tu, Charès ? Il s'agit d'une belle dimension, n'est-ce pas ? Hélas, personne n'est encore capable d'ériger un semblable géant.

— Tes émoluments seraient considérables, insista Evhémère.

— Ce n'est pas une question d'émoluments, répliqua Lysippe. Les techniques que nous possédons ne nous permettent pas de liquéfier le bronze sur un parcours aussi long, et il est impossible d'augmenter indéfiniment la température externe du bloc de fusion sans risquer de faire éclater le matériau réfractaire de la couverture. Cela ne signifie pas que ce soit impossible dans l'absolu. Tu pourrais peut-être t'adresser à d'autres artistes... Pourquoi pas à Charès ? proposa-t-il en passant la main dans les cheveux de son élève. Il affirme qu'il construira un jour la plus grande statue au monde. »

Evhémère secoua la tête. « Si le grand Lysippe n'en a pas le courage, qui d'autre oserait se proposer ?

— Charès, peut-être, répéta Lysippe en posant la main sur l'épaule de son assistant. Qui sait ? »

Aristote fut frappé par le regard brûlant et rêveur du jeune homme. « D'où viens-tu, mon garçon ? lui demanda-t-il.

— De Lindos, dans l'île de Rhodes.

— Ah, de Rhodes... », répéta le philosophe comme si ce nom lui évoquait quelque chose de familier. Puis il revint à son sujet : « Dans ta région, les statues se nomment des " colosses ", n'est-ce pas ? »

Un domestique entreprit de débarrasser la table tout en servant un peu de vin. Lysippe en but une gorgée avant de reprendre : « Ton idée me fascine, Evhémère, même si elle me paraît irréalisable. Toutefois, je vais être très occupé au cours des prochaines années, et je n'aurai pas le temps de me pencher sur un tel projet. Mais tu diras à tes concitoyens qu'il y a désormais une image de Zeus dans l'esprit de Lysippe, et qu'elle pourrait prendre forme, tôt ou tard : dans un an, dix ans, ou même vingt... qui peut le dire ? »

Evhémère se leva. « Alors, adieu. Si jamais tu devais changer d'avis, sache que nous serons toujours prêts à t'accueillir.

— Adieu, Evhémère. Je dois regagner mon atelier, où une troupe de cavaliers encore prisonniers de la pierre attend de prendre vie dans le bronze fondu : la troupe d'Alexandre. »

39

Aristote pénétra dans son vieil appartement. Il alluma les lanternes et ouvrit sa cassette personnelle, d'où il tira le courrier de Callisthène qu'il attendait : un rouleau de papyrus scellé et attaché par un lacet de cuir. La lettre était rédigée selon un code secret, dont seuls son neveu, Théophraste et lui-même détenaient la clef. Le philosophe y superposa un cache, isolant ainsi les mots que Callisthène avait insérés dans un texte parfaitement banal, et il commença à lire le message.

Quand il eut terminé, il brûla la feuille de papyrus et la regarda se tordre dans la flamme de la lanterne, léchée par de petites langues bleuâtres qui emportaient son secret. Il descendit ensuite aux écuries, réveilla le voiturier qui l'avait amené dans ces lieux et lui confia un paquet scellé accompagné d'une lettre. Après lui avoir fait de nombreuses recommandations, il lui ordonna : « Prends le meilleur cheval que tu trouveras et pars immédiatement pour Méthône. Le capitaine du bateau que j'ai emprunté devrait encore y être. Dis-lui de te conduire chez Théophraste dont l'adresse est inscrite sur la lettre. C'est à lui que tu remettras ce paquet. Si pour une raison quelconque tu n'y réussissais pas, essaie de rejoindre mon neveu Callisthène et remets-le-lui.

— Je doute qu'il veuille partir : le mauvais temps arrive. »

Aristote tira de son manteau une bourse d'argent. « Voici de quoi le convaincre. Et maintenant, va, et vite ! »

L'homme alla chercher un cheval. Il sortit son épée de son sac et y enfonça le paquet du philosophe ; puis il accrocha le tout à sa ceinture et partit au galop.

Malgré l'heure tardive, Lysippe travaillait encore. Entendant du bruit, il se pencha à la fenêtre et aperçut Aristote qui passait rapidement sous le portique de la cour intérieure. Il le revit le lendemain matin, alors qu'il était lui-même occupé à se raser. Vêtu de pied en cap, un sac de voyage à l'épaule, le philosophe se dirigeait vers les écuries, où il fit atteler des mules. Désireux de le saluer, Lysippe s'essuya aussitôt le visage. C'est alors qu'un domestique frappa à sa porte. Il lui remit le mot suivant :

> Aristote à Lysippe, salut !
> Je dois partir immédiatement pour une affaire urgente. J'espère te revoir bientôt. Je te souhaite une grande réussite dans ton travail. Porte-toi bien.

Assis sur le siège de sa petite carriole, Aristote s'engagea sur la route qui menait vers le nord. Le ciel était gris, la température basse. C'était un temps de neige. Le sculpteur referma la fenêtre et finit de se raser avant de descendre pour le petit déjeuner.

Le philosophe voyagea toute la journée, ne s'arrêtant que pour se nourrir rapidement dans une auberge de Chition, à mi-chemin. Il arriva à destination au crépuscule et se dirigea vers la tombe de Philippe, devant laquelle brûlaient deux trépieds, des deux côtés d'un autel. Il y versa un parfum oriental fort précieux et se recueillit face à la porte de pierre que surmontait une architrave ornée d'une très belle scène de chasse. Il eut l'impression de revoir le roi mettre pied à terre dans la cour de Miéza en pestant contre sa jambe boiteuse et en criant : « Où est Alexandre ? »

Et il répéta tout bas : « Où est Alexandre ? »

Puis il tourna le dos au grand tombeau silencieux et s'éloigna.

Il se rendit dans une petite maison qu'il possédait à la limite de la ville et y passa la journée suivante en lisant et classant quelques notes. Le temps se gâtait, de nombreux nuages noirs se concentraient sur les cimes du mont Bermion, déjà saupoudrées de neige. Une fois la nuit tombée, il enfila un manteau, en rabattit le capuchon sur sa tête et s'achemina dans les rues désormais désertes.

Il longea le théâtre qui avait vu mourir le roi au sommet de sa gloire, dans la poussière et dans le sang, puis s'engagea sur un sentier menant aux champs. Il cherchait une tombe solitaire.

Devant lui se dressait un groupe de chênes séculaires, au milieu d'une clairière. Aristote se cacha parmi les grands troncs rugueux, se confondant avec les ombres du soir. Non loin de là, on pouvait distinguer un modeste tumulus surmonté d'une pierre brute. Le philosophe attendit, immobile et pensif.

De temps à autre, il levait les yeux vers le ciel noir et serrait contre lui les pans de son manteau afin de se protéger contre le vent froid des montagnes qui avait commencé à souffler à la tombée du soir.

Enfin, un léger bruit de pas, le long du sentier, le tira de sa torpeur. Il aperçut la silhouette menue d'une femme qui avançait rapidement, passait non loin de lui et s'arrêtait devant la tombe.

Il la regarda s'agenouiller et déposer un objet sur la sépulture, presser ses mains et sa tête contre la pierre non taillée et la couvrir de son manteau, comme pour la réchauffer. L'obscurité était à présent parsemée de petits cristaux de neige fondue.

Aristote ajusta encore une fois son manteau, mais

une rafale de vent glacial lui arracha une quinte de toux. Aussitôt, la femme se releva et se tourna vers le petit bois de chênes.

« Qui est-là ? » demanda-t-elle d'une voix tremblante.

— Un homme en quête de vérité.

— Alors montre-toi », répliqua la femme.

Aristote quitta sa cachette et la rejoignit. « Je suis Aristote de Stagire.

— Le grand sage, acquiesça-t-elle. Qu'est-ce qui t'amène dans un lieu aussi triste ?

— Je te l'ai dit, je cherche la vérité.

— Quelle vérité ?

— À propos de la mort du roi Philippe. »

La femme, qui était en réalité une jeune fille aux grands yeux sombres, baissa la tête et courba les épaules, comme si un poids trop lourd pesait sur elle. « Je ne crois pas que je puisse t'aider.

— Pourquoi viens-tu rendre hommage à cette tombe, dans le noir ? C'est ici qu'est enseveli Pausanias, l'assassin du roi.

— J'aimais cet homme, il m'avait offert des cadeaux de noce et nous devions nous marier.

— Je l'ai entendu dire. Voilà pourquoi je suis venu. Est-il vrai qu'il était l'amant du roi Philippe ? »

La jeune fille secoua la tête. « Je... je l'ignore.

— On murmure que lorsque Philippe épousa la jeune Eurydice, Pausanias lui fit une scène de jalousie qui rendit fou de rage le père de la mariée, le noble Attale. »

Aristote ne cessait de scruter le visage de son interlocutrice, et tandis qu'il évoquait cette ignoble histoire, il crut voir des larmes briller sur ses joues creuses. « D'après les mêmes rumeurs, Attale l'invita dans sa résidence de chasse, où il l'abandonna toute la nuit à la violence de ses gardes-chasses. »

La jeune fille sanglotait à présent, sans pouvoir se contenir, ce qui ne parvint pas pour autant à émouvoir le philosophe, qui poursuivit : « Pausanias demanda à Philippe de le venger de cette humiliation. Mais le roi refusa et Pausanias le tua. Est-ce vraiment ce qui s'est produit ?

— Oui, admit-elle en sanglotant.

— C'est là l'entière vérité ? »

La jeune fille s'abstint de répondre.

« Je sais que l'épisode de la chasse d'Attale est vrai, reprit Aristote. J'ai mes informateurs. Mais quelle en fut la cause ? N'était-ce simplement qu'une trouble histoire d'amours masculines ? »

Son interlocutrice feignit de partir, comme si elle voulait mettre fin à cette conversation. Le châle qui recouvrait sa tête était déjà blanc de neige, et le sol disparaissait sous une fine couche immaculée. Aristote l'attrapa par le bras. « Alors ? » insista-t-il en plantant ses petits yeux gris de rapace dans les siens.

La jeune fille secoua la tête.

« Viens, lui dit soudain le philosophe sur un ton plus doux. J'ai une maison non loin d'ici, dont le feu devrait être encore allumé. »

La jeune fille le suivit docilement jusqu'à son habitation. Aristote l'invita à s'asseoir près de la cheminée et attisa le feu.

« Je n'ai rien à t'offrir, à l'exception d'une infusion d'herbes chaudes. Je suis de passage. »

Il prit un pot qui se trouvait dans le foyer, puis versa une partie de son contenu dans deux tasses de terre cuite.

« Alors, que sais-tu que j'ignore ?

— Pausanias n'a jamais été l'amant du roi, et il n'a jamais eu de liaisons avec aucun homme. C'était un garçon simple, aux origines humbles, et il aimait les femmes. Quant au roi Philippe, on a murmuré beaucoup de choses sur d'éventuelles amours masculines, mais personne n'a jamais rien vu.

— Comment se fait-il que tu sois si bien informée ?

— Je suis la boulangère du palais.

— Un épisode de ce genre aurait toutefois pu se produire, même s'il ne s'est pas répété.
— Je ne crois pas.
— Pourquoi ?
— Parce que Pausanias m'a raconté qu'il avait surpris Attale au beau milieu d'une conversation très secrète et très dangereuse.
— Il écoutait peut-être derrière les portes.
— Ce n'est pas exclu.
— T'a-t-il dit de quoi il s'agissait ?
— Non, mais les coups qu'ils lui infligèrent ensuite visaient, selon moi, à le terroriser, à l'abattre sans le tuer : l'assassinat d'un garde du corps du roi aurait éveillé trop de soupçons.
— Alors, faisons une hypothèse : Pausanias surprend Attale en train de proférer des propos dangereux, visant, disons, à préparer une conjuration. Il menace de tout révéler. Attale l'invite dans un lieu isolé en feignant de vouloir négocier, puis, pour lui donner une leçon, l'abandonne à la violence de ses garde-chasses. Mais pourquoi Pausanias aurait-il tué le roi Philippe ? Cela n'a aucun sens.
— Les bruits qu'on a colportés sur le refus du roi de venger Pausanias en ont-ils ? Pausanias était un garde du corps robuste, habile dans l'art de manier les armes : il n'avait besoin de personne pour se venger.
— C'est vrai, admit Aristote en songeant au formidable physique de son voiturier. Alors, comment expliques-tu ce geste ? S'il était le jeune homme loyal que tu m'as décrit, pourquoi aurait-il assassiné son roi ?
— Je n'arrive pas à le comprendre, mais s'il avait vraiment voulu tuer le roi, ne crois-tu pas qu'il disposait d'occasions beaucoup plus favorables, étant son garde du corps ? Il aurait très bien pu le tuer dans son sommeil.
— C'est ce que j'ai toujours pensé. Mais il me semble que ni toi ni moi ne sommes en mesure de trou-

ver une réponse à nos interrogations. Connais-tu quelqu'un qui pourrait détenir des informations à ce sujet ? On dit que Pausanias avait des complices, ou tout au moins une couverture : un groupe d'hommes l'attendait avec un cheval près du bosquet de chênes où nous nous sommes rencontrés tout à l'heure.

— On dit aussi que l'un d'eux a été identifié, observa la jeune fille en plongeant brusquement ses yeux dans ceux de son interlocuteur.

— Et où se trouverait ce survivant ?

— Dans une auberge de Béroée, sur la rive de l'Haliacmon : il se fait appeler Nicandre, mais c'est certainement un nom d'emprunt.

— Et quel est son vrai nom ? demanda Aristote.

— Je l'ignore. Et si je le savais, je saurais aussi pourquoi Pausanias a fait ce qu'il a fait, et a subi ce qu'il a subi. »

Aristote s'apprêta à remplir la tasse de la jeune fille, mais elle l'arrêta d'un geste de la main et se leva.

« Il est temps que je rentre chez moi, sinon on viendra me chercher.

— Comment puis-je te remercier de ce que... commença Aristote.

— En trouvant le véritable coupable, l'interrompit-elle, et en m'apportant son nom. »

Elle ouvrit la porte et s'engagea en toute hâte dans la rue déserte. Aristote s'écria : « Attends, tu ne m'as même pas dit comment tu t'appelais ! » Mais la jeune fille avait déjà disparu dans le tourbillon des flocons, dans les ruelles silencieuses de la ville endormie.

40

Le régent Antipatros le reçut dans l'ancienne salle du trône, emmitouflé dans un manteau de laine brute et vêtu d'un pantalon de feutre. Un grand feu brûlait au milieu de la salle, mais une bonne partie de la chaleur s'échappait, avec la fumée, par un trou ouvert au centre du plafond.

« Comment te portes-tu, général ? demanda Aristote.

— Bien, quand je suis loin de Pella. La seule vue de la reine me donne la migraine. Et toi, comment vas-tu, maître ?

— Je vais bien, moi aussi, mais le poids des ans commence à se faire sentir. Et je n'ai jamais supporté le froid.

— Quelles sont les raisons de ta visite ?

— Je désirais faire une offrande sur la tombe du roi avant de regagner Athènes.

— Cela t'honore, mais c'est également très dangereux. Si tu te débarrasses des gardes que je t'assigne, comme puis-je te protéger ? Attention, Aristote, la reine est une véritable tigresse.

— J'ai toujours entretenu de bons rapports avec Olympias.

— Cela ne suffit pas, commenta Antipatros en se levant et en s'approchant du feu, devant lequel il tendit les paumes de ses mains. Je te jure que cela ne suffit pas. » Il s'empara d'un pot sur le bord du foyer, et prit deux coupes de bonne céramique attique. « Un peu de vin chaud ? »

Aristote acquiesça.

« Des nouvelles d'Alexandre ?

— D'après le dernier message de Parménion, il traversait la Lycie.

— Tout se passe donc bien.

— Pas tout, hélas.

— Qu'y a-t-il ?

— Alexandre attend des renforts. Les jeunes gens auxquels il a accordé une permission et les nouvelles recrues sont déjà dans les Détroits, mais ils sont bloqués par la flotte de Memnon. Si mes calculs sont justes, à l'heure qu'il est Alexandre pourrait se trouver dans la grande Phrygie, du côté de Sagallassos ou Célènes. Il doit certainement s'inquiéter en constatant que personne n'arrive.

— Ne peut-on donc rien faire ?

— La supériorité de Memnon sur mer est écrasante : si je donnais à ma flotte l'ordre d'appareiller, il la coulerait avant même qu'elle ne puisse prendre le large. Nous sommes dans le pétrin, Aristote. Mon seul espoir est que Memnon tente un débarquement sur le territoire macédonien : dans ce cas, je pourrais espérer le battre. Mais l'homme est rusé, et il ne se hasardera certainement pas à faire un mouvement erroné.

— Alors, quelles sont tes intentions ?

— Je n'en ai aucune pour le moment. J'attends que Memnon se décide à faire le premier pas : il ne peut tout de même pas rester éternellement à l'ancre. Et toi, maître ? As-tu donc effectué ce voyage dans le seul but de déposer une offrande sur la tombe du roi Philippe ? Si tu ne me dis pas la vérité, j'aurai du mal à te protéger.

— Je devais voir quelqu'un.

— À propos de la mort du roi ?

— Oui. »

Antipatros hocha la tête, comme s'il s'attendait à cette réponse.

« Restes-tu quelque temps parmi nous ?

— Je repars demain. Je rentre à Athènes. Par la mer, si je trouve un bateau à Méthône. Sinon, par la route.

— Comment est la situation à Athènes ?

— Bonne, tant qu'Alexandre remporte des victoires.

— Eh oui, soupira Antipatros.

— Eh oui », répéta Aristote.

Alexandre prit ses quartiers à Célènes, non loin des sources du Méandre. C'était la résidence du satrape de la grande Phrygie. Il ne rencontra aucune difficulté car tous les soldats perses s'étaient barricadés dans une forteresse, au sommet de cette belle ville — un éperon rocheux qui surplombait un petit lac aux eaux transparentes, créé par le fleuve Marsyas, affluent du Méandre. Cette troupe ne devait pas être importante car elle n'essaya pas de défendre la muraille, qui ne semblait pas en très bon état.

Lysimaque effectua une reconnaissance autour de la forteresse et revint de fort mauvaise humeur. « Elle est imprenable, dit-il. On y accède uniquement par une poterne située à mi-côte, du côté oriental. Mais les marches qui conduisent à l'entrée ne peuvent être gravies que par un seul homme à la fois, sous la menace de deux bastions. Il faudrait imposer un blocus, en espérant que l'ennemi n'a pas amassé trop de vivres. Pour ce qui est de l'eau, elle coule en abondance, et ces gens-là disposent certainement d'un puits, relié au lac.

— Et si nous leur demandions quelles sont leurs intentions ?, proposa Léonnatos.

— Ce n'est pas le moment de plaisanter, rétorqua Lysimaque. Nous ignorons où se trouve Parménion et dans quelle condition est son corps d'armée. Si le blocus nous demande beaucoup de temps, nous risquons de ne jamais nous rencontrer. »

Alexandre donna un coup d'œil aux remparts : les soldats perses n'avaient pas l'air très belliqueux, ils paraissaient plus intrigués qu'alarmés. Ils se pressaient le long du chemin de ronde et observaient l'armée macédonienne en s'accoudant au parapet.

« L'idée de Léonnatos n'est peut-être pas si saugrenue que ça », dit-il. Puis, à l'adresse d'Eumène : « Prépare une ambassade avec un interprète et approche-toi le plus possible de la poterne. Ils ne connaissent pas nos intentions, mais ils savent sans doute qu'aucun obstacle ne nous a arrêtés jusqu'à présent. Rien ne prouve qu'ils aient tellement envie de nous défier.

— C'est vrai », insista Léonnatos, fier de l'intérêt que le roi portait à sa proposition. « S'ils avaient voulu nous arrêter, ils auraient pu nous attaquer cent fois sur la route qui vient de Termessos.

— Inutile de se perdre en conjectures, interrompit Alexandre. Attendons le retour d'Eumène. Nous saurons alors ce qui nous attend.

— Si quelqu'un m'accompagnait, j'irais bien jeter un coup d'œil à la ville, intervint Callisthène. On dit que la grotte où le satyre Marsyas aurait été écorché vif par Apollon, qu'il avait défié en un concours musical, se trouve de l'autre côté du lac. »

Lysimaque attribua à Callisthène une escorte composée d'une dizaine d'« écuyers » : il était nécessaire que l'historien visite les lieux qu'il aurait à décrire.

Pendant ce temps, Eumène réunit une ambassade. Muni d'un héraut et d'un interprète, il avança vers la poterne et demanda une entrevue avec le commandant de la garnison.

La réponse ne tarda pas : la poterne s'ouvrit en grinçant et le commandant sortit, accompagné par un groupe d'hommes armés. Eumène comprit aussitôt qu'il ne s'agissait pas d'un Perse, mais d'un Phrygien, probablement originaire de cet endroit : le satrape perse était sans doute parti depuis longtemps.

Le secrétaire le salua avant d'ordonner au traducteur de traduire ses propos : « Le roi Alexandre me charge de te dire que si tu te rends, il ne vous sera fait aucun mal, et surtout ta ville ne sera nullement endommagée. En revanche, si tu tentes de résister, nous ferons un blocus devant la forteresse et aucun de tes hommes n'en sortira vivant. Quel message dois-je lui transmettre ? »

Le commandant lui livra immédiatement sa réponse, prouvant ainsi qu'il avait déjà pris sa décision : « Tu peux dire à ton roi que nous n'avons pas l'intention de nous rendre pour le moment. Nous attendrons deux jours. Si nous n'avons pas reçu de renforts d'ici là, nous capitulerons. »

Eumène fut stupéfait par la naïveté et la sincérité du commandant. Il le salua très cordialement et rebroussa chemin.

« C'est absurde ! s'exclama Lysimaque. Je n'aurais jamais cru une telle histoire si on me l'avait racontée.

— Pourquoi ? répliqua Eumène. C'est la décision la plus sensée qui soit. Cet homme a fait ses calculs : il s'est dit que si le gouverneur perse contre-attaquait et nous battait, il devrait rendre compte de sa reddition sans combattre et serait empalé. En revanche, si le gouverneur ne se montrait pas d'ici à deux jours, cela signifierait qu'il ne viendrait pas. Dans ce cas, il serait plus prudent de se rendre.

— Cela vaut mieux, commenta Alexandre. Les commandants peuvent s'installer en ville en réquisitionnant les logements nécessaires. Les officiers de grade inférieur resteront au campement avec leurs troupes. Dispose un bataillon de *pézétaïroï* autour de la citadelle et des sentinelles à la base des surplombs rocheux afin d'empêcher quiconque d'entrer ou de sortir. Je veux également un escadron de cavalerie légère, thrace et thessalienne, sur toutes les voies d'accès pour éviter les surprises. Nous allons voir si cette histoire des deux jours est une chose sérieuse ou une plaisanterie. Je vous attends tous pour le dîner : j'ai pris mes quartiers dans le palais du gouverneur, une résidence fort belle et fort riche. J'espère que nous passerons une soirée agréable. »

Ils se retrouvèrent à l'heure dite et furent bientôt rejoints par Callisthène, qui avait achevé sa visite de la ville. Un domestique lui apporta le nécessaire pour ses ablutions, puis le conduisit à l'un des tricliniums qu'on avait disposés en demi-cercle autour de celui d'Alexandre. Ce soir-là, le roi avait également convié Thessalos, son acteur préféré, ainsi que le devin Aristandre et Philippe, son médecin personnel.

« Alors, qu'as-tu vu de beau ? demanda le roi à l'historien tandis que les cuisiniers commençaient à servir le repas.

— J'ai trouvé ce à quoi je m'attendais, répondit Callisthène. Il y a bien une peau dans la grotte où le fleuve prend sa source. On dit qu'elle a appartenu au satyre Marsyas, écorché par Apollon. Vous connaissez l'histoire : le satyre défia le dieu Apollon en un concours musical. Il se déclara prêt à jouer de la flûte contre le dieu, qui jouerait de la cithare. Apollon accepta ce défi à une condition : si Marsyas perdait, il devrait se laisser écorcher vif. C'est ce qui se produisit. Il faut dire que leurs prestations étaient jugées par les neuf muses : il était évident qu'elles n'auraient pas fait de tort à leur dieu. »

Ptolémée sourit. « Il est difficile de croire que la grotte renferme vraiment la peau du satyre.

— C'est pourtant le cas, semble-t-il, répliqua Callisthène. La partie supérieure a tout d'une peau humaine, même si elle s'est momifiée. En revanche, la partie inférieure est celle d'un bouc.

— Facile à réaliser, observa le médecin Philippe. Un bon chirurgien peut couper et coudre ce qu'il souhaite. Certains taxidermistes parviennent à créer les créatures les plus fantastiques qui soient : Aristote m'a raconté qu'il a vu un centaure empaillé dans un sanctuaire du mont Pélion, en Thessalie. Mais il m'a assuré qu'il s'agissait d'un torse d'homme et d'un corps de poulain, habilement assemblés. »

Le roi s'adressa alors à Aristandre : « Qu'en dis-tu ? Callisthène a-t-il vu la peau d'un satyre ou une manœuvre des prêtres pour attirer des pèlerins et recueillir de riches offrandes pour leur sanctuaire ? »

Nombre de convives éclatèrent de rire. Le devin les foudroya du regard, et les rires s'éteignirent bien vite, même sur les lèvres des plus forts et des plus effrontés d'entre eux.

« Il est facile de rire de ces modestes expédients, dit-il, mais je me demande si la signification que cachent ces manifestations vous ferait également rire. Y a-t-il quelqu'un, parmi les valeureux guerriers que vous êtes, qui a déjà exploré la région qui s'étend au-delà de notre perception ? Y a-t-il quelqu'un, parmi vous, qui aurait le courage de me suivre dans un voyage vers les ombres de la nuit ? Vous savez affronter la mort sur le champ de bataille, mais sauriez-vous affronter l'inconnu ? Sauriez-vous combattre les monstres insaisissables et invulnérables que notre nature la plus profonde dissimule même à notre conscience ?

« Avez-vous jamais désiré tuer votre père ? Avez-vous jamais souhaité coucher avec votre mère ou votre sœur ? Que voyez-vous au fond de vous-mêmes lorsque vous êtes en proie à l'ivresse ? Ou quand vous violez un innocent en jouissant doublement de sa souffrance ? Telle est la nature du satyre ou du centaure, la bête ancestrale aux pieds fendus et à la queue féroce qui vit en nous et nous réduit en un instant à l'état de brutes ! Riez donc encore, si vous en êtes capables !

— Personne n'entendait se moquer de la religion et des dieux, Aristandre, dit le roi pour le calmer, mais de la mesquinerie de certains imposteurs qui profitent de la crédulité populaire. Allons, buvons maintenant, et soyons gais. Nous avons encore de nombreux efforts à accomplir avant de découvrir notre destin. »

Tout le monde se remit à boire et à manger, et la conversation se ranima rapidement. Mais le regard et les propos d'Aristandre restèrent à jamais gravés dans la mémoire des convives.

Le roi songea à leur première rencontre. Le devin lui avait alors parlé du cauchemar qui tourmentait ses nuits : un homme nu, brûlant vif sur son bûcher funéraire. Dans la confusion des voix et des bruits du banquet, Alexandre chercha un instant le regard d'Aristandre pour comprendre ce qui le poussait dans son sillage jusqu'au cœur de l'Asie, mais il n'y décela qu'une lumière trouble et un air absent. L'homme était ailleurs.

41

Le chef de la garnison de Célènes attendit que les deux jours convenus s'écoulent avant de se rendre. Le trésor du gouverneur passa presque entièrement dans les caisses de l'armée macédonienne. Alexandre maintint l'officier à son poste, il lui adjoignit un modeste contingent ainsi que quelques officiers de sa propre armée, puis il reprit la route du nord.

Quand il arriva à Gordion, au terme de cinq jours de marche à travers le haut plateau légèrement enneigé, il trouva Parménion. Le général avait posté des sentinelles autour de la vieille ville phrygienne, et il avait été averti de la présence de son roi dès que son étendard rouge, frappé d'une étoile argéade en or, était apparu sur un paysage d'une blancheur aveuglante.

Il alla à la rencontre d'Alexandre avec une garde d'honneur conduite par son fils, Philotas. À quelques mètres du roi, il fit mettre l'armée en rangs et le rejoignit à pied, en tenant son cheval par les rênes. Alexandre sauta également à terre et marcha vers lui tandis que de grands cris de joie s'élevaient pour saluer la réunion des deux contingents de l'armée.

Parménion l'étreignit et l'embrassa sur les deux joues : « Sire, tu ne peux imaginer combien je suis heureux de te voir. J'étais très inquiet, car nous sommes incapables de comprendre la tactique des Perses.

— Moi aussi, je suis heureux de te voir, général. Ton fils Philotas se porte-t-il bien ? Et tes hommes ?

— Ils vont tous bien, sire. Ils ont préparé une fête pour ton arrivée. Il y aura de quoi boire et manger. »

Tout en parlant il se mit en chemin avec Alexandre. De temps à autre, Bucéphale poussait son maître du nez pour attirer son attention. Les fantassins leur emboîtaient le pas, et la cavalerie profitait de la vaste plaine pour avancer de front sur trois rangs. La vue de ces deux hommes qui se promenaient tranquillement au beau milieu de ce haut plateau désert, suivis par cette formation imposante et par le grondement de dizaines de milliers de sabots, était vraiment impressionnante.

« Nos renforts sont-ils arrivés ? demanda le roi.

— Hélas, non.

— Sais-tu au moins s'ils approchent ?

— Pas encore. »

Alexandre poursuivit sa route en silence car la question qu'il souhaitait poser à Parménion pesait considérablement sur son cœur. Parménion se tut par discrétion.

« Et lui, où est-il ? interrogea soudain Alexandre comme s'il lui demandait des renseignements insignifiants.

— Sisinès m'a rapporté ton message de vive voix et je me suis contenté d'exécuter tes ordres. Amyntas est sous surveillance dans ses quartiers, et j'ai provisoirement placé Philotas à la tête de la cavalerie thessalienne.

— Comment a-t-il pris la chose ?

— Mal, c'était prévisible.

— Cette histoire me semble invraisemblable. Il m'a toujours été fidèle : je l'ai vu risquer sa vie pour moi en de nombreuses occasions. »

Parménion secoua la tête. « Il est fréquent que le

pouvoir corrompe », observa-t-il. Mais il pensait en son for intérieur que c'était inévitable. « Toutefois, rien ne nous prouve qu'il ait accepté cette offre.

— L'envoyé perse et la lettre ?

— Il est mon prisonnier. Et je peux te montrer la lettre qu'il avait sur lui.

— Est-elle rédigée en grec, ou en perse ?

— En grec, ce qui me paraît normal. La cour du Grand Roi regorge de Grecs, dont bon nombre d'Athéniens. Darius ne doit donc avoir aucune difficulté à produire un document de ce genre.

— Et l'argent promis ?

— Aucune trace. Tout au moins pour le moment. »

Le camp macédonien de Parménion s'offrait maintenant à leur vue. Il était en grande partie constitué de tentes, mais il était également ponctué de petites constructions en bois, ce qui signifiait que l'armée était déjà installée à cet endroit depuis un certain temps.

C'est alors qu'on entendit une série de sonneries de trompette. Bientôt, le contingent se présenta sur le pied de guerre pour rendre les honneurs au roi.

Alexandre et Parménion remontèrent à cheval et passèrent en revue les troupes qui battaient leurs boucliers de leurs épées et scandaient :

Alexandre ! Alexandre ! Alexandre !

Le roi salua ses hommes d'un signe de la main et des yeux. Il était très ému.

« Nous contrôlons la moitié, ou presque, de l'Anatolie, dit Parménion. Aucun Grec n'a jamais conquis de territoire aussi vaste : pas même Agamemnon. Mais l'inertie des Perses m'étonne. Les gouverneurs de la Phrygie et de la Bithynie nous ont livré bataille sur le Granique de leur propre initiative. Ils n'auraient pas eu le temps matériel de consulter le Grand Roi. À l'heure qu'il est, Darius a certainement pris sa décision depuis longtemps, et je ne parviens pas à comprendre le calme qui règne ici : pas d'attaque, pas d'embuscade... ils n'essaient même pas de négocier.

— Tant mieux, répliqua Alexandre, car je n'ai nullement l'intention de traiter avec eux. »

Parménion garda le silence : il connaissait bien le tempérament de son roi. Celui-ci ne respectait qu'un seul ennemi : Memnon, mais on n'avait plus aucune nouvelle de lui depuis un certain temps. Seul le retard des renforts qui auraient dû venir de Macédoine laissait entendre que c'était encore un adversaire très redoutable.

Ils poursuivirent leur conversation dans le logement du vieux général, où les retrouvèrent les autres compagnons du roi, ainsi que le Noir, Philotas et Cratère. Mais il n'était pas difficile de comprendre qu'ils avaient tous envie de se distraire et de s'amuser. De fait, ils abandonnèrent bien vite les sujets stratégiques et militaires pour des domaines plus agréables, tels que le vin et les belles filles. Le camp en regorgeait : certaines étaient envoyées par des souteneurs, d'autres s'étaient spontanément unies à la troupe après avoir reçu des cadeaux ou des promesses, d'autres encore avaient été achetées comme esclaves par l'un des nombreux marchands qui suivaient l'armée, comme les puces suivent les chiens.

Alexandre dîna avec ses hommes, mais il préféra s'éloigner quand il vit que des jeunes gens commençaient à danser parmi les tables dans le plus simple appareil. La nuit était belle, la soirée fraîche et sereine. Il s'approcha d'un officier de Parménion, qui inspectait les corps de garde, et lui demanda : « Où tenez-vous prisonnier le prince Amyntas ? »

L'homme se raidit en reconnaissant le roi. Il l'accompagna jusqu'à l'une des habitations en bois qui se dressaient dans le campement. Les gardes ouvrirent les verrous et le firent entrer.

Amyntas veillait à la lumière d'une lanterne, dans une pièce dépouillée, aux murs composés de troncs bruts. Il lisait un papyrus qu'il avait déroulé sur une table tout aussi rustique et maintenu à l'aide de deux pierres, sans doute ramassées sur le sol. Il leva les yeux dès qu'il s'aperçut que quelqu'un se tenait dans l'embrasure de la porte, et se frotta les paupières. Puis quand il eut identifié l'homme qui se tenait devant lui, il quitta son siège et recula vers le mur : son visage traduisait la souffrance et le désespoir. « C'est toi qui m'as fait mettre aux arrêts ? demanda-t-il.

— Oui, acquiesça Alexandre.
— Pourquoi ?
— Parménion ne te l'a-t-il pas dit ?
— Non. Il m'a seulement arrêté devant mes hommes en plein jour, et enfermé dans ce trou à rats.
— Il a mal interprété mes ordres et s'est certainement trompé par excès de prudence.
— Et quels étaient tes ordres ?
— Te mettre aux arrêts jusqu'à mon arrivée, et non te déshonorer devant tes soldats.
— Et pourquoi ? » insista Amyntas.

Il avait un aspect terrible : il ne devait pas se coiffer ni se raser, ni même changer de vêtements depuis longtemps.

« On a intercepté un envoyé du Grand Roi qui t'apportait une lettre dans laquelle on te promettait deux mille talents d'or et le trône de Macédoine si tu parvenais à m'éliminer.

— Je ne l'ai jamais vue, et si j'avais voulu te tuer, j'en aurais eu cent fois l'occasion depuis le jour où ton père a été assassiné.

— Je ne pouvais pas courir de risques. »

Amyntas le regarda dans les yeux. « Qui t'a conseillé d'agir de la sorte ?

— Personne. J'ai pris cette décision de mon propre chef. »

Amyntas baissa la tête et s'adossa contre le mur de bois. La lumière de la lampe n'éclairant que le bas de son visage, ses yeux demeuraient dans la pénombre. Il songeait au jour où le roi Philippe avait été assassiné et où il avait choisi d'appuyer Alexandre pour éviter de déclencher une guerre dynastique. Il l'avait accompagné en armes au palais, et s'était toujours battu à ses côtés.

« Tu m'as fait emprisonner sans même examiner les charges qui pèsent contre moi... murmura-t-il d'une voix tremblante. Et moi qui ai risqué ma vie pour toi à plusieurs reprises !

— Les rois n'ont pas le choix, répliqua Alexandre. Surtout dans ce genre de moment. » Et il revoyait son père s'écrouler sur les genoux dans une mare de sang, blêmir mortellement. « Tu as peut-être raison : cette histoire n'a probablement pas de sens, mais je ne peux pas faire comme si de rien n'était. Tu agirais comme moi si tu étais à ma place. Je ne peux qu'abréger le plus possible ton humiliation. Mais je dois d'abord savoir. Je t'enverrai un domestique pour que tu puisses prendre un bain, et un coiffeur qui te lavera les cheveux et te rasera. Tu as un aspect épouvantable. »

Il ordonna aux sentinelles de prendre les mesures nécessaires pour qu'on s'occupe du prince Amyntas, puis il se dirigea vers la tente de Parménion, où se déroulait le banquet. On entendait des cris, des bruits de couverts, des gémissements et des grognements, et la mélodie, plutôt fausse, des flûtes et d'autres instruments barbares qu'il n'aurait pas su reconnaître.

Il pénétra sous la tente et la traversa en enjambant à plusieurs reprises des corps nus et haletants, accouplés de toutes les façons possibles sur les nattes qui recouvraient le sol. Il alla s'étendre près d'Héphestion qu'il embrassa tout en buvant dans sa coupe. Il continua toute la nuit, jusqu'à l'abrutissement et l'inconscience.

42

Callisthène se présenta un peu avant midi en compagnie d'un garde du corps. Alexandre était assis à sa table de travail. Son visage portait les traces de l'orgie de la nuit précédente, mais il était sobre et concentré. Il contemplait une feuille de papyrus étalée sur la table, une coupe fumante à la main. Elle contenait sans doute une infusion que Philippe, le médecin, lui avait prescrite pour atténuer les séquelles de sa cuite.

« Avance, lui dit-il. J'aimerais que tu jettes un coup d'œil à cette lettre.

— De quoi s'agit-il ? interrogea Callisthène en s'exécutant.

— D'une missive trouvée sur un envoyé du Grand Roi et adressée à mon cousin Amyntas. Je voudrais que tu l'examines et que tu me dises ce que tu en penses. »

Callisthène parcourut le texte sans montrer aucun signe de surprise, puis il demanda : « Qu'as-tu besoin de savoir ?

— Je ne sais pas... Qui en est l'auteur, par exemple ? »

Callisthène se repencha sur la lettre, cette fois-ci plus attentivement : « Elle a certainement été rédigée par quelqu'un de cultivé et d'assez raffiné. En outre, le papyrus est d'excellente qualité, tout comme l'encre. Je peux même... »

Non sans stupéfaction, Alexandre le regarda lécher le bout de son doigt, le poser sur l'encre et le porter de nouveau à ses lèvres.

— Je peux même te dire que ce type d'encre est fabriqué en Grèce à partir du jus de sureau et du noir de fumée...

— En Grèce ? interrompit le roi.

— Oui, mais cela ne signifie pas grand-chose. Les gens emportent leur encre dans leurs déplacements. Je m'en sers, moi aussi, tout comme tes compagnons...

— Es-tu en mesure de tirer d'autres renseignements de ce texte ? »

Callisthène secoua la tête. « Je ne crois pas.

— Si quelque chose devait te revenir à l'esprit, viens m'en informer sans tarder », lui dit Alexandre avant de le remercier et de le renvoyer.

Dès que Callisthène fut sorti, le roi fit appeler Eumène. Tout en l'attendant, il saisit son flacon d'encre, y trempa la pointe de son doigt, le goûta et répéta l'opération qu'avait effectuée l'historien. Il remarqua que les deux encres avaient le même goût.

C'est alors que son secrétaire arriva. « Puis-je t'être utile ?

— Aurais-tu vu l'Égyptien dans le camp ? demanda Alexandre.

— Parménion m'a dit qu'il était reparti aussitôt après lui avoir livré ta réponse.

— Étrange. Essaie d'en savoir plus, si tu le peux.

— Je ferai mon possible. Des nouvelles de nos renforts ?

— Hélas, pas encore. »

Le secrétaire sortit en écartant un pan du pavillon royal. Une rafale de vent froid pénétra par la fente et éparpilla sur le sol les papiers que le roi consultait. Tandis que Leptine ajoutait un peu de charbon dans le brasero qui réchauffait à grand-peine la pièce, Alexandre s'empara d'une feuille et se mit à écrire :

Alexandre, roi des Macédoniens, à Antipatros, régent du trône et gardien de la maison royale, salut !

Je te félicite de la sagesse avec laquelle tu gouvernes notre patrie pendant que nous combattons dans des régions lointaines contre les barbares.

Au cours des derniers jours, Parménion a capturé un envoyé du Grand Roi qui apportait une lettre à mon cousin Amyntas. L'auteur de cette missive lui promettait le trône de Macédoine ainsi qu'une somme de deux mille talents d'or s'il parvenait à me tuer.

Ce complot a été éventé grâce à un Égyptien du nom de Sisinès, qui affirme avoir entretenu des rapports amicaux avec mon père Philippe. Mais il a disparu. C'est un homme d'environ soixante ans, aux cheveux clairsemés, au nez aquilin, aux yeux sombres et très mobiles, dont la pommette gauche est marquée d'un grain de beauté. Je désire que tu mènes une enquête à son sujet et que tu me tiennes informé si jamais tu devais le voir en ville ou au palais.

Porte-toi bien.

Alexandre scella la missive dont il chargea un courrier personnel, qui partit aussitôt. Puis il gagna la tente de Parménion. Le général était allongé sur son lit de camp. Muni d'une lotion à base d'huile d'olive et de suc d'ortie, un serviteur lui massait l'épaule gauche, où une vieille blessure, qu'il avait reçue dans sa jeunesse lors d'une bataille en Thrace, se réveillait par mauvais temps et le faisait terriblement souffrir. Il se leva aussitôt et enfila une tunique. « Sire, je n'attendais pas ta visite. Que puis-je t'offrir ? Un peu de vin chaud ?

— Général, je souhaite interroger le prisonnier perse. Peux-tu me trouver un interprète ?

— Bien sûr. Maintenant ?

— Oui, dès que possible. »

Parménion se rhabilla en toute hâte. Il ordonna au domestique d'appeler l'interprète et conduisit Alexandre vers la bicoque où le messager était enfermé sous étroite surveillance.

« Tu l'as déjà interrogé, je suppose, observa le roi chemin faisant.

— Oui, répondit Parménion.

— Et que t'a-t-il dit ?

— Ce que nous savons. Que le Grand Roi lui a confié un message personnel pour un chef *yauna* du nom d'Amyntas.

— Rien d'autre ?

— Rien d'autre. Dans un premier temps, j'ai pensé le soumettre à la torture, puis cela m'a semblé inutile : personne ne songerait à révéler des informations de nature secrète à un simple envoyé.

— Comment es-tu parvenu à l'intercepter ?

— Grâce à Sisinès.

— L'Égyptien ?

— Oui. Il s'est présenté un beau jour en disant qu'il avait aperçu un personnage suspect dans le campement des marchands et des femmes.

— Tu le connaissais ?

— Bien sûr. Il avait travaillé pour nous en qualité d'informateur lors de notre premier débarquement en Asie par ordre de ton père. Mais je ne l'avais plus revu.

— Cela n'a-t-il pas éveillé tes soupçons ?

— Non, il n'y avait aucune raison à cela. Il s'est toujours montré fiable, et a toujours été récompensé en conséquence. Cette fois aussi.

— Tu aurais dû le retenir, répliqua Alexandre à l'évidence contrarié. Tout au moins jusqu'à mon arrivée.

— Je suis désolé, dit Parménion en baissant la tête. Je ne l'ai pas estimé nécessaire, d'autant plus qu'il m'a laissé entendre qu'il était sur les traces d'un autre espion perse... Mais si j'ai commis une erreur, je te prie de me pardonner, sire, je...

— Ce n'est pas grave. Tu as cru bon d'agir ainsi. Maintenant, voyons ce prisonnier. »

Tout en discutant, ils étaient arrivés devant la bicoque où le messager perse était détenu. Parménion ordonna au garde d'ouvrir.

Le soldat s'exécuta. Il entra le premier pour s'assurer que tout était bien en ordre, puis il ressortit, l'air déconcerté.

« Qu'y a-t-il ? demanda le général.

— Il est... il est mort », balbutia le soldat en indiquant l'intérieur de la bicoque.

Alexandre y pénétra et s'agenouilla devant le cadavre. « Appelle immédiatement mon médecin », s'écria-t-il. Puis, à l'adresse de Parménion : « À l'évidence, cet homme en savait plus long que tu ne le croyais, sinon on ne l'aurait pas tué.

— Je suis désolé, sire, répliqua le général fort gêné. Je... je suis un soldat. Mets-moi à l'épreuve sur un plan de bataille, confie-moi une tâche au combat, la plus dure qui soit, et je saurai comment me comporter en conséquence, mais ces intrigues me jettent dans l'embarras. Je regrette...

— Peu importe, dit le roi. Voyons ce qu'en pense Philippe. »

Le médecin examina bientôt le corps du messager.

« Y a-t-il des indices ? interrogea Alexandre au bout d'un moment.

— Il a certainement été empoisonné, et sans aucun doute avec le repas d'hier soir.

— Pourrais-tu découvrir de quel type de poison il s'agit ? »

Philippe se releva et demanda qu'on lui apporte de l'eau pour qu'il puisse se laver les mains. « Oui, je crois, mais il me faudrait l'ouvrir...

— Fais le nécessaire, lui dit le roi, et quand tu auras fini, donne l'ordre de célébrer ses funérailles selon le rite perse. »

Philippe balaya les alentours du regard. « Mais il n'y a pas de tours du silence, ici.

— Alors, faites-en construire une, lança le roi à l'adresse de Parménion. On ne manque ni de pierres ni d'hommes.

— D'accord, sire, acquiesça le général. Y a-t-il autre chose ? »

Alexandre demeura pensif un moment, puis il répondit : « Oui, fais libérer Amyntas et rends-lui son grade. Mais... fais attention.

— Bien sûr, sire.
— Bon. Retourne donc à tes massages, Parménion, et prends soin de ton épaule. Le temps va changer, ajouta-t-il en levant les yeux vers le ciel. Et pas en mieux. »

43

Un soir, au milieu de l'hiver, le commandant Memnon se sentit mal : il avait une forte nausée, des douleurs aiguës aux articulations et aux reins, et sa fièvre monta en peu de temps pour atteindre une température très élevée. Il s'enferma dans son logement, dans le château de poupe, tremblant et claquant des dents, et commença à refuser la nourriture qu'on lui apportait.

Il ne parvenait à boire qu'un peu de bouillon chaud, qu'il lui arrivait de vomir. Son médecin lui administra des médicaments destinés à soulager ses souffrances et l'obligea à avaler de grandes quantités de liquides pour compenser celles qu'il perdait en transpirant abondamment, mais il ne réussit pas à trouver un traitement capable de le guérir.

La maladie de Memnon plongea les Perses dans la plus grande consternation, mais nombre d'entre eux remarquèrent la froideur dont faisait preuve, en revanche, le commandant en second, l'un des leurs, un dénommé Tigrane, qui avait jusqu'alors conduit la flotte dans la mer Rouge. C'était un homme ambitieux, un intrigant, qui n'avait jamais caché sa désapprobation, à la cour, face à la décision du roi Darius de confier le commandant suprême à un mercenaire *yauna*.

C'est lui qui remplaça Memnon quand il s'avéra que

le Grec n'était plus en mesure d'assurer le commandement. Il ordonna aussitôt qu'on lève l'ancre et qu'on se dirige vers le sud, abandonnant ainsi le blocus des Détroits.

Memnon demanda alors à rejoindre la terre ferme et Tigrane ne s'y opposa pas. Il voulut aussi qu'on lui donne quatre de ses mercenaires, ses soldats les plus fidèles, afin qu'ils lui prêtent main-forte au cours du voyage qu'il s'apprêtait à entreprendre. Le nouveau commandant lui lança un regard de commisération, persuadé que, dans son état, le malade n'irait pas bien loin, mais il lui souhaita bonne chance en perse et le renvoya.

Ainsi, on descendit en pleine nuit une chaloupe contenant cinq hommes, qui glissa sur l'eau à grands coups de rames et gagna une petite crique déserte sur la côte orientale de l'Hellespont. Cette nuit-là, les cinq hommes se mirent en route, car Memnon voulait être conduit auprès de sa femme et de ses enfants.

« Je veux les voir avant de mourir, dit-il dès qu'ils eurent touché terre.

— Tu ne mourras pas, commandant, répliqua l'un de ses mercenaires. Tu en as vu de bien pires. Mais nous t'emmènerons là où tu le désires, même au bout du monde s'il le faut, même aux enfers. Et nous te porterons sur nos épaules si cela est nécessaire. »

Memnon acquiesça avec un sourire las, mais l'idée de revoir sa famille semblait l'animer d'une mystérieuse énergie, d'une force insoupçonnable. L'un de ses hommes partit à la recherche d'un moyen de transport quelconque, car le malade n'était pas en mesure de monter à cheval. Il revint le lendemain avec une carriole tirée par deux mulets et quatre chevaux qu'il avait achetés dans une ferme.

Chemin faisant, les mercenaires avaient tenu conseil et décidé que l'un d'entre eux les précéderait jusqu'à la route du Roi, d'où il enverrait un message à Barsine, de façon qu'elle puisse venir à leur rencontre. En effet, ils ne nourrissaient aucun espoir que leur commandant arrive vivant au palais royal de Suse, à deux mois de marche de là.

Pendant quelque temps, la maladie parut accorder un répit à Memnon, qui recommença à s'alimenter, mais quand la nuit tombait, sa température augmentait au point de lui brûler les tempes et lui brouiller l'esprit. Alors, il délirait et des cris s'échappaient de ses lèvres, les cris d'une vie entière d'affrontements, d'une terrible souffrance infligée et subie, les gémissements et les pleurs d'espérances perdues et de rêves envolés.

Le chef de son escorte, un homme de Tégée, qui avait toujours combattu à ses côtés, le regardait alors avec angoisse et lui passait un linge humide sur le front en grommelant : « Ce n'est rien, commandant, ce n'est rien. Une stupide fièvre ne peut pas abattre Memnon de Rhodes, non... » comme s'il voulait s'en persuader.

L'homme qu'on avait envoyé en avant atteignit la route du Roi à hauteur du pont qui enjambait le fleuve Halys, construit, disait-on, par Crésus de Lydie. Il apprit alors qu'il n'était pas nécessaire de gagner Suse. En effet, ayant enfin décidé de donner une leçon au petit *yauna* qui avait osé envahir ses provinces occidentales, le roi Darius se dirigeait vers les Portes syriennes, à la tête de cinq cent mille hommes, de centaines de chars de guerre, de dizaines de milliers de cavaliers. Il était parti avec toute sa cour, dont Barsine certainement. Ainsi l'invocation de Memnon voyagea de montagne en montagne aussi rapidement que la lumière des bûchers et le reflet des miroirs en bronze, que le galop effréné des étalons nyséens, et fut délivrée au Grand Roi, dans son pavillon de pourpre et d'or. Et le Grand Roi fit appeler Barsine.

« Ton époux est gravement malade, lui annonça-t-il, et il s'enquiert de toi. Il parcourt notre route royale dans l'espoir de te revoir une dernière fois. Nous ignorons si tu pourras le rejoindre avant qu'il ne meure, mais si tu souhaites aller à sa rencontre, nous te donnerons une escorte composée de dix Immortels de notre garde. »

Barsine eut l'impression que son cœur s'éteignait, mais elle ne broncha pas, ne versa pas la moindre larme. « Grand Roi, je te remercie de m'avoir avertie et de me permettre de partir. J'irai vers mon époux et je ne serai pas en paix, je n'aurai pas de repos, tant que je ne l'aurai pas retrouvé et embrassé. »

Elle regagna sa tente et, comme une Amazone, enfila un corset de feutre et un pantalon de cuir, prit le meilleur cheval qu'elle trouva et s'élança au grand galop, suivie à grand-peine par les gardes que le Grand Roi lui avait assignés.

Elle voyagea des jours et des nuits, se reposant quelques heures à peine quand elle changeait de cheval, ou quand la fatigue rendait ses membres insensibles. Un soir, au coucher du soleil, elle finit par apercevoir un petit convoi, qui avançait d'un pas inégal le long de la route semi-déserte : une carriole couverte, tirée par deux mulets, escortée par quatre hommes armés, à cheval.

Elle rejoignit la carriole et sauta à terre. Le commandant Memnon gisait à l'intérieur du véhicule, sur des peaux de mouton. Sa barbe était longue et ses lèvres gercées, ses cheveux hirsutes. L'homme le plus puissant du monde après le Grand Roi n'était plus qu'une larve humaine.

Mais il était encore vivant.

Barsine le caressa et l'embrassa tendrement sur la bouche et les yeux sans savoir s'il la reconnaissait ou pas. Puis elle balaya les alentours d'un regard angoissé, à la recherche d'un abri. Elle aperçut au loin, sur une colline, une maison de pierre, et enjoignit à ses hommes de demander l'hospitalité à son propriétaire pour quelques jours, ou quelques heures — elle l'ignorait.

« Je veux un lit pour mon mari, je veux le laver et le changer de vêtements, je veux qu'il meure comme un homme, et non comme une bête », dit-elle.

Le chef des gardes s'exécuta et, peu après, Memnon fut transporté dans la demeure, accueilli avec tous les honneurs par le maître de maison perse, qui ordonna qu'on lui prépare un bain. Barsine le déshabilla, le lava et le vêtit d'habits propres. Elle lui parfuma les cheveux, que les serviteurs avaient coupés, lui appliqua un onguent rafraîchissant sur le front, puis elle le coucha et s'assit à ses côtés en lui tenant la main.

Il était tard à présent, et le maître de maison vint inviter la belle dame à dîner avec les hommes qui l'avaient accompagnée, mais Barsine déclina gentiment cette invitation.

« J'ai chevauché nuit et jour pour pouvoir le rejoindre et je ne le quitterai pas un instant tant qu'il sera vivant. »

L'homme sortit en refermant la porte derrière lui, et Barsine retourna auprès de son mari, dont elle caressait et mouillait les lèvres de temps à autre. Il était plus de minuit quand, vaincue par l'épuisement, elle s'assoupit sur la chaise.

Soudain, elle eut l'impression, dans son demi-sommeil, d'entendre la voix de son époux. Elle crut qu'il s'agissait d'un rêve, mais la voix répétait son nom avec insistance : « Bar... sine... » Elle sursauta et ouvrit les paupières : Memnon s'était arraché à sa torpeur, il fixait sur elle ses grands yeux fiévreux.

« Mon amour », murmura-t-elle en tendant la main pour lui caresser le visage.

Memnon la regardait, comme halluciné, il semblait vouloir lui dire quelque chose.

« Que veux-tu ? Parle, je t'en prie. »

Ses membres avaient retrouvé un peu de vitalité et son visage avait reconquis la beauté virile de jadis. Barsine approcha son oreille de sa bouche, pour ne pas perdre un mot de ce qu'il disait.

« Je veux...

— Que veux-tu, mon amour ? Tout ce que tu veux... tout ce que tu veux, mon adoré.

— Je veux... te voir. »

Alors Barsine se souvint de la dernière nuit qu'ils avaient passée ensemble et comprit. Elle se leva d'un geste décidé, recula de façon à être éclairée le mieux possible par les deux lampes qui pendaient du plafond, et commença à se déshabiller. Elle se libéra de son corset, dénoua les lacets qui retenaient son pantalon scythe, et abandonna par la même occasion toute pudeur. Elle se redressa, nue et fière, devant lui.

Elle vit que ses yeux s'embuaient, que deux grosses larmes coulaient sur ses joues décharnées, et elle devina qu'elle avait exaucé son souhait. Elle sentit que son regard caressait lentement, doucement, son visage et son corps, elle sentit qu'il faisait ainsi l'amour avec elle pour la dernière fois.

Memnon dit, dans un filet de voix : « Mes garçons... »

Il chercha une nouvelle fois son regard pour lui transmettre ce qui restait de sa vie et de sa passion pour elle, puis il reposa la tête contre l'oreiller et s'éteignit.

Barsine enfila un manteau et se laissa tomber sur son corps inerte en sanglotant, le couvrant de baisers et de caresses. Il n'y avait pas d'autre bruit dans la maison que celui de ses pleurs désespérés, et les mercenaires grecs qui veillaient à l'extérieur, autour du feu, comprirent. Ils se levèrent et, en silence, rendirent les honneurs au commandant Memnon de Rhodes, à qui un destin odieux avait interdit de mourir en soldat, l'épée au poing.

Ils attendirent l'aube pour monter dans la chambre et prendre le corps de leur chef.

« Nous le placerons sur le bûcher selon nos usages », dit le plus âgé d'entre eux, celui qui venait de Tégée.

« Abandonner un corps aux chiens et aux charognards est insupportable pour nous. Cela prouve combien nous sommes différents. » Barsine comprit. Elle comprit qu'elle devait s'effacer en cette heure suprême et permettre à Memnon de retourner parmi ses gens, de recevoir les honneurs funèbres du rite grec.

Ils élevèrent un bûcher au milieu d'une prairie blanchie par le givre et y déposèrent le corps de leur commandant, revêtu de son armure et coiffé de son casque, sur lequel se détachait la rose en argent de Rhodes.

Et ils y mirent le feu.

Le vent qui balayait le haut plateau alimenta les flammes, qui crépitèrent en dévorant rapidement la dépouille mortelle du grand guerrier. Brandissant leurs lances, les soldats alignés lancèrent dix fois son nom dans le ciel froid et noir qui recouvrait cette lande, aussi déserte qu'un linceul. Quand le dernier écho de leurs cris se fut éteint, ils se rendirent compte qu'ils étaient désormais seuls au monde, sans père ni mère, sans frère ni maison, sans patrie.

« J'ai juré de le suivre partout, dit alors le plus âgé d'entre eux, même aux enfers. » Il s'agenouilla, dégaina son épée, la pointa contre son cœur et se jeta dessus.

« Moi aussi », ajouta son compagnon, en tirant lui aussi son arme.

« Nous aussi », dirent les deux autres. Ils s'effondrèrent l'un après l'autre dans une mare de sang, tandis que le premier chant du coq brisait le silence spectral de l'aube, pareil à une sonnerie de trompe.

44

Philippe, le médecin, exposa à Alexandre les résultats des examens pratiqués sur le cadavre du Perse qu'on avait trouvé en possession de la lettre du Grand Roi adressée au prince Amyntas.

« Il a certainement été empoisonné, mais il s'agit d'un type de poison qui m'est inconnu. Voilà pourquoi il me semble inutile d'interroger le cuisinier : c'est un brave garçon, qui serait incapable de le préparer. J'ignorerais moi-même comment m'y prendre, alors...

— Aurait-il pu s'administrer lui-même ce poison ? demanda Alexandre.

— C'est possible. Il y a parmi les gardes du Grand Roi des hommes qui jurent de le servir jusqu'au sacrifice de leur vie. Je crains qu'il ne soit difficile d'en savoir plus sur cette affaire, pour le moment. »

Plusieurs jours s'écoulèrent. Les nouvelles des renforts en provenance de Macédoine n'arrivaient pas, et le moral des soldats commença à se détériorer dans l'oisiveté et l'ennui. Un matin, Alexandre décida de se rendre au sanctuaire de la Grande Mère des dieux, à Gordion, que le roi Midas avait, disait-on, fondé.

Il était accompagné par ses amis et par les prêtres qui, en apprenant sa visite, s'étaient réunis au grand complet et avaient enfilé leurs parements de cérémonie.

Le temple était un ancien sanctuaire indigène qui abritait une image de la déesse sculptée dans le bois et rongée par les vers, ornée d'une incroyable quantité de joyaux et de talismans que les fidèles offraient depuis de nombreux siècles. Des reliques et des présents votifs de toutes sortes étaient accrochés aux murs. La plupart représentaient des membres humains en terre cuite et en bois, qui témoignaient des guérisons survenues ou des prières formulées pour les obtenir.

Il y avait là des pieds et des mains sur lesquels on avait représenté les signes de la gale avec des couleurs vives, des yeux, des nez et des oreilles, des utérus sans doute stériles qui réclamaient la fertilité, et des membres virils qui n'étaient pas en mesure d'assumer leurs fonctions.

Chacun de ces objets était le signe des misères, des maladies et des souffrances qui affligeaient le genre humain depuis l'origine des temps, après que Pandore eut bêtement ouvert la jarre, d'où s'échappèrent tous les maux qui envahirent le monde.

« Ne laissant au fond que l'espoir, rappela Eumène en balayant le sanctuaire du regard. Et que sont tous ces objets, sinon la manifestation d'un espoir presque toujours déçu, qui demeure pourtant un précieux compagnon pour les hommes ? »

Frappé par autant de pédanterie philosophique, Séleucos, qui se tenait non loin de lui, le dévisagea d'un air perplexe. Mais les prêtres les conduisaient déjà dans une chambre latérale, où l'on conservait le vestige le plus précieux : le char du roi Midas.

Il s'agissait d'un étrange véhicule à quatre roues d'un genre très primitif, muni d'une barrière semi-circulaire dans la partie supérieure. Le système directeur se composait d'un timon qui s'achevait par une barre reliée à l'essieu du train antérieur des roues ; le joug était, quant à lui, fixé au timon par un filin entortillé en un nœud inextricable.

Un ancien oracle disait que celui qui déferait ce

nœud dominerait l'Asie, et Alexandre avait décidé de se risquer dans cette entreprise. Eumène, Ptolémée et Séleucos avaient insisté pour qu'il s'y essaie.

« Tu ne peux pas t'en dispenser, lui avait dit Eumène. Tout le monde a entendu parler de cet oracle, et si tu évitais cette épreuve, on penserait que tu n'as pas confiance en toi, que tu ne te sens pas capable de vaincre le Grand Roi.

— Eumène a raison, avait approuvé Séleucos. Ce nœud est symbolique : il indique le croisement de nombreuses routes et de nombreux caravaniers dans la ville de Gordion, des voies qui conduisent aux confins extrêmes du monde. De fait, tu contrôles déjà ce nœud car tu l'as conquis par la force des armes, mais tu dois également en effacer le symbole pour accomplir une entreprise complète. »

Alexandre s'était tourné vers Aristandre : « Qu'en dis-tu, devin ? »

Aristandre s'était contenté de proférer quelques mots : « Ce nœud est le signe d'une perfection absolue, d'une harmonie achevée, de l'entrelacement des énergies primitives qui créent la vie sur terre. Tu déferas ce nœud et tu domineras l'Asie, le monde entier. »

Cette réponse avait réconforté tout le monde. Mais, ne voulant pas courir de risques, Eumène avait convoqué un officier de l'amiral Néarque, qui connaissait tous les nœuds utilisés sur les bateaux de guerre et les navires marchands, afin qu'il révèle ses secrets au roi. Alexandre était donc très confiant.

En outre, les prêtres du sanctuaire allaient probablement s'ingénier à simplifier les choses à leur nouveau maître pour éviter de l'exposer à l'humiliation d'un échec.

« Voici le char du roi Midas, annonça l'un d'eux en montrant au roi le véhicule archaïque rongé par les vers, et voici le nœud. » Il prononça ces mots en souriant, ce qui laissait entendre à l'assistance, et en particulier à Eumène, Séleucos et Ptolémée, que tout se déroulerait pour le mieux. Ceux-ci convoquèrent les officiers de grade inférieur afin qu'ils assistent à l'entreprise du roi.

Mais lorsqu'il se baissa pour examiner le nœud, Alexandre se rendit compte qu'il avait été trop optimiste. Le filin était terriblement serré, on n'en voyait aucun bout dépasser. Entre-temps, la foule s'était massée et la salle regorgeait de monde : engoncés dans leurs vêtements de cérémonie, ruisselant de sueur, les prêtres se pressaient les uns contre les autres.

Se sentant étouffer, le roi fut envahi par la colère : il devinait que son prestige, conquis sur le champ de bataille avec la lance et l'épée, pouvait être remis en cause en quelques instants par une situation apparemment sans issue.

Il regarda Eumène, qui haussa les épaules comme pour lui signifier qu'il n'avait, cette fois-ci, aucune solution à lui suggérer. Il scruta ensuite le masque de pierre d'Aristandre de Termessos, le devin, qui s'était déjà exprimé et qui ne reprendrait pas la parole. Alors qu'il s'agenouillait une nouvelle fois près du nœud, la poignée de son épée heurta son flanc. Alexandre pensa aussitôt que c'était un signe des dieux. Au même moment, un rayon de soleil s'insinua dans la pièce à travers une ouverture du toit, éclairant ses cheveux comme un nuage doré et faisant scintiller les gouttes de sueur qui perlaient sur son front.

Dans le profond silence qui était tombé sur la salle, on entendit le bruissement métallique de l'épée que le roi dégainait. La lame brilla comme un éclair dans le faisceau lumineux pour s'abattre sur le nœud gordien avec une force démesurée.

Le filin, tranché net, abandonna sa prise, et le joug, libéré, tomba à terre dans un bruit sec.

Les prêtres échangèrent des regards abasourdis avant de dévisager Alexandre, qui s'était relevé et glissait son épée dans le fourreau. Quand il redressa la tête, ils virent que son œil gauche s'était assombri ; il étincelait, aussi noir que la nuit.

Ptolémée s'écria : « Le roi a tranché le nœud gordien ! Le roi est seigneur de l'Asie ! »

Tous ses compagnons l'acclamèrent et leur ovation retentit même à l'extérieur, parvenant aux oreilles des soldats qui s'étaient pressés autour du temple. Ils exultèrent à leur tour, libérant l'enthousiasme que la peur et la superstition avaient réprimé jusqu'alors, et ils frappèrent leurs boucliers de leurs armes, faisant trembler les murs du vieux sanctuaire.

Quand le roi apparut, éblouissant dans son armure d'argent, ils le hissèrent sur leurs épaules et le portèrent en triomphe jusqu'au campement, comme la statue d'un dieu. Personne ne vit Aristandre s'éloigner, l'air désespéré.

45

Quelques jours plus tard arrivèrent les renforts tant attendus : les nouvelles recrues, tout comme les jeunes mariés qui avaient quitté Halicarnasse pour passer l'hiver avec leurs épouses. Ces derniers furent accueillis par les sifflements et les cris de leurs compagnons d'armes, qui avaient affronté les rigueurs de la guerre et de la saison froide. Ils prononçaient maintenant toutes sortes d'obscénités ; certains hurlaient même, en agitant d'énormes phallus de bois : « Vous avez bien tâté de la chatte ? Maintenant, il va falloir payer un gage ! »

L'officier qui commandait les renforts était un homme d'Antipatros, un chef de bataillon originaire de l'Orestide, du nom de Trasillos. Il se présenta aussitôt devant le roi pour lui faire son rapport.

« Pourquoi avez-vous tant tardé ? demanda Alexandre.

— Parce que la flotte perse s'obstinait à bloquer les Détroits et que le régent Antipatros ne voulait pas pousser notre escadre dans un affrontement ouvert avec Memnon. Un beau jour, les navires ennemis ont levé l'ancre et se sont dirigés vers le sud en profitant d'un vent de Borée. Alors nous sommes passés.

— C'est étrange, observa Alexandre. Quoi qu'il en soit, cela ne laisse rien présager de bon. Si Memnon a lâché prise, c'est sans doute pour aller planter ses crocs dans une région encore plus vulnérable. J'espère qu'Antipatros...

— Le bruit court que Memnon serait mort, sire, interrompit l'officier.

— Quoi ?

— C'est ce que nous ont dit nos informateurs en Bithynie.

— Et de quoi serait-il mort ?

— Personne ne le sait. Une étrange maladie, paraît-il...

— Une maladie ? J'ai du mal à le croire.

— Ce n'est pas une nouvelle certaine, sire. Comme je l'ai dit, il s'agit de rumeurs qu'il nous faudra vérifier.

— Bien sûr. Mais va, maintenant, et installe-toi avec tes hommes, car nous n'allons pas tarder à repartir. Vous aurez un jour de repos, pas plus : nous avons déjà trop patienté. »

L'officier prit congé d'Alexandre. Le roi demeura seul sous sa tente, à réfléchir à cette nouvelle inattendue qui ne suscitait en lui ni soulagement ni satisfaction. Memnon était à ses yeux le seul adversaire digne de lui, le seul Hector en mesure d'affronter le nouvel Achille qu'il était, et il se préparait à ce duel depuis longtemps, comme un champion homérique. L'idée de se battre personnellement contre le Grand Roi ne revêtait pas pour lui une signification aussi forte.

Il se rappelait parfaitement la silhouette imposante du commandant, le casque qui masquait son visage, le timbre de sa voix et le sentiment d'oppression que lui procurait le fait de le savoir toujours sur la brèche et prêt à frapper, infatigable et imprenable. Une maladie... Ce n'était pas la fin qu'il souhaitait, ce n'était pas l'épilogue qu'il attendait du combat implacable qu'il avait engagé.

Il convoqua Parménion et Cleitos le Noir pour leur dire de préparer le départ dans les deux jours à venir, et il leur communiqua la nouvelle qu'il avait reçue :

« Selon le commandant du contingent des renforts, le bruit court que Memnon serait mort.

— Cela nous donnerait un grand avantage, répliqua le vieux général sans cacher sa propre satisfaction. Sa flotte représentait une grande menace pour la Macédoine. Les dieux sont de ton côté, sire.

— Les dieux m'ont privé d'un affrontement loyal avec le seul adversaire digne de moi », rétorqua Alexandre, dont le visage s'assombrit soudain.

Puis il songea à Barsine, à sa beauté brune et inquiétante, et il se dit que si le destin avait voulu que Memnon meure de maladie, peut-être empêcherait-il Barsine de le haïr. S'il avait su où elle se trouvait, il aurait balayé tous les obstacles qui se dressaient entre elle et lui. La voix du Noir le tira bientôt de sa torpeur :

« D'après nos informations, elle serait quelque part entre Damas et les Portes syriennes. »

L'officier semblait avoir lu dans ses pensées. Alexandre se tourna brusquement vers lui. Le Noir le dévisagea, comme surpris par cette réaction.

— De quoi parles-tu, le Noir ? demanda le roi.

— De la dépêche que nous a adressée Eumolpos de Soles.

— Oui, intervint Parménion. Il nous a envoyé un courrier qui nous a délivré un message de vive voix.

— Quand ?

— En milieu de matinée. Il a demandé à te parler, mais tu étais en train de passer les recrues en revue avec Héphestion, et c'est moi qui l'ai donc reçu.

— Tu as bien fait, général, répliqua Alexandre. Mais sommes-nous sûrs qu'il venait bien de la part d'Eumolpos ?

— Le courrier nous a transmis le mot de passe que tu connais. »

Alexandre secoua la tête. « Cervelle de mouton » ! Avait-on jamais entendu mot de passe plus stupide ?

« C'est son plat favori, commenta le Noir en écartant les bras.

— Comme je te le disais, reprit Parménion, il semble que le Grand Roi se dirige vers Tapsaque, à la tête de toute son armée.

— Le gué de Tapsaque... répéta le roi. Tout se déroule comme je l'avais prévu. Darius tente de me barrer la route à la hauteur des Portes syriennes.

— Je crois que tu as raison, acquiesça le Noir.

— Combien sont-ils ? interrogea Alexandre.

— Ils sont très nombreux, répondit Parménion.

— Combien ? insista le roi en s'impatientant.

— Environ cinq cent mille, si l'information est exacte.

— Un contre dix. Très nombreux, en effet.

— Que penses-tu faire ?

— Avancer : nous n'avons pas le choix. Préparez le départ. »

Les deux officiers le saluèrent. Alexandre retint Parménion.

« Qu'y a-t-il, sire ? demanda le général.

— Ne crois-tu pas que nous devrions instaurer un mot de passe, nous aussi, pour les messages à délivrer de vive voix ? »

Parménion baissa la tête : « Je t'ai envoyé Sisinès sans mot de passe parce que nous n'avions pas envisagé une telle éventualité avant de nous quitter.

— C'est vrai. Mais désormais, cela s'impose. Ce genre de situation risque de se répéter à l'avenir. »

Parménion sourit.

« Pourquoi souris-tu ?

— Je me souviens de la comptine que tu chantais quand tu étais petit. La vieille Artémisia, la nourrice de ta mère, te l'avait apprise, tu te rappelles ? »

> Le vieux soldat qui part à la guerre
> Tombe par terre, tombe par terre !

« Et quand tu avais fini, tu te jetais sur le sol.
— Pourquoi pas ? commenta Alexandre. C'est un mot de passe insoupçonnable.
— Et nous n'avons pas besoin de l'apprendre par cœur. Alors, je te laisse.
— Général ! l'interpella de nouveau Alexandre.
— Sire ?
— Que fait Amyntas ?
— Son devoir.
— Bien, mais continue de le surveiller à son insu. Essaie de savoir également si Memnon est vraiment mort, et, si c'est le cas, de quoi.
— Je ferai tout mon possible, sire. Le courrier d'Eumolpos de Soles est encore au campement. Je vais lui ordonner de mener une enquête à ce sujet. »

Le lendemain, le courrier repartit et l'armée prit les mesures nécessaires pour lever le camp à l'aube. On mit leur bât aux bêtes de somme, on remplit les chars de provisions et d'armes, et on établit les étapes qui jalonneraient la route de l'armée, pendant sept jours, jusqu'aux Portes de Cilicie — un défilé si étroit, entre les montagnes du Taurus, que deux animaux ne pouvaient l'emprunter de front.

Ce soir-là, l'un des soldats qui étaient arrivés avec le contingent des renforts se présenta à Callisthène pour lui remettre un pli. L'historien, qui était occupé à écrire, lui donna une récompense. Il attendit qu'il fût sorti pour ouvrir la missive, qui contenait un texte plutôt anodin : un traité d'apiculture, qu'il fallait sans doute décoder, puisqu'il n'en avait pas fait la demande. Le message chiffré disait :

> J'ai envoyé le médicament en question à Théophraste, le pharmacien, afin qu'il le remette au médecin de Lesbos, mais il fait mauvais, et il me semble improbable qu'un navire lève l'ancre dans les jours à venir. Tout est donc incertain dans cette entreprise.

Suivait une lettre non codée :

> Aristote à son neveu Callisthène, salut !
> J'ai fait la connaissance d'un ami de Pausanias, l'assassin de Philippe. L'histoire qu'on nous a rapportée à propos de sa liaison avec le roi paraît difficile à croire car elle n'est en rien vraisemblable. J'ai identifié l'un de ses complices encore en vie, et je l'ai rencontré dans une auberge de Béroée. Il était très méfiant et s'obstinait à nier les faits, même si je m'ingéniais à le rassurer. Il n'y a rien eu à faire. Le seul renseignement que j'ai tiré de lui a été sa véritable identité : pour cela, j'ai dû payer une esclave, qui est également sa concubine. Je sais désormais qu'il a une fille, très jeune, et qu'il la cache parmi les vierges d'un temple d'Artémis, aux confins de la Thrace.
> Je dois repartir pour Athènes, mais je poursuivrai mes recherches et te tiendrai informé. Prends soin de toi.

Il reposa ces documents dans un petit coffre et se coucha afin d'être prêt à partir, le lendemain matin.

Quand Eumène et Ptolémée le réveillèrent, il faisait encore nuit.

« As-tu appris la nouvelle ? lui demanda Eumène.

— Quelle nouvelle ? dit Callisthène en se frottant les paupières.

— Le bruit court que Memnon serait mort. D'une maladie subite.

— Et incurable », ajouta Ptolémée.

Callisthène se redressa. Il versa un peu d'huile dans sa lanterne, qui s'éteignait.

« Mort ? Et quand ?

— Nous l'avons appris par l'un des officiers qui commandaient les renforts. En calculant le temps qu'ils ont mis pour nous rejoindre, je pense que cela s'est passé il y a quinze jours, ou un mois. Les choses se sont déroulées ainsi que nous les avions prévues. »

Callisthène se souvint de la date que portait la lettre de son oncle Aristote, et il fit lui aussi un rapide calcul mental, au terme duquel il conclut qu'il était impossible de savoir si cet événement avait été provoqué, ou non, ni même d'exclure une telle éventualité. Il se contenta de répondre : « Tant mieux. » Puis, tandis qu'il finissait de s'habiller, il appela une esclave et lui ordonna : « Sers quelque chose de chaud au secrétaire général et au commandant Ptolémée. »

46

« Cervelle de mouton », annonça le cuisinier perse en posant une assiette de beignets bien rissolés devant Eumolpos de Soles. Tout en prononçant ces mots, il découvrit ses dents éclatantes et sa grosse moustache d'un noir de jais en un sourire peu rassurant.

Allongé sur un petit lit, en face de lui, le gouverneur de la Syrie, le satrape Ariobarzanès, eut un sourire encore plus inquiétant. « N'est-ce pas ton plat favori ? demanda-t-il.

— Oh oui, bien sûr, lumière des Aryens et invincible guerrier. Puisse l'avenir te réserver l'honneur de porter la tiare rigide, au cas où — si Ahura-Mazda le veut — le Grand Roi devait monter sur la tour du silence pour rejoindre ses glorieux ancêtres.

— Le Grand Roi jouit d'une excellente santé, répliqua Ariobarzanès. Mais je t'en prie, mange. Comment trouves-tu ces cervelles de mouton ?

— Miam, mugit Eumolpos en plissant les paupières pour simuler un plaisir intense.

— C'est aussi le mot d'ordre que tu échanges avec nos ennemis avant de leur délivrer des messages secrets, n'est-ce pas ? » interrogea Ariobarzanès sans cesser de sourire.

Eumolpos avala de travers et fut secoué par une quinte de toux.

« Un peu d'eau ? » lui demanda le cuisinier d'un air empressé. Le visage empourpré, Eumolpos refusa d'un signe de la main et reprit bientôt son attitude imperturbable et son sourire séduisant. « Je n'ai pas saisi cette aimable plaisanterie, dit-il.

— Ce n'est pas une plaisanterie, rétorqua le satrape en arrachant l'aile d'une grive à la broche et en la dévorant du bout des incisives. C'est la pure vérité. »

Eumolpos chassa le mouvement de panique qui tenaillait ses intestins. Il s'empara d'un beignet et fit mine de le savourer, puis il observa d'un air condescendant : « Allons, mon illustre seigneur, je refuse de croire que tu prêtes attention à des bavardages qui seraient spirituels s'ils ne jetaient pas de l'ombre sur la réputation d'un honnête homme qui... »

Ariobarzanès l'interrompit d'un geste poli, il s'essuya les mains sur le tablier du cuisinier, se leva et marcha vers la fenêtre en invitant Eumolpos à le rejoindre.

« Je t'en prie, mon bon ami. »

Eumolpos fut bien obligé de le suivre et de regarder ce qui se passait dans la cour. Les quelques bouchées qu'il avait avalées lui restèrent sur l'estomac, et son visage blêmit. Son courrier, nu, était accroché à un pal par les bras, et de longues bandes de peau pendaient le long de son corps en découvrant sa musculature sanguinolente. À certains endroits, la chair avait été arrachée jusqu'à l'os, et ses testicules formaient un collier grotesque autour de son cou. Il était inanimé.

« C'est lui qui a parlé », expliqua Ariobarzanès d'un air impassible.

Un peu plus loin, un esclave hyrcanien épointait un pal d'acacia à l'aide d'un couteau très aiguisé et le polissait sur une pierre ponce.

Le regard d'Ariobarzanès alla du pal à Eumolpos, tandis que ses mains effectuaient un geste très explicite.

Le pauvre homme déglutit en secouant la tête convulsivement.

« Je savais que nous nous comprendrions, mon vieil ami, dit le satrape en souriant.

— En quoi... en quoi puis-je t'être utile ? » balbutia l'informateur sans parvenir à détourner le regard de la pointe du pal.

Ariobarzanès regagna son lit et fit signe à Eumolpos de l'imiter. Celui-ci soupira en espérant que le pire était passé.

« Quelle réponse attendait le petit *yauna* ? » demanda le satrape, indiquant par ce surnom péjoratif l'envahisseur qui avait déjà conquis l'Anatolie.

« Le roi Alexandre... euh, le petit *yauna*, corrigea Eumolpos, voulait savoir où le Grand Roi l'attendait pour engager le combat.

— Très bien ! Tu vas donc envoyer ton courrier — pas celui-ci, qui me paraît hors d'usage — dire au petit *yauna* que le Grand Roi l'attendra au pied des Portes syriennes avec la moitié de son armée, après avoir placé l'autre moitié sur le gué de Tapsaque. Cela le poussera à attaquer.

— Oh oui, bien sûr, s'empressa d'acquiescer l'espion. Ce prétentieux, cet imbécile, qui, je te prie de me croire, m'a toujours été antipathique, se jettera la tête la première dans le boyau qui sépare le mont Amanus de la mer, tandis que vous...

— Nous, rien, l'interrompit Ariobarzanès. Fais ce que je t'ai dit, aujourd'hui même. Tu convoqueras ton homme dans la salle d'à côté, où nous pourrons te voir et t'entendre, et tu l'enverras tout droit au petit *yauna*. Nous déciderons de ton sort après notre victoire. Si tu y contribuais d'une manière décisive, le pal que tu as aperçu dans la cour serait destiné à un tout autre usage. Mais si les choses devaient mal tourner... tac ! »

Il joignit le pouce et l'index de sa main gauche et glissa dans cette boucle l'index de son autre main.

Eumolpos s'exécuta, un peu plus tard, tandis que des

oreilles et des yeux l'écoutaient et l'observaient par des orifices sans doute bien cachés dans les murs ornés de fresques.

Il exposa à son nouveau courrier la mission qui l'attendait : « Tu diras que ton collègue est malade, et que je t'ai envoyé à sa place. Et quand on te demandera le mot de passe, tu diras... » Il toussota. « ... " cervelle de mouton ".

— " Cervelle de mouton ", mon seigneur ? demanda le courrier d'un air étonné.

— Oui, oui, " cervelle de mouton ". Pourquoi, quelque chose ne va pas ?

— Non, tout va bien. Alors je pars sans tarder.

— Oui, très bien, pars. »

Eumolpos de Soles sortit ensuite par une petite porte, située à l'autre extrémité de la pièce. Ariobarzanès l'attendait.

« Puis-je m'en aller ? demanda l'espion.

— Oui, répondit le satrape. Pour le moment. »

Après avoir quitté Gordion, Alexandre traversa la grande Phrygie jusqu'à la ville d'Ancyre, un bourg niché dans des collines au fond d'une cuvette embrumée. Il confirma dans ses fonctions le satrape perse qui y résidait, tout en plaçant des officiers macédoniens à la tête de la garnison.

Puis il reprit sa marche vers l'ouest et atteignit la rive du Halys, le grand fleuve qui se jetait dans la mer Noire et qui constituait depuis plusieurs siècles la frontière entre le monde égéo-anatolien et l'Asie intérieure, l'ultime frontière que les Grecs, estimait-on, n'auraient jamais pu franchir. L'armée le longea jusqu'à son anse méridionale et poursuivit sa route sur la rive de deux grands lacs salés, entourés de vastes étendues blanchâtres.

Alexandre confirma également dans ses fonctions le satrape perse de Cappadoce, qui lui jura fidélité, puis il se dirigea vers le sud. Ne rencontrant aucune résistance, il pénétra sur le haut plateau que dominait la masse du mont Argée, un volcan endormi et toujours enneigé qui surgissait comme un fantôme des brumes de l'aube. La campagne était souvent couverte de gelée blanche durant les premières heures de la journée ; elle prenait ensuite une couleur rougeâtre au fur et à mesure que le soleil s'éloignait de l'horizon.

Il y avait de nombreux champs labourés et semés, mais on entrevoyait, là où la charrue n'était pas passée, des chaumes donnés en pâture aux brebis et aux chèvres. Au bout de deux jours de marche, les soldats aperçurent l'imposante chaîne du Taurus, dont les cimes immaculées étincelaient au soleil et se teintaient de rouge au couchant.

Ils furent étonnés de constater que ce territoire immense s'ouvrait presque spontanément à eux et que de nombreux villages, tribus et villes se soumettaient sans résister.

La renommée du jeune guerrier s'était désormais répandue sur ces territoires, tout comme la nouvelle de la mort du commandant Memnon — le seul, à l'exception du Grand Roi, à pouvoir enrayer sa progression.

Au bout de cinq jours de marche sur le haut plateau, le sentier commença à monter de plus en plus vers le chemin qui conduisait à la plaine côtière de la Cilicie. Chaque soir, Alexandre s'enfermait sous sa tente, parfois en compagnie d'Héphestion ou de ses autres amis, pour lire l'*Anabase* de Xénophon, le journal de l'expédition des Dix Mille qui avaient emprunté ce passage soixante-dix ans plus tôt. L'historien athénien disait que le défilé était difficile à traverser quand il était occupé.

Alexandre voulut conduire lui-même la colonne en marche. Au point du jour, les gardes du défilé l'aperçurent et le reconnurent immédiatement à son étendard rouge, frappé de l'étoile argéade en or, à son gigantesque étalon noir et à son armure d'argent qui étincelait au soleil.

Ils découvrirent bientôt l'interminable serpent que formaient les hommes et les chevaux gravissant le sentier au pas, et ils constatèrent qu'ils étaient eux-mêmes trop peu nombreux pour pouvoir les affronter. Ils prirent donc la fuite sans tarder, si bien que le passage fut aisément franchi.

Séleucos avisa sur la paroi gauche du défilé des inscriptions gravées dans la roche vive qui avaient peut-être été tracées par l'un des Dix Mille de Xénophon, et il les indiqua à Alexandre, qui les examina avec perplexité. Puis ils poursuivirent leur route et débouchèrent bientôt dans la vallée du Cydnos et dans la grande plaine verdoyante de la Cilicie.

« Nous sommes en Syrie, dit Eumène. Nous avons quitté l'Anatolie.

— Un autre monde ! s'exclama Héphestion en posant le regard sur la mince ligne bleutée qui bordait la plaine. Et là, il y a la mer !

— Où peuvent bien être Néarque et nos navires ? demanda Perdiccas.

— Quelque part là-bas, répondit Léonnatos. Il est peut-être en train de scruter ces montagnes et de grommeler : " Où se sont-ils fourrés ? Pourquoi ne se montrent-ils pas ? "

— Rien de plus facile, répliqua Alexandre. On va occuper sans tarder les ports côtiers. Si Néarque arrive, il pourra jeter l'ancre tranquillement, sans crainte des embuscades. »

Il éperonna Bucéphale et descendit vers la vallée.

Lysimaque dit à Léonnatos, qui chevauchait à ses côtés : « S'ils avaient placé une garnison aguerrie au sommet des montagnes qui dominent le défilé, une mouche n'aurait pas pu passer.

— Ils ont peur, expliqua son ami. Ils fuient comme des lapins. Désormais, plus personne ne peut nous arrêter. »

Lysimaque secoua la tête. « C'est ce que tu penses. Tout ce calme ne me dit rien de bon. J'ai bien peur que nous nous soyons fourrés dans la gueule du loup, qui nous attend tous crocs dehors. »

Léonnatos observa en bougonnant : « Je lui arracherai la langue. » Puis il partit vers l'arrière de la colonne.

En quelques dizaines de stades, le climat avait complètement changé : il était désormais chaud et humide, et les soldats transpiraient sous leurs armures.

Ils gagnèrent en deux étapes la ville de Tarse, non loin de la mer. Elle leur ouvrit ses portes après que le satrape de la Cilicie se fut enfui en préférant rejoindre l'armée du Grand Roi, qui poursuivait sa progression inexorable. Alexandre cantonna l'armée dans la plaine et prit ses quartiers dans les plus belles demeures de la ville avec la fleur de ses détachements et ses officiers supérieurs. C'est là qu'on lui annonça une visite.

« Un courrier insiste pour s'entretenir en tête à tête avec toi, dit l'un des gardes qui surveillaient l'entrée.

— Qui l'envoie ?

— Il dit qu'il vient de la part d'un certain Eumolpos de Soles.

— Alors, il devrait me transmettre un mot de passe. »

Le garde sortit. Alexandre l'entendit ricaner un peu plus tard. Nul doute qu'il s'agissait du courrier d'Eumolpos.

« Le mot de passe est... commença le garde en retenant à grand-peine ses rires.

— Ne fais pas le pitre, interrompit le roi.

— Le mot d'ordre est " cervelle de mouton ".

— C'est lui, introduis-le. »

Le garde s'éloigna en ricanant et fit entrer le messager.

« Sire, je viens de la part d'Eumolpos de Soles.

— Je le sais, il est le seul à avoir un mot de passe aussi stupide. Pourquoi l'autre courrier n'est-il pas venu ? C'est la première fois que je te vois.

— L'autre courrier s'est blessé en tombant de cheval.

— Que dois-tu me dire ?

— Des choses importantes, mon seigneur. Le Grand Roi est proche désormais, Eumolpos est parvenu à corrompre un aide de camp de Darius et à savoir où se déroulera la bataille par laquelle il entend t'anéantir.

— Où ? »

Le courrier balaya la pièce du regard, puis il avisa sur un chevalet la carte dont Alexandre ne se séparait jamais. Il pointa le doigt sur la plaine entre le mont Carmel et le mont Amanus. « Ici, dit-il. Aux Portes syriennes. »

47

La nouvelle se répandit dans le camp comme un éclair, semant la panique. « Le roi est mort ! Le roi est mort !
— De quoi ?
— Il s'est noyé !
— Non, on l'a empoisonné.
— Un espion perse.
— Et où est-il ?
— On l'ignore. Il s'est enfui.
— Alors, suivons-le. De quel côté est-il parti ?
— Attendez ! Attendez ! Voici Héphestion et Ptolémée !
— Il y aussi Philippe, le médecin du roi.
— Alors, il n'est pas mort !
— Qu'est-ce que j'en sais, moi ? On m'a dit qu'il était mort. »
Les soldats se pressèrent aussitôt autour des trois hommes, qui tentaient de se frayer un chemin en direction de l'entrée du campement.

Un groupe d'« écuyers » de la garde se rangea pour leur permettre de parcourir rapidement cette distance.

« Que s'est-il passé ? demanda le médecin.
— Nous venions juste de déjeuner, commença Héphestion.

— Il faisait une chaleur insupportable, continua Ptolémée.

— Aviez-vous bu ? interrogea Philippe.

— Le roi était de bonne humeur, il a avalé la " coupe d'Héraclès ".

— Une demi-amphore de vin, grommela le médecin.

— Oui, admit Ptolémée. Puis il a dit qu'il ne supportait plus cette chaleur et, apercevant les eaux courantes du Cydnos à travers la fenêtre, il s'est écrié : " Je vais me baigner ! "

— Alors qu'il était en nage et l'estomac plein ? » s'exclama Philippe, hors de lui.

Ils montèrent à cheval et s'élancèrent au galop vers le fleuve, situé à deux stades de là.

Le roi gisait sur le sol, à l'ombre d'un figuier. On l'avait étendu sur une natte et recouvert d'un manteau. Son teint était terreux, ses yeux ourlés de cernes noirs et ses ongles bleuâtres.

« Malédiction ! hurla Philippe en sautant à terre. Pourquoi ne l'avez-vous pas retenu ? Cet homme est plus mort que vif. Écartez-vous ! Écartez-vous !

— Mais nous... », balbutia Héphestion.

Il ne parvint pas à terminer sa phrase. Il se tourna vers le tronc d'un arbre pour dissimuler ses larmes.

Le médecin déshabilla Alexandre. Il appuya son oreille contre la poitrine du roi : il entendit les battements de son cœur, faibles et irréguliers, et le recouvrit aussitôt. « Vite ! ordonna-t-il à l'un des " écuyers ". Cours chez le roi, dis à Leptine de préparer un bain brûlant, de mettre de l'eau sur le feu et de dissoudre les herbes que voici selon les proportions exactes que je vais indiquer. » Il tira une tablette et un stylet de son sac avant d'y griffonner rapidement une ordonnance. « Va ! Cours aussi vite que le vent ! »

Héphestion s'avança. « Et nous, que pouvons-nous faire ?

— Préparez immédiatement un treillis de roseaux

que vous fixerez au harnachement de deux chevaux de somme. Nous devons le ramener au camp. »

Les soldats dégainèrent leurs épées et coupèrent des roseaux sur la rive du fleuve, exécutant les ordres qu'on leur avait donnés. Quand ils eurent fabriqué la civière, ils soulevèrent délicatement le roi et l'y allongèrent, puis ils étendirent le manteau sur lui.

Le petit cortège s'ébranla sous les ordres d'Héphestion, qui tenait les deux chevaux par les rênes pour régler leur allure.

Leptine les accueillit, les yeux écarquillés et pleins d'angoisse, sans oser poser de question ; un coup d'œil lui suffit pour appréhender la situation. Suivie par les porteurs, elle gagna en toute hâte la salle de bains en se mordant les lèvres pour ne pas pleurer.

Le roi ne donnait aucun signe de vie. À présent, ses lèvres étaient blêmes et ses ongles presque noirs.

Héphestion s'agenouilla et le prit dans ses bras : la tête et les bras du roi retombèrent comme ceux d'un cadavre.

Philippe s'approcha : « Mettez-le dans la baignoire. Doucement. Plongez-le progressivement. »

Héphestion marmonna quelque chose entre ses dents, conjurant le mauvais sort, ou le maudissant.

Tous les compagnons s'étaient réunis. Ils entouraient maintenant le roi en se tenant un peu à distance pour ne pas entraver le travail de Philippe.

« Je lui avais dit de ne pas se jeter à l'eau, alors qu'il transpirait et qu'il avait le ventre plein, mais il n'a pas voulu m'écouter, murmura Léonnatos à Perdiccas. Il a répondu qu'il l'avait déjà fait mille fois et qu'il ne lui était jamais rien arrivé.

— Il y a toujours une première fois, répliqua Philippe en se retournant. Vous êtes des vauriens, des voyous. Quand comprendrez-vous que vous êtes désormais des adultes ? Que vous avez la responsabilité d'une nation ? Pourquoi ne l'avez-vous pas retenu ? Pourquoi ?

— Mais nous avons essayé... dit Lysimaque pour se justifier.

— Mon œil ! Soyez maudits, tous autant que vous êtes ! jura Philippe entre ses dents tout en commençant à masser le corps du roi. Savez-vous pourquoi cet accident s'est produit, hein ? Le savez-vous ? Bien sûr que non, évidemment. » Les compagnons du roi le regardaient, tête basse, comme des enfants intimidés par leur précepteur. « Ce fleuve est issu de la fonte des neiges du Taurus, mais son parcours est tellement bref que ses eaux n'ont pas le temps de se réchauffer. Elles sont encore glacées quand elles se jettent dans la mer. C'est comme si Alexandre s'était enseveli tout nu dans la neige ! »

Leptine s'était agenouillée devant la baignoire, attendant les ordres de Philippe.

« Bien, aide-moi. Masse-le comme ça, de l'estomac vers la poitrine, tout doucement. Essayons de remettre en route sa digestion. »

Héphestion s'approcha et pointa son doigt vers lui. « Écoute, c'est le roi, il fait donc ce qu'il veut et personne ne peut l'en empêcher. Toi, en revanche, tu es médecin, et tu es censé le guérir. Tu as compris ? Tu dois le guérir, un point c'est tout ! »

Philippe planta son regard dans le sien. « Ne me parle pas sur ce ton : je ne suis pas ton domestique. Je fais ce que je dois faire, et de la façon qu'il me plaît, c'est clair ? Et maintenant, fichez le camp ! » Et il ajouta tandis que les compagnons s'éloignaient : « J'ai besoin de l'aide d'un d'entre vous, d'un seul. »

Héphestion fit volte-face. « Puis-je rester ?

— Oui, grommela Philippe. Mais assieds-toi sur cette chaise et prends garde à ne pas m'énerver. »

Le roi avait repris un peu de couleur, il était toutefois inconscient et n'ouvrait pas les yeux.

« Il faut le vider, affirma Philippe. Immédiatement. Sinon, il ne s'en tirera pas. Leptine, as-tu préparé le remède que je t'ai demandé ?

— Oui.

— Alors apporte-le moi. »

La jeune fille revint avec un flacon rempli d'un liquide vert vif.

« Bien. Maintenant, aidez-moi, ordonna Philippe. Toi, Héphestion, ouvre-lui la bouche : il faut qu'il avale cette décoction. »

Héphestion s'exécuta et le médecin versa le remède goutte à goutte dans la bouche d'Alexandre.

Au bout d'un moment, le roi tressaillit et eut un violent haut-le-cœur.

« Que lui as-tu donné ? demanda Leptine avec effroi.

— Un vomitif qui est en train d'agir, ainsi qu'un remède qui fait réagir son organisme, déjà résigné à la mort. »

Alexandre vomit longuement tandis que Leptine lui tenait le front et que les domestiques, rapidement accourus, nettoyaient le sol sous la baignoire. Puis le roi fut pris de convulsions, qui secouèrent sa poitrine dans des râles et des gémissements.

Philippe lui avait administré un médicament puissant : il provoqua chez son patient une réaction violente qui l'affaiblit considérablement. Alexandre s'en tira, mais il dut affronter une longue convalescence, ponctuée de fréquentes rechutes et de fièvres qui le consumaient lentement pendant des journées entières.

Plusieurs mois s'écoulèrent avant que son état ne s'améliore. Pendant ce temps, les hommes se décourageaient, ils disaient que le roi était mort et que personne n'osait le leur apprendre. Enfin, au début de l'automne, Alexandre put se lever et rassurer ses troupes par sa présence. Il regagna ensuite son lit.

Bientôt, il commença enfin à se promener dans sa chambre, suivi de Leptine qui le suppliait de boire une tasse de bouillon en lui disant que cela lui ferait du bien.

Philippe lui rendait visite en fin de journée pour

juger de son état. Il passait le reste de son temps au camp, car le changement de climat et de régime avait rendu malades bon nombre de soldats. Certains souffraient de diarrhée, d'autres de fièvres, de vomissements et de nausées.

Un soir qu'Alexandre s'occupait de la correspondance qu'on lui adressait de Macédoine et des provinces soumises, se présenta un courrier qui lui délivra un message scellé de la part de Parménion. Le roi l'ouvrit. Philippe arriva sur ces entrefaites.

« Comment allons-nous aujourd'hui, sire ? » demanda-t-il en se hâtant de préparer la potion qu'il entendait lui administrer.

Alexandre parcourut la missive du vieux général. Elle disait :

> Parménion au roi Alexandre, salut !
> Selon des informations dont je suis en possession, ton médecin Philippe a été corrompu par les Perses, il est en train de t'empoisonner. Prends garde à lui.

Il répondit : « Assez bien », et tendit la main pour saisir la coupe contenant le médicament.

De l'autre, il remit le billet à Philippe, qui le lut pendant que le roi ingurgitait la potion.

Le médecin ne se décomposa pas. Quand le roi eut fini de boire, il versa le reste du médicament dans un pot et dit : « Tu en boiras une autre dose ce soir avant de te coucher. Tu pourras recommencer à manger des aliments solides à partir de demain. Je transmettrai à Leptine les indications concernant ton régime. Suis-les scrupuleusement.

— Je n'y manquerai pas, assura le roi.

— Bien. Je retourne au camp. Il y a de nombreux malades, le sais-tu ?

— Oui, répondit Alexandre. C'est un gros problème. Darius approche, je le sens. Il faut absolument que je reprenne des forces. » Puis, tandis que Philippe le saluait, il demanda : « Qui est le coupable, selon toi ? »

Philippe haussa les épaules. « Je n'en ai pas la moindre idée, dit-il, mais il y a ici de jeunes chirurgiens fort doués et très ambitieux qui pourraient aspirer à la charge d'archiatre. S'il m'arrivait quelque chose, on me remplacerait.

— Dis-moi seulement de qui il s'agit, et je...

— Il ne vaut mieux pas, sire. Nous aurons bientôt besoin de tous nos chirurgiens, et je ne sais même pas s'ils seront en nombre suffisant. Quoi qu'il en soit, je te remercie de ta confiance » ajouta-t-il en sortant et en refermant la porte derrière lui.

48

À l'automne, l'escadre de Néarque jeta l'ancre face au Tarse. L'amiral descendit à terre pour saluer et embrasser Alexandre, désormais complètement rétabli.

« Sais-tu que Darius a l'intention de nous barrer la route à la hauteur des Portes syriennes ? dit le roi.

— C'est ce que m'a rapporté Perdiccas. Hélas, ta maladie lui a sans doute permis de consolider ses positions.

— Oui, mais voici mon plan : nous allons longer la côte, remonter vers le passage, d'où nous enverrons des éclaireurs à la recherche de Darius. Il nous faudra déloger sa garnison par une attaque surprise avant de conduire notre armée dans la plaine, où nous fondrons sur ses forces. De toute façon, ils disposent d'une supériorité numérique écrasante, de l'ordre de un à dix.

— Un à dix ?

— D'après les nouvelles que j'ai reçues. Je laisserai les malades et les convalescents à Issos avant de me diriger vers le passage. Nous partirons demain. Tu nous suivras avec ta flotte : dorénavant, nous nous tiendrons à une courte distance afin d'avoir recours aux signalisations directes. »

Néarque regagna son navire et leva l'ancre le lendemain en mettant le cap sur le sud, tandis que l'armée empruntait la route côtière dans la même direction.

Quand elle atteignit la petite ville d'Issos, qui s'étendait au pied de montagnes en forme de gradins de théâtre, le roi ordonna d'y installer les hommes qui n'étaient pas en mesure de combattre, puis il reprit le chemin des Portes syriennes.

Le lendemain soir, il envoya des éclaireurs en reconnaissance. Du bateau amiral, Néarque signalait que la mer grossissait, et qu'une tempête se préparait.

« Il ne manquait plus que ça ! » pesta Perdiccas.

Ses hommes s'acharnaient à monter les tentes que le vent, qui soufflait de plus en plus fort, faisait claquer et voler comme les voiles des navires au milieu d'une tempête.

Quand, à la tombée de la nuit, le campement fut enfin prêt, un orage éclata, apportant des trombes d'eau, des éclairs aveuglants, des coups de tonnerre qui résonnaient sur les flancs des montagnes.

Néarque avait abordé la terre à temps. À grands coups de masse, ses équipages plantaient les amarres dans le sable de la plage pour y assurer les cordages qu'on leur lançait depuis la poupe.

La situation semblait enfin maîtrisée, et l'état-major au complet se réunit sous la tente d'Alexandre pour partager un maigre repas et discuter des plans prévus pour le lendemain. L'heure du coucher s'approchait quand un courrier venu d'Issos se présenta, trempé, couvert de boue et tout essoufflé. Les officiers se levèrent.

« Que se passe-t-il ? interrogea Alexandre.

— Sire, commença l'homme dès qu'il eut repris son souffle, l'armée de Darius est dans notre dos, à Issos.

— Quoi ? Es-tu soûl ? s'écria le roi.

— Hélas non. Ils ont fondu sur nous au crépuscule, ont surpris les sentinelles à l'extérieur de la ville et ont fait prisonniers tous les soldats, malades ou convalescents, que nous avions laissés derrière nous. »

Alexandre abattit son poing sur la table. « Malédiction ! Nous allons être obligés de négocier leur restitution avec Darius.

— Nous n'avons pas le choix, dit Parménion.

— Comment se fait-il qu'ils soient dans notre dos ? demanda Perdiccas.

— Ils n'ont pas pu passer par ici, car nous y sommes », observa Séleucos d'une voix détachée, comme s'il voulait ramener le calme dans l'assistance. « Ni par la mer : Néarque les aurait vus. »

Ptolémée s'approcha du courrier. « Et si c'était un piège destiné à nous éloigner du passage et à donner au Grand Roi le temps de monter sur les hauteurs, d'où il lui serait facile de nous attaquer ? Je ne connais pas cet homme. Et vous ? »

Tout le monde examina le courrier, qui recula d'un air effrayé.

« C'est la première fois que je le vois, déclara Parménion.

— Moi aussi, confirma Cratère en l'observant avec méfiance.

— Mais, sire... implora le courrier.

— As-tu un mot de passe à me transmettre ? lui demanda Alexandre.

— Je... je n'ai pas eu le temps, sire. Mon commandant m'a donné l'ordre de filer, j'ai sauté à cheval et je suis parti.

— Et qui est ton commandant ?

— Amyntas de Lyncestide. »

Sans un mot, Alexandre échangea un regard complice avec Parménion. Au même instant, un éclair étincela si violemment qu'il illumina la tente en jetant un reflet spectral sur les membres de l'assistance. Un coup de tonnerre assourdissant retentit ensuite.

« Il n'y a qu'une façon de connaître la vérité, dit Néarque dès que le tonnerre se fut éloigné vers la mer.

— Laquelle ? interrogea le roi.

— Je vais aller voir ce qui se passe à l'arrière. Avec mon bateau.

— Tu es fou ! s'exclama Ptolémée. Tu couleras !

— Ce n'est pas dit. Le vent vient du sud : avec un peu de chance, je peux m'en tirer. Ne bougez pas tant que je ne serai pas revenu, ou que je ne vous aurai pas envoyé un de mes hommes. Mon mot de passe sera " Poséidon ". »

Il tira son manteau sur sa tête et sortit en courant sous la pluie battante.

Alexandre et ses compagnons le suivirent, des lanternes à la main. Néarque se hissa à bord du vaisseau amiral, il donna l'ordre de larguer les amarres et de plonger les rames dans l'eau. Bientôt, le bateau vira vers le nord. Tandis qu'il s'écartait de la plage, le fantôme d'une voile s'ouvrit à la proue.

« Il est fou, grommela Ptolémée en essayant de se protéger les yeux contre la pluie cinglante. Il a même déployé une voile.

— Non, répliqua Eumène. C'est le meilleur marin qui ait jamais navigué d'ici aux Colonnes d'Héraclès, et il le sait. »

La tache blanche de la voile de proue fut rapidement engloutie par les ténèbres et tout le monde retourna sous la tente du roi pour se réchauffer devant le brasero avant d'aller se coucher. Trop bouleversé pour dormir, Alexandre demeura un long moment sous l'auvent de sa tente, contemplant la fureur de l'orage et jetant de temps à autre un coup d'œil à Péritas qui glapissait plaintivement à chaque coup de tonnerre. Soudain, il vit la foudre s'abattre sur un chêne au sommet d'une colline.

Le gigantesque tronc s'enflamma. Un instant, Alexandre aperçut dans le reflet des flammes le manteau blanc d'Aristandre et la silhouette du devin, immobile dans le vent et la pluie, les mains levées vers le ciel. Le roi fut secoué par un long frisson glacé, et il eut l'impression d'entendre les cris de nombreux agonisants, la plainte désolée de nombreuses âmes fuyant vers les enfers. Puis son esprit sombra dans une sorte d'inconscience.

L'orage se déchaîna pendant toute la nuit. Au matin, les nuages furent balayés par le vent, laissant place à quelques trouées de ciel bleu. Quand le soleil se montra enfin sur les pics du Taurus, le calme était revenu et la mer venait se briser sur la plage en longues vagues ourlées d'écume.

Il n'était pas midi quand revinrent les éclaireurs que le roi avait envoyés vers le passage des Portes syriennes : « Sire, il n'y a personne là-bas, personne dans la plaine non plus.

— Je ne comprends pas, dit le roi. Je ne comprends pas. Même les " Dix Mille " empruntèrent ce passage. Il n'y en a pas d'autre... »

La réponse qu'il cherchait arriva avec le vaisseau de Néarque, à la tombée du soir : ses hommes s'étaient brisé l'échine en ramant contre le vent, près de la côte, pour apporter au roi la nouvelle qu'il attendait. Dès que le bateau fut annoncé, le roi se précipita sur la plage pour accueillir l'amiral, qui regagnait la terre ferme dans une chaloupe.

« Alors ? lui demanda-t-il quand il eut posé le pied sur le sol.

— Hélas, ton courrier t'a dit la vérité. Ils se trouvent dans notre dos, et ils sont des centaines de milliers. Ils ont des chevaux, des chars de guerre, des archers, des frondeurs, des lanciers...

— Mais comment...

— Il y a un autre passage : les Portes amaniennes, à vingt-cinq stades vers le nord.

— Eumolpos s'est joué de nous ! pesta Alexandre. Il nous a attirés dans ce boyau entre la mer et les montagnes pendant que Darius descendait dans notre dos en se glissant entre la Macédoine et nous.

— Rien ne dit qu'il l'ait fait de son propre chef,

observa Parménion. Il a peut-être été démasqué et obligé de nous trahir. À moins que Darius n'ait espéré te surprendre encore dans ton lit de malade à Tarse.

— Cela ne change rien à notre situation, commenta Ptolémée.

— Eh oui, renchérit Séleucos. Nous sommes dans le pétrin.

— Comment réagir ? » demanda Léonnatos en levant son visage couvert de taches de rousseur qu'il avait jusque-là penché sur sa poitrine.

Alexandre réfléchit un moment avant de répondre : « À l'heure qu'il est, Darius sait probablement où nous nous trouvons. Si nous restons ici, il nous taillera en pièces. »

49

Alexandre convoqua le conseil sous sa tente avant le lever du jour. Il avait très peu dormi, mais il semblait lucide et en parfaite condition physique.

Il exposa son plan en quelques mots : « Mes amis, l'armée perse nous surpasse largement en nombre et il est donc nécessaire de quitter ces lieux, où nous sommes trop exposés. Derrière nous s'étend une vaste plaine, et devant nous se dressent des montagnes. Darius nous écraserait après nous avoir complètement encerclés. Nous devons donc reculer et l'affronter sur un terrain étroit, où il lui sera impossible de déployer toutes ses forces.

« Il ne s'attend pas à ce mouvement, ce qui nous permettra de le surprendre. Vous rappelez-vous le lieu où le fleuve Pinaros se jette dans la mer ? Eh bien, ce pourrait être le bon endroit. Les officiers responsables de la marche me disent que dix ou douze stades, pas plus, séparent la mer des collines, mais que le terrain libre de tout obstacle a une largeur inférieure à trois stades. Cela nous convient. La formation que nous adopterons sera celle qui est la plus sûre : au centre, les bataillons de la phalange des *pézétaïroï* et les alliés grecs ; à droite, du côté des collines, les escadrons de cavalerie des *hétaïroï*, dont je prendrai la tête avec la Pointe ; sur l'aile gauche, le général Parménion nous couvrira du côté de la mer avec le reste de l'infanterie lourde et la cavalerie des Thessaliens. Les Thraces et les Agrianes seront avec moi, ils constitueront la seconde ligne de réserve.

« La phalange attaquera de front et la cavalerie sur les côtés, comme à Chéronée, comme sur le Granique.

« C'est tout ce que j'ai à vous dire. Que les dieux nous soient favorables ! Maintenant, rejoignez l'armée et mettez-la en rangs afin que je la passe en revue. »

Il faisait encore noir quand le roi, monté sur Bucéphale, dans son armure de combat, la poitrine couverte d'une cuirasse en fer et en argent ornée d'une gorgone de bronze repoussé à la hauteur du cœur, harangua ses troupes. Il était flanqué de ses gardes du corps et de ses compagnons : Héphestion, Lysimaque, Séleucos, Léonnatos, Perdiccas, Ptolémée et Cratère, tous revêtus de fer et de bronze, coiffés de casques dont les hauts cimiers flottaient dans le vent froid de ce matin d'automne.

« Soldats ! s'écria-t-il. Pour la première fois depuis que nous avons pénétré en Asie, nous faisons face à l'armée perse que conduit le Grand Roi en personne. Il nous a pris à revers et son armée coupe nos arrières. Il pense certainement longer la côte et nous écraser contre ces montagnes, en se fiant à sa supériorité numérique. Mais nous ne l'attendrons pas, nous l'affronterons, nous le surprendrons dans un défilé et nous le vaincrons. Nous n'avons pas le choix, soldats ! Si nous ne gagnons pas, nous serons anéantis. Souvenez-vous d'une chose ! Le Grand Roi se place toujours au centre de sa formation. Si nous parvenons à le tuer ou à le capturer, nous gagnerons la guerre et conquerrons son empire en un seul instant. Et maintenant, faites-moi entendre votre voix, soldats ! Faites-moi entendre le fracas de vos armes ! »

L'armée répondit par un grondement, puis les officiers et les soldats dégainèrent leurs épées et commencèrent à en frapper en rythme leurs boucliers, répandant dans la plaine un vacarme assourdissant. Alexandre brandit sa lance et poussa Bucéphale, qui avança de son pas majestueux, flanqué d'autres cavaliers en armures. Derrière eux retentirent bientôt le pas lourd et cadencé de la phalange et le bruit de milliers de sabots.

Ils se dirigèrent vers le nord et marchèrent sans rencontrer d'obstacles. Mais vers le milieu de la matinée, un groupe d'éclaireurs, parti en reconnaissance, revint au galop.

« Sire, s'écria leur commandant d'un air horrifié, les barbares nous ont renvoyé les hommes que nous avions laissés à Issos. »

Alexandre le regarda sans comprendre.

« Ils les ont tous mutilés, sire, ils leur ont coupé les mains. Nombre d'entre eux sont morts d'hémorragie, d'autres se traînent péniblement sur la route en poussant des gémissements et des cris de douleur. C'est épouvantable. »

Le roi alla au-devant de ses soldats. En le voyant, ceux-ci tendirent leurs bras sanguinolents, des moignons bandés à l'aide de chiffons crasseux.

Le visage du roi se déforma en une grimace d'horreur. Il sauta à terre et, criant et pleurant, comme hors de lui, se mit à les embrasser un à un.

Un vétéran se traîna à ses pieds pour lui parler, mais ses forces s'éteignirent et il s'effondra, mourant, dans la boue.

Alexandre hurla : « Appelez Philippe, appelez les médecins, vite ! Vite ! Qu'ils soignent ces hommes ! » Puis, à l'adresse de ses troupes : « Regardez ce que les Perses ont fait à vos compagnons ! Maintenant vous savez ce qui vous attend si nous sommes battus. Nous n'aurons pas de repos tant que nous n'aurons pas vengé ce massacre. »

Philippe vola au secours des blessés, il les fit monter sur des chars qui les ramèneraient au camp, puis il rejoignit l'armée, sachant qu'on aurait besoin de ses soins avant que le soleil ne se couche.

L'armée de Darius apparut vers midi, alignée en un vaste front sur la rive nord du fleuve Pinaros. C'était un spectacle impressionnant : il y avait là deux cent mille guerriers au moins, en ligne de combat sur plusieurs rangs, précédés par des chars de guerre dont les roues étaient garnies de faux menaçantes. Ils étaient flanqués de cavaliers mèdes, cissiens, saces et hyrcaniens ; au centre, derrière les chars, se trouvait l'infanterie des Immortels, la garde de Darius, avec ses carquois d'argent, ses lances à pointes dorées et ses longs arcs à double courbure.

« Dieux de l'Olympe, combien sont-ils ! s'exclama Lysimaque. »

Alexandre ne dit rien, il scrutait le centre de la formation ennemie à la recherche du char de guerre du Grand Roi. Ptolémée le tira de sa torpeur.

« Regarde ! Les Perses nous contournent par la droite ! »

Le roi examina les collines, derrière lui, et vit qu'un escadron de cavalerie s'élançait sur les hauteurs en effectuant une manœuvre enveloppante.

« Nous ne pouvons pas les affronter à cette distance. Ordonnez aux Thraces et aux Agrianes de les arrêter. Ils ne doivent passer à aucun prix. Donnez le signal, nous allons attaquer ! »

Ptolémée rattrapa le contingent des Thraces et des Agrianes, qu'il envoya vers les collines. Héphestion fit signe aux trompettes d'emboucher leurs instruments, et ils s'exécutèrent sur-le-champ. D'autres sonneries répondirent sur l'aile gauche. Alors l'armée s'ébranla.

« Là, regardez ! s'écria Héphestion. L'infanterie lourde des Grecs ! Elle occupe le centre.

— Et là-bas, intervint Perdiccas. Ils plantent des pieux pointus dans le sol.

— En outre, le fleuve est en crue, ajouta Lysimaque. Avec la pluie de cette nuit... »

Alexandre observait sans mot dire les Agrianes et les Thraces qui avaient engagé le combat contre les Perses, et les repoussaient déjà. Désormais, une courte distance le séparait de la rive du Pinaros. Le fleuve n'était pas profond, mais son eau trouble coulait en abondance entre ses rives boueuses. Le roi leva encore une fois la main, et les trompettes sonnèrent le signal d'attaque.

La phalange baissa ses sarisses et chargea ; la cavalerie thessalienne s'élança sur l'aile gauche, tandis qu'Alexandre éperonnait Bucéphale à la tête de ses *pézétaïroï*. Avant que les Perses ne puissent l'en empêcher, il déborda à droite, poussa son cheval dans le fleuve, à l'endroit où il était le plus étroit, suivi de tout son escadron, effectua une conversion et, la lance au poing, se jeta sur le flanc de la formation ennemie.

Au même instant, la phalange pénétra dans le Pinaros et entreprit d'en remonter la rive droite, mais elle se heurta à l'infanterie grecque, composée de mercenaires en rangs très serrés. Le terrain accidenté et glissant, la présence de rochers sur la grève et sur la rive obligèrent les Macédoniens à rompre leur formation, et les Grecs s'engouffrèrent dans les brèches, engageant de furieux corps à corps avec les *pézétaïroï*.

Comprenant que la phalange courait un danger qui pouvait lui être fatal, Cratère, qui combattait à pied sur son flanc droit, enjoignit aux trompettes d'emboucher leurs instruments pour appeler les « écuyers », et ordonna à ces derniers de combler les brèches. Nombre de *pézétaïroï* avaient été contraints, en effet, d'abandonner leurs sarisses au profit de courtes épées pour mieux répondre au furieux assaut des Grecs. Mais ils rencontraient de grosses difficultés.

Sur l'aile gauche, Parménion avait lancé en plusieurs vagues ses cavaliers thessaliens contre l'aile droite des Perses. Chaque escadron décochait une nuée de javelines avant de se replier, tandis que la deuxième et la troisième vague se précipitaient vers l'avant à un rythme rapide. Les Hyrcaniens et les Saces réagirent en chargeant violemment, couverts par les archers cissiens qui projetaient une pluie de traits. On engagea même un escadron de chars dans la mêlée, mais le terrain était trop accidenté : nombre de ceux-ci se renversèrent et les chevaux qui les tiraient s'enfuirent, traînant derrière eux leurs auriges qui s'écrasèrent sur les rochers.

La bataille fit rage pendant plusieurs heures, car les Perses puisaient dans leurs inépuisables réserves des troupes toujours fraîches. Une brigade d'« écuyers », conduite par Cratère, parvint à se glisser dans le dos de l'infanterie grecque, à l'isoler du reste de la formation perse et à en rompre les rangs.

Épuisés par tant d'efforts, oppressés par la lourdeur de leur armement, pris entre deux lignes ennemies, les fantassins mercenaires commencèrent à lâcher pied et à se disperser. Ils furent bientôt éliminés par la cavalerie thessalienne. Alors les « écuyers » s'engagèrent rapidement sur les côtés, la phalange des *pézétaïroï* se rassembla et, baissant ses sarisses, progressa vers le vaste front des dix mille Immortels de Darius qui marchaient d'un pas lourd, bouclier contre bouclier, en pointant leurs lances. Une sonnerie de trompette retentit à l'arrière, suivie par un bruit de tonnerre qui couvrit cet enfer de cris, de hennissements, de cliquetis d'armes : le tonnerre de Chéronée !

Le gigantesque tambour, transporté en pièces détachées, avait été remonté. Tiré par huit chevaux, il avait atteint la ligne de combat pour joindre son grondement puissant aux hurlements des guerriers.

Les *pézétaïroï* s'écrièrent :

Alalalàï !

Ils se jetèrent dans la mêlée, sans penser à leur fatigue et à leurs blessures. Couverts de boue et de sang, ils se dressaient comme des furies infernales.

Mais ils n'effrayèrent pas les Immortels du Grand Roi, qui attaquèrent à leur tour avec une énergie intacte. Les deux formations s'affrontèrent dans un épouvantable chaos, le front avança et recula à plusieurs reprises sous la poussée des charges furibondes.

Toujours en première ligne, sur l'aile droite, précédé par son porte-drapeau qui brandissait son étendard rouge frappé de l'étoile argéade à seize pointes, Alexandre ne cessait de lancer des assauts, mais les escadrons des cavaliers arabes et assyriens contre-attaquaient valeureusement, renforcés par les archers mèdes et arméniens.

Le soleil commençait à décliner quand les Thraces et les Agrianes l'emportèrent enfin sur la cavalerie perse. Ils se rassemblèrent et allèrent prêter main-forte aux détachements d'infanterie, engagés dans de violents corps à corps. Leur arrivée insuffla une seconde vigueur aux *pézétaïroï*, épuisés par cette bataille interminable, et Alexandre fit de nouveau charger la Pointe en lançant un hurlement sauvage et en éperonnant Bucéphale. Sensible à la fougue de son cavalier, le brave animal se cabra dans un hennissement et, prenant appui sur ses puissants jarrets, se propulsa vers l'avant.

Désormais, le char de Darius était à moins de cent pieds de distance, ce qui eut pour effet de décupler les forces d'Alexandre qui se fraya un chemin en abattant à coups d'épée ceux qui tentaient de l'arrêter.

Soudain, comme halluciné par ses efforts, le roi macédonien tomba nez à nez avec son adversaire, et les deux rois se regardèrent un moment dans les yeux. C'est alors qu'Alexandre ressentit une douleur lancinante à la cuisse et vit qu'une flèche s'était plantée au-dessus de son genou, sur le côté. Il serra les dents et arracha le projectile en dépit de sa souffrance, mais quand il releva les yeux, Darius n'était plus là : son aurige fouettait sauvagement ses chevaux en direction des collines, sur le sentier qui menait aux Portes amaniennes.

Perdiccas, Ptolémée et Léonnatos entourèrent le roi blessé et firent le vide autour de lui, tandis qu'Alexandre criait : « Darius s'enfuit ! Suivez-le ! Suivez-le ! »

Victimes d'une attaque concentrique des escadrons adverses, les Perses vacillèrent et prirent la fuite. Seuls les Immortels demeurèrent sur le champ de bataille, formant un carré et répondant coup pour coup à leurs ennemis.

Alexandre déchira un morceau de son manteau, se banda la cuisse et se lança de nouveau à la poursuite des Perses. Mais un cavalier de la garde royale se dressa bientôt devant lui, sabre au poing. Le roi s'empara alors de sa hache à double tranchant, fixée à son étrier, et brisa en deux l'arme de son adversaire, le laissant bouche bée. Alors que le roi macédonien brandissait une nouvelle fois son arme, le soleil couchant éclaira brusquement le visage du Perse. Dans cet étrange jeu de lumières, Alexandre reconnut son adversaire.

Il reconnut le visage brun et la barbe noire d'un archer gigantesque qui avait tué d'un seul trait, à cent pas de distance, la lionne qui s'était jetée sur lui, de nombreuses années plus tôt. En un jour lointain, en un jour de chasse et de fête dans la plaine fleurie de l'Éordée.

Le Perse le reconnut également et le dévisagea sans mot dire, comme s'il venait d'être frappé par la foudre.

« Que personne ne touche à cet homme ! » s'écria Alexandre, avant de s'élancer au galop derrière ses compagnons.

La poursuite de Darius dura de nombreuses heures. Le quadrige du roi surgissait parfois au loin, puis s'évanouissait dans la végétation qui recouvrait la cime des collines et dissimulait les sentiers. Alexandre et ses amis finirent par retrouver le char au détour d'un chemin. Mais il était abandonné, tout comme la robe, le carquois d'or, la lance et l'arc du Grand Roi.

« Inutile de continuer, observa Ptolémée. Il fait nuit désormais, et Darius a pris la fuite sur un cheval frais : nous n'arriverons jamais à le capturer. Et puis, tu es blessé, ajouta-t-il en examinant la cuisse ensanglantée d'Alexandre. Rentrons : les dieux ont été assez généreux avec nous au cours de cette journée. »

50

Alexandre regagna le camp au cœur de la nuit, couvert de sang et de boue, après avoir traversé la plaine parsemée de feux, de cadavres et de charognes. Un même mélange de boue et de sang avait séché sur le corps de Bucéphale, lui donnant la couleur spectrale d'une apparition cauchemardesque.

Ses compagnons chevauchaient à ses côtés en traînant le char du Grand Roi, qu'ils avaient fixé au harnachement de leurs étalons.

Le camp perse avait été pillé et saccagé par les soldats macédoniens, mais les pavillons royaux étaient encore intacts : ils appartenaient de droit à Alexandre.

La tente de Darius — gigantesque — était faite de cuir ouvragé et pourvue de tentures de pourpre et d'or. Les pieux de soutènement avaient été taillés dans du cèdre puis sculptés et gainés de lames d'or pur. Il y avait sur le sol des tapis d'une valeur inestimable. À l'intérieur, de lourds rideaux de soie blanche, rouge et bleue, divisaient l'espace en plusieurs pièces, comme s'il s'agissait de véritables quartiers fixes : la salle du trône pour les audiences, la salle à manger, la chambre royale, où se trouvait un lit à baldaquin monumental, et la salle de bains.

Alexandre balayait la tente du regard comme s'il ne parvenait pas à prendre conscience que tant de richesse et de luxe était désormais à sa disposition. La baignoire, les amphores et les puisettes étaient en or massif ; les servantes et les jeunes eunuques de Darius, d'une grande beauté, avaient préparé un bain pour leur nouveau maître et s'apprêtaient, tremblants de peur, à obéir au moindre de ses gestes.

Il examina encore une fois ce décor avec stupéfaction et murmura, quasiment pour lui-même : « Voilà donc, à ce qu'il paraît, ce que veut dire être roi. » Habitué à l'austère simplicité du palais royal de Pella, il considérait cette tente comme la résidence d'un dieu.

Il s'approcha en boitant de la salle de bains et les femmes se hâtèrent de le déshabiller. C'est alors que Philippe se présenta pour le soigner. Le médecin montra aux servantes comment lui donner son bain sans provoquer d'autre hémorragie. Puis il fit étendre le roi sur une table et l'opéra avec l'aide de ses assistants. Il nettoya et draina la blessure, la recousit et la banda soigneusement. Pas une seule fois Alexandre ne gémit, mais cet effort énorme s'ajoutait à ceux de la journée — surhumains —, et il sombra bientôt dans une sorte de torpeur, puis dans un sommeil de plomb, dès que Philippe eut terminé son intervention.

Après avoir renvoyé tout le monde, Leptine aida le roi à se coucher et s'étendit, nue, à ses côtés afin de le réchauffer en cette froide nuit d'automne.

Il fut réveillé le lendemain par des pleurs désespérés, qui s'échappaient de la tente voisine. Sans réfléchir, il posa aussitôt le pied par terre, et sa blessure lui arracha une grimace de douleur. Heureusement, le drainage que Philippe avait pratiqué au moyen d'une canule d'argent avait empêché sa jambe d'enfler. Le roi était faible, certes, mais en mesure de se déplacer et d'enfreindre les ordres de son médecin, qui lui avait prescrit une semaine de repos complet.

Intrigué par ces gémissements, il ordonna qu'on l'habille rapidement et quitta sa tente en boitant, sans même prendre le temps de manger. Héphestion, qui avait dormi dans l'entrée en compagnie de Péritas, lui tendit aussitôt le bras, mais Alexandre refusa son aide. « Que se passe-t-il ? demanda-t-il. Que signifient ces plaintes ?

— Il y a dans cette tente la reine mère, l'épouse de Darius et une partie de ses trois cent soixante-cinq concubines. Les autres sont restées à Damas. Elles ont vu le char de Darius, sa robe et son carquois, et elles sont persuadées qu'il est mort.

— Allons donc les rassurer. »

Désireux de ne pas embarrasser ces femmes, ils prièrent un eunuque de les annoncer avant de pénétrer sous la tente d'un même pas. Après un instant d'égarement et d'hésitation, la reine mère, dont le visage était sillonné de larmes et taché de bistre, se jeta aux pieds d'Héphestion, croyant qu'il s'agissait du roi car il était plus grand et plus imposant qu'Alexandre. Comprenant la situation, l'eunuque blêmit et lui dit à l'oreille qu'elle se méprenait.

La reine secoua la tête d'un air confus et se prosterna devant Alexandre en gémissant encore plus fort et en implorant son pardon. Alors, le roi se baissa, l'aida à se relever et lui dit, tandis que l'eunuque traduisait ses paroles dans sa langue : « Peu importe, madame. Lui aussi est Alexandre. » Et voyant qu'elle reprenait courage, il ajouta : « Je t'en prie, ne pleure pas et ne désespère pas. Darius est vivant. Il a abandonné son quadrige et sa robe royale, et il a pris la fuite à cheval pour gagner en légèreté et en rapidité. À l'heure qu'il est, il est certainement en sécurité. »

La reine mère s'inclina à nouveau devant lui et couvrit sa main de baisers. L'épouse du Grand Roi s'approcha à son tour pour lui rendre le même hommage. Le roi fut foudroyé par son incroyable beauté. Tournant le regard vers les autres femmes, il s'aperçut qu'elles étaient toutes splendides, et il susurra à l'oreille d'Héphestion : « Par Zeus, ces femmes sont un tourment pour mes yeux ! » Mais il cherchait, à l'évidence, un visage particulier.

« Y a-t-il d'autres femmes dans le camp ? demanda-t-il.

— Non, répondit Héphestion.

— En es-tu sûr ?

— Sûr et certain. » Puis il ajouta, remarquant un mouvement de déception chez son ami : « La suite du roi se trouve à Damas. Peut-être y trouveras-tu celui ou celle que tu cherches.

— Je ne cherche personne », répliqua Alexandre d'un ton brusque. Il s'adressa ensuite à l'eunuque : « Dis à la reine mère, à l'épouse de Darius et à toutes les autres femmes qu'elles seront traitées avec tous les égards et qu'elles n'ont rien à craindre. Qu'elles demandent simplement ce dont elles ont besoin, et elles seront satisfaites dans la mesure du possible.

— La reine et la reine mère te remercient, sire, traduisit l'eunuque. Elles prient Ahura-Mazda de te bénir pour ta pitié et ta bonté d'âme. »

Alexandre hocha la tête avant de sortir en compagnie d'Héphestion. Il donna l'ordre de ramasser les cadavres et de célébrer des funérailles solennelles.

Ce soir-là, Callisthène écrivit que seuls trois cent neuf Macédoniens avaient trouvé la mort sur le champ de bataille, mais le bilan fut hélas plus amer. Le roi se traîna en boitant parmi les corps de ses soldats, horriblement déchiquetés et mutilés, et il se rendit compte qu'ils étaient tombés par milliers. Le centre de la formation avait subi les pertes les plus nombreuses, face au contingent des mercenaires grecs.

On abattit des dizaines d'arbres sur les collines, on éleva des bûchers gigantesques sur lesquels on brûla les cadavres devant l'armée rangée. Quand ces funérailles furent terminées, Alexandre, précédé par son étendard rouge, passa ses soldats en revue, la cuisse bandée d'une façon ostentatoire et tachée de la même couleur. Il eut un mot d'éloge et d'encouragement pour tous les détachements, et aussi pour les hommes qu'il avait vus combattre courageusement. Il offrit à bon nombre d'entre eux un présent personnel, un objet qu'ils conserveraient en souvenir de cette bataille.

Puis il s'écria pour finir : « Je suis fier de vous, soldats ! Vous avez battu l'armée la plus puissante de la terre. Aucun Grec, aucun Macédonien n'avait jusqu'alors conquis un territoire aussi vaste ! Vous êtes les meilleurs, vous êtes invincibles : aucune force au monde ne peut vous résister ! »

Les soldats lui répondirent par un chœur de cris frénétiques, tandis que le vent balayait les cendres de leurs compagnons et éparpillait dans le ciel gris de l'automne une myriade d'étincelles.

Quand le soir fut tombé, Alexandre se fit conduire à l'endroit où l'on avait emprisonné le guerrier perse qu'il avait voulu épargner sur le champ de bataille. L'homme était assis par terre, pieds et poings liés. Dès qu'il le vit, le roi s'agenouilla devant lui et dénoua ses liens. Puis il lui demanda, en s'aidant de quelques gestes : « Te souviens-tu de moi ? »

L'homme comprit et fit un signe affirmatif.

« Tu m'as sauvé la vie. »

Le guerrier sourit et dit qu'ils étaient deux à l'époque à chasser le lion.

« Oui, il y avait aussi Héphestion, expliqua Alexandre. Il est dans les parages. Il n'a pas changé. »

L'homme sourit une nouvelle fois.

« Tu es libre, déclara Alexandre en accompagnant ses mots d'un geste éloquent. Tu peux retourner auprès de ton peuple et de ton roi. »

Constatant que le guerrier n'avait pas compris, Alexandre ordonna qu'on lui amène un cheval et lui en tendit les rênes. « Tu peux partir. On t'attend sans doute, chez toi. Des enfants ? » demanda-t-il en indiquant par la main la taille d'un enfant.

L'homme montra de la sienne la taille d'un adulte et Alexandre sourit. « Eh oui, dit-il, le temps passe. »

Le Perse le contempla d'un air grave et profond, et ses yeux noirs brillèrent d'émotion tandis qu'il portait sa main à son cœur avant de toucher la poitrine d'Alexandre.

« Va, l'invita le roi, avant que la nuit tombe. »

Le guerrier murmura quelques mots dans sa langue, puis il bondit sur le cheval et disparut dans le lointain.

Cette nuit-là, on retrouva dans le camp perse l'Égyptien Sisinès qui avait insinué, l'année précédente, que Darius avait promis à Amyntas de Lyncestide une grosse somme d'argent ainsi que le trône de Macédoine contre la mort d'Alexandre — ce qui avait conduit à l'emprisonnement du prince. Ptolémée instruisit un court procès au terme duquel on reconnut qu'il s'agissait d'un espion perse ; mais avant de le faire exécuter, il appela Callisthène, supposant que celui-ci avait certainement des questions à lui poser.

En apercevant l'historien, l'Égyptien se jeta aussitôt à ses pieds. « Aie pitié de moi ! Les Perses m'ont capturé pour m'obliger à leur livrer des informations sur votre armée, mais je n'ai pas dit un seul mot, je n'ai pas... »

Callisthène l'arrêta d'un geste de la main. « Il faut croire que les Perses traitent fort bien leurs prisonniers : n'avais-tu pas une tente luxueuse, deux esclaves ainsi que trois servantes ? Et où sont les signes des sévices que tu as subis ? Tu as l'air pour le moins resplendissant.

— Mais je...

— Tu n'as qu'une seule chance de te sauver : parler, insista l'historien. Je veux tout savoir, en particulier ce qui concerne l'affaire du prince Amyntas, la lettre de Darius, l'argent qu'il lui avait promis en échange de la mort d'Alexandre, et ainsi de suite. »

Sisinès reprit un peu de couleur. « Mon illustre ami, commença-t-il, je ne souhaitais pas révéler les aspects les plus secrets et les plus délicats de mon travail, mais puisque ma vie est en jeu, je dois m'y résigner... » Callisthène eut un geste qui signifiait qu'il n'avait pas de temps à perdre. « Je disais donc... je peux te démontrer que je me suis contenté de servir fidèlement le trône de Macédoine. C'est sur l'ordre de la reine Olympias que j'ai bâti toute cette histoire. »

Callisthène songea au goût de l'encre qu'il avait trouvé sur cette lettre, un goût très familier. « Continue, lui intima-t-il.

— La reine mère Olympias craignait qu'Amyntas ne constitue tôt ou tard une menace pour son fils Alexandre. Elle imaginait que celui-ci courait mille dangers sur ces terres lointaines et étrangères. Que serait-il arrivé si Alexandre avait été battu ? Les troupes auraient pu choisir Amyntas pour roi et obtenir en échange leur retour en Macédoine ainsi qu'une vie moins dure. Elle a donc demandé à l'un des esclaves perses que Philippe lui avait offerts d'écrire cette lettre tout en reproduisant les formules diplomatiques des Perses, puis elle a fait reproduire les sceaux des barbares en se fondant sur des missives conservées dans la chancellerie du palais. Enfin, m'honorant de sa confiance, elle...

— J'ai compris, l'interrompit Callisthène. Mais... le messager perse ? »

Sisinès s'éclaircit la voix : « Mes missions délicates m'ont amené à fréquenter des milieux perses, où je possède des amis influents. Je n'ai donc pas eu grand mal à persuader le gouverneur de Nisibis de me confier un messager perse, que j'ai chargé de remettre la lettre.

— Et que tu as empoisonné par crainte qu'il ne parle.

— Mieux vaut naviguer dans des eaux sûres, répliqua l'Égyptien d'une voix imperturbable. Même si le pauvre homme n'aurait sans doute pas eu grand-chose à dire. »

« De cette façon, pensa Callisthène, tu restes donc le seul dépositaire de la vérité : mais de quelle vérité ? » Puis il dit : « Voilà qui explique de nombreux éléments, mais pas ta présence ici, au milieu d'un tel luxe et de telles attentions. En réalité, rien ne m'interdit de penser que la lettre était authentique.

— Je m'accorde avec toi sur le fait que c'est une hypothèse dont il te faut tenir compte. »

Absorbé par ses pensées, l'historien garda le silence un moment : il était possible que le Grand Roi eût voulu corrompre Amyntas, mais rien, en dehors de l'insinuation de Sisinès, ne prouvait que le prince était son complice. Il conclut donc qu'il lui faudrait assumer la responsabilité de sa décision, et il plongea son regard dans celui de son interlocuteur : « Il vaut mieux que tu me dises la vérité. Tu es un informateur du royaume de Macédoine, trouvé dans un campement perse, et qui plus est dans une situation compromettante. Ptolémée est persuadé que tu es un espion.

— Mon noble seigneur, répondit l'Égyptien, je remercie les dieux de m'avoir envoyé un homme aussi intelligent et aussi raisonnable. Je possède une somme considérable, que j'ai déposée à Sidon. Si nous nous entendions, je te fournirais une version des faits acceptable, que tu pourrais certifier auprès du commandant Ptolémée.

— Il vaut mieux que tu me dises la vérité, répéta Callisthène sans prêter attention à cette proposition.

— Disons que j'ai voulu monter ma propre affaire. Étant donné mes relations, le Grand Roi pensait que j'aurais pu regagner l'Anatolie pour persuader les gouverneurs de quelques villes de rouvrir leurs ports à sa flotte et...

— Et nous empêcher de communiquer avec la Macédoine.

— Quinze talents suffiraient-ils à te prouver mon innocence ? »

L'historien l'examina d'un air ambigu.

« Et vingt autres pour le commandant Ptolémée ? »

Après un moment d'hésitation, Callisthène déclara : « Je crois qu'ils suffiront. » Puis il quitta la tente et rejoignit Ptolémée. « Plus vite tu l'élimineras, mieux ce sera, dit-il. Non seulement c'est un espion, mais il est aussi le dépositaire de secrets relativement embarrassants, qui impliquent la reine et...

— Pas un mot de plus. De toute façon, je n'ai jamais aimé les Égyptiens.

— Ne prononce pas de jugement aussi hâtif, répliqua Callisthène. Bientôt, tu en connaîtras beaucoup. Le bruit court qu'Alexandre a décidé de conquérir l'Égypte. »

51

De Damas, qu'il avait atteint au terme de plusieurs marches forcées, Parménion annonça qu'il avait occupé les quartiers royaux et qu'il avait fait main basse sur les réserves d'argent et la suite du Grand Roi :

> En tout deux mille six cents talents d'or en pièces de monnaie et cinq cents mines en lingots, ainsi que trois cent cinquante concubines, trois cent vingt-neuf flûtistes et harpistes, trois cents cuisiniers, soixante-dix goûteurs de vin, treize pâtissiers et quarante parfumeurs.

« Par Zeus !, s'exclama Alexandre quand il eut terminé sa lecture. Voilà ce qui s'appelle vivre !

— J'ai également un message personnel à te transmettre de vive voix, ajouta le courrier après que le roi eut roulé la lettre.

— Parle. De quoi s'agit-il ?

— Le général Parménion t'annonce qu'il amènera une noble dame de Damas et ses deux enfants. Elle se nomme Barsine. »

Alexandre secoua la tête d'un air incrédule. « Ce n'est pas possible, murmura-t-il.

— Oh si, répliqua le courrier. Le général m'a dit que si tu n'avais pas confiance, un vieux soldat te transmettrait le mot de passe.

« — J'ai compris, l'interrompit Alexandre. J'ai compris. Tu peux te retirer. »

Il la revit huit jours plus tard — une éternité. Il la contempla avec émotion parmi les soldats tandis qu'elle passait à cheval dans le cortège de la suite royale, entre deux rangs d'*hétaïroï* de la garde de Parménion. Elle était vêtue d'un pantalon scythe en cuir et d'une tunique de feutre gris, ses cheveux étaient ramassés sur sa nuque et piqués de deux grosses épingles. Elle paraissait encore plus belle que lors de leur première rencontre.

Son visage avait acquis une légère pâleur et ses traits s'étaient affinés, soulignant ses grands yeux noirs, qui brillaient d'une lumière aussi intense et vibrante que celle des étoiles.

Quand Alexandre la rejoignit, le camp était plongé dans le silence, et le premier tour de garde s'était déjà mis en place. Il s'était contenté d'enfiler un court chiton militaire et avait jeté sur ses épaules un manteau de laine grise. Il se fit annoncer par une servante.

Barsine, qui venait de prendre un bain, s'était changée : elle avait revêtu une légère robe perse qui tombait jusqu'à ses pieds et moulait un peu ses formes. Un parfum de nard flottait sous sa tente.

« Mon seigneur, murmura-t-elle en baissant les yeux.

— Barsine... »

Alexandre s'approcha. « J'attends ce moment depuis notre dernière rencontre.

— Mon âme déborde de douleur.

— Je le sais, tu as perdu ton époux.

— L'homme le meilleur, le père le plus affectueux, l'époux le plus doux qui soit.

— C'était le seul ennemi que j'aie jamais respecté, et peut-être même craint. »

Barsine avait les yeux rivés au sol : elle savait

qu'elle était une proie, elle savait que l'épouse de l'ennemi constituait la récompense la plus haute pour le vainqueur. Le jeune homme qui lui faisait face avait combattu en dépit de la souffrance et des blessures, de la fatigue et de l'horreur du sang, des hurlements et des massacres. Mais on lui avait également rapporté qu'il avait montré de la pitié et du respect à l'égard de la reine mère, de l'épouse et des enfants de Darius.

Alexandre lui effleura le menton de sa main et elle leva la tête. Elle affronta son regard, la couleur changeante de ses yeux. Elle y vit le bleu intense du ciel serein, ce bleu que le regard de Memnon avait lui aussi capté, elle vit la couleur sombre de la mort et de la nuit. Alors, elle se sentit comme engloutie par un tourbillon, et fut prise de vertiges comme si elle avait contemplé un dieu ou une créature fantastique.

« Barsine... » répéta Alexandre. Sa voix traduisait une passion profonde, un désir brûlant.

« Tu peux faire de moi ce que tu veux, dit-elle, tu es le vainqueur, mais l'image de Memnon se dressera toujours devant moi.

— Les morts sont avec les morts, répliqua le roi. C'est moi qui suis devant toi, et je ne te laisserai pas partir une seconde fois, car j'ai vu en toi que la vie veut oublier la mort. Et en cet instant, la vie, c'est moi. Regarde-moi. Regarde-moi, Barsine, et dis-moi si je me trompe. »

Barsine s'abstint de répondre, mais elle planta ses yeux dans ceux d'Alexandre avec une expression de désespoir et d'égarement. Deux grosses larmes, aussi limpides que de l'eau de source, brillèrent entre ses cils, coulèrent lentement sur ses joues et vinrent mourir sur ses lèvres. Alexandre se rapprocha d'elle jusqu'à sentir la caresse de son souffle sur son visage, et la pointe de ses seins contre sa poitrine.

« Tu m'appartiendras », murmura-t-il. Puis il fit brusquement volte-face et quitta la tente. Un instant plus tard, on entendit le hennissement de Bucéphale, son piaffement nerveux, puis le martèlement de ses sabots en un galop effréné dans le profond silence de la nuit.

Le lendemain, le courrier d'Antipatros, qui apportait des missives de Macédoine, remit à Callisthène une nouvelle lettre chiffrée de son oncle :

> J'ai découvert le lieu où se trouve la fille de Nicandre, le complice de Pausanias dans l'assassinat de Philippe. La fillette est sous la protection du prêtre qui gouverne le temple d'Artémis, aux confins de la Thrace. Mais l'homme est d'origine perse, c'est un parent du satrape de Bithynie, qui a jadis envoyé de l'argent et des cadeaux précieux au sanctuaire. Cela m'amène à croire que le roi Darius pourrait être impliqué dans le meurtre de Philippe. Au reste, j'ai mis la main sur une lettre, conservée dans le temple, qui semble confirmer cette hypothèse.

Callisthène se rendit auprès d'Alexandre.

« Les enquêtes concernant la mort de ton père se poursuivent. Elles ont abouti à des nouvelles importantes : il semble que les Perses soient directement impliqués dans cet assassinat et qu'ils protègent encore un membre de la conjuration.

— Cela expliquerait beaucoup de choses, commenta le roi. Et dire que Darius ose m'écrire une lettre pareille ! »

Il montra à l'historien le message qu'une ambassade du Grand Roi venait de lui remettre :

> Darius, Roi des Rois, seigneur des quatre coins de la terre, lumière des Aryens, à Alexandre, roi des Macédoniens, salut !
> Ton père Philippe a été le premier à offenser les Perses à l'époque du roi Arsès, alors qu'il n'avait reçu aucun dommage de leur part. Quand je suis devenu roi, tu ne m'as pas envoyé d'ambassade pour consolider notre vieille amitié et notre alliance, tu as envahi l'Asie en nous causant de graves dommages. J'ai donc dû t'affronter sur le champ de bataille pour défendre mon pays et reconquérir mes anciennes possessions. Les dieux ont décidé du résultat de cet affronte-

ment, mais je m'adresse à toi de roi à roi afin que tu libères mes enfants, ma mère et mon épouse. Je suis prêt à établir un traité d'amitié et d'alliance avec toi. Voilà pourquoi je te prie de joindre un de tes envoyés à mon ambassade afin que nous puissions fixer les termes de ce traité.

Callisthène referma la missive. « Bref, il rejette sur toi la responsabilité de cette guerre, revendique son droit à se défendre, mais il admet sa défaite et se déclare prêt à devenir ton ami et ton allié à condition que tu lui restitues sa famille. Comment comptes-tu réagir ? »

Eumène se présenta à cet instant-là. Il apportait au roi la réponse qu'il avait préparée pour lui. Alexandre le pria de la lire. Le secrétaire s'éclaircit la voix et commença :

Alexandre, roi des Macédoniens, à Darius, roi des Perses, salut !
Tes ancêtres ont envahi la Macédoine et le reste de la Grèce en nous faisant du mal sans aucune raison. J'ai été élu chef suprême des Grecs et j'ai envahi l'Asie pour venger votre agression. C'est vous qui avez secouru Périnthe contre mon père, vous qui avez envahi la Thrace, qui nous appartient.

Alexandre l'arrêta. « Ajoute ce que je vais te dicter :

Le roi Philippe a été assassiné par des conspirateurs dont vous avez organisé le complot, comme le prouvent des lettres que vous avez écrites. »

Eumène regarda Alexandre et Callisthène avec étonnement. Ce dernier lui dit : « Je t'expliquerai plus tard. » Alors, le secrétaire reprit :

De plus, tu t'es emparé du trône contre toute justice, tu as corrompu les Grecs pour qu'ils me déclarent la guerre et tu as fait tout ce qui était en ton pouvoir pour détruire la paix que j'avais péniblement construite. J'ai battu tes généraux et je t'ai également battu en rase campagne avec l'aide des dieux. Je suis donc responsable des soldats qui ont quitté ton camp pour le mien, et des personnes que j'ai emmenées dans ma suite. Tu dois t'adresser au seigneur de l'Asie quand tu m'écris. Demande-moi ce que tu estimes opportun en venant jusqu'à moi ou en m'envoyant tes hommes. Demande-moi ton épouse, tes enfants et ta mère, et si tu parviens à me convaincre, tu obtiendras satisfaction. Quand tu voudras t'adresser à moi, à l'avenir, adresse-toi au roi de l'Asie et non à l'un de tes égaux, et demande ce que tu désires à celui qui possède maintenant tout ce qui t'appartenait jadis. Si tu ne le fais pas, je me comporterai en conséquence à ton égard et envers tous ceux qui ont enfreint les règlements et les lois des nations. Mais si tu revendiques ta condition de roi, descends donc sur le champ de bataille, bats-toi pour la défendre au lieu de fuir, car je te rejoindrai où que tu sois.

« Tu ne lui laisses pas beaucoup de choix, commenta Callisthène.

— Effectivement, répliqua Alexandre. Si c'est un homme et un roi, il devra réagir. »

52

L'armée s'ébranla au début de l'hiver vers la côte de la Phénicie, en direction du sud. Alexandre avait, en effet, décidé d'achever la conquête des ports encore accessibles aux Perses, de façon à interdire à ses ennemis toute action dans la mer Égée et en Grèce.

La ville d'Arad l'acueillit avec tous les honneurs, et Sidon alla jusqu'à promettre de retirer ses cinquante navires de la flotte impériale pour les mettre à sa disposition. L'excitation des Macédoniens était à son comble : les dieux semblaient aplanir la route qui s'ouvrait devant le jeune guerrier, et la conquête prenait presque l'allure d'un voyage plein d'aventures à la découverte de nouveaux mondes, de populations différentes, de lieux merveilleux.

La suite du Grand Roi, que Parménion avait capturée à Damas, arriva également à Sidon : une incroyable procession d'esclaves, de musiciens, de cuisiniers, de goûteurs, d'eunuques, de maîtres de cérémonie, de danseuses, de flûtistes, de mages, de devins et de prestidigitateurs suscita l'hilarité des soldats et des officiers d'Alexandre. Le roi les accueillit, pour sa part, avec grande humanité ; il s'intéressa à leur sort et à leurs cas particuliers, et voulut qu'on les traitât avec respect.

Alors qu'on pensait que tout le cortège avait déjà

défilé devant le roi et ses compagnons, un petit groupe se présenta, escorté par un escadron d'Agrianes.

« Nous avons trouvé ces hommes dans le quartier général du satrape de Syrie, expliqua l'officier qui commandait le détachement.

— Mais je connais celui-ci ! observa Séleucos en indiquant un homme corpulent, dont la tête chauve était couronnée de rares cheveux gris.

— Eumolpos de Soles ! s'exclama Ptolémée ! Quelle surprise !

— Mes seigneurs, sire ! s'écria l'informateur en se prosternant devant eux.

— Voyons, voyons... Je me demande pourquoi je me sens brusquement soupçonneux... ironisa Perdiccas.

— Moi aussi, intervint Séleucos. Voilà comment Darius a réussi à nous surprendre à Issos. Dis-moi, Eumolpos, combien t'a-t-on donné pour nous trahir ? »

Blanc comme un linge, l'homme tentait d'esquisser un petit sourire crispé. « Mais, sire, mes seigneurs, vous ne croyez tout de même pas que j'ai pu...

— Bien sûr que si, interrompit l'officier chargé de sa surveillance en s'adressant à Alexandre. Le satrape de Syrie, qui ne va pas tarder à se présenter pour te jurer fidélité, me l'a affirmé.

— Conduisez-le à l'intérieur ! ordonna le roi en entrant sous sa tente. Il va être jugé immédiatement. »

Alexandre prit place parmi ses compagnons et demanda à l'informateur : « As-tu quelque chose à dire avant de mourir ? »

Eumolpos baissa les yeux et s'abstint de répondre. Ce silence le revêtit d'une dignité inattendue : ce n'était plus l'homme hilare, toujours prêt à plaisanter, que l'on connaissait.

« N'as-tu rien à dire ? répéta Eumène. Comment as-tu pu nous trahir ? Ils ont failli nous tailler en pièces ! Le message de ton courrier nous a attirés dans un piège sans issue.

— Tu n'es qu'un porc ! pesta Léonnatos. Si je devais décider de ton sort, tu ne t'en tirerais pas avec une mort rapide. Je commencerais par te faire arracher tous les ongles, puis... »

Eumolpos leva son regard humide vers ses juges.

« Alors ? dit Alexandre.

— Sire, commença l'informateur, j'ai toujours été espion. Quand j'étais petit, je gagnais ma vie en filant les femmes infidèles pour le compte des maris trompés. C'est tout ce que je sais faire. Et j'ai toujours cherché les faveurs de ceux qui me payaient le mieux. Mais...

— Mais ? insista Eumène qui s'était adjugé le rôle de l'inquisiteur.

— Mais quand je suis entré au service de ton père, le roi Philippe, je n'ai plus espionné que pour son compte, je le jure. Sais-tu pourquoi, mon seigneur ? Parce que ton père était un homme extraordinaire. Oh, bien sûr, il me payait bien ! Mais il ne s'agissait pas seulement de ça. Quand je le rencontrais pour lui faire mon rapport, il m'invitait à m'asseoir comme un vieil ami, il me versait lui-même à boire, il me demandait comment je me portais, et ainsi de suite, tu comprends ?

— Que veux-tu dire ? Me suis-je mal comporté à ton égard ? lui demanda Alexandre. Ne t'ai-je pas traité, moi aussi, comme un vieil ami, plutôt que comme un espion soudoyé ?

— C'est vrai, admit Eumolpos, et c'est pourquoi je t'ai été fidèle. Mais je l'aurais été de toute façon, ne serait-ce parce que tu es le fils de ton père.

— Alors, pourquoi m'as-tu trahi ? On ne trahit pas un vieil ami sans raison !

— La peur, mon seigneur. Le satrape qui s'apprête à te jurer fidélité au mépris de la parole qu'il a donnée à son roi m'a épouvanté en dévorant une grive devant moi d'un air de dire : " Voici la fin qui t'attend : tu seras dévoré morceau par morceau, comme cette grive. " Après quoi il m'a amené à sa fenêtre pour voir ce qui se passait dans la cour.

« Il y avait là mon courrier, le brave garçon que je t'envoyais régulièrement : on l'avait écorché vif, on l'avait émasculé et on avait mis ses couilles autour de son cou. » Sa voix tremblait, et ses yeux aqueux de vieux poisson s'étaient remplis de véritables larmes. « On avait arraché sa chair jusqu'à l'os... Et ce n'est pas fini. Non loin de là, un barbare s'employait à épointer un pal d'acacia et à le polir contre une pierre ponce. Il le préparait à mon intention, pour le cas où je n'obéirais pas aux ordres du satrape. As-tu jamais vu empaler un homme, mon seigneur ? Moi si. On lui enfonce un pal dans le corps, mais sans le tuer. Ainsi, il subit toute la souffrance du monde pendant des heures, parfois même pendant des jours. Je t'ai trahi parce que j'avais peur, parce que personne n'a jamais exigé de moi un tel courage.

« Et maintenant, tue-moi, je le mérite, mais que ce soit une mort rapide, je t'en prie. Je sais que tu as perdu beaucoup d'hommes et que tu as dû livrer une terrible bataille, mais je sentais que tu gagnerais, je le sentais. Quoi qu'il en soit, quel plaisir aurais-tu à torturer un pauvre vieillard qui ne t'aurait jamais rien fait si cela avait seulement dépendu de lui, et qui, en te trahissant, a souffert beaucoup plus que tu ne peux l'imaginer, mon garçon ? »

Il en resta là, se contentant de renifler bruyamment.

Alexandre et ses compagnons se dévisagèrent un moment. Ils comprirent qu'aucun d'entre eux n'aurait le courage de prononcer la condamnation d'Eumolpos de Soles.

« Je devrais te faire tuer, dit le roi, mais tu as raison : quelle satisfaction tirerais-je de ta mort ? En outre... » Eumolpos leva le menton. « En outre, je sais que le courage est une vertu que les dieux offrent à de rares élus. Ils ne te l'ont pas donnée, mais ils t'ont dispensé d'autres dons : la ruse, l'intelligence et peut-être la fidélité.

— Entends-tu dire par là que je ne mourrai pas ? interrogea Eumolpos.

— Non, tu ne mourras pas.

— Non ? répéta l'informateur d'une voix incrédule.

— Non, dit Alexandre dont les lèvres s'étirèrent malgré lui en un léger sourire.

— Et pourrai-je encore travailler pour toi ?

— Qu'en dites-vous ? demanda le roi à ses compagnons.

— Pourquoi pas ? approuva Séleucos. En fin de compte, il a toujours été un excellent espion. Et puis, désormais nous sommes les vainqueurs.

— Alors, nous sommes d'accord, décida le roi. Mais tu vas devoir changer ton maudit mot de passe, puisque tu l'as révélé à l'ennemi.

— Oh, bien sûr, dit Eumolpos visiblement soulagé.

— De quoi s'agissait-il ? questionna Séleucos d'un air intrigué.

— " Cervelle de mouton ", répondit Alexandre impassible.

— Je l'aurais remplacé de toute façon, observa Séleucos. Je n'en ai jamais entendu de plus stupide.

— En effet », admit Alexandre. Il fit signe à Eumolpos d'approcher. « Maintenant, donne-moi le nouveau mot de passe. »

L'informateur lui murmura à l'oreille : « Grive à la broche. » Puis il s'inclina et salua tout le monde avec respect. « Je vous remercie, mes seigneurs, mon roi, pour votre bonté. » Et il s'éloigna en tremblant encore d'effroi.

« Comment trouves-tu le nouveau mot de passe ? » demanda Séleucos dès que l'homme fut sorti.

Alexandre secoua la tête. « Stupide. »

53

Les habitants de Sidon, qui avaient subi une répression féroce de la part de la garnison perse quelques années plus tôt, accueillirent avec enthousiasme l'arrivée d'Alexandre et sa promesse de restaurer leurs institutions. Mais, la dynastie régnante s'étant éteinte depuis longtemps, il fallait élire un nouveau roi.

« Pourquoi ne t'en occuperais-tu pas ? proposa Alexandre à Héphestion.

— Moi ? Mais je ne connais personne, je ne sais même pas où mener les recherches nécessaires, et puis...

— Nous sommes d'accord, interrompit le roi. C'est toi qui t'en occuperas. Je dois, pour ma part, établir des traités avec les autres villes côtières. »

Accompagné d'un interprète, Héphestion se mit à parcourir Sidon incognito, observant les gens sur les marchés, prenant ses repas dans les tavernes ou se laissant inviter à des dîners officiels dans les demeures les plus prestigieuses de la ville. Mais il ne parvenait pas à trouver un homme digne de cette charge.

« Toujours rien ? » lui demandait Alexandre quand il le voyait au cours des conseils de guerre. Et Héphestion secouait la tête.

Un jour, il passa près d'un long mur de pierres sèches, derrière lequel on pouvait entrevoir de nombreuses variétés d'arbres : de majestueux cèdres du Liban, des figuiers séculaires qui étalaient au-dessus du mur leurs branches grises et rugueuses, des cascades de pistachiers et de mélilots. Il jeta un coup d'œil à travers la grille et fut stupéfait par les merveilles qui s'offraient à sa vue : il y avait là des arbres fruitiers de toutes sortes, des buissons merveilleusement composés et taillés, des fontaines et des ruisseaux, des rochers au milieu desquels poussaient des plantes grasses et épineuses dont il ignorait jusqu'à l'existence.

« Elles viennent d'une ville de Libye qui se nomme Lissos », expliqua son interprète.

C'est alors qu'apparut un homme accompagné d'un ânon qui tirait une charrette remplie de fumier. Il commença à fumer les plantes l'une après l'autre, accomplissant cette tâche avec un amour et un soin hors du commun.

« Lorsqu'ils se soulevèrent contre le gouverneur perse, les rebelles décidèrent d'incendier ce jardin, continua l'interprète, mais cet homme se plaça devant la grille en disant qu'ils devraient d'abord passer sur son corps avant de commettre un tel crime.

— Voilà, j'ai trouvé le roi, affirma Héphestion.

— Un jardinier ? demanda l'interprète d'un air étonné.

— Oui. Un homme prêt à mourir pour sauver les plantes d'un jardin qui ne lui appartient pas est certainement capable de tout pour protéger son peuple et faire de sa ville une cité florissante, ne crois-tu pas ? »

C'est ainsi que les choses se passèrent. Un beau jour, l'humble jardinier vit arriver une procession de dignitaires escortés par la garde d'Alexandre et fut conduit en grande pompe au palais royal, pour y être installé. Il avait de grandes mains calleuses qui rappelèrent au roi celles de Lysippe, ainsi qu'un regard calme et serein. Il se nommait Abdalonyme, et ce fut le meilleur roi dont on se souvint de mémoire d'homme.

De Sidon, l'armée poursuivit sa route vers le sud en direction de Tyr, où se dressait un temple grandiose dédié à Melqart, l'Héraclès des Phéniciens. La ville se composait d'un vieux quartier, situé sur la terre ferme, et d'une cité neuve, à un stade de la côte. Récemment construite, elle renfermait des bâtiments immenses et imposants. Elle possédait deux portes fortifiées et une enceinte de cent cinquante pieds de hauteur, la plus grande que des mains d'hommes eussent jamais élevée.

« J'espère que Tyr nous réserve le même accueil que Byblos, Arad et Sidon, commenta Séleucos. Cette forteresse est imprenable.

— Que comptes-tu faire ? demanda Héphestion à Alexandre en examinant la formidable muraille qui se reflétait dans les eaux bleues du golfe.

— Aristandre m'a conseillé d'offrir un sacrifice dans le temple de mon ancêtre Héraclès, que les Tyriens appellent Melqart », répondit Alexandre. Puis il ajouta : « Voici notre ambassade », en désignant une chaloupe en train de traverser le petit bras de mer qui séparait la ville de la terre ferme.

La réponse arriva dans l'après-midi et fit sortir le roi de ses gonds.

« Ils disent que si tu veux sacrifier à Héraclès, tu n'as qu'à te rendre dans un temple du vieux quartier, sur la terre ferme.

— Je le savais, observa Héphestion. Bien à l'abri dans leur nid de pierre sur ce maudit îlot, ces gens-là peuvent se moquer de qui ils veulent.

— Pas de moi, dit Alexandre. Préparez une autre ambassade. Cette fois-ci, je vais être plus clair. »

Les nouveaux envoyés partirent le lendemain, emportant un message qui disait : « Si vous le souhaitez, vous pouvez obtenir un traité de paix et d'alliance avec Alexandre. Si vous refusez, le roi vous fera la guerre car vous êtes les alliés des Perses. »

La réponse qu'il reçut fut hélas tout aussi explicite : les membres de l'ambassade furent jetés du haut de la muraille et déchiquetés par les rochers sur lesquels ils s'écrasèrent. Parmi eux se trouvaient des amis d'enfance et des camarades de jeu d'Alexandre. Leur mort le plongea d'abord dans un état de profonde consternation, avant de déchaîner en lui la fureur la plus aveugle. Il s'enferma deux jours dans ses quartiers, refusant de voir qui que ce soit. Seul Héphestion osa pénétrer chez lui le soir du deuxième jour.

Étrangement calme, Alexandre veillait à la lumière d'une lanterne, absorbé par sa lecture.

« Toujours dans Xénophon ? demanda Héphestion.

— Depuis que nous avons passé les Portes syriennes, Xénophon n'a plus rien à nous apprendre. Je lis Philistos.

— N'est-ce pas un écrivain sicilien ?

— C'est l'historien de Denys de Syracuse, qui conquit, il y a soixante-dix ans, une ville de Phénicie située sur une île et semblable à Tyr : Motya.

— Et comment ?

— Assieds-toi et regarde. » Alexandre prit une plume et se mit à tracer des signes sur une feuille. « Voici l'île, et voici la terre ferme. Il construisit une jetée jusqu'à l'île, et y fit passer ses machines de guerre. Quand la flotte carthaginoise se présenta pour les déloger, il disposa une rangée de catapultes et de harpons d'un nouveau genre, grâce auxquels il coula les navires ou les brûla à l'aide de projectiles enflammés.

— Tu as l'intention de construire une jetée jusqu'à Tyr ? Mais deux stades nous en séparent !

— Comme à Motya. Si Denys y est parvenu, j'y parviendrai moi aussi. À partir de demain, vous commencerez à démolir la vieille ville et vous utiliserez les pierres pour construire une jetée. Ils verront que je ne plaisante pas. »

Héphestion déglutit : « Démolir la vieille ville ?

— Tu as très bien compris : démolissez-la et jetez-la à la mer.

— Comme tu veux, Alexandre. »

Héphestion alla transmettre cet ordre à ses compagnons tandis que le roi se replongeait dans sa lecture.

Le lendemain, Alexandre convoqua les ingénieurs et les mécaniciens qui suivaient l'expédition. Ils se présentèrent avec leurs instruments et tout le matériel nécessaire pour dessiner et prendre des notes. À leur tête, Diadès de Larissa, un disciple de Phaillos, l'ingénieur en chef de Philippe qui avait notamment construit les tours d'assaut grâce auxquelles le roi avait abattu les murs de Périnthe.

« Messieurs les techniciens, commença Alexandre, nous ne pourrons gagner cette guerre sans votre contribution. Nous vaincrons nos ennemis sur votre table à dessin avant de les vaincre sur le champ de bataille. Car il n'existe pas de champ de bataille. »

La mer étincelante s'étalait, derrière la fenêtre, autour des remparts de Tyr, et les ingénieurs comprirent aussitôt ce que le roi attendait d'eux.

« Alors, voici mon plan, continua Alexandre. Mes hommes construiront une jetée jusqu'à l'île tandis que vous inventerez des machines plus hautes que la muraille.

— Sire, lui fit remarquer Diadès, tu parles de tours de cent cinquante pieds.

— Je pense que oui, répliqua le roi sans broncher. Ces machines devront être invulnérables, équipées de béliers et de catapultes d'un nouveau genre. Elles projetteront des pierres de deux cents livres à huit cents pieds de distance. »

Les ingénieurs échangèrent des regards égarés. En silence, Diadès se mit à tracer des signes apparemment absurdes sur la feuille qu'il avait étalée devant lui, tandis qu'Alexandre l'observait. Pour les ingénieurs, ce regard pesait encore plus lourd que les rochers dont ils devraient équiper leurs catapultes. Le technicien finit par relever la tête et dit : « C'est possible.

— Très bien. Alors, mettez-vous au travail. »

Pendant ce temps, la vieille ville résonnait des lamentations des gens qu'on chassait de leurs habitations et du vacarme que produisaient les toits et les murs en s'écroulant. Héphestion avait ordonné qu'on emploie des béliers à bascule pour mener à bien cette œuvre de démolition. Au cours des jours suivants, des équipes de bûcherons, escortées par des attaquants agrianes, grimpèrent dans la montagne pour y couper des cèdres du Liban et les transformer en bois de construction.

On se relayait nuit et jour pour effectuer cet ouvrage, en utilisant des chars tirés par des bœufs et des ânes, qui transportaient les matériaux qu'on déversait ensuite au fond de la mer. Perchés sur les hautes murailles, les Tyriens s'égayaient et plaisantaient, se moquant des efforts surhumains de leurs ennemis, mais à la fin du quatrième mois, ils cessèrent de rire.

Un matin, au lever du jour, les sentinelles qui parcouraient le chemin de ronde virent avec stupéfaction deux colosses semi-mobiles d'une hauteur de cent cinquante pieds avancer en grinçant sur ce nouveau terre-plein. On n'avait jamais construit des machines de siège aussi grandes. Quand elles atteignirent l'extrémité de la jetée, elles entreprirent de tirer des roches énormes et des bombes de flammes qui s'abattirent en sifflant sur les chemins de ronde et dans la ville, semant la destruction et la terreur.

Les habitants de Tyr répondirent aussitôt en édifiant d'autres catapultes au sommet de leur muraille et en bombardant les hommes qui travaillaient à la jetée, ainsi que les machines de guerre.

Alors Alexandre ordonna qu'on prépare des abris et des auvents de bois, recouverts de peaux d'animaux non tannées qui les rendraient ininflammables. C'est ainsi que les travaux purent continuer. On rapprocha les machines, dont le tir devint de plus en plus précis, et donc de plus en plus dangereux. Si les choses avaient pu progresser de la sorte, les murs auraient été sérieusement menacés.

Pendant ce temps, la flotte de Sidon et de Byblos, des navires de Chypre et de Rhodes s'étaient placés sous les ordres de Néarque. Mais la flotte de Tyr, enfermée dans des ports inaccessibles, refusait le combat. Ou plutôt, elle préparait une contre-attaque inattendue et dévastatrice.

En effet, au cours d'une nuit sans lune, après une journée d'assauts incessants, deux trières quittèrent le port en remorquant un vaisseau de transport : une énorme coque, complètement creuse, remplie d'un matériau incendiaire. Deux longues vergues de bois, auxquelles on avait accroché deux récipients de poix et de naphte, dépassaient de la proue. Dès qu'elles se furent rapprochées de la jetée, les trières accélérèrent leur allure avant de larguer le vaisseau auquel les marins avaient mis le feu.

Enveloppé dans un tourbillon de flammes, le vaisseau continua sur sa lancée tandis que les trières viraient de bord. Il finit par s'écraser sur le flanc de la jetée, non loin des tours de siège. Dévorées par le feu, les vergues plièrent et cassèrent, et les récipients incendiaires explosèrent à la base des machines de guerre.

Des escadrons macédoniens surgirent alors des postes de garde pour éteindre ce bûcher, mais les trières ennemies déversaient déjà des groupes d'assaut, qui les affrontèrent sans tarder. Dans la clarté rougeoyante de l'incendie, dans la fumée et le tourbillon des étincelles, dans l'air que les vapeurs de naphte et de poix rendaient irrespirable, la bataille prenait une allure terrifiante. Le vaisseau de transport se désintégra dans une ultime déflagration et les deux tours furent entièrement consumées par le feu.

Du fait de leur hauteur, les tours alimentaient des flammes et des étincelles qui dépassaient de plus de cent pieds le sommet de ces énormes treillis, éclairant comme en plein jour toute la baie et jetant un reflet rougeâtre sur les remparts de la ville.

Tandis que des cris de jubilation s'élevaient chez les Tyriens, les Macédoniens obtinrent une maigre consolation en exterminant le contingent de débarquement au moyen d'une contre-attaque sur la jetée, et en détruisant les deux trières. Un travail de plusieurs mois, fruit du génie des meilleurs ingénieurs du monde, s'était évanoui en quelques heures.

Alexandre arriva au grand galop sur la jetée, monté sur Bucéphale, et traversa le feu comme une furie infernale. Il s'arrêta non loin des tours à l'instant même où elles s'écroulaient définitivement, dans une explosion de flammes, de fumée et d'étincelles.

Ses compagnons le rejoignirent aussitôt, suivis des ingénieurs et des mécaniciens qui avaient construit ces merveilles. Impuissant, les yeux remplis de rage, l'ingénieur en chef, Diadès de Larissa, contemplait ce désastre sans broncher.

Alexandre mit pied à terre. Il posa le regard sur les murailles, puis sur les restes des machines, et enfin sur ses ingénieurs qui semblaient paralysés par ce spectacle. Il leur ordonna : « Reconstruisez-les. »

54

Quelques jours plus tard, tandis que les ingénieurs d'Alexandre étudiaient la façon la plus rapide de reconstruire les machines de siège, une violente marée emporta une partie de la jetée. Les dieux semblaient avoir brusquement tourné le dos à leur élu, et le moral des hommes fut mis à rude épreuve par cette série de revers.

Le roi devint intraitable, personne n'osait plus l'approcher. Monté sur Bucéphale, il se promenait le long du rivage en examinant l'île murée qui se moquait de lui, ou bien s'asseyait sur un rocher, d'où il contemplait pendant des heures les vagues qui se brisaient sur le sable.

Barsine, elle aussi, avait l'habitude de prendre son cheval et d'aller sur la plage, à l'aube, avant de s'enfermer dans sa tente en compagnie de ses servantes et de sa nourrice. C'est ainsi qu'un jour elle rencontra Alexandre : il marchait, suivi de Bucéphale, la cuisse bandée, le visage dissimulé par ses longs cheveux agités par le vent. Une fois encore, Barsine fut secouée par un frisson, comme si elle était en présence d'un être irréel.

Alexandre la regarda sans rien dire. Soucieuse de ne pas le dominer, elle sauta à terre et baissa la tête en murmurant : « Sire. »

Le roi s'approcha d'elle, caressa sa joue de la paume de la main et l'observa, la tête légèrement penchée sur l'épaule droite, comme il en avait l'habitude dès qu'il était envahi par des sentiments intenses et profonds. Incapable de soutenir la force de son regard, elle ferma les yeux.

Le roi la surprit par un baiser enflammé, puis il bondit à cheval et s'éloigna vers le rivage. Quand Barsine se retourna, il était déjà loin, enveloppé dans le nuage d'embruns scintillants que soulevaient les sabots de Bucéphale.

Elle regagna sa tente et s'effondra, en pleurs, sur son lit.

Une fois sa colère retombée, Alexandre reprit la situation en main. Il réunit un conseil de guerre élargi, convoquant ses généraux, ses architectes, ses techniciens, ses ingénieurs, ainsi que Néarque et les capitaines de sa flotte.

« Les événements qui viennent de se produire n'ont rien à voir avec la colère des dieux. Ils sont dus à notre sottise. Nous allons y remédier, et Tyr n'aura bientôt plus d'issue. Commençons par la jetée : nos capitaines devront étudier les vents et les courants qui animent ce bras de mer et en instruire les architectes de façon qu'ils puissent édifier une nouvelle structure capable d'épouser leur force et leur direction, au lieu de s'y opposer.

« Passons aux machines, continua-t-il en s'adressant à Diadès et à ses ingénieurs. Attendre l'achèvement de la jetée nous ferait perdre trop de temps. Voilà pourquoi nous devons empêcher les Tyriens de trouver le moindre repos. Il faut qu'ils comprennent qu'ils seront inquiétés de jour comme de nuit. Nous disposerons donc de deux équipes, qui travailleront simultanément : certains s'occuperont des projets, d'autres construiront les tours d'assaut que nous placerons sur la jetée dès qu'elle sera prête. D'autres encore concevront des machines de siège flottantes.

— Flottantes, sire ? demanda Diadès en écarquillant les yeux.

— Exactement. J'ignore comment vous vous y prendrez, mais je suis sûr que vous y arriverez, et rapidement. Mes compagnons seront, quant à eux, chargés de pacifier les tribus qui peuplent les montagnes du Liban afin que nos bûcherons puissent travailler sans être menacés. Dès le retour du printemps, nous entrerons à Tyr, j'en suis persuadé. Je vais d'ailleurs vous en révéler la raison. Cette nuit, j'ai fait un songe : Héraclès m'apparaissait sur les murs de la ville et m'invitait à le rejoindre d'un geste des bras.

« J'ai raconté ce songe à Aristandre, qui l'a interprété sans la moindre hésitation : j'entrerai à Tyr et j'offrirai un sacrifice au héros dans son temple, à l'intérieur des murs. Je veux que cette nouvelle soit rapportée aux soldats afin qu'ils soient certains de notre victoire.

— Ce sera fait », dit Eumène en pensant que ce songe tombait fort à propos.

Les travaux reprirent aussitôt : on s'employa à reconstruire la jetée en suivant les indications des marins chypriotes et rhodiens, qui connaissaient très bien ces eaux. Pendant ce temps, Diadès, qui était chargé de la tâche la plus importante, inventa des tours d'assaut montées sur une plate-forme qu'on avait fixée sur les ponts de navires de guerre réunis deux par deux. Deux bâtiments de ce genre furent achevés en un mois, et à la première journée de beau temps, on les approcha à la rame de la muraille. Quand ils eurent atteint la distance nécessaire, on les ancra et on déclencha l'action des béliers, qui commencèrent à saper les murs.

Les habitants de Tyr réagirent rapidement en envoyant pendant la nuit des plongeurs qui coupèrent les câbles des ancres, poussant ainsi les navires vers les récifs. Néarque, qui veillait sur la quinquérème royale, donna aussitôt le signal d'alarme et s'élança avec une dizaine de bateaux vers les plates-formes flottantes, que le vent rendait désormais ingouvernables. Il les rejoignit et les immobilisa en jetant sur les bastingages des câbles pourvus de grappins, puis il les replaça dans leur position à la force des rames. Les filins des ancres furent remplacés par des chaînes en fer et le martèlement put reprendre. Mais, entre-temps, les Tyriens avaient garni leurs murs de sacs remplis d'algues afin d'amortir les coups des béliers. La résistance obstinée de Tyr semblait illimitée.

Un jour qu'Alexandre livrait bataille contre une tribu montagnarde du Liban qui se montrait de plus en plus agressive, un navire en provenance de Macédoine se présenta devant la nouvelle jetée avec un chargement de provisions et de messages. On annonça à Parménion une visite insolite : ayant entendu parler des exploits de son ancien élève, Léonidas, à présent octogénaire, avait décidé de franchir la mer pour le voir une dernière fois et le féliciter avant de mourir. Quand cette nouvelle se répandit dans le camp, tous les anciens élèves du maître voulurent le rencontrer. Séleucos, Léonnatos, Cratère, Perdiccas, Philotas, Ptolémée, Héphestion et Lysimaque accoururent en chahutant comme des enfants et en criant en chœur le vieux refrain qui faisait sortir le précepteur de ses gonds :

El korì korì koròne !
El korì korì koròne !

« La voici qui arrive, la voici la corneille ! »
Puis ils frappèrent dans leurs mains en disant :

Didáskale ! Didáskale ! Didáskale !

En s'entendant appeler « Maître ! Maître ! Maître ! » comme chaque matin, du temps où ses élèves le saluaient, assis dans la classe, leurs tablettes sur leurs genoux, le vieux Léonidas fut bouleversé. D'un air cependant imperturbable, il les réprimanda.

« Silence ! marmonna-t-il entre ses quelques dents. Vous êtes toujours les mêmes garnements ! Et je parie que vous n'avez pas lu un seul livre depuis que vous avez quitté votre domicile.

— Hé, maître ! s'écria Léonnatos. Tu ne vas tout de même pas nous interroger maintenant, ne vois-tu pas que nous sommes occupés ?

— Tu n'aurais jamais dû entreprendre un tel voyage, lui dit Ptolémée, par ce temps et en cette saison. Comment se fait-il que tu sois là ?

— J'ai entendu parler des exploits de mon élève et je voulais le revoir avant de crever.

— Et nous ? demanda Héphestion. Nous avons été plutôt doués, nous aussi ?

— Pour ce qui est de crever, maître, tu as encore le temps, commenta Perdiccas. Tu aurais au moins pu attendre la belle saison.

— Ah ! rétorqua Léonidas. Je sais ce que je fais, et je n'ai pas besoin de l'avis des morveux que vous êtes. Où est Alexandre ?

— Dans les montagnes, expliqua Héphestion, il combat les tribus du Liban demeurées fidèles à Darius.

— Alors, conduisez-moi jusqu'à lui.

— Mais... commença Ptolémée.

— Il y a de la neige dans les montagnes, maître, ricana Léonnatos. Tu risques de t'enrhumer. »

Mais Léonidas fut inébranlable : « Ce bateau repart dans cinq jours, et si vous ne m'emmenez pas auprès de votre roi, j'aurai fait ce voyage en vain. Je veux voir Alexandre. C'est un ordre. »

Léonnatos secoua sa grosse tête hirsute et haussa les

épaules. « Il n'a pas changé, grommela-t-il. Il n'a pas changé d'un poil.

— Tais-toi, animal ! Je n'ai pas oublié que tu mettais des grenouilles dans mon potage, croassa le vieillard.

— Alors, qui le conduit là-haut ? demanda Léonnatos.

— Moi, dit Lysimaque. J'en profiterai pour remettre quelques messages à Alexandre. »

Ils partirent le lendemain, escortés par un groupe d'*hétaïroï*, et atteignirent leur destination dans la soirée. Le roi fut surpris et ému par cette visite inattendue. Il renvoya Lysimaque au campement et se chargea du vieillard.

« Tu as commis une grande imprudence en venant jusqu'ici, *didáskale*. Et tu t'es mis en danger : nous devons poursuivre l'ascension de cette montagne jusqu'au col, pour rejoindre nos troupes auxiliaires, les Agrianes, qui l'occupent.

— Je n'ai peur de rien. Et ce soir, nous bavarderons un peu : tu as sans doute beaucoup de choses à me raconter. »

Ils se mirent en route. La mule de Léonidas ne parvenant pas à soutenir l'allure des chevaux, Alexandre décida de laisser avancer ses soldats et de rester en arrière avec son vieux maître. Une fois la nuit tombée, ils arrivèrent devant une croisée de chemins. Les sentiers étant tous deux couverts d'empreintes de sabots, Alexandre choisit au hasard sa direction, mais il pénétra bien vite dans des lieux solitaires et déserts, totalement inconnus de lui.

Il faisait de plus en plus noir, et le vent du nord commençait à souffler. Transi de froid, Léonidas s'était enveloppé du mieux qu'il le pouvait dans son petit manteau de laine brute. Le voyant aussi blême, les yeux las et remplis de larmes, Alexandre se sentit gagner par une profonde compassion. Dans ce vent glacial, le pauvre vieillard qui avait franchi la mer pour le revoir n'avait aucune chance de survivre. À l'évidence, ils s'étaient engagés dans le mauvais sentier, mais il était trop tard pour rebrousser chemin, d'autant qu'il n'y avait plus de visibilité. Il lui fallait allumer un feu sans tarder, mais comment ? Il n'y avait pas de bois sec dans les parages : les branchages étaient tous couverts de neige, et le temps se gâtait.

Soudain, il aperçut des flammes qui brûlaient non loin de là, et bientôt d'autres encore. Il dit : « Maître, reste ici, je reviens dans un instant. Je te laisse Bucéphale. »

L'étalon s'ébroua en guise de protestation, mais il se résigna à cet abandon, et le roi put ramper dans la nuit jusqu'aux feux. Des guerriers ennemis, qui entendaient se réchauffer et cuire leur repas du soir, les avaient allumés.

Alexandre s'approcha d'un cuisinier, qui enfilait un morceau de viande sur une broche. Il attendit qu'il s'éloigne un instant pour courir vers le bûcher, s'emparer d'un tison et le cacher sous son manteau. Mais, en retournant sur ses pas, il marcha sur des branches brisées, qui émirent sous ses pieds un bruit sec. L'un des guerriers s'écria : « Qui va là ? » avant de dégainer son épée et de marcher vers l'arbre derrière lequel l'intrus s'était caché. Les yeux embués et rougis par la fumée, Alexandre retenait son souffle pour éviter de tousser ou d'éternuer. Par chance, un autre soldat, qui s'était écarté afin de satisfaire ses besoins naturels, revint au même instant vers le bivouac.

« Ah, c'est toi, dit le premier, à quelques pas d'Alexandre. Allons-y, c'est presque prêt. »

Le roi se faufila dans la nuit le plus discrètement possible et, muni du tison fumant, retrouva le sentier où il avait laissé son maître. Il commençait à neiger, et la morsure du vent était maintenant aussi féroce que celle d'une épée. Nul doute que le vieillard devait être à bout de forces.

Il le rejoignit bientôt. « Me voici, *didáskale*. Je t'ai

apporté un cadeau », dit-il en montrant le tison. Ayant déniché un abri sous un rocher, il entreprit de souffler sur le tison jusqu'à en ranimer la flamme. Il ajouta ensuite quelques ramilles et des morceaux de bois, et finit par obtenir plus de braise que de fumée, ainsi qu'une chaleur suffisante.

Léonidas reprit vite un peu de couleur et de vitalité. Alexandre tira alors un bout de pain de sa besace, il le rompit à l'intention de son maître édenté et s'assit à côté de lui, près du feu.

« Alors, fiston, dit Léonidas tout en mâchant. Est-il vrai que tu t'es emparé des armes d'Achille ? Le bouclier correspond-il à la description qu'Homère en a faite ? Et Halicarnasse ? On dit que le Mausolée est aussi grand que le Parthénon et que le temple d'Héra empilés l'un sur l'autre, est-ce possible ? Et l'Halys ? Toi, tu l'as vu, fiston. J'ai du mal à croire, pour ma part, qu'il est trois fois plus large que notre Haliacmon, mais comme je le disais, tu l'as vu, et tu connais donc la vérité. Et les Amazones ? Est-il vrai que la reine Penthésilée est enterrée près de l'Halys ? Je me demandais aussi si les Portes de Cilicie étaient aussi étroites qu'on le dit et...

— *Didáskale*, interrompit Alexandre, tu veux savoir beaucoup de choses. Il vaut mieux que je réponde à tes questions l'une après l'autre. En ce qui concerne les armes d'Achille, voici comment les choses se sont passées... »

Il parla à son maître toute la nuit et partagea avec lui son manteau, après avoir risqué sa vie pour le protéger contre le froid de la montagne. Le lendemain, les deux hommes retrouvèrent les soldats, sains et saufs, et Alexandre demanda à Léonidas de rester : il ne voulait pas l'exposer aux risques d'une traversée hivernale. Il repartirait à la belle saison.

55

Vers la fin de l'hiver, la nouvelle jetée fut achevée et aplanie avec de la terre battue de façon à permettre le passage des tours d'assaut, que Diadès avait fabriquées dans des délais exceptionnellement courts. Il avait placé sur les plates-formes qui se trouvaient à hauteur des murs des batteries de catapultes munies de ressorts à torsion, qui décochaient horizontalement de gros dards d'acier, et il avait monté sur leur sommet, en position dominante, des balistes qui tiraient des rochers et des projectiles incendiaires trempés dans de la poix, de l'huile et de la naphte.

Deux autres plates-formes, hissées sur des trières réunies deux par deux, et surmontées de tours garnies de béliers, atteignirent la muraille où les soldats entreprirent d'ouvrir une brèche. Pendant ce temps, des navires s'approchaient, déversant sur la rive des milliers d'attaquants, chargés d'établir une tête de pont devant l'une des portes de la ville.

Les défenseurs réagirent rageusement : les chemins de ronde se remplirent de combattants, prenant l'allure d'une fourmilière dans laquelle un enfant aurait plongé un bâton. Les Tyriens avaient également élevé des dizaines de catapultes sur leurs murs, et ils répondirent coup pour coup. Quand ils virent que les attaquants tentaient d'incendier leur porte, ils leur lancèrent du sable qu'ils avaient porté à incandescence en le chauffant à grand feu dans des boucliers en bronze.

Le sable brûlant s'insinuait sous les cuirasses et les vêtements, plongeant dans une sorte de folie furieuse les attaquants, qui se jetaient à la mer en se tordant de douleur pour abréger cette insupportable torture. Ceux qui ôtaient leurs cuirasses étaient aussitôt transpercés par les traits des archers ; d'autres encore étaient enlevés par des crochets ou des grappins d'un nouveau genre, et pendus dans le vide, où ils mouraient dans des hurlements atroces. Ces cris tourmentaient le roi. Ne pouvant trouver le repos, il arpentait le campement comme un lion affamé dans le voisinage d'une bergerie. Quant aux soldats, ils redoublaient de férocité à la vue de cet horrible spectacle.

Mais Alexandre répugnait à lancer un assaut final qui risquait de se conclure par un massacre. Il cherchait des solutions moins définitives pour sauver son honneur et laisser une issue aux Tyriens, dont il admirait le courage et l'extraordinaire ténacité.

Il s'entretint avec Néarque, qui, du fait de son expérience, était le plus à même de comprendre la situation et la mentalité de ces marins.

« Écoute, lui dit l'amiral. Nous avons déjà perdu sept mois, ou presque, et subi des pertes considérables. Je pense que tu devrais partir avec ton armée et me laisser à la tête du blocus. Je dispose à présent de cent navires de guerre, et j'en attends d'autres en provenance de Macédoine. J'interdirai aux Tyriens d'entrer ou de sortir tant qu'ils n'auront pas capitulé. Alors, je leur offrirai des conditions de paix honorables.

« Tyr est une ville merveilleuse à tous points de vue. Ses marins ont navigué jusqu'aux Colonnes d'Héraclès, et au-delà. On dit qu'ils ont visité des terres qu'aucun être humain n'a jamais vues, et qu'ils connaissent à la perfection la route qui mène aux îles des Bienheureux, au-delà de l'Océan. Réfléchis, Alexandre : puisque cette ville fait partie de ton empire, ne vaut-il mieux pas la conserver, plutôt que de la détruire ? »

Le roi réfléchit. Il se souvint alors de nouvelles qui lui étaient parvenues au cours des jours précédents. « Eumolpos de Soles m'a appris que les Carthaginois ont offert leur aide aux Tyriens. L'arrivée de leur flotte est imminente. N'oublions pas que les Perses croisent encore dans la mer Égée, et qu'ils pourraient fondre sur toi d'un jour à l'autre, si je partais. Non, ils doivent se rendre. Mais je vais leur laisser une dernière chance. »

Il décida d'envoyer aux Tyriens une ambassade réunissant ses conseillers les plus âgés et les plus sages. C'est alors que Léonidas se présenta à lui.

« Mon garçon, dit-il, donne-moi la possibilité d'en faire partie. Peut-être ignores-tu que ton père Philippe m'a jadis confié des missions secrètes et délicates que j'ai toujours menées, si je puis dire, avec grande habileté. »

Alexandre secoua la tête. « Il n'en est pas question, *didáskale*. C'est une entreprise très dangereuse, et je refuse de t'exposer inutilement à... »

Les mains sur les hanches, Léonidas s'écria : « Inutilement ? Tu ne sais pas ce que tu dis, fiston : cette mission n'a aucune chance d'aboutir si le vieux Léonidas n'en fait pas partie. Oui, Léonidas, l'homme le plus habile et le plus expérimenté dont tu disposes. Permets-moi d'ajouter qu'à l'époque où tu mouillais encore ton lit, ton père — que son nom puisse vivre éternellement — m'a envoyé en ambassade chez les féroces et barbares Triballes, et que je les ai apprivoisés sans coup férir. Lis-tu encore l'*Iliade* ?

— Bien sûr, *didáskale*, répondit le roi. Tous les soirs.

— Et alors ? Qui Achille envoya-t-il en ambassade à la tête des Achéens ? Ne s'agit-il pas de son vieux maître Phénix ? Et vu que tu es le nouvel Achille, il va sans dire que je suis le nouveau Phénix. Laisse-moi y aller, je t'en prie, et je te garantis que je ramènerai à la raison ces maudits entêtés. »

Léonidas était si déterminé qu'Alexandre n'eut pas le courage de lui refuser ce moment de gloire. Aussi lui confia-t-il cette tâche. Il envoya le groupe des ambassadeurs dans un bateau portant les insignes de la trêve afin de négocier la reddition de la ville, et il s'enferma sous sa tente, à l'extrémité de la jetée, pour attendre dans l'anxiété l'issue de cette mission. Mais les heures s'écoulaient, et rien ne se produisait.

Aux environs de midi, Ptolémée pénétra sous sa tente, l'air très sombre.

« Alors ? demanda Alexandre. Qu'ont-ils répondu ? »

Ptolémée lui fit signe de le suivre à l'extérieur et lui indiqua les tours les plus hautes, qui dominaient l'enceinte de Tyr. À leur sommet se dressaient cinq croix, sur lesquelles étaient cloués cinq corps ensanglantés. On pouvait distinguer facilement celui de Léonidas en raison de sa tête chauve et de ses membres squelettiques.

« Ils les ont torturés et crucifiés », dit-il.

À cette vue, Alexandre fut saisi de stupeur et comme paralysé. Tandis que des nuages noirs se pressaient dans le ciel, son regard s'assombrit et son œil gauche se transforma en un abîme de ténèbres.

Soudain, il lança un cri inhumain, qui semblait monter de ses entrailles. La colère furibonde de Philippe et la férocité barbare d'Olympias se déchaînèrent au même instant dans son âme, libérant une fureur aveugle. Mais le roi retrouva bientôt son calme, un calme aussi sombre et aussi inquiétant que celui du ciel avant la tempête.

Il convoqua Héphestion et Ptolémée. « Mes armes ! » ordonna-t-il. Et Ptolémée appela ses ordonnances, qui accoururent aussitôt en s'écriant : « À tes ordres, sire ! » Elles le revêtirent de sa plus belle armure et lui apportèrent l'étendard royal, frappé de l'étoile argéade.

« Trompettes ! ordonna encore une fois Alexandre. Donnez le signal d'attaque à toutes les tours. »

Les trompettes sonnèrent, et bientôt le fracas des béliers qui sapaient la muraille et le sifflement des projectiles lancés par les catapultes et les balistes retentirent dans toute la baie. Alors le roi se tourna vers son amiral. « Néarque ! cria-t-il.

— À tes ordres, sire ! »

Alexandre lui montra l'une des tours d'assaut, celle qui était la plus proche des murs. « Conduis-moi sur cette plate-forme. Mais d'abord, ordonne à ta flotte de sortir, glisse-toi dans les ports et coule tous les navires que tu rencontreras. »

Néarque scruta le ciel, qui était de plus en plus noir, avant de rejoindre la quinquérème amirale avec le roi et ses compagnons. Il transmit aussitôt l'ordre d'amener les voiles et de démâter, puis il hissa l'étendard de combat et largua les amarres. Le grondement des tambours, qui battaient le rythme à l'unisson, s'échappa des cent navires, et la mer bouillonna sous la force du vent et les coups de milliers de rames.

Le vaisseau amiral atteignit la plate-forme sous une pluie de projectiles. Alexandre sauta sur le parapet, suivi de ses compagnons. Ils se glissèrent dans la tour, gravissant à toute allure l'escalier qui reliait les étages, dans un enfer de poussière et de cris, dans le fracas assourdissant des béliers, tandis que retentissaient les cris aigus et réguliers des hommes qui donnaient le rythme de la poussée.

Quand la petite troupe déboucha au sommet de la tour, le ciel, à présent aussi noir que la poix, fut déchiré par un éclair éblouissant qui illumina la pâleur spectrale des crucifiés, l'armure dorée d'Alexandre et la tache vermeille de son étendard.

Dès qu'un pont eut été jeté sur le chemin de ronde, le roi se lança à l'attaque, flanqué de Léonnatos, qui brandissait une hache, d'Héphestion, épée au poing, de Perdiccas, armé d'une énorme lance, de Ptolémée et de Cratère, dont les cuirasses de fer étincelaient dans cette lumière. Reconnaissant sa splendide armure, son panache blanc et son étendard rouge et doré, les archers concentrèrent leur tir sur le roi macédonien tandis que les défenseurs se rassemblaient pour fondre sur lui. Désireux de montrer son courage au roi, l'un des attaquants, un Lyncestide du nom d'Admète, se précipita vers eux, mais il fut bientôt fauché. Alors, Alexandre brandit son épée en effectuant des moulinets et abattit ses ennemis à grands coups de bouclier. Pendant ce temps, Léonnatos se démenait avec une hache sur son flanc droit.

Sautant sur le chemin de ronde, le roi précipitait déjà un Tyrien dans le vide, en transperçait un autre du menton à l'aine, en projetait un troisième sur les toits des maisons, tandis que Perdiccas en soulevait un quatrième sur le bout de sa lance comme un poisson harponné et le lançait sur ses adversaires. Alexandre hurlait de plus en plus fort, entraînant dans son sillage le fleuve en crue de ses soldats, et sa fureur se déchaînait, comme nourrie par la force des éclairs et du tonnerre qui secouaient ciel et terre jusqu'aux abîmes. D'un élan irrépressible, il progressait sur le chemin de ronde, courait maintenant, indifférent à la pluie de flèches et de projectiles d'acier que les catapultes décochaient, courait vers la croix de Léonidas, à quelques pas désormais. Les défenseurs se soudèrent entre eux pour l'empêcher de passer, mais il les balaya l'un après l'autre, comme des pantins, tandis que Léonnatos assenait des coups d'une violence démesurée, faisant jaillir des cascades d'étincelles sur les boucliers et les casques, désintégrant les épées et les lances.

Enfin le roi arriva au pied de la croix, où l'ennemi avait placé une catapulte gouvernée par des artilleurs. Il s'écria : « Emparez-vous de la catapulte, et tournez-la contre les autres ! Descendez cet homme de sa croix ! Vite ! » Alors que ses compagnons prenaient possession de la plate-forme, il aperçut une caisse d'outils. Il abandonna son bouclier sur le sol et en tira une paire de tenailles.

Le voyant désarmé, l'un des ennemis tendit la corde de son arc à vingt pas de lui. C'est alors qu'une voix résonna au même instant à l'oreille du roi, la voix de sa mère, empreinte d'angoisse, qui l'appelait :

Alexandre !

Comme par miracle, le roi se rendit compte du danger qui le menaçait. Avec une rapidité foudroyante, il s'empara du poignard qu'il portait à sa ceinture et le lança sur l'archer. L'arme se ficha à la base de son cou.

Réunissant leurs boucliers, ses compagnons firent un mur autour de lui. Il put ainsi arracher les clous des membres torturés de son maître, il prit dans ses bras son corps nu et squelettique, puis l'allongea sur le sol. Au même instant, il revit les membres nus d'un autre vieillard, rencontré au cours d'un après-midi ensoleillé à Corinthe, Diogène, le sage aux yeux sereins, et son âme se brisa dans sa poitrine. Il murmura : « *Didáskale*... » Alors, la faible vie de Léonidas eut un dernier sursaut, et le maître ouvrit les yeux.

« Mon enfant, je n'ai pas réussi... » dit-il avant de s'affaisser, inanimé, dans ses bras.

Le ciel se déchira au-dessus de la ville, il déversa une pluie battante, une tempête de vent et de grêle, sur la mer, la terre et la petite île, remplie de cris et de sang. Mais la fureur guerrière ne s'éteignit pas pour autant : à l'extérieur du port, dans les eaux bouillonnantes, la flotte tyrienne affrontait en un duel désespéré les puissantes quinquérèmes de Néarque ; à l'intérieur des murs, les défenseurs se retranchaient dans les maisons et dans les rues, combattant devant les portes mêmes de leurs demeures jusqu'au dernier souffle de vie.

Vers le soir, quand le soleil ouvrit une brèche dans les nuages, éclairant les eaux livides, les murs endommagés, les restes des navires à la dérive et les corps noyés, les dernières poches de résistance furent anéanties.

Nombre de rescapés se réfugièrent dans les sanctuaires, s'accrochant aux images de leurs divinités, et le roi ordonna de les épargner. Mais il fut impossible de mettre un frein à la soif de vengeance de l'armée, qui se déchaîna contre les habitants.

Deux mille prisonniers furent crucifiés le long de la jetée. Le corps de Léonidas fut placé sur un bûcher et ses cendres furent ramenées dans sa patrie, afin d'être enterrées au pied du platane à l'ombre duquel il avait coutume, durant la belle saison, de dispenser son enseignement à ses élèves.

56

Alexandre ordonna à sa flotte de se diriger vers le sud et de transporter les machines de guerre démontées jusqu'à Gaza, la dernière place forte avant le désert qui séparait la Palestine de l'Égypte.

Dix navires furent, en revanche, envoyés en Macédoine pour enrôler des guerriers destinés à remplacer ceux qui étaient tombés sur le champ de bataille. C'est au cours de cette période que le roi reçut une seconde lettre de Darius :

> Darius, roi des Perses, Roi des Rois, lumière des Aryens et seigneur des quatre coins de la terre, à Alexandre, roi des Macédoniens, salut !
> Je désire que tu saches que je reconnais ton courage, ainsi que la fortune que les dieux t'ont largement offerte. Je te propose encore une fois de devenir mon allié, ou mieux, de nouer avec moi des liens de parenté.
> Je t'offre la main de ma fille Statira et je te donne la région qui s'étend entre les villes yauna d'Éphèse et de Milet et le fleuve Halys, ainsi que deux mille talents d'argent.
> Je t'invite à ne pas défier le sort, qui pourrait te tourner le dos : si tu souhaitais poursuivre ton entreprise, tu vieillirais avant même d'avoir parcouru tout mon empire, même si tu ne devais jamais combattre. En outre, mon territoire est défendu par des fleuves énormes, tels que le Tigre, l'Euphrate, l'Araxe et l'Hydaspe, remparts infranchissables.
> Je te conseille donc de réfléchir et de prendre la décision la plus sage.

Alexandre fit donner lecture de cette lettre à son conseil de guerre réuni au grand complet. Puis il demanda : « Qu'en dites-vous ? Que devrais-je répondre ? »

Personne n'osait suggérer au roi la façon de réagir. Seul Parménion prit la parole, persuadé que son âge et son prestige l'autorisaient à exprimer son point de vue. Il se borna à dire : « J'accepterais ces conditions si j'étais Alexandre. »

Le roi baissa la tête comme s'il comptait réfléchir à cette affirmation, avant de répliquer d'une voix glaciale : « J'agirais de la sorte si j'étais Parménion ».

Le vieux général lui lança un regard chagriné et surpris. Blessé dans sa dignité, il se leva et s'éloigna en silence. Tandis que ses compagnons échangeaient des coups d'œil interdits, le roi poursuivit calmement :

« Le point de vue du général Parménion est compréhensible, mais vous vous rendez compte, je l'imagine, que Darius se contente de m'offrir la main de sa fille, puisque tout le reste m'appartient déjà. Mieux, il me demande implicitement de renoncer aux provinces et aux villes qui s'étendent à l'est du fleuve Halys, alors qu'elles m'ont coûté d'immenses sacrifices. Il essaie de nous effrayer parce qu'il est lui-même terrorisé. Nous continuerons notre route. Nous nous emparerons de Gaza et de l'Égypte, le plus vieux pays du monde, et aussi le plus riche. »

Il opposa donc un refus méprisant aux propositions du Grand Roi et fit avancer l'armée le long de la côte, tandis que la flotte progressait de conserve aux ordres de Néarque et d'Héphestion.

Gaza était une forteresse importante, mais ses murs étaient constitués de briques et elle se dressait sur une colline argileuse à quelque quinze stades de distance de la mer. Elle était commandée par un eunuque noir du nom de Batis, un homme très courageux, fidèle au roi Darius. Il refusa de se rendre.

Alexandre décida donc d'attaquer. Il effectua un tour

de reconnaissance le long de la muraille afin de localiser les endroits où l'on creuserait des galeries, et ceux où les machines de siège pourraient s'approcher des remparts. Il s'agissait d'un problème relativement épineux car le terrain qui entourait la colline était sableux.

Tandis qu'il réfléchissait, un corbeau le survola et lâcha sur sa tête une touffe d'herbe qu'il tenait entre ses griffes, avant de se poser sur les murs de la ville, où il s'empêtra dans le bitume qui les recouvrait et qui avait fondu au soleil.

Frappé par cette scène, le roi demanda à Aristandre, qui le suivait désormais comme son ombre : « Que signifie tout cela ? Quel présage m'envoient les dieux ? »

Le devin leva la tête vers le disque enflammé du soleil avant d'examiner le corbeau de ses pupilles qui n'étaient à présent pas plus grandes qu'un point. Les ailes collées au bitume, l'oiseau se débattait désespérément, il finit par se libérer en perdant quelques plumes.

« Tu t'empareras de Gaza, mais si tu entreprends sa conquête aujourd'hui, tu seras blessé. »

Alexandre décida toutefois de se battre pour éviter que l'armée ne pense qu'il avait craint un présage de malheur. Tandis que ses escadrons de mineurs commençaient à creuser des galeries au pied de la muraille afin d'en provoquer l'effondrement, il attaqua de front par la rampe qui montait vers la ville.

Fort de sa position, Batis tenta une sortie en déployant contre les Macédoniens ses guerriers perses, ainsi que dix mille mercenaires arabes et éthiopiens. C'était la première fois que les soldats d'Alexandre voyaient des hommes à la peau noire.

Malgré les souffrances que lui procurait encore la blessure qu'il avait reçue à Issos, le roi se plaça en première ligne parmi ses fantassins en cherchant un affrontement direct avec Batis, un géant noir, luisant de sueur, qui combattait avec fureur à la tête de ses Éthiopiens.

« Par les dieux ! s'écria Perdiccas. Cet homme a beau être châtré, il a encore des couilles ! »

Alexandre élimina à coups d'épée les ennemis qui se jetaient sur lui. C'est alors qu'un armurier, perché sur une tour, aperçut son étendard rouge, son panache et sa cuirasse resplendissante. Il tira un projectile à l'aide de sa catapulte.

Loin d'ici, au sommet d'une autre tour, dans le palais de Pella, Olympias sentit ce péril mortel et tenta désespérément d'appeler :

Alexandre !

Bloquée par un présage contraire, sa voix ne parvint pas à franchir l'éther, et le dard partit. Il fendit l'air en sifflant et frappa dans le mille : il transperça le bouclier et la cuirasse d'Alexandre, et se ficha dans son épaule. Le roi s'écroula sur le sol. Alors, une nuée d'adversaires se précipita sur lui afin de l'achever et de le dépouiller de ses armes. Mais Perdiccas, Cratère et Léonnatos firent un mur de leurs corps, les repoussant à coups de bouclier et de lance.

Alexandre hurlait en se tordant de douleur : « Appelez Philippe ! »

Aussitôt le médecin accourut. « Vite ! Quittons ces lieux ! Vite ! » Deux porteurs étendirent le roi sur une civière et l'éloignèrent de la mêlée.

Nombre de soldats avaient entrevu sa pâleur mortelle ainsi que le trait qui s'était planté dans son épaule. Aussi le bruit se répandit-il qu'il était mort et la formation commença-t-elle à vaciller sous les coups des ennemis.

Alexandre comprit ce qui passait en entendant les hurlements de la mêlée. Il attrapa la main de Philippe, qui courait à ses côtés, et lui dit : « Il faut que je retourne immédiatement sur la ligne de combat. Enlève-moi cette flèche et cautérise la blessure.

— Cela ne suffira pas ! s'exclama le médecin. Sire, si tu retournes là-bas, tu mourras.

— Non, j'ai déjà été blessé. La première partie du présage s'est accomplie. Reste la seconde : j'entrerai à Gaza. »

Tout en parlant, ils avaient atteint le pavillon royal. Alexandre répéta : « Enlève-moi cette flèche. Je te l'ordonne. »

Philippe obéit. Tandis que le roi mordait sa ceinture de cuir pour éviter de crier, le médecin incisa son épaule à l'aide d'un instrument chirurgical et en ôta la pointe. Le sang se mit à couler avec abondance. Philippe s'empara aussitôt d'une lame rougie sur le feu d'un brasero, et l'enfonça dans la plaie. La tente se remplit d'une odeur nauséabonde de chair brûlée et le roi laissa échapper un gémissement de douleur.

« Recouds », gémit-il entre ses dents.

Le médecin se mit à recoudre et tamponna la blessure avant d'y appliquer un pansement serré, qu'il croisa devant et derrière.

« Et maintenant, remets-moi ma cuirasse.

— Sire, je t'en conjure... implora Philippe.

— Remets-moi ma cuirasse ! »

Les hommes s'exécutèrent et Alexandre regagna le champ de bataille où son armée, découragée, lâchait pied sous la poussée de l'ennemi, en dépit des deux bataillons de la phalange que Parménion avait envoyés en renfort.

« Le roi est vivant ! s'écria Léonnatos d'une voix de tonnerre. Le roi est vivant. *Alalalàï !*

— *Alalalàï !* » répondirent les guerriers en redoublant brusquement de vigueur.

Alexandre attaquait de nouveau en première ligne malgré les élancements que lui provoquait sa blessure, il entraînait toute l'armée, stupéfaite par cette réapparition soudaine, comme si elle était conduite par un dieu invicible et invulnérable plutôt que par un être humain.

Mais alors que les portes se refermaient au prix d'un

grand effort, et que les Macédoniens poussaient des cris de victoire, un guerrier qu'on croyait mort lança soudain le bouclier qui le recouvrait, frappant Alexandre à la cuisse gauche.

Le roi le cloua au sol d'un coup de javelot, avant de s'effondrer, brisé par la souffrance.

Au cours des trois jours et des trois nuits qui suivirent, il fut dévoré par une très forte fièvre, qui le fit délirer. Pendant ce temps, ses hommes continuaient de creuser sans répit les entrailles de la colline sur laquelle la ville de Gaza se dressait.

Le quatrième jour, Barsine lui rendit visite. Elle le contempla longuement et se laissa émouvoir par le courage insensé qui avait amené cet homme à affronter autant de souffrance. Elle vit Leptine pleurer silencieusement dans un coin de la tente, puis elle s'approcha du roi et déposa un baiser sur son front avant de ressortir aussi silencieusement qu'elle était entrée.

Vers le soir, Alexandre reprit connaissance, mais la douleur qu'il ressentait était insupportable. Il regarda Philippe, assis non loin de lui, les yeux rougis par de nombreuses heures de veille, et il lui dit :

« Donne-moi quelque chose pour calmer la douleur... Je ne résiste pas, j'ai l'impression de devenir fou. »

Le médecin hésita un moment, puis voyant les traits du roi contractés et presque déformés par les élancements, il mesura l'ampleur de sa souffrance : « Le médicament que je vais t'administrer, dit-il, est une drogue puissante dont j'ignore encore tous les effets, mais tu risques de perdre la raison à force de souffrir. Nous devons donc prendre ce risque. »

Au loin, on entendait le vacarme que produisait la muraille de Gaza en s'écroulant, minée par le sous-sol, et le hurlement des guerriers qui s'affrontaient en un combat furieux. Le roi murmura, comme hors de lui : « Il faut que j'y aille... Il faut que j'y aille... Donne-moi quelque chose pour calmer la douleur. »

Philippe s'absenta un instant. Il revint avec une petite jarre, d'où il tira une substance sombre à l'odeur forte. Il en tendit un peu au roi. « Avale ça », lui dit-il non sans appréhension.

Alexandre s'exécuta et patienta dans l'espoir de voir s'apaiser la douleur. Le fracas du combat qui s'échappait des murs suscitait en lui une étrange excitation, et bientôt son esprit se peupla des fantômes guerriers du poème homérique qu'il lisait tous les soirs depuis son enfance. Soudain, il se leva : il souffrait encore, mais la douleur avait changé, elle était devenue sourde et presque indéfinissable, pareille à une force cruelle qui emplissait sa poitrine d'une colère impitoyable. La colère d'Achille.

Il quitta son lit comme en songe et sortit de sa tente. Les prières de son médecin résonnaient à ses oreilles : « Ne pars pas, sire... Tu es malade. Attends, je t'en prie. » Mais c'étaient des mots privés de sens. Il était Achille, et il devait courir au champ de bataille où ses compagnons réclamaient son aide.

« Préparez mon char », cria-t-il à ses ordonnances qui s'empressèrent de lui obéir, non sans étonnement. Son regard était vitreux et absent, sa voix métallique et presque atone. Il monta sur son char et l'aurige lança les chevaux à coups de fouet vers les murs de Gaza.

Il vécut tout ce qui s'ensuivit comme s'il traversait un cauchemar. Il n'avait qu'une certitude : il était Achille et il longeait une, deux, trois fois les murs de Troie en traînant dans la poussière le cadavre d'Hector.

Quand il reprit conscience, il vit que l'aurige immobilisait son char devant l'armée rangée. Derrière, au bout de deux courroies, se trouvait un cadavre réduit à l'état de bouillie sanglante. On lui expliqua qu'il s'agissait des restes de Batis, l'héroïque défenseur de Gaza, qu'on avait capturé et conduit devant lui.

Ses yeux se remplirent d'horreur et il s'enfuit au loin, vers la mer, où la douleur se réveilla, déchirant avec plus de cruauté que jamais ses membres torturés.

Il regagna sa tente au cœur de la nuit, en proie à la honte et au remords.

Barsine l'entendit pousser des gémissements d'une douleur si profonde et si désespérée qu'elle ne put s'empêcher de le rejoindre. À son arrivée, Philippe sortit en faisant signe à Leptine de s'éloigner.

Barsine s'assit sur le lit, caressa son front ruisselant de sueur et mouilla ses lèvres avec de l'eau fraîche. Quand, en proie au délire, il l'enlaça et la serra contre lui, elle n'osa pas le repousser.

57

Philippe se lava les mains et entreprit de changer les pansements et les bandages qui recouvraient les blessures d'Alexandre. Cinq jours s'étaient écoulés depuis le massacre de Batis, et le roi était encore bouleversé par son geste.

« Je pense que tu as agi sous l'effet du médicament que je t'ai administré. Il a peut-être supprimé la douleur, mais il a déchaîné en toi d'autres forces, que tu n'es pas parvenu à maîtriser. Je ne pouvais pas le prévoir... personne n'aurait pu.

— Je me suis acharné sur un homme qui n'était pas en mesure de se défendre, un homme qui méritait le respect pour son courage et sa fidélité. Je serai jugé pour mon acte... »

Eumène, qui était assis, tout comme Ptolémée, sur un tabouret de l'autre côté du lit, se leva et s'approcha. « Tu ne peux être jugé comme un homme quelconque, dit-il. Tu as franchi toutes les limites, tu as été sauvagement blessé, tu as supporté une souffrance à laquelle personne n'aurait résisté, tu as gagné des batailles que personne n'aurait jamais osé engager.

— Tu n'es pas un homme comme les autres, continua Ptolémée. Tu es de la race d'Héraclès et d'Achille. Désormais, tu as abandonné les règles qui gouvernent la vie du commun des mortels. Ne te tourmente pas,

Alexandre : si Batis t'avait eu en son pouvoir, il t'aurait réservé des souffrances bien plus atroces. »

Philippe, qui avait terminé de nettoyer les plaies d'Alexandre et de changer ses pansements, lui administra une infusion pour le calmer et atténuer la douleur. Dès que le roi se fut assoupi, Ptolémée s'assit à son chevet, tandis qu'Eumène suivait Philippe à l'extérieur. Le médecin comprit aussitôt que le secrétaire avait quelque chose à lui communiquer en privé.

« Que se passe-t-il ? demanda-t-il.

— Nous avons reçu une mauvaise nouvelle, répondit Eumène. Le roi Alexandre d'Épire est tombé dans une embuscade en Italie et a été tué. La reine Cléopâtre est effondrée, et j'ignore si je dois remettre sa missive au roi.

— Tu l'as lue ?

— Je n'oserais jamais ouvrir une lettre scellée destinée à Alexandre. Mais le messager connaissait la nouvelle et il me l'a rapportée. »

Philippe réfléchit un instant. « Mieux vaut attendre : son état mental et physique est encore très précaire. Cette nouvelle risquerait de le plonger dans l'égarement le plus complet. Oui, mieux vaut attendre.

— Jusqu'à quand ?

— Je te le dirai, si tu as confiance en moi.

— J'ai confiance. Comment se porte-t-il ?

— Il souffre terriblement, mais il guérira. Tu as peut-être raison, ce n'est pas un homme comme les autres. »

Barsine souffrait également. Elle était rongée par le remords à l'idée d'avoir trompé la mémoire de son époux. Elle ne parvenait pas à trouver la paix en songeant qu'elle avait cédé à Alexandre, mais elle savait combien sa souffrance était grande, et elle désirait se tenir à ses côtés. Son trouble récent et les changements qui s'étaient opérés en elle n'avaient pas échappé à Artéma, sa vieille nourrice.

Un soir, elle lui demanda : « Pourquoi es-tu si malheureuse, ma fille ? »

Barsine baissa la tête et se mit à pleurer en silence.

« Si tu ne veux pas me le dire, je ne peux t'y obliger », observa la vieille femme. Mais Barsine éprouvait le désir de se confier, et elle commença : « Nourrice, j'ai cédé à Alexandre. Quand il est revenu du champ de bataille, je l'ai entendu crier et gémir, en proie à une souffrance épouvantable, et je n'ai pas su lui résister. Il s'est montré plein de bonté envers mes enfants et moi-même, et je sentais que je devais l'aider.... Je me suis approchée, j'ai essuyé son front et je l'ai caressé... Ce n'était pour moi qu'un garçon brûlant de fièvre, bouleversé par de terribles cauchemars, par des images de sang et d'horreur. » La nourrice l'écoutait d'un air attentif et songeur. « Mais il m'a soudain attirée contre lui, il m'a enlacée avec une force irrésistible et je n'ai pas su le repousser. J'ignore comment cela s'est passé... murmura-t-elle d'une voix tremblante. Je l'ignore. Son corps torturé dégageait un parfum mystérieux et son regard fiévreux avait une intensité insoutenable. » Elle fondit en pleurs.

« Ne pleurs pas, petite fille, la réconforta la nourrice. Tu n'as rien fait de mal. Tu es jeune, et la vie réclame ses droits. En outre, tu es une mère, et tu es tombée avec tes enfants dans les mains d'ennemis étrangers. Ton instinct te pousse à t'unir au plus puissant d'entre tous, l'homme qui peut protéger tes enfants contre quiconque.

« Tel est le destin des femmes belles et désirables : elles savent qu'elles sont une proie, elles savent qu'elles ne pourront être sauvées et protégées qu'en offrant de l'amour et en subissant la domination des hommes. » Le visage dans les mains, Barsine ne cessait de pleurer. « Mais celui qui t'a prise est un magnifique jeune homme, qui a toujours fait preuve de gentillesse et de respect à ton égard, qui a prouvé qu'il méritait ton amour. Tu souffres aujourd'hui, parce que deux sentiments terribles et profonds coexistent en toi : l'amour pour un homme qui n'existe plus, et qui ne devrait donc plus avoir de raison d'être, même s'il se refuse à mourir, et l'amour inconscient pour un homme que tu rejettes, car c'est un ennemi et l'auteur indirect, qui plus est, de la mort de ton époux. Tu n'as rien fait de mal. Si un sentiment naît en toi, ne l'étouffe pas, car ce qui se produit dans le cœur des hommes est le reflet de la volonté d'Ahura-Mazda, le feu éternel, l'origine de tout feu céleste et terrestre. Mais rappelle-toi, Alexandre n'est pas un homme comme les autres. Il est pareil au vent qui passe et s'en va. Et personne ne peut emprisonner le vent. Ne cède pas à l'amour si tu sais que tu ne pourras pas supporter la séparation. »

Barsine sécha ses pleurs et sortit. La nuit était belle, la lune dessinait un long sillon argenté sur les eaux tranquilles. Non loin de là se dressait le pavillon du roi ; les lanternes projetaient sur la tente son ombre inquiète et solitaire. Elle marcha vers le rivage et pénétra dans l'eau jusqu'aux genoux. Soudain, elle eut l'impression de sentir son parfum et d'entendre sa voix, qui murmurait : « Barsine. »

Ce n'était pas possible, et pourtant il était derrière elle, si proche qu'il pouvait l'effleurer de son souffle.

« J'ai rêvé, je ne sais plus quand, lui dit-il doucement, que tu m'accordais ton amour, que je te caressais et que je te prenais. Mais quand je me suis réveillé, voilà ce que j'ai trouvé dans mon lit. » Il laissa tomber un mouchoir de soie bleue qui se confondit avec les flots. « T'appartient-il ?

— Ce n'était pas un rêve, répondit Barsine sans se retourner. J'avais pénétré sous ta tente parce que je t'entendais crier de douleur et je m'étais assise à ton chevet. Tu m'as enlacée avec une force invincible et je n'ai pas su te repousser. »

Alexandre posa ses mains sur les hanches de Barsine et l'amena à se retourner. La clarté de la lune jetait sur son visage une pâleur d'ivoire, elle scintillait au fond de son œil sombre.

« Maintenant, tu peux me repousser, Barsine, alors que je te demande de m'accueillir dans tes bras. J'ai subi en quelques mois toutes sortes de déchirements, j'ai perdu les pensées de mon adolescence, j'ai touché le fond de tous les abîmes, j'ai oublié que jadis j'avais été enfant, que j'avais eu un père et une mère. Le feu de la guerre m'a consumé le cœur et je vois à chaque instant la mort chevaucher à mes côtés sans jamais parvenir à me faucher. Alors, je devine ce que signifie devenir immortel, et cela me remplit de peur et d'effroi. Ne me repousse pas, Barsine, maintenant que mes mains caressent ton visage, ne me refuse pas ta chaleur et tes bras. »

Son corps était aussi éprouvé qu'un champ de bataille : il n'y avait pas un pouce de sa peau qui ne fût couvert d'éraflures, de cicatrices ou d'excoriations. Seul son visage était resté merveilleusement intact, et ses longs cheveux retombaient doucement sur ses épaules, le parant d'une grâce intense et triste.

« Aime-moi, Barsine », dit-il en l'attirant à lui, en la serrant contre sa poitrine.

La lune se cacha derrière les nuages, qui venaient de l'ouest, et Alexandre l'embrassa avec passion. Barsine répondit à ce baiser comme si les flammes d'un incendie l'enveloppaient subitement, mais elle sentit au même instant la morsure d'un sombre désespoir au fond de son cœur.

Dès que le roi fut en mesure de voyager, l'armée prit la route du désert. Au bout de sept jours de marche, elle atteignit la ville de Péluse, aux portes de l'Égypte, sur la rive orientale du delta du Nil. Se sachant totalement isolé, le gouverneur perse se soumit au roi, à qui il confia la région et le trésor royal.

« L'Égypte ! s'exclama Perdiccas en contemplant du

haut de la forteresse la campagne qui s'étendait à perte de vue, les eaux paresseuses du fleuve, les têtes ondoyantes des papyrus, les dattiers dont les fruits étaient déjà aussi gros que des noix.

— Je ne croyais même pas à son existence, observa Léonnatos. Je pensais qu'il s'agissait d'une des nombreuses histoires que nous racontait le vieux Léonidas. »

Une jeune fille aux yeux bistrés, coiffée d'une perruque noire et vêtue d'une robe en lin si moulante qu'elle paraissait nue, servit aux jeunes conquérants du vin de palme et des pâtisseries.

« Es-tu toujours aussi sûr de détester les Égyptiens ? demanda Alexandre à Ptolémée qui suivait la belle jeune fille d'un regard admiratif.

— Plus aussi sûr, répliqua Ptolémée.

— Regardez ! Regardez, là, au milieu du fleuve ! De quelle sorte de monstres s'agit-il ? s'écria soudain Léonnatos en indiquant des dos écailleux qui brillèrent un instant au soleil avant de disparaître dans un bouillonnement d'eau.

— Ce sont des crocodiles, expliqua l'interprète, un Grec du nom d'Aristoxène. Ils sont partout, ne l'oubliez pas : il est très risqué de se baigner dans ces eaux. Faites donc attention car...

— Et ceux-là ? Regardez-les ! s'exclama encore Léonnatos. On dirait d'énormes cochons.

— Nous autres Grecs les appelons *hippopòtamoi*, expliqua l'interprète.

— " Chevaux de fleuve ", observa Alexandre. Par Zeus, je crois que Bucéphale se vexerait s'il savait qu'on qualifie également de " chevaux " ces espèces de grosses bêtes.

— C'est seulement une façon de parler, répliqua l'interprète. Ils ne sont pas dangereux car ils se nourrissent exclusivement d'herbes et d'algues, mais ils sont capables de renverser un bateau. Ceux qui tombent à l'eau deviennent alors la proie des crocodiles.

— Un pays dangereux, commenta Séleucos qui

s'était contenté jusqu'alors d'admirer le spectacle en silence. Maintenant, que penses-tu qu'il arrivera ? demanda-t-il ensuite à Alexandre.

— Je l'ignore, mais je crois que nous pourrions être accueillis amicalement par les gens de ce pays si nous savons les comprendre. Ils me donnent l'impression d'être un peuple gentil et sage, mais très fier.

— Il en est ainsi, confirma Eumène. L'Égypte refuse toute domination étrangère, et les Perses ne l'ont jamais compris : ils se sont obstinés à installer un gouverneur et des troupes mercenaires à Péluse, provoquant ainsi des révoltes sans fin, qu'ils ont toutes réprimées dans un bain de sang.

— Pourquoi en irait-il autrement pour nous ? interrogea Séleucos.

— Parce qu'il aurait pu en aller autrement pour les Perses, s'ils avaient respecté la religion de ces gens, et si le Grand Roi s'était présenté comme un pharaon égyptien. C'est, d'une certaine façon, une question de forme.

— Une question... de forme ? répéta Ptolémée.

— Eh oui, répliqua Eumène. De forme. Un peuple qui vit pour les dieux et pour l'au-delà, un peuple qui dépense des fortunes pour importer de l'encens qu'il fera brûler dans les temples attribue certainement une grande valeur à la forme.

— Je crois que tu as raison, approuva Alexandre. Quoi qu'il en soit, nous allons vite le découvrir. Notre flotte devrait arriver demain, après quoi nous remonterons le Nil jusqu'à Memphis, la capitale. »

Les navires de Néarque jetèrent l'ancre deux jours plus tard à l'embouchure de la branche orientale du Delta. Le roi et ses compagnons empruntèrent le fleuve jusqu'à Héliopolis et Memphis, tandis que l'armée les suivait par voie terrestre.

Portés par le fleuve immense, ils passèrent devant les pyramides, qui brillaient comme des diamants sous un soleil au zénith, devant le gigantesque sphinx, qui veillait depuis des millénaires sur le sommeil des grands rois.

« D'après Hérodote, trente mille hommes l'auraient érigé en travaillant pendant trente ans, expliqua Aristoxène.

— Et tu crois que c'est vrai ? demanda Alexandre.

— Oui, même si l'on raconte dans ce pays plus d'histoires que dans toute autre partie du monde, pour la bonne raison qu'elles se sont accumulées au fil du temps.

— Est-il vrai que le désert oriental est peuplé de serpents ailés ? demanda encore Alexandre.

— Je l'ignore, répondit l'interprète. Je n'y suis jamais allé, mais c'est sans aucun doute l'un des lieux les plus inhospitaliers de la terre. Mais regarde, nous arrivons au ponton. Les hommes à la tête rasée que tu aperçois sont les prêtres du temple de Zeus Ammon. Traite-les avec respect : ils pourraient t'épargner beaucoup d'efforts et de sang versé. »

Alexandre acquiesça avant de se préparer à descendre. Dès qu'il eut mis le pied sur la terre ferme, il s'approcha des prêtres avec révérence et les pria de le conduire au temple afin qu'il puisse rendre hommage au dieu.

Les prêtres se dévisagèrent en échangeant quelques murmures, puis ils s'inclinèrent poliment devant le roi et se dirigèrent en procession vers le grand sanctuaire en entonnant une hymne au son des flûtes et des harpes. Une fois devant les colonnes de l'entrée, ils s'effacèrent pour inviter Alexandre à entrer. Et Alexandre pénétra dans le temple, seul.

S'insinuant à l'intérieur à travers un trou dans le plafond, les rayons du soleil traversaient un gros nuage d'encens qui s'élevait d'un brûle-parfum en or, placé au centre du sanctuaire. Le reste du temple disparaissait dans la pénombre. Sur un piédestal de granit se dressait une statue du dieu pourvue d'une tête de bélier, d'yeux de rubis et de cornes en lames d'or.

Alexandre balaya le temple du regard : il paraissait entièrement désert, et, dans le silence de l'après-midi, les bruits de l'extérieur semblaient se perdre au milieu de la forêt de colonnes qui soutenait le plafond en bois de cèdre.

Soudain, Alexandre eut l'impression que la statue bougeait : ses yeux de rubis brillaient, comme animés par une lumière interne. C'est alors qu'une voix profonde et vibrante résonna dans la grande salle hypostyle.

« Il y a vingt ans, le dernier roi légitime de ce pays fut obligé de s'enfuir dans le désert pour ne plus revenir. Es-tu ce fils, né loin du Nil, que nous attendons depuis longtemps ? »

Alexandre comprit en cet instant toutes les histoires qu'il avait entendu colporter sur l'Égypte et sur l'âme de son peuple. Il répondit d'une voix ferme : « C'est moi.

— Si tu l'es, poursuivit la voix, prouve-le.

— Comment ? demanda le roi.

— Seul le dieu Ammon peut le déclarer, mais il ne s'exprime qu'à travers l'oracle de Siwah, qui se trouve au milieu du désert. C'est là que tu devras aller. »

« Siwah », pensa Alexandre. Et il se souvint d'une histoire que sa mère lui racontait quand il était enfant, l'histoire de deux colombes que Zeus avait libérées aux origines des temps : l'une d'elles était allée se poser sur un chêne de Dodone, l'autre sur un palmier de Siwah, et elles avaient commencé à émettre des prophéties. Sa mère lui avait également dit qu'elle l'avait senti tressaillir dans son ventre pour la première fois le jour où elle s'était rendue à Dodone pour consulter l'oracle, et que sa prochaine naissance, une naissance divine, se produirait le jour où il visiterait l'autre oracle, celui de Siwah.

La voix s'éteignit, et Alexandre quitta la grande salle sombre, réapparaissant bientôt à la lumière du soleil, parmi les chants et les hymnes sacrés.

On lui présenta le taureau Apis, auquel il rendit hommage en le couronnant de guirlandes, avant d'offrir lui-même le sacrifice d'une antilope au dieu Ammon.

Touchés par sa piété, les prêtres lui remirent les clefs de la ville. Alexandre ordonna qu'on commence sans tarder les travaux de restauration du temple, abîmé en plusieurs endroits.

58

Le voyage en direction de l'oasis perdue de Siwah débuta quelques jours plus tard, quand les blessures d'Alexandre parurent définitivement cicatrisées. Une partie de l'armée prit la route du nord, l'autre suivait avec la flotte. On s'était donné rendez-vous sur une lagune, située non loin du bras le plus occidental du delta du Nil.

Mais Alexandre fut captivé par l'ampleur de la baie, par l'île remplie de palmiers qui la protégeait contre les vents du nord, par la vaste plaine qui longeait la plage.

Il décida donc d'y établir ses quartiers et de fêter avec ses compagnons et son armée le succès de leur entreprise et l'accueil pacifique que l'Égypte leur avait réservé. Avant que le dîner ne se transforme, comme de coutume, en orgie, Alexandre voulut que ses amis assistent aux prestations musicales d'un certain nombre d'artistes grecs et égyptiens, et écoutent Thessalos, son acteur préféré, réciter un morceau de bravoure : le monologue d'Œdipe dans *Œdipe à Colone*.

Les applaudissements de l'assistance ne s'étaient pas encore éteints quand on annonça au roi une visite.

« De qui s'agit-il ? demanda Alexandre.

— De quelqu'un d'étrange, répondit Eumène, l'air perplexe, mais il affirme qu'il te connaît très bien.

— Ah oui ? dit le roi qui était de bonne humeur. Alors, laisse-le passer. Mais qu'a-t-il donc de si étrange ?

— Tu le verras toi-même », répliqua Eumène, qui s'éloigna pour introduire le visiteur.

Dès que celui-ci entra, la salle fut parcourue par un bruissement et secouée de quelques rires. Tous les regards se concentrèrent sur le nouveau venu. C'était un homme d'une quarantaine d'années, complètement nu sous une peau de lion qui évoquait Héraclès. Il tenait une massue à la main.

Alexandre réfréna à grand-peine ses rires devant ce singulier hommage à son ancêtre et, s'efforçant de garder son sérieux, il l'interrogea :

« Qui es-tu, hôte étranger, toi qui ressembles tant au héros Héraclès, mon ancêtre ?

— Deinocratès, répondit l'homme. Un architecte grec.

— Voilà une étrange tenue pour un architecte, commenta Eumène.

— Ce qui compte, pontifia l'homme, n'est pas la tenue, mais les projets qu'un homme est en mesure d'exposer et, éventuellement, de réaliser.

— Quel projet voudrais-tu m'exposer ? » demanda le roi.

Deinocratès frappa dans ses mains. Deux jeunes gens se présentèrent et déroulèrent une grande feuille de papyrus aux pieds d'Alexandre.

« Par Zeus ! s'exclama le roi. Mais de quoi s'agit-il ? »

L'architecte semblait visiblement satisfait d'avoir attiré l'attention d'Alexandre. Il entreprit d'expliquer : « C'est un projet ambitieux, sans aucun doute, mais digne de ta grandeur et de ta gloire. J'ai l'intention de sculpter le mont Athos sous la forme d'un colosse qui te représenterait, comme tu le vois sur ce dessin. Ce géant tiendra sur la paume de sa main une ville que tu fonderas personnellement. N'est-ce pas extraordinaire ?

— Ah, pour être extraordinaire, c'est extraordinaire,

commenta Eumène. Mais je me demande si cela est réalisable. »

Alexandre examina le projet délirant qui le représentait à l'échelle d'une montagne, une ville entière dans la main. Il dit : « Je crains que ce soit un peu excessif pour mes moyens... Et puis, si j'avais l'intention de faire exécuter une statue aussi importante, je m'adresserais à un garçon fort doué que j'ai connu à l'époque où je suivais les cours d'Aristote, à Miéza. Un élève de Lysippe qui se nomme Charès et qui rêve de bâtir un géant de bronze d'une hauteur de quatre-vingts coudées. Le connais-tu ?

— Non.

— Quoi qu'il en soit, j'aurais moi-même un projet à te soumettre.

— Celui-ci ne te plaît pas, sire ? demanda l'architecte d'un air déçu.

— Il ne s'agit pas de ça. Il me semble juste un peu trop... Mon projet, en revanche, pourrait être mis en œuvre dès demain, si tu t'en sentais capable.

— Bien sûr que je m'en sens capable, sire. Tu n'as qu'à parler.

— Alors, suis-moi », l'invita le roi.

Il sortit et se dirigea vers le rivage. C'était une belle soirée d'été et les eaux tranquilles de la baie renvoyaient l'image du croissant de lune.

Alexandre ôta son manteau et l'étendit sur le sol. « Voilà, je veux que tu projettes pour moi une ville en forme de manteau macédonien autour de cette baie.

— C'est tout ? interrogea Deinocratès.

— C'est tout, répondit le roi. Je désire que tu te mettes à l'œuvre dès demain. Je dois partir en voyage. À mon retour, je veux voir tes ouvriers occupés à construire les maisons, les pavages et les routes, ainsi que les quais du port.

— Je ferai tout mon possible, sire. Mais qui me paiera ?

— Eumène, mon secrétaire général. » Il se retourna,

laissant cet étrange architecte au milieu de la plaine déserte, avec sa massue et sa peau de lion. « Et que ce soit du bon travail ! recommanda-t-il.

— Une dernière chose, sire ! s'écria Deinocratès avant que le roi regagne la salle du banquet où l'attendaient ses amis. Quel sera le nom de cette ville ?

— Alexandrie. Elle s'appellera Alexandrie, et ce sera la plus belle ville du monde. »

Les travaux débutèrent rapidement. Après avoir échangé sa peau de lion contre une tenue plus correcte, Deinocratès se montra à la hauteur de cette tâche, même si les architectes qui suivaient l'expédition depuis longtemps considéraient avec jalousie le fait que le roi eût confié une telle mission à un inconnu. Mais il arrivait souvent à Alexandre d'agir instinctivement, et il était rare qu'il se trompe.

Seul un épisode jeta de l'ombre sur cette entreprise. Deinocratès avait dessiné le plan de la ville et installé les instruments qui permettraient d'en reporter le tracé sur le terrain. Il avait ensuite commencé à délimiter à la craie son périmètre, ses rues principales, ses rues secondaires, la grand-place, le marché et les sanctuaires. Mais, ayant utilisé toute la craie dont il disposait, il avait réclamé à l'intendance de l'armée des sacs de farine, au moyen desquels il avait mené à terme son entreprise. Il avait ensuite appelé le roi afin qu'il se fasse une idée de la future Alexandrie. Or, tandis que le roi s'approchait du chantier en compagnie de son devin Aristandre, une nuée d'oiseaux s'était posée sur le sol et s'était mise à picorer la farine, effaçant une partie du tracé.

Notant un certain trouble dans le regard d'Alexandre, qui semblait voir dans cet épisode un signe de mauvais augure, le devin s'était hâté de le rassurer : « Ne t'inquiète pas, sire, c'est un excellent présage. Il signifie que la ville sera si riche et si prospère que l'on viendra

de toutes parts y chercher du travail et de quoi vivre. »
Deinocratès fut également soulagé par cette interprétation. Il reprit son ouvrage avec bonne humeur, d'autant plus qu'on lui avait apporté entre-temps une provision de craie.

Cette nuit-là, le roi fit un songe magnifique. Il rêva que la ville s'était étendue, que des maisons et des palais aux jardins merveilleux s'y élevaient. Il rêva que la baie, protégée par l'île, fourmillait de vaisseaux au mouillage, qui déversaient toutes sortes de marchandises en provenance de tous les pays du monde connu. Il vit une jetée s'élancer jusqu'à l'île et une tour s'y dresser, une tour gigantesque qui répandait de la lumière dans la nuit à l'intention des navires voisins. Mais il avait l'impression d'entendre sa propre voix demander : « Verrai-je un jour tout cela ? Quand reviendrai-je dans ma ville ? »

Le lendemain, il raconta ce songe à Aristandre et il lui répéta cette question : « Quand reviendrai-je dans ma ville ? »

Aristandre lui tournait alors le dos, car son cœur luttait contre un triste présage, mais il fit volte-face et lui dit d'une voix sereine : « Tu reviendras, sire, je te le jure. J'ignore quand cela se produira, mais tu reviendras... »

59

Ils reprirent leur marche vers l'ouest, la mer à main droite et le désert à main gauche. Ils firent cinq étapes avant d'atteindre Paraitonion, un avant-poste qui servait de lieu de rencontre aux habitants — des Égyptiens et des Grecs de Cyrène — et aux tribus nomades de l'intérieur : les Nasamons et les Garamantes.

Ces derniers s'étaient partagé la côte en plusieurs secteurs, et lorsqu'un navire sombrait, il était mis à sac par les tribus vivant dans la zone où il échouait. Les rescapés étaient vendus comme esclaves au marché de Paraitonion. On disait que les Nasamons avaient traversé, deux siècles plus tôt, la grande mer de sable dont personne ne connaissait l'étendue et qu'ils étaient arrivés à un lac immense, peuplé de crocodiles et d'hippopotames, bordé d'une multitude d'arbres qui portaient des fruits en toutes saisons. On disait aussi que s'y trouvait la caverne de Protée, le dieu multiforme qui vivait en compagnie des phoques et savait prédire l'avenir.

Alexandre laissa une partie de l'armée à Paraitonion sous les ordres de Parménion, à qui il confia également la garde de Barsine. Il alla dire au revoir à sa maîtresse le soir qui précéda son départ et lui offrit un présent : un collier en or et en émaux qui avait appartenu à une reine du Nil.

« Il n'existe pas de joyaux dignes de parer ta beauté, dit-il en agrafant ce magnifique collier autour de son cou. Il n'existe pas de splendeur capable de rivaliser avec la lumière de tes yeux, il n'y a pas d'émail qui égale la magnificence de ton sourire. Je donnerais n'importe quelle richesse pour pouvoir m'asseoir en face de toi et te voir sourire. La joie que j'éprouverais alors surpasserait celle que je ressens en baisant tes lèvres, en caressant ton ventre et tes seins.

— Le sourire est un don qu'Ahura-Mazda m'a retiré depuis longtemps, Alexandre, répliqua Barsine. Mais à l'heure où tu t'apprêtes à affronter un long voyage, ponctué de dangers, je sens que je ne trouverai pas la paix tant que durera ton absence, et je sens que je sourirai quand je te reverrai. » Elle déposa un léger baiser sur ses lèvres et ajouta : « Reviens-moi, Alexandre. »

La marche se poursuivit avec un contingent réduit et Alexandre, suivi de ses compagnons, s'aventura dans le désert en direction du sanctuaire de Zeus Ammon, après avoir hissé de l'eau et des provisions suffisantes sur le dos d'une centaine de chameaux.

Tout le monde avait déconseillé au roi d'entreprendre un tel voyage en plein été, saison pendant laquelle la chaleur du désert était insupportable. Mais Alexandre était désormais persuadé de pouvoir affronter et franchir n'importe quel obstacle, de pouvoir survivre à n'importe quelle blessure, de pouvoir défier n'importe quel danger, et il voulait que ses hommes en soient également convaincus. Cependant, au bout des deux premières étapes, l'ardeur du soleil devint insupportable ; hommes et animaux consommaient tant d'eau qu'on en vint à nourrir de sérieuses inquiétudes quant aux chances de parvenir indemne à destination.

De plus, le troisième jour, une tempête de sable se déclencha qui mit à rude épreuve la résistance des soldats et des animaux. Après plusieurs heures d'un tourment aussi intolérable, la brume se dissipa, découvrant l'étendue infinie et ondoyante de cette immensité : la piste avait disparu, ainsi que la plupart des bornes qui la délimitaient. Les hommes s'enfonçaient dans des sables de plus en plus chauds, au point de se brûler les pieds et les jambes, insuffisamment protégées. Ils durent se les bander jusqu'au genou en utilisant l'étoffe de leurs tuniques et de leurs manteaux, afin de poursuivre cette marche exténuante.

Le quatrième jour, nombre d'entre eux commencèrent à se décourager, et seul l'exemple du roi qui marchait en tête, à pied, comme le plus humble des soldats, qui se désaltérait toujours le dernier et se contentait le soir de quelques dattes en s'enquérant du sort de toute la troupe, insufflait en chacun l'énergie et la détermination nécessaires pour avancer.

Le cinquième jour, les provisions d'eau étaient presque terminées, et l'horizon aussi vide que les jours précédents : pas un signe de vie, pas un brin d'herbe, pas l'ombre d'un être vivant.

« Et pourtant, nous ne sommes absolument pas seuls », affirma le guide, un Grec de Cyrène aussi sombre qu'un tison, qui descendait sans doute d'une Libyenne ou d'une Éthiopienne. « Si nous devions succomber, l'horizon s'animerait aussitôt comme par enchantement, des hommes surgiraient de toutes parts, pareils à des fourmis, nos carcasses seraient dénudées et abandonnées en peu de temps au soleil du désert.

— Une perspective réjouissante », commenta Séleucos qui se traînait non loin de là, coiffé d'un chapeau macédonien à larges bords.

C'est alors qu'Héphestion attira l'attention de ses compagnons : « Regardez ! s'écria-t-il.

— On dirait des oiseaux, dit Perdiccas.

— Des corbeaux, expliqua le guide.

— Aïe ! gémit Séleucos.

— Tu te trompes, c'est un bon signe, répliqua le guide.

— Cela signifie que nos carcasses ne seront pas gaspillées en vain, commenta de nouveau Séleucos.

« — Non. Cela signifie que nous approchons d'un lieu habité.

— Que nous approchons ? Tu parles de volatiles, mais nous sommes à pied et nous n'avons ni eau ni nourriture... »

Aristandre, qui cheminait non loin de là, s'immobilisa brusquement. « Arrêtez-vous ! ordonna-t-il.

— Qu'y a-t-il ? » demanda Perdiccas.

Alexandre se figea sur place à son tour et se tourna vers le devin qui s'était assis sur le sol, la tête couverte de son manteau. Une légère brise s'insinua entre les dunes, qui brillaient autant que du bronze rougi.

« Le temps change, dit Aristandre.

— Par Zeus, pourvu qu'il n'y ait pas de nouvelle tempête de sable ! » gémit Séleucos.

Mais la brise se renforça, chassant la chape de chaleur et apportant une vague odeur de mer.

« Des nuages, dit encore Aristandre. Des nuages arrivent. »

Séleucos échangea un coup d'œil avec Perdiccas d'un air de dire : « Il délire. » Mais le devin sentait vraiment que des nuages se pressaient, et de fait un front nuageux apparut au bout d'environ une heure en provenance du nord, assombrissant l'horizon.

« Ne nous faisons pas d'illusions, leur confia le guide. À ce que je sache, il ne pleut jamais ici. Remettons-nous en route. »

La colonne reprit sa marche vers le sud dans une lumière aveuglante, mais les hommes ne cessaient de se tourner vers l'amas de nuages, de plus en plus noirs, qui avançait, parcouru d'éclairs frissonnants.

« Peut-être qu'il ne pleut jamais, observa Séleucos. Mais en tout cas, il tonne.

— Tu as l'oreille fine, répliqua Perdiccas. Pour ma part, je n'entends rien.

— C'est vrai, acquiesça le guide. Il tonne. Il ne pleuvra pas, mais les nuages nous protégeront contre le soleil et nous pourrons marcher à l'ombre par une température supportable. »

Une heure plus tard, les premières gouttes de pluie disparurent dans le sable avec de petits bruits sourds, et l'air se remplit de l'odeur intense et agréable de la poussière mouillée. Épuisés, la peau brûlée et les lèvres gercées, les hommes semblèrent alors perdre la raison : ils jetaient leurs chapeaux vers le ciel, ouvraient leurs bouches en feu pour capturer ne fût-ce que quelques gouttes et les empêcher de s'infiltrer dans le sable.

Le guide secoua la tête. « Mieux vaut leur dire d'épargner leur souffle. Il fait si chaud que la pluie se dissout avant même de toucher terre, puis elle retourne au ciel sous forme de légère brume. C'est tout. » Il n'avait pas plus tôt fini de parler que ces quelques gouttes se transformèrent en petite pluie fine, puis des trombes d'eau s'abattirent, ponctuées d'éclairs et de coups de tonnerre.

Les hommes plantèrent leurs lances dans le sable et y attachèrent leurs manteaux afin d'y recueillir le plus d'eau possible. Ils posèrent leurs casques sur le sol, ainsi que leurs boucliers, qu'ils tournèrent face contre terre. Bien vite, ils purent étancher leur soif. Quand l'averse prit fin, les nuages continuèrent à traverser le ciel, moins denses certes, mais suffisamment gros pour voiler le soleil et protéger les soldats.

Alexandre n'avait pas prononcé un mot, il marchait d'un air absorbé, comme s'il était guidé par une voix mystérieuse. Tous les hommes concentrèrent leurs regards sur lui, désormais persuadés d'être conduits par un être surhumain, capable de survivre à des blessures mortelles, d'amener la pluie dans le désert et, pourquoi pas, d'y faire pousser des fleurs.

L'oasis de Siwah apparut à leur vue deux jours plus tard, à l'aube. Cette bande verte, plantée d'une végétation luxuriante, traversait le reflet éblouissant des sables. Les hommes lancèrent des cris d'enthousiasme, nombre d'entre eux pleurèrent d'émotion en voyant la vie triompher au milieu de cette étendue immense et aride, d'autres remercièrent les dieux de les avoir sauvés d'une mort atroce. Mais Alexandre poursuivait sa marche silencieuse comme s'il n'avait jamais douté un instant qu'il atteindrait son but.

L'oasis était immense, couverte de dattiers chargés de fruits, alimentée par une source merveilleuse qui bouillonnait en son centre. Aussi limpide que le cristal, elle renvoyait l'image des palmiers vert foncé et des monuments millénaires de cette ancienne et mystérieuse communauté. Les hommes s'y précipitèrent, mais le médecin Philippe s'écria aussitôt : « Non ! Non ! Cette eau est très froide. Désaltérez-vous doucement, à petites gorgées. » Alexandre donna l'exemple en obéissant le premier.

Non sans étonnement, les hommes découvrirent qu'ils étaient attendus. Des prêtres étaient alignés sur les marches du sanctuaire, précédés par leurs assistants qui agitaient des encensoirs fumants. Mais ce voyage les avait accoutumés à l'idée que, sur cette terre, tout pouvait arriver.

Le guide, qui servait également d'interprète à Alexandre, lui traduisit les paroles du prêtre, qui les accueillit en leur tendant une coupe d'eau fraîche et une corbeille de dattes mûres. « Que cherches-tu, invité qui viens du désert ? Si tu cherches de l'eau et de la nourriture, tu en trouveras, car la loi de l'hospitalité est sacrée en ces lieux.

— Je cherche la vérité, répondit Alexandre.

— Et auprès de qui cherches-tu des paroles de vérité ? interrogea encore le prêtre.

— Auprès du plus grand des dieux, le très haut Zeus Ammon, qui habite ce temple solennel.

— Alors reviens cette nuit, et tu sauras ce que tu souhaites savoir. »

Alexandre s'inclina avant de rejoindre ses compagnons, qui prenaient leurs quartiers près de la source. Il vit Callisthène plonger ses mains dans l'eau et se mouiller le front.

« Est-il vrai que l'eau se réchauffe à la tombée du soir et qu'elle devient tiède à minuit ?

— J'ai ma petite idée là-dessus. À mon avis, la source a toujours la même température : c'est la température extérieure qui varie énormément. Ainsi, quand elle est très élevée, le matin, l'eau paraît gelée ; et quand il commence à faire frais, le soir, l'eau semble plus chaude, voire tiède à minuit. Tout est relatif, dirait mon oncle Aristote.

— Eh oui, acquiesça Alexandre. As-tu reçu d'autres nouvelles de son enquête ?

— Non, pas depuis que je t'ai transmis les dernières. Nous en aurons sans doute d'autres lorsque nos bateaux reviendront avec les nouvelles recrues. Il a, semble-t-il, trouvé la trace d'une conjuration perse, mais je sais ce qu'il dirait s'il se trouvait ici.

— Moi aussi. Il dirait que les Perses avaient intérêt à faire assassiner mon père, mais qu'ils se seraient de toute façon proclamés coupables de ce crime afin que les futurs rois de Macédoine se gardent bien d'entreprendre des actions hostiles à leur encontre.

— C'est fort probable », admit Callisthène en plongeant de nouveau les mains dans l'eau de la source.

Philippe, le médecin, survint sur ces entrefaites. « Regarde ce que les hommes ont trouvé, dit-il en agitant un gros serpent à la tête rugueuse et triangulaire. Sa morsure peut tuer en quelques instants. »

Alexandre examina la bête. « Dis aux soldats de rester sur leurs gardes, ordonne qu'on l'empaille et envoie-le à Aristote : il enrichira sa collection. Tu feras de même lorsque tu verras des plantes intéressantes aux propriétés inconnues. Je te donnerai pour chaque envoi une lettre d'accompagnement. »

Philippe acquiesça avant de s'éloigner avec son serpent. Assis au bord de la source, Alexandre attendit que le soir tombe. Soudain, il vit l'image d'Aristandre se refléter dans l'eau. Il fit volte-face.

« Es-tu toujours tourmenté par le même cauchemar ? demanda le roi. Rêves-tu toujours d'un homme nu qui brûle vif ?

— Et toi ? interrogea Aristandre. Quels sont les cauchemars qui agitent tes nuits ?

— Il y en a beaucoup... trop peut-être, répondit le roi. La mort de mon père, le massacre de Batis, que j'ai traîné vivant derrière mon char autour de la muraille de Gaza, le fantôme de Memnon qui se glisse entre Barsine et moi chaque fois que je la serre dans mes bras, le nœud gordien que j'ai tranché au lieu de le défaire et... »

Il s'interrompit, comme s'il répugnait à continuer.

« Quoi d'autre ? questionna Aristandre en plongeant son regard dans le sien.

— Une comptine, dit Alexandre en baissant les yeux.

— Une comptine ? Laquelle ? »

Le roi se mit à chanter tout bas :

> Le vieux soldat qui part à la guerre
> Tombe par terre, tombe par terre !

Puis il lui tourna le dos.

« A-t-elle une signification pour toi ?

— Non, ce n'est rien qu'une comptine que je chantais dans mon enfance. La nourrice de ma mère, la vieille Artémisia, me l'avait apprise.

— Alors, n'y pense pas. Quant à tes cauchemars, il n'existe qu'une façon de s'en débarrasser, affirma Aristandre.

— Et comment ?

— En devenant un dieu », répliqua le devin.

Dès qu'il eut prononcé ces mots, son image disparut à cause de la chute d'un insecte, qui rida la surface de l'eau en essayant désespérément d'échapper à la mort.

À la tombée du soir, Alexandre franchit le seuil du vaste temple. Il était éclairé par une double rangée de lanternes accrochées au plafond, et par une grande lampe, posée sur le sol, qui projetait un frémissement lumineux sur les membres colossaux du dieu Ammon.

Alexandre examina le visage bestial du géant, ses énormes cornes de bélier, sa large poitrine, ses bras robustes qui pendaient le long de son corps, poings fermés. Il songea une nouvelle fois aux paroles que sa mère avait prononcées avant son départ : « L'oracle de Dodone a marqué ta naissance. Un autre oracle, au milieu d'un désert ardent, marquera pour toi une autre naissance, dans une vie qui ne s'éteindra pas. »

Soudain, une voix retentit dans la forêt pétrifiée des colonnes. « Que demandes-tu au dieu ? » Alexandre balaya le sanctuaire du regard, mais il ne vit personne. Il scruta l'énorme tête de bélier, dont les grands yeux jaunes étaient traversés par une fente noire : voilà donc ce que c'était qu'être un dieu ?

« Reste-t-il encore... » commença-t-il. Et l'écho lui répondit : « encore ».

« Reste-t-il encore un meurtrier de mon père que je n'ai pas châtié ? »

Ses mots s'éteignirent en se brisant et en se déformant sur mille surfaces courbes, et il y eut un instant de silence. Puis la voix vibrante et profonde s'échappa une nouvelle fois de la poitrine du colosse : « Surveille ton langage, car ton père n'est pas un mortel. Ton père est Zeus Ammon ! »

Il faisait nuit noire quand le roi ressortit du temple, après avoir entendu les réponses à ses questions. Il ne voulut pas regagner sa tente au milieu des soldats. Il traversa les jardins plantés de palmiers jusqu'aux portes du désert, sous l'immense voûte céleste. Bientôt, il entendit des pas derrière lui. Il se retourna et tomba nez à nez avec Eumène.

« Je n'ai pas envie de parler », dit-il. Eumène ne

bougea pas. « Mais si tu as quelque chose d'important à me dire, je t'écouterai.

— Hélas, je dois te livrer une mauvaise nouvelle que je garde au fond de mon cœur depuis longtemps, en attendant le moment propice...

— Crois-tu que ce moment est arrivé ?

— Peut-être. Quoi qu'il en soit, je ne peux plus la garder pour moi. Le roi Alexandre d'Épire est mort en combattant courageusement, écrasé par une multitude de barbares. »

Alexandre hocha la tête gravement, et, tandis qu'Eumène s'éloignait, il se retourna pour scruter l'infinité du ciel et du désert, et pleura en silence.

Note de l'auteur

Tandis que l'histoire du conquérant macédonien s'enfonce dans ce qu'elle a de plus historique, j'ai dû opérer des choix narratifs. Ceux-ci ont entraîné des choix historiques qui s'écartent parfois des interprétations traditionnelles. Ainsi, pour décrire la bataille du Granique, par exemple, j'ai préféré établir une reconstruction plus réaliste que celle que nous proposent les pages de Callisthène, toutes en louanges.

J'ai réuni deux personnages, Alexandre de Lyncestide et Amyntas, en un seul — Amyntas — afin d'éviter toute confusion chez le lecteur, qui connaît déjà deux « Alexandre », mais j'ai conservé les situations et les enjeux (dynastiques, politiques et psychologiques) qui surgirent autour des deux hommes. J'ai reconstruit méticuleusement les sièges de Milet, d'Halicarnasse et de Tyr en concentrant mon attention sur les domaines topographique, tactique et stratégique. Il en va de même pour la bataille d'Issos, pour laquelle j'ai effectué une reconnaissance directe sur le terrain. Les sources littéraires dans lesquelles j'ai puisé sont plus ou moins identiques à celles que j'ai signalées dans le premier volume. J'y ai ajouté quelques références à Hérodote (les serpents volants), des citations d'Homère et d'Hésiode, et je me suis inspiré des pages techniques d'Énée le Tacticien et du *Stratagemata* de Frontin. Les témoignages matériels sont nombreux, et le lecteur familier des œuvres d'art, des pièces de monnaie ou des mosaïques, sera en mesure de reconnaître plusieurs scènes. J'ai également utilisé l'art du portrait, ainsi que des données archéologiques très récentes en ce qui concerne les lieux mentionnés. Ceux-ci ont tous fait l'objet, en diverses occasions, de relevés topographiques complets.

VALERIO MANFREDI.

ÉGALEMENT CHEZ POCKET
LITTÉRATURE « GÉNÉRALE »

ABGRALL JEAN-MARIE
La mécanique des sectes

ALBERONI FRANCESCO
Le choc amoureux
L'érotisme
L'amitié
Le vol nuptial
Les envieux
La morale
Je t'aime
Vie publique et vie privée

ANTILOGUS PIERRE
FESTJENS JEAN-LOUIS
Guide de self-control à l'usage des conducteurs
Guide de survie au bureau
Guide de survie des parents
Le guide du jeune couple
L'homme expliqué aux femmes
L'école expliquée aux parents

ARNAUD GEORGES
Le salaire de la peur

BARJAVEL RENÉ
Les chemins de Katmandou
Les dames à la licorne
Le grand secret
La nuit des temps
Une rose au paradis

BERBEROVA NINA
Histoire de la baronne Boudberg
Tchaïkovski

BERNANOS GEORGES
Journal d'un curé de campagne
Nouvelle histoire de Mouchette
Un crime

BESSON PATRICK
Le dîner de filles

BLANC HENRI-FRÉDÉRIC
Combats de fauves au crépuscule
Jeu de massacre

BOISSARD JANINE
Marie-Tempête
Une femme en blanc

BORDONOVE GEORGES
Vercingétorix

BORGELLA CATHERINE
Marion du Faouët, brigande et rebelle

BOTTON ALAIN DE
Petite philosophie de l'amour
Comment Proust peut changer votre vie
Le plaisir de souffrir
Portrait d'une jeune fille anglaise

BOUDARD ALPHONSE
Mourir d'enfance
L'étrange Monsieur Joseph

BOULGAKOV MIKHAÏL
Le Maître et Marguerite
La garde blanche

BOULLE PIERRE
La baleine des Malouines
L'épreuve des hommes blancs
La planète des singes
Le pont de la rivière Kwaï
William Conrad

BOVÉ JOSÉ
Le monde n'est pas une marchandise

BOYLE T.C.
Water Music

BRAGANCE ANNE
Anibal
Le voyageur de noces
Le chagrin des Resslingen
Rose de pierre

BRONTË CHARLOTTE
Jane Eyre

BURGESS ANTHONY
L'orange mécanique

Le testament de l'orange
L'homme de Nazareth

BURON NICOLE DE
Chéri, tu m'écoutes ?

BUZZATI DINO
Le désert des Tartares
Le K
Nouvelles (Bilingue)
Un amour

CARR CALEB
L'aliéniste
L'ange des ténèbres

CARRIÈRE JEAN
L'épervier de Maheux
Achigan

CARRIÈRE JEAN-CLAUDE
La controverse de Valladolid
Le Mahabharata
La paix des braves
Simon le mage
Le cercle des menteurs

CESBRON GILBERT
Il est minuit, docteur Schweitzer

CHANDERNAGOR FRANÇOISE
L'allée du roi

CHANG JUNG
Les cygnes sauvages

CHATEAUREYNAUD G.-O.
Le congrès de fantomologie
Le château de verre
La faculté des songes

CHIMO
J'ai peur
Lila dit ça

CHOLODENKO MARC
Le roi des fées

CLAVEL BERNARD
Le carcajou
Les colonnes du ciel
    1. La saison des loups
    2. La lumière du lac
    3. La femme de guerre
    4. Marie Bon Pain
    5. Compagnons du Nouveau Monde

La grande patience
    1. La maison des autres
    2. Celui qui voulait voir la mer
    3. Le cœur des vivants
    4. Les fruits de l'hiver
Jésus, le fils du charpentier
Malataverne
Lettre à un képi blanc
Le soleil des morts
Le seigneur du fleuve
L'espagnol
Le tambour du bief

COLLET ANNE
Danse avec les baleines

COMTE-SPONVILLE ANDRÉ
FERRY LUC
La sagesse des Modernes

COURRIÈRE YVES
Joseph Kessel

COUSTEAU JACQUES-YVES
L'homme, la pieuvre et l'orchidée

DAUTIN JEANNE
Un ami d'autrefois

DAVID-NÉEL ALEXANDRA
Au pays des brigands gentilshommes
Le bouddhisme du Bouddha
Immortalité et réincarnation
L'Inde où j'ai vécu
Journal (2 tomes)
Le Lama aux cinq sagesses
Magie d'amour et magie noire
Mystiques et magiciens du Tibet
La puissance du néant
Le sortilège du mystère
Sous une nuée d'orages
Voyage d'une Parisienne à Lhassa
La lampe de sagesse
La vie surhumaine de Guésar de Ling

DECAUX ALAIN
L'abdication
C'était le XVe siècle
    tome 1
    tome 2
    tome 3
Histoires extraordinaires

Nouvelles histoires extraordinaires
Tapis rouge

DENIAU JEAN-FRANÇOIS
La Désirade
L'empire nocturne
Le secret du roi des serpents
Un héros très discret

Mémoires de 7 vies
1. Les temps nouveaux
2. Croire et oser

DEVIERS-JONCOUR CHRISTINE
Opération bravo

ESPITALLIER JEAN-MICHEL
Pièces détachées

EVANS NICHOLAS
L'homme qui murmurait à l'oreille des chevaux
Le cercle des loups

FAULKS SEBASTIAN
Les chemins de feu
Charlotte Gray

FERNANDEZ DOMINIQUE
Le promeneur amoureux

FITZGERALD SCOTT
Un diamant gros comme le Ritz

FORESTER CECIL SCOTT
Aspirant de marine
Lieutenant de marine
Seul maître à bord
Trésor de guerre
Retour à bon port
Le vaisseau de ligne
Pavillon haut
Le seigneur de la mer
Lord Hornblower
Mission aux Antilles

FRANCE ANATOLE
Crainquebille
L'île des pingouins

FRANCK DAN, VAUTRIN JEAN
La dame de Berlin
Le temps des cerises
Les noces de Guernica
Mademoiselle Chat

GALLO MAX
Napoléon
1. Le chant du départ
2. Le soleil d'Austerlitz
3. L'empereur des rois
4. L'immortel de Sainte-Hélène

La Baie des Anges
1. La Baie des Anges
2. Le Palais des fêtes
3. La Promenade des Anglais

De Gaulle
1. L'appel du destin
2. La solitude du combattant
3. Le premier des Français
4. La statue du commandeur

GENEVOIX MAURICE
Beau François
Bestiaire enchanté
Bestiaire sans oubli
La forêt perdue
Le jardin dans l'île
La Loire, Agnès et les garçons
Le roman de Renard
Tendre bestiaire

GIROUD FRANÇOISE
Alma Mahler
Jenny Marx
Cœur de tigre
Cosima la sublime

GRÈCE MICHEL DE
Le dernier sultan
L'envers du soleil – Louis XIV
La femme sacrée
Le palais des larmes
La Bouboulina
L'impératrice des adieux

GUITTON JEAN
Mon testament philosophique

HAMILTON JANE
La carte du monde

HERMARY-VIEILLE CATHERINE
Un amour fou
Lola
L'initié
L'ange noir

HYRIGOYEN MARIE-FRANCE
Le harcèlement moral

HYVERNAUD GEORGES
La peau et les os

INOUÉ YASUSHI
La geste des Sanada

JACQ CHRISTIAN
L'affaire Toutankhamon
Champollion l'Égyptien
Maître Hiram et le roi Salomon
Pour l'amour de Philae
Le Juge d'Égypte
    1. La pyramide assassinée
    2. La loi du désert
    3. La justice du Vizir
La reine soleil
Barrage sur le Nil
Le moine et le vénérable
Sagesse égyptienne
Ramsès
    1. Le fils de la lumière
    2. Le temple des millions d'années
    3. La bataille de Kadesh
    4. La dame d'Abou Simbel
    5. Sous l'acacia d'Occident
Les Égyptiennes
Le pharaon noir
Le petit Champollion illustré

JANICOT STÉPHANIE
Les Matriochkas

JOYCE JAMES
Les gens de Dublin

KAFKA FRANZ
Le château
Le procès

KAUFMANN JEAN-CLAUDE
Le cœur à l'ouvrage

KAZANTZAKI NIKOS
Alexis Zorba
Le Christ recrucifié
La dernière tentation du Christ
Lettre au Greco
Le pauvre d'Assise

KENNEDY DOUGLAS
L'homme qui voulait vivre sa vie
Les désarrois de Ned Allen

KESSEL JOSEPH
Les amants du Tage
L'armée des ombres
Le coup de grâce
Fortune carrée
Pour l'honneur

LAINÉ PASCAL
Elena

LAPIERRE ALEXANDRA
L'absent
La lionne du boulevard
Fanny Stevenson
Artemisia

LAPIERRE DOMINIQUE
La cité de la joie
Plus grands que l'amour
Mille soleils

LAPIERRE DOMINIQUE et COLLINS LARRY
Cette nuit la liberté
Le cinquième cavalier
Ô Jérusalem
... ou tu porteras mon deuil
Paris brûle-t-il ?

LAWRENCE D.H.
L'amant de Lady Chatterley

LÉAUTAUD PAUL
Le petit ouvrage inachevé

LÊ LINDA
Les trois Parques

LESUEUR VÉRONIQUE
Nous les infirmières

LEVI PRIMO
Si c'est un homme

LEWIS ROY
Le dernier roi socialiste
Pourquoi j'ai mangé mon père

LOTI PIERRE
Pêcheur d'Islande

LUCAS BARBARA
Infirmière aux portes de la mort

MALLET-JORIS FRANÇOISE
La maison dont le chien est fou
Le rempart des Béguines
Sept démons dans la ville

MAURIAC FRANÇOIS
Le romancier et ses personnages
Le sagouin

MAWSON ROBERT
L'enfant Lazare

MESSINA ANNA
La maison dans l'impasse

MICHENER JAMES A.
Alaska
　1. La citadelle de glace
　2. La ceinture de feu
Caraïbes (2 tomes)
Hawaï (2 tomes)
Mexique
Docteur Zorn

MILOVANOFF JEAN-PIERRE
La splendeur d'Antonia
Le maître des paons

MIMOUNI RACHID
De la barbarie en général et de l'intégrisme en particulier
Le fleuve détourné
Une peine à vivre
Tombéza
La malédiction
Le printemps n'en sera que plus beau
Chroniques de Tanger

MIQUEL PIERRE
Le chemin des Dames

MITTERRAND FRÉDÉRIC
Les aigles foudroyés
Destins d'étoiles
Lettres d'amour en Somalie

MONTEILHET HUBERT
Néropolis

MONTUPET JANINE
La dentellière d'Alençon
La jeune amante
Un goût de miel et de bonheur sauvage
Dans un grand vent de fleurs
Bal au palais Darelli
Couleurs de paradis
La jeune fille et la citadelle

MORGIÈVE RICHARD
Fausto
Andrée
Cueille le jour

NAKAGAMI KENJI
La mer aux arbres morts
Mille ans de plaisir

NASR EDDIN HODJA
Sublimes paroles et idioties

NAUDIN PIERRE
Cycle d'Ogier d'Argouges
　1. Les lions diffamés
　2. Le granit et le feu
　3. Les fleurs d'acier
　4. La fête écarlate
　5. Les noces de fer
　6. Le jour des reines

NIN ANAÏS
Henry et June (Carnets secrets)

O'BRIAN PATRICK
Maître à bord
Capitaine de vaisseau
La « Surprise »
L'île de la Désolation

ORBAN CHRISTINE
le collectionneur
Une folie amoureuse
Une année amoureuse de Virginia Woolf
L'âme sœur

PEARS IAIN
Le cercle de la croix

PEREC GEORGES
Les choses

PEYRAMAURE MICHEL
Henri IV
　1. L'enfant roi de Navarre
　2. Ralliez-vous à mon panache blanc !
　3. Les amours, les passions et la gloire
Lavalette, grenadier d'Egypte
Suzanne Valadon
　1. Les escaliers de Montmartre
　2. Le temps des ivresses
Jeanne d'Arc
　1. Et Dieu donnera la victoire

2. La couronne de feu

PICARD BERTRAND, BRIAN JONES
Le Tour du monde en 20 jours

PURVES LIBBY
Comment ne pas élever des enfants parfaits
Comment ne pas être une mère parfaite
Comment ne pas être une famille parfaite

QUEFFELEC YANN
La femme sous l'horizon
Le maître des chimères
Prends garde au loup
La menace

RADIGUET RAYMOND
Le diable au corps

RAMUZ C.F.
La pensée remonte les fleuves

REVEL JEAN-FRANÇOIS
Mémoires

RICARD MATTHIEU
Le moine et le philosophe

REY FRANÇOISE
La femme de papier
La rencontre
Nuits d'encre
Marcel facteur
Le désir

REYNAERT FRANÇOIS
Nos années vaches folles

RICE ANNE
Les infortunes de la Belle au bois dormant
  1. L'initiation
  2. La punition
  3. La libération

RIFKIN JEREMY
Le siècle biotech

RIVARD ADELINE
Bernard Clavel, qui êtes-vous ?

ROUANET MARIE
Nous les filles
La marche lente des glaciers

SAGAN FRANÇOISE
Aimez-vous Brahms..
... et toute ma sympathie
Bonjour tristesse
La chamade
Le chien couchant
Dans un mois, dans un an
Les faux-fuyants
Le garde du cœur
La laisse
Les merveilleux nuages
Musiques de scènes
Répliques
Sarah Bernhardt
Un certain sourire
Un orage immobile
Un piano dans l'herbe
Un profil perdu
Un chagrin de passage
Les violons parfois
Le lit défait
Un peu de soleil dans l'eau froide
Des bleus à l'âme
Le miroir égaré
Derrière l'épaule...

SAINT-EXUPÉRY CONSUELO DE
Mémoires de la rose

SALINGER JEROME-DAVID
L'attrape-cœur
Nouvelles

SARRAUTE CLAUDE
Des hommes en général et des femmes en particulier
C'est pas bientôt fini !

SAUMONT ANNIE
Après
Les voilà quel bonheur
Embrassons-nous

SPARKS NICHOLAS
Une bouteille à la mer

STEINBERG PAUL
Chroniques d'ailleurs

STOCKER BRAM
Dracula

TARTT DONNA
Le maître des illusions

THIBAUX JEAN-MICHEL
La bastide blanche
La fille de la garrigue
L'or du diable
Le secret de Magalie
Pour comprendre l'Egypte ancienne
Pour comprendre les celtes et les gaulois
Pour comprendre la Rome antique

TROYAT HENRI
Faux jour
La fosse commune
Grandeur nature
Le mort saisit le vif
Les semailles et les moissons
   1. Les semailles et les moissons
   2. Amélie
   3. La Grive
   4. Tendre et violente Élisabeth
   5. La rencontre
La tête sur les épaules

VALDÈS ZOÉ
Le néant quotidien
Sang bleu *suivi de*
   La sous-développée
La douleur du dollar

VANIER NICOLAS
L'Odyssée blanche

VANOYEKE VIOLAINE
Une mystérieuse Égyptienne
Le trésor de la reine-cobra

VIALATTE ALEXANDRE
Antiquité du grand dossier
Badonce et les créatures
Les bananes de Königsberg
Les champignons du détroit de Behring
Chronique des grands micmacs
Dernières nouvelles de l'homme
L'éléphant est irréfutable
L'éloge du homard et autres insectes utiles
Et c'est ainsi qu'Allah est grand
La porte de Bath Rahbim

VICTOR PAUL-ÉMILE
Dialogues à une voix

VILLERS CLAUDE
Les grands aventuriers
Les grands voyageurs
Les stars du cinéma
Les voyageurs du rêve

WALLACE LEWIS
Ben-Hur

WALTARI MIKA
Les amants de Byzance
Jean le Pérégrin

WELLS REBECCA
Les divins secrets des petites ya-ya

WICKHAM MADELEINE
Un week-end entre amis
Une maison de rêve

WOLF ISABEL
Les tribulations de Tiffany Trott

WOLFE TOM
Un homme, un vrai

XÉNAKIS FRANÇOISE
« Désolée, mais ça ne se fait pas »

CYCLE D'OGIER D'ARGOUGES

*Une fantastique épopée enracinée dans l'Histoire
de la guerre de Cent Ans au nom de l'honneur perdu.*

LES LIONS DIFFAMÉS

En 1340, après la bataille de l'Écluse, le chevalier normand Godefroy d'Argouges, faussement accusé de trahison, est dégradé et les glorieux lions d'or de son blason sont diffamés. Pour venger cet opprobre, il envoie son fils Ogier apprendre le métier des armes dans le château de son oncle Guillaume de Rechignac. En Périgord, Ogier connaît les amours les plus simples, mais aussi les plus singulières avec Anne, la lavandière, Adelis, la ribaude et Tancrède, son étrange et inoubliable cousine qui sait si bellement s'offrir et si bien se reprendre.

LE GRANIT ET LE FEU

Cinq ans ont passé. Ogier est devenu un écuyer solide. Il songe moins à devenir chevalier qu'à restaurer son honneur. Hélas ! ses desseins subissent un contretemps terrible. Au cœur de l'été 1345, les Anglais se répandent en Périgord. La forteresse de Rechignac a excité la convoitise d'un capitaine d'aventure : Robert Knolles. Il somme Guillaume de lui livrer son château. Le vieux guerrier refuse. Ogier, son oncle et Blanquefort, son sénéchal, s'emploient à stimuler le courage des défenseurs. Les assauts des « routiers » se multiplient. Le fier château sera-t-il envahi ?

LES FLEURS D'ACIER

Jeudi 13 avril 1346. En fin de matinée, Ogier d'Argouges et ses compagnons contournent le champ clos de Chauvigny où des joutes vont rassembler, le dimanche suivant, les meilleurs chevaliers du Poitou et quelques personnages fameux du royaume. Ogier sait que

des émissaires du roi d'Angleterre doivent y rencontrer secrètement des nobles français traîtres à la Couronne. Parmi eux, Richard de Blainville, le favori du roi Philippe VI, l'homme qui a injustement dégradé son père et diffamé les lions de ses armes. Pourra-t-il, tout en sauvant l'honneur menacé de son suzerain, assouvir enfin sa vengeance ?

LA FÊTE ÉCARLATE

Dimanche 16 avril 1346. En ce jour de Pâques, la population de Chauvigny et des environs se presse autour du champ clos. Le hasard favorise Ogier dans son entreprise : il rencontre l'ancien chapelain de Gratot, frère Isambert, que sa couardise a conduit à servir Blainville. Il apprend que les conjurés vont se réunir dans un souterrain sous la maison du chévecier de l'église Saint-Pierre. Ces hommes décideront de la date à laquelle les armées anglaises débarqueront en Normandie afin de conquérir Paris et installer sur le trône des Valois le légitime successeur de Philippe le Bel : Édouard III.

LES NOCES DE FER

Mardi 3 octobre 1346. Ce jour-là, dans la matinée, Henry de Lancastre, comte de Derby, qui vient de conquérir les grandes cités de la Saintonge et d'en ruiner les édifices religieux, commande à son armée de se déployer autour de Poitiers. Ogier d'Argouges, qui a survécu au massacre de Crécy, cinq semaines auparavant, a quitté Gratot, le château familial, pour se rendre en Poitou et demander au seigneur des Halles de Poitiers, Herbert III Berland, la main de sa fille Blandine. Chemin faisant, il doute que sa démarche aboutisse.

LE JOUR DES REINES

Blessé devant Calais assiégé, Ogier d'Argouges, prisonnier, est emmené en Angleterre. Le roi Édouard III et sa noblesse, glorifiés par les manants du royaume, célèbrent leurs victoires par des fêtes grandioses : les joutes d'Ashby. Mêlé à des aventures guerrières et amoureuses où apparaissent Catherine de Salisbury et Jeanne de Kent, surnommée la plus belle fille d'Angleterre, Ogier est bien déterminé à refuser sa condition d'otage.

L'ÉPERVIER DE FEU

L'Épervier de feu décrit d'hallucinante façon l'hécatombe que la peste noire provoqua en 1348 en Normandie. Non seulement l'irrésistible fléau y détruisit les manants, les paysans, les prud'hommes et leurs familles, mais il ouvrit ce malheureux duché à des hordes aussi épouvantables que la gigantesque épidémie.

La photocomposition de cet ouvrage a été réalisée par
GRAPHIC HAINAUT - 59163 Condé-sur-l'Escaut

Imprimé en France sur Presse Offset par

BRODARD & TAUPIN
GROUPE CPI

5949 – La Flèche (Sarthe), le 26-01-2001
Dépôt légal : février 2001

POCKET – 12, avenue d'Italie - 75627 Paris cedex 13
Tél. : 01.44.16.05.00